王亚南全集

第十五卷

厦门大学出版社
XIAMEN UNIVERSITY PRESS
国家一级出版社
全国百佳图书出版单位

图书在版编目(CIP)数据

王亚南全集.第十五卷/《王亚南全集》编纂委员会编.—厦门:厦门大学出版社,2021.9

ISBN 978-7-5615-8353-1

Ⅰ.①王… Ⅱ.①王… Ⅲ.①王亚南(1901—1969)—全集 Ⅳ.①C52

中国版本图书馆 CIP 数据核字(2021)第 158502 号

出 版 人 郑文礼
出版策划 宋文艳
责任编辑 许红兵
责任校对 李芮男
装帧设计 李夏凌 蔡炜荣
技术编辑 朱 楷

出版发行 厦门大学出版社
社 址 厦门市软件园二期望海路 39 号
邮政编码 361008
总 机 0592-2181111 0592-2181406(传真)
营销中心 0592-2184458 0592-2181365
网 址 http://www.xmupress.com
邮 箱 xmup@xmupress.com
印 刷 厦门集大印刷有限公司

开本 720 mm×1 000 mm 1/16
印张 27.25
插页 3
字数 434 千字
版次 2021 年 9 月第 1 版
印次 2021 年 9 月第 1 次印刷
定价 148.00 元

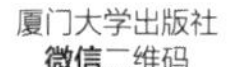

厦门大学出版社
微信二维码

厦门大学出版社
微博二维码

编纂体例

1.编校基本原则:尊重与保持原著面貌,同时兼顾现行学术规范和读者阅读习惯。

2.版式:原为竖排者均改为横排,繁体字均改为简体字。

3.古体字、异体字改动而于原意无损者,改为今体字和通用字,并按新版《现代汉语词典》规范。

4.对明显的文字排校差错,包括衍(多余)、脱(减少)、倒(倒置)、错(错讹)进行校改。添加的字用六角号及楷体标示,其他径行改正。漫漶不清、无法辨认的,用方框"□□"标示。

5.生僻或明显有碍于读者理解的旧词,改为常用或便于理解的新词。

6.标点符号原则上不作改动;个别影响阅读或容易引起歧义的,采用现行国家标准予以改正。

7.著作(译作)、文章原则上采用原有标题;个别无标题或标题有改动的,由编者酌加或修改,并用"*"号注明,加"编者注"说明。

8.原作中的夹注、篇后注、章后注等,原则上改为脚注,文献出版年份和页码统一为阿拉伯数字。

9.编者所加注释均注明"编者注",并根据情况采用脚注或夹注形式。

10.引文均不复核,个别明显错引处径行代为改正。

11.原文中人名、地名、国名已成音译定例的,按定例予以改正和统一;未成音译定例者,仍循其旧。卷末根据需要附"人名译名对照表"等。

12.统计数字按现行规范统一。年代表述仍循原著写法。

13.内容涉及对外或民族、宗教政策的，亦保留原样，必要时加“编者注”说明。

14.早期原著中个别提法不合现行规定的，径行作省略处理。

《王亚南全集》编辑部

本卷编者说明

本卷收录王抟今、王亚南合译的《世界经济机构总体系》(上、下册)。该书1939年8月作为"现代经济丛书"之一,由中华书局出版发行,1941年2月重印。

《世界经济机构总体系》系英国著名经济学家、牛津大学教授柯尔(G.D.H.Cole)原著,出版于1932年,是柯尔著作中流传最广的一部,也是一战后对世界经济结构体系进行全面分析的一部力作。不仅内容全面,分析独到,而且深入浅出,通俗易懂。

全书分为上、下两册,共13章。其中上册7章,包括世界危机之引论、世界战争之经济结果、经济发展的两世纪、经济制度的理论与实际、物价与物价水准、货币信用与资本、失业与产业变动等;下册6章,包括对外贸易与财政制度、财政与赋税、经济组织、俄罗斯的挑战、资本主义的替身、世界的展望等。此外,在附录中收录了"斯大林与威尔士谈话记"。

该书对第一次世界大战后世界经济的发展及经济波动状况,世界经济结构的重组,苏维埃俄国的兴起,以及由此带来的各国财政金融体系和物价政策、失业政策、外贸政策的演变等,进行了详尽、系统的分析。

译者认为,将该书介绍到中国来的主要原因是:第一,(当时)世界经济格局正处于前所未有的大变动过程中,"我们若要了解这些变动,要知道如何应对这些变动,就必须了解大变动中一切事象的最基础的经济机构";第二,在汗牛充栋的经济要籍中,读者无论要研究哪一方面都"实属不易",而该书由于深入浅出,"使一般读者对极难了解之问题,能得极明确之观念;而使经济上有专攻者,亦能得贯通全体系之效"①,是一部内容

① 王抟今、王亚南合译:《世界经济机构总体系》"译者序",中华书局1939年版。

深刻而又通俗易懂的经济学著作。

本书译者王搏今（又名王礼锡，1901—1939）和王亚南（号渔邨，1901—1969），既是游学日本的“同窗”好友，又是共同办刊的合作伙伴，还是“反蒋抗日”同一战壕的战友。1934年年初“闽变”失败后，他们先后流亡欧洲，并分别于1935年年底和1938年年底回国。在此期间，他们应中华书局之约，以王搏今为主，合作翻译了《世界经济机构总体系》一书。

不幸的是，该书出版之际，王搏今在率领作家战地访问团到中条山抗战前线采访时，因途中积劳成疾而病故于洛阳，这部译作因此成为王搏今作品的“绝唱”，成为他和王亚南患难与共的见证。抗战胜利后，王亚南在自己的代表作《中国经济原论》中，特向这位“在中国文化运动中留下了光辉业绩，但不幸在抗战过程中与世长辞的朋友”，致以深切的缅怀和纪念。

目 录

世界经济机构总体系

世界经济机构总体系

現代經濟叢書

世界經濟機構總體系

上冊

王摶今　王漁邨合譯

中華書局印行

現代經濟叢書

世界經濟機構

下冊

王摶今　王漁邨

中華書局

原书封面

民國二十八年八月印刷
民國二十八年八月發行

現代經濟叢書　世界經濟機構總體系（全二冊）

實價國幣二元二角
（郵匯費另加）

◎

原著者　G. D. H. Cole
譯者　王摶今　王漁邨
發行者　中華書局有限公司　代表人路錫三
印刷者　上海澳門路　美商永寧有限公司
總發行處　昆明　中華書局發行所
分發行處　各埠　中華書局

（一三四一）

原书版权页

译者序

译者把这本书介绍到中国来，因为它有两个特点：

第一，世界在大变动中，我们正经历着人类历史上未曾经历过的大变动。我们若要了解这些变动要知道如何应付这些变动，就必须了解大变动中一切事象的最基础的经济机构。这是一本分析现代世界全般经济机构的唯一的书。

第二，关于经济的要籍，无论在哪一种文字中，都是汗牛充栋；无论要研究其中的任何部门，虽竭毕生之力未易穷究。而经济学者之着笔，常故意用不易了解的方法出之，使一般读者望而却步。柯尔此书，遍及经济上之一切问题，又能深入浅出，使一般读者对极难了解之问题，能得极明确之观念；而使经济上有专攻者，亦能得贯通全体系之效。这是一本分析现代世界全般经济机构，而以极易了解之方法表达出来的唯一的书。

柯尔是牛津大学的教授，英国工党的理论家，英国权威经济学者之一。他的书籍在英国能得到最广人的读者，其原因：一，他不避浅语；二，他敢作结论。这两点都是一般读者所要求，而有学者架子的人所不敢为的。浅语虽可作读者的桥梁，但一班有学者架子的人，为保存自己的学问的贵族性，宁愿撤去读者的桥梁。结论容易使一个学者失败，因为预言究竟不易语语中的，所以学者们就以其模棱的态度，掩饰其贫薄的见解。有了这两个特点，所以他的著作在英国能够得到最广大的读者，而这本书尤其是他著作中流行最广的书。

附录一篇，为《世界史纲》作者威尔士（H.G.Wells）最近与斯大林①的谈话。这篇谈话曾译成欧洲各国文字，一九三四年末与一九三五年之间，在欧洲掀起了极大的论争，几乎无一刊物不讨论这个问题。所以编为此书之附录者，欲在结论上，多有几个意见供读者参考。柯尔是主张各国有

① 斯大林，原书译为史太林。下同。——编者注

各国自己的社会主义，例如在英国，社会主义的实现应由英国社会主义者负责，英国是不需要革命的。威尔士则赞美美国，他认为复兴运动也是达到社会主义的途径，俄国的旧方式已经过时了。而俄国的途径，则由斯大林自己出来说话。

译　者
一九三八年秋于伦敦

第一章　世界危机之引论

第一节　贸易衰落

本书的撰著，系在一九三二年，这时正是世界大战告终以后的第十四个年度，资本主义社会的空前的不况，还在继续着。因此，本书在后面所待论及之点，就是要看这种不况景象，究在某种限度是发因于战争，在某种限度是超于世界经济组织之根本的缺陷。然在战争已经结束了十年度的三四年前，世界各国早已在为其克服战争所遗经济困危的成功而庆祝，且在为其新繁荣时代的曙光而庆祝。此种情势，以美国为尤显著。美国那时的繁荣，几乎及于一切社会阶层，由是导来一种在我们今日要视为十分特异的乐观思想。其实，对世界未来抱着十分乐观信念的，并不限于美国。欧洲各国的经济生活中，同样渗透了这种倾向，而实际上，欧洲在一九二九年以前的数年中，其生产与贸易的进步，确已驾美国而上之了。然而，过去四年的事实，却到处粉碎了这种轻易的乐观念头。世界各国已不复相信她们会导来一种从心所欲的繁荣。她们都认定：繁荣的基础，要妥为安置，所有国家的与国际的经济组织的每个部分，都要极审慎周详的加以配置，务使现在一切国家所遭值的困难，完全得到排除。这样，以前谓不况能自行恢复的信念，即谓不况在其自然推移上，会产生一种相当的景气的信念，就全归消灭了；有了最近数年的经验，人们对于其一向视为天经地义的，视为毫无疑问的大部分经济原理与政策，已在重加考量，而无所用其徘徊瞻顾了。

大战以后的世界经济史实，有四种不同的现象。第一，是一九一九年与一九二〇年的短期景气，那时各国都拼命补救其由战争所遗下的荒废情状，对于消费者之物品需要，骤然活跃起来；同时，为替换那些由战争破坏的，或由忙于战争而任其陈旧的生产工具，对于新生产工具的需要，尤为活跃，但这种景气是短促的，各国人民与各国金融家一有了充分时间考察其周围情势，并重新调整其对于困难经济事实——即由战时奇异的金融方法，驱使他们暂时顾虑不到的事实——的政策，这景气就突然中止。从某种意义上说来，对于各种各样的物品，对于任何数量的物品，都有需要；无奈这些需要不是有效的，即是说，各国人民尽管需要这许许多多的物品，但可惜他们没有得到支付那些物品的手段。近时人类的需要，与世界史上任何时代的人类需要，一样强烈；不过，世界的金融制度解体了，有若干国家几乎陷于饥饿的境界，同时其他许多国家则拥有不能利用的大规模的生产设备。失业人数迅速增加，全世界物价异常惨落。所以，继资本价值大事膨胀——因相信景气继续而膨胀——的时期，就是资本价值收缩的悲观的时期。在金融的领域内，有些国家——例如德国法国——的收缩政策，曾继续厉行了一个相当长的时期。不过，久而久之，各国都先后在金融上乃至工业上，同样采行了此种政策。在一九二二年与一九二四年间，世界各国观察到新的经济情形，从而发觉了以次的事实，就是：世界战争的成果，并不是她们曾经期待过的更富有与更进步，而是显然的贫困与一大些无从解决的问题。

走向恢复之路 然自一九二四年以来，大多数国家都迅速的爬出了她们自一九二〇年后所陷落的深坑。在国际联合会庇护之下，进行一种安定通货、恢复金本位的大国际运动，这种运动的目的，就是要对于世界各国之生产者与消费者间的商品交易，提供一个安定的基础；同时在生产效率上，亦有极大的改进。新的发明与新的方法极其迅速的采用，在工业上，乃至在农业上，都很快的节省了实在的劳动费用。工业之更集约的机械化，所节省的劳动非常之多；“合理化”（Rationalisation）这个新名辞所以制造出来，无非是要借这个名辞，表示世界经济史上的一种新的事象。合理化一语的意义，远非机械技术改进的涵义所能包括，因为除此以外，它还含有两种用意：一是对全部工业加以改组，使其成为协作的单位；一是限制（虽非根绝）诸组合之间的竞争。照一般人的主张，要这样，并且只有这样，新的机械技术的利益，始能由生产标准化（Standardisation）及对特种产物之工厂的专门化（Specialisation）而充分达到，因为前者的目的是要在最大可能范围内促进制造业，而后者的目的则是要避免那些在当前视为无限制竞争制度所必有的浪费。在前述的大多数的国家中，德国特别致力于更换其破坏的产业制度，救治其由重大战争损失和割让国土资源所造成的厄难。然合理化政策之推行，并不限于德国，全欧洲，北美诸国，乃至几乎整个世界，殆莫不在某种范围内推行此种政策；由一九二四年至一九二八年，所有担当世界商务指导责任者的心目中，几乎没有一个人不是充满了乐观的气氛的。

诚然，就在这几年当中，若干国家还遭遇了特别的困难。例如，在大不列颠，一大些失业者依旧继续存在，尤其是在那些关于输出贸易的工业上。此种情形，在恢复金本位制的一九二五年以后更见严重。因为我们知道，英国企图恢复其金镑到战前的价值，那在她是一件过于艰巨的工作。英国的物价是较高的，工资是较高的，实际上英国各社会阶层都习惯了获取较高水准的收入，若把金镑恢复到其战前的价值，那她在世界市场上就不能如战前一样的从事有效的竞争。世界市场状况，随着战后新兴国家工业生产的发展，和较高关税壁垒的建立（此种情形，以欧洲为尤著），已有剧烈的变动。英国处此情况下，尤当迫而改变其全部生产体制，以期与其一向从事交易诸国之改变过了的经济情状相适应。她这时来恢复金镑的旧价值，那当然是格外艰难了。由一九二四年至一九二九年的这个时期中，对于战后困难的克服和未来好况的期待，就世界一切国家看来，差不多只有英国感到茫无把握。

其实岂仅英国，合众国之农村购买力的相对低减，农村劳动者之不绝向都市移动，那已算表示出了若干紧迫的困厄的征候。工业生产无疑是有长足进步的，但制造业上对于劳动的需要，却并没有相当的扩张。合理化政策所成就的劳动力的节约，以致无法位置那些由农村挤出的剩余劳动者；而农村购买力的限制，已经威胁到工业制品的增加。然而，一大部分的美国人，这时还不曾留意这些危险的征候。对于工业未来之乐观与确信，在这个世界是不会维持到许久的，美国当非例外。至美国在过去四年中，因整个世界之深刻不况，而改变其一向最充分的确信，并发生异常的反感，那又是用不着惊异的。

在由一九二四年到一九二九年当中，俨然像充溢到了整个世界的繁荣之波，首先在美国华尔街（Wall Street）碎裂而为虚幻的浪花了。一九二九年秋季的美国经济恐慌，加速的蔓延到世界其他国度了。在一九三〇年的最初几个月中，美国曾试行寇哀先生（Monsieur Coné）的方法，以期恢复繁荣。无奈试用这种方法的成果，不旋踵间即使人感到失望。此后数月，美国急速陷入深刻不况中，至同年末期，全世界已为全般的经济灾害所侵袭。本书的主要部分，就是企图论究这世界经济大恐慌之直接的与潜在的原因。但在进行此种论究，并解释当前世界经济状况之事实以前，我们对于若干基本的原理，不能不有一个坚定的认识。

第二节　几种基本的原理

人类的经济活动，只有一个目的，那就是图人类幸福的增进。任何不图增进人类幸福的经济活动，即可说是失其本旨。不错，经济学者往往对此是有过一些不尽相同的解说的。他们曾说，经济活动的主旨，就在获得最大的经济财的生产；不过这种界说，不但要加以修正，且须加以扩充。因为第一，人们也许宁愿获有更多的闲暇，而不欲取得更多的物质财富；第二，物质财富所由创造的条件，我们是万不可忽视的。人们工作的条件，可以造幸福，也可以造成不幸。工作本身是善而非恶。没有工作，人类社会一定非常凄惨。但有些工作——我们毋宁说是有些苦工罢——却显为罪过。因此，经济制度的目的，不应当只是尽可能的创造财富，而应当是在合理的条件下，即在力求增进幸福，力求减除困惫、厌倦与纯然强制的条件下，尽可能的创造财富。

照此推论，我们对于世界经济制度，就可从三个不同的观点加以考察。第一我们要问，现存的经济制度，究在哪种程度成就了生产上的富裕？其次，那究竟给了人们怎样的适当闲暇？第三，那在工作上，乃至在闲暇的利用上，究竟提供了人们多少幸福与快乐？

常有人说，闲暇的需要，惟有起于物质需求得到了充分满足的时候，这是绝不确实的见解。矿坑与工厂中的过度劳动，那并不是世界经济进化上的比较原始的状态，而宁可说是非常发达的工业制度；这种制度就在西欧与北美，亦还只占有世界史上短短的篇幅。时至今日，最大部分的世界，仍没有发达到这个程度。并且最大部分的人民，从没有遇着这种生活。在亚洲，在非洲，尽管那些棉织厂、矿坑，乃至欧式工业机关中，通行着长时间的劳动，但与工业化的泰西[①]诸国强度的与连续的经济活动比较起来，那是瞠乎其后了。“文明化的”（Civilized）人们经常指斥野蛮人，指斥东方的异样文明，无非是说，非其族类的这些人们，没有过度劳动，实际上，自他们的眼光看来，那些人是懒惰。然而，试退转去一两个世代来说吧，用他们同一眼光来看一两世代以前的西欧北美的文明人，他们定会觉得那是尤其懒惰呢！这些国家既在十九世纪受了工业革命的影响，于是，禁止懒惰，并把劳动义务列入宗教经典，奉为伦理教条。

英美两国的这种劳作福音，颇得力于清教（Puritanism）的传播。至这种教义所以左右此两国的社会制度，则是由于当时积极探求新生产方法之清教的中间阶级的兴趣。在十八世纪的英国，对于奴隶与工匠之懒惰的指责，那差不多是当时最时髦的题目。丹理尔·德福（Danial Defoe）曾反覆论及此点；亨利·费尔丁（Henry Fielding）曾为此写一部专书。在亚泽尔·杨格（Arthur Young）的《游记》（Tours）及在约翰·威斯勒（John Wesley）的《日记》（Journal）中，随在可以发现此种论调。而且，监理教（Methodism）对于新兴产业制度的大贡献，实际不外是在普通商务的活动上，投以神圣的荣光。监理教徒都从事劳作，为上帝的光荣而劳作。人们通常的娱乐概被禁止，这样，一宗庞大的能力资源，就解放出来，适用到了产业的生产之上。人们在十九世纪，被训练成了机械的奴隶，并对这奴隶灌输了一种使其安心服务的教条。然在今日的世界中，清教已是强弩之末了，闲暇的要求，重新发生于一切工业的国度。大战后不久，缩减劳动工时的运动，就是这种趋势之露骨的说明。在十九世纪中，每日工作十时、工作九时、工作八时的运动，曾经过连续不断的斗争。一九一九年在华盛顿之伟大的国际会议，且把每日工作八小时定为普遍的要求。在实际，这种要求是尚没有完全达到的。不过，全世界的劳动界，并不仅只要求达到此种目的，且还企图由八小时工作之确定，而作进一步改善其生活状况的基础，他们会要求工作七小时，工作六小时，乃至作无限的要求；而且，人们生产的权力，在世界各地没有继续增加到使其在合理的经济制度中得到活动的机会以前，他们的要求，是应当没有止境的。

劳动的负累 然而，仅仅是劳动时间的久暂，决不足以作为所费劳动

① 泰西，旧泛指西方国家，一般指欧美各国。——编者注

量之适当的估计。我们要注意劳动时间的长度，同时且要注意劳动的强度。机械用在生产上面，有两种相反的影响。其一是以前由人类体力担负的工作，现在转加到机械身上，从而可以减轻劳动的业作——即此而论，这算是机械对于人类最大的贡献：非人类体力所能控制的力量既可利用，日常工作之体力上的强度，又赖以减轻。但是在另一方面，机械也还有加强劳动的影响；机械日益革新，日益增加速率，服侍机械的人类，就日益辛苦。这种速率的增加，毫无疑的是近年合理化运动的一个显著特征。在动力机成就以前，大部分劳动者所得的报酬，都是因工计值。工作的速率增加，劳动报酬亦因而增加，所以这时劳动速率的加大，差不多是劳动者自己的事，与雇主没有直接的关系。机械发明以后，劳动即开始大大紧张。因为机械所费不赀，雇主为要从速收回其所费的资本以及资本的利润，乃不能不使用机械；从而，不能不使服侍机械的劳动者以最大可能的速率从事工作。在此种情形下，工作的步调，取决于个人劳动者少，取决于机械本身者多。加之，自十九世纪下半期以来，凡在劳动工资腾贵的场所，雇主必然要加速运转其机械；因为出产愈多，而分摊于因时计值的工资乃愈少。美国的劳动缺乏与劳动价格的高昂，特别成为造成工业机械化局面之有力动因。当职工组合[①]主义（Trade Unionism）发展起来，且形成了一种势力的时候，它的主要功用之一，就是要限制对于其组合员之劳动的加强。许多雇主所以拼命反对承认职工组合运动，这要算一个主要的理由。新机械方法应用以来，工作的步调，依赖人类应付机械运转的能力比从前更多，这种相同的情形，到今日还未改变。美国亨利·福特先生（Mr. Henry Ford）的方法，就是一个显然的适例；在福特工厂中的工人，对于其个人的生产，几乎常常管束不到。他必须停止或发动机械的运转。如他脱漏了一个步骤，他以一个无关轻重的单位的资格，而活动于其中的一大部门的整个作业，就要失却联络。为要使劳动者忍受这样的机械工作，雇主不得不付出了“高工资”，但这以时计的高工资，如就劳动者努力的强度计算，也许是不高的。况且，在大多数的场合，这种新工业制度的辛苦，只有年轻人能够忍受。一到四十岁，工厂雇佣管理者就说太老了。在那些已经施行过相当期间之合理化政策的国度中，较老年的劳动

① 职工组合，现多译为工会。下同。——编者注

者，就有较多的失业，德国与大不列颠的失业统计，充分说明了此种事实。真的，关于机械与工厂本身的设计，有许多是从减少劳动者之过度劳动着眼的；有些工厂对于此点已有所成就。近年工业心理学家的主要努力，都是在讲求以较好的工厂设计与工作组织，来防止劳动者之流于困倦与工作过度。但说也可怕，大多数的雇主们，都不大留意他们和他们的统计，甚且利用他们这些设计，作为进一步加速生产的手段。我们要在当前从长考虑此点，势不能不把那些影响于人类幸福与不幸福的工作条件，一加论究；关于此点，以后还有说到的机会。

对于闲暇的要求　我现在所要论及的，就是在工业发达的诸国度中，对于闲暇渐渐发生了一种要求，这是教育标准提高，教育范围推广，以及各种娱乐游戏渐趋低廉之必然的结果。此种新的闲暇要求，主要的不是由于懒惰，而是由于对非经济的价值以及对非经济财与经济财之不同价值之认识的增加。现在人们对于经济意义的了解，赶不上维多利亚时代。他们不再相信这种了解是一种美德。这些价值已经改变了；在价值上发生变易的结果，于是在经济组织与工厂管理的方法上，亦发生一种不可抵抗的改变。人类价值的这种改变，究竟对于世界是好还是不好呢？就扩大人类幸福的境遇上说，显然是好的。不过，就在今日，还有许多人认为那是好的成分少，而不好的成分多，因为在他们设想，那将破坏人们习惯的耐劳的动机。其实，那是包含有新的动机在里面的，如非有此新的动机，即将成为使人们更进一步驯伏于机械乃至机械所有者的新奴隶制度。我们当前的世界，在发现新动机与课加新奴役的努力之间，存有一种大的斗争。资本主义无时不在企图驱逐人们在一定限度内，缩短劳动时间，加强工作，同时在苏俄则以极大努力，企图以新的集团的动机，代替个人的动机，即代替资本主义社会所倚畀正殷的动机。

可是，在资本主义社会中，工时虽然已经缩减了，人们虽然不像从前那样为了经济的价值，而轻忽非经济的价值，世界的生产量却并没有减退。在世界恐慌到来的一九二九年——一九三〇年的生产，各处都有非常迅速的增加。据国际联合会所编的统计，在一九一九年与一九二五年之间，世界人口只增加6%，而其食物与原料的生产，却竟增加到17%左右。在一九二五年与一九二九年之间，世界人口只增加4%，而世界生产则又增加11%。单就北美而论，在一九一三年至一九二五年之间，其人口增加为19%，其生产增加为26%。在欧洲，其人口增加率与生产增加率，几乎没有多大的悬隔。前者在同时期所增为1%，后者所增亦不过2%或3%。不过，此时的欧洲，乃因尚未解除其战后之直接的不良影响。延及一九二五年至一九二九年之间，情形为之一变。欧洲（苏俄除外）的人口，这几年增加到了3%，其生产则确增到19%。美国的情况，这时又与欧洲两样，其人口与生产的增加率，几乎相埒，即两者同为6%。所有这些关于生产的数字，仅是指着食物与原料，至关于全世界制造品产额增加的统计，尚不完全；但我们敢于相信一点，就是制造品产额的增加，甚且较之食物原料之增加额为大。因为生产技术上的改进，势将使一定量之制造品所需耗费的燃料与原料为之递减，并且几乎每一生产部门的浪费，也是要逐渐减少的。

食物原料生产增加率与人口增加率之比较

由1913年到1929年（1913＝100）

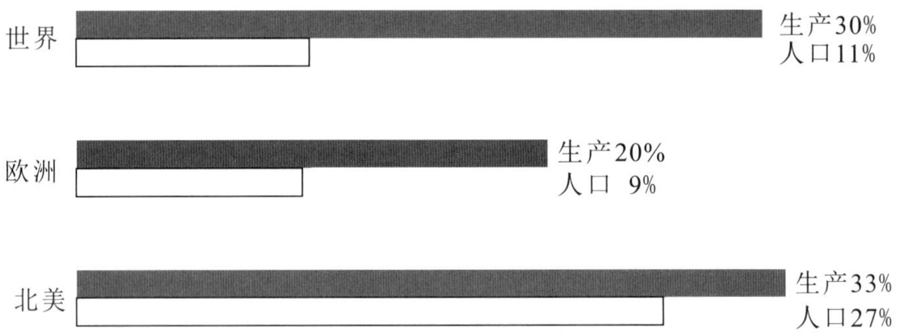

各国生产的增加　上面这个结论，是由世界主要各国，在同时期中公开刊布的生产指数而得来的。按照这种指数，在一九二五与一九二九年间，工业生产有了异常的扩展。波兰之生产增加率为38%，加拿大为54%，法国为30%，瑞典为27%，德国为22%。其增加率在14%的美国，和13%的英国，虽然退落在那些国家的投机发展之后，但其进步显有可观。同时，苏联之工业生产额，亦达到两倍以上，不过她那开始的标准额，是很低的。

生产额虽如此增加，但生产上所雇佣的劳动者，却并没有适应的增加。据大不列颠官方的估计，工业上每个劳动者的生产额，在一九二四年与一九二九年间，计已增加了11%。[①] 美国一九二七年每个劳动者的生产额，约较二十世纪初年增加一半，如其把农场矿山连同工厂通盘计算起来，至少已增加3/4。在一九一九年到一九二五年的6年当中，美国劳动者的增加，平均仅及1/4；并且，就这种增加的进度来说，在同时期之末，还较其开始时为大。由一九一九年到一九二七年，美国有35个工厂经常有出产的记录，据其标本的调查所示，这时期劳动者每一工时的生产力，约增74%，而由一九二四年到一九二七年，则增加39%。[②]

刚在恐慌爆发的前几年间，世界各种商品的总生产额，以及几个主要国家内每个劳动者的生产力，诚然都有迅速的增加。但是，就在这个时期的实际生产，究还远不及其可能的生产呢！当时失业者颇多，人力与自然的生产资源，还是有很多未尽其用。大不列颠职业介绍所所登记的失业工人，总是100多万。美国在金融状况异常良好的一九二九年五月，其失业人数亦达到200万。假如自一九二九年以来，世界各国都受到一种集中全力保证最高限度生产的命令，不要顾及利润与损失，不要担心其大批生产品有无顾客，我想，生产一定有更可惊的增加，那是任何人都不用怀疑的。实际上，苏俄的情形就是如此；由一九二五年到一九二九年，苏俄的工业生产已增加两倍以上，就在全世界各国还苦于经济恐慌的一九二九年以后，她仍旧保持着这种迅速增加率，一九二八年到一九二九年的苏俄工业生产总指数，以一九二三年到一九二四年为基年来说，那确实达到了388%。自然哪，在工业比较发达的国度，其生产是不能如此迅速的扩张的；但是假定世界上各专门技业者，不用顾虑市场的状况，尽可能的集中力量增加生产，在短短的数年之内，西方社会的生产额，将无阻碍的增加一倍，我这样想，我自信未夸大其辞。

贫困的铲除 为大大提高人类生活水准，而产生充分物品的技术的问题，在西方的社会里面，至少可以说是走上了解决的程途。在远东，在印度，情形是有些不同的，且待后面再说。现在我们不妨把论究的范围，限于世界那些部分，即那些在最新式的动力机的基础之上，已经成就了高

---

① 见麦克米伦财政工业委员会(Macmillan Committee on Finance & Industry)报告，第六附录，第三表。

② 参照《最近美国经济的变动》第454页。

度的工业体系，或正加速趋于成就高度工业体系的部分。至少在这些国度里面，关于增加生产的技术问题，是不会使生活水准在迅速提高中受到阻碍的。改进了的技术方法，已经把生产能力，扩展到了远非市场所能容纳的限度；并且，依据各种理由推论起来，如当前的经济体系，不致因了非技术的原因，而全部崩溃，那在未来的若干年间，各种的发明，将会有更加迅速的进步。在工业与农业的各部门中，各种工程师、化学家，以及从事研究的工人，都会有好的成就——或者说，他们如有一半发展其能力的机会，是当有更多的贡献的。现在各种的发明，并不仅应用到机械工厂的生产过程中，且还同样应用到了农业生产的发展上。科学家已经告诉我们，在土壤不同、气候不同的地带，我们要用怎样的选种法，怎样的栽培法，才能在每亩地面上，产生更多的小麦；并且，要利用怎样的方法，才能把产麦的地带，更向北方推广。在收获上，现在已有了各种节省劳力的机械。在那些热带与非热带的国度中，对于预防虫病与植物病的办法，已经著有成效。至关于家畜的豢养，与各种动物照料的科学知识的进步，那是一日千里的。工业上燃料与劳动的惊人的节省，电力的伟大发展，制造方法之低廉，在在皆有助于人类生活水准的提高。特感到困难的地方，不是技术家发明进步的方法的失败，而是农家与雇主采用新生产技术的迟缓，然其至要的原因，还是由于销纳商品的市场，不能迅速扩张，以致无法尽量利用新的生产资源。

第三节　生产的问题

不幸，生产的问题，并不仅限于技术；那是一个关涉到四面八方的问题，我们不但要从科学的技术上去考虑，且当从经营组织上、从金融上、从人类心理学上去考虑。技术问题的性质，就以次的几个要点，即可显示出来：那不外发明生产工具，使最宜于完成每种特殊业作；不外继续创设新的改良的工具，以期用较少的物质与劳力，获得生产的成果，满足新的人类需求。但是，那也还有其他当注意的方面；因为新的机械，定然不仅是用作生产的工具，且是创制出来由人来使用的工具。因此，使用它们所感到的便利与快适和不快适的程度，在社会的效率上颇关重要。在这一点上，技术的问题，就连系到心理的问题。

其次，生产的问题，又是一个组织的问题。现代生产工具的使用，并不仅只关涉到个人，而是要在一个更大的范围内，把一大些人联合成为生产的单位。许多的生产过程，必须合组在一个简单的工厂或作坊里面；哪怕是一大些各别的作坊的业作，在其一件简单商品的生产上，仍非密切的配合不可。加之，这组织，又非单把生产上连续的各阶段妥为配置以期免除浪费与冲突，并使复杂的工业机械运行无阻的问题，同时又是以有利条件购买原料以及对于生产品的分配与推销加以通盘筹画的问题。尤其要紧的，则是对于现代任何大工业设备中所使用的联合劳动力的处理，所有各种的集团，如手工业劳动者、熟练的与非熟练的劳动者、专门技师、管理者、本部职员以及其他所有的人员，都当使其协同劳作，务期每个人员能各尽其长以助成事业的成功。机具尽管再好，组织不善即无从发挥其效率。由技术效率而来的一切低廉生产费的利益，也许可以抵销买卖上失算所受的损失而有余；并且，工厂的物质设备虽然优越，如里面充满不道德的气氛、不安定的精神，或者充满散漫而无统率的景象，结局，其实在的生产费将会因之增高起来。

关于买卖上的组织问题，显然会要密切关联到生产效率的其他方面——即金融的方面；因为，买卖组织的主要部分，包含在以极有利条件筹集业务上所需的活动资本之中。现今世界各国，成千成万的企业之倒塌，不是由于技术组织上的缺陷，而是由于上重下轻的资本负担，由于以不利的条件通融借款，由于在顺利时期没有替不况场合预留相当的贮蓄。有许多在技术组织上非常完善的经营，都握在银行或其债券保有者的手中，而以金融上的困窘，不易谋其生产事业的顺利进行。有些公司的资本是过多的；有些公司的资本是缺少的。对于后者，现在资本市场的组织，否认它们在技术效率上有扩张的机会。

有限的市场 然而这仅是金融问题关联到生产的一方面。现代工业主持者最重要的问题，就在找寻他们发卖其工厂出品的市场。无疑的，找寻市场，大半与以减低生产费的问题有关；因为，能较其竞争者以廉价出售的企业，普通都可为其生产品找得适当的市场。但那又与整个市场的范围有关。某一业务由低价贱卖所获得的大市场，仅取之于其竞争者，所以一种业务的繁荣，往往是其他业务的损害。自然，货物的需要，是可以伸缩的，即是说，那可因价格的削减而扩张。可是各种商品的需要，其伸缩程度,至为不齐;例如小麦的需要,难得有多少的伸缩。即令某特殊商品的需要大可伸缩,然而仍受一切其他商品之需要的限制——一方面是一般人手中之总收入的限制,另一方面是收入所有者用其收入购买物品之意向的限制。近年以来,全世界都在拼命的设法减低其生产成本。每个国家,有时,各国的每个生产者,都用减低成本减低价格的手段,以期攫得较大的市场。但是一谈到削减成本,往往就是降低工资,或者以合理化的方式减少所雇劳动者,紧缩那分配在工资方面的总额,其结果不外是限制整个市场的范围;所以价格尽管低落,而物品的需要却反较从前缩减。关于此点,在收支方面的生产问题,显然与世界各社会之收入的分配问题有关。这个问题的解决,包含有两方面,一是在生产过程上的收入——工资、地租、利息、利润——之正当分配,一是在各种大规模工商业之金融关系中保有根本联系的带有神秘形式的购买力——银行信用——之正当调节。

资本的供给 业务之财政组织的又一方面,就是对于资本的准备。一种业务要能进行,要能扩张,须得不断的获有新的资本来源,以供其发展;这发展可就两方面来说:一是增大其生产规模,一是采行可以减低生产费之最新的机械与技术发明。从大体上说来,这种新资本只有两个来源:其一是得自业务本身所生的利润,某些管理得法的现代式的公司,其资本是继续增加的;因为一个有组织的合股公司,决不会把它赚得的全部利润概行分配于其股东。它必然要以积贮的方式,截存下一部分——往往是大部分。这宗存款,或者用作活动资本,解除对银行的债务,或者用以购置新的生产设备。工业上技术变动的速度增加,则在机械方面有一种趋势,即当未完全毁耗以前已老早陈旧不合用了。由是,把这宗特别准备金拿来更新机械,遂无异是防止减少那些应当分配于股东之总利润的一种方法。但股东们往往是反对这种大规模的积贮政策的,他们——尤其是那些小股东——宁愿当前收入之加多,而不愿其股本之资本价值的增大。例如,当德国推行合理化政策,致工业主持人力求把一部分利润贮作准备金的时候,他们与股东之间,曾引起关于这个问题之剧烈论争。可是现代工业上的一般趋势,却在趁着业务兴旺之际增加准备金的积贮,而不采取向社会公开募集新资本的办法。

因为,一种业务如非由其自己积贮的利润以为活动的资金,它要扩张生产，就只好以股票与公债的方式公开向社会募集新资本。在繁荣的时候，信用卓著，规模广大的康色恩(concern)要募集股份或公债，那是再容易不过的；但是，就在同时，哪怕是颇有成效的小本经营，亦是非常的棘手；而且，由这公开所募集来的资金的大部分，往往都花费在利息与那些帮同推销债券之代理人的手续费上面了。设当不况的时候，其情形比这更坏；一般人对工业附投资金的意向，系取决于一种打算，就是，看这增募资本的业务，是否有赚取利润的可能。他们在此种情形下，颇容易计虑到不良的结果；如在利润难得，而且许多康色恩显然蒙到损失的场合，那就用任何条件，亦休想募得新资本。一般人这时既不购买普通股票，亦不购买工业公债。他们的钱宁可存入银行不动；然而也有一些人是与其认购工业股份不如拿去收买政府或市府的股票或公债。

由此，我们知道，工业上资本的积蓄，无论是由积贮利润，抑是由募集债券，根本都是系于其业务能否获得利润。一种公司无利润可图，自无利润可以积蓄；一般人不相信某种业务有利润可图，他们自不会借出或投出资本。因此，在我们现代工业制度之下，利润必然要变成推动工业发展的枢轴。而利润之可能性，又存于吸收工业品之适当市场是否存在。这样，生产与分配的问题，都密切关联到企业之利润问题上面了。

利润的异说　对于利润的期待，实在是现代工业制度赖以进行生产商品的主要动机。工业之货币的成果——即商品所由出卖的价格——要分拆为若干股，摊派于各种生产要素上面。商品出卖的价格，在生产的过程中，再由工资、利息、地租、利润表现出来。但在我们今日的工业制度之下，利润的支付，与其他工资、利息、地租的支付，对于生产过程有不同的关系。控制生产的人们，必然要把工资、利息与地租，看作生产费去支付，他们是愿意把生产费尽量压缩的；并且，生产过程的目的——在现状下必有的目的——就是以合算的价格出售商品，使在支付各种费用之后，尚剩下一定的利润。从此看来，利润就不仅当作一种利益而出现，且是由生产中出来的利益，它与工资、利息、地租诸形态，尖锐的对立起来。

然而，如我们不把地租、工资、利息、利润看作是生产过程中的诸成分，而看作是分配于社会上各种成员的收入，这种对立就不存在；因为一切的收入，显然都是正当的，并且分配于社会各成员的总收入，当力求其丰饶。自然，这总收入在分配上，是可以发生谬误的。有的人可以分得极多，其他的人会分得极少；收入之不合理的分配，结局会减少一种经济制度提供人类之满足或幸福的总量。许多经济学家所谓一人的金钱愈多其效用递减（diminishing utility），与所谓一定额的收入分配愈均则其满足亦愈大的论调，那都是日常的话柄了。但是，没有分配上的谬误，能使收入成为利益；并且，我们现代经济制度之似是而非的地方，似乎是不把一切由生产过程所产出的收入形态看作利益——即看作生产过程之目的——而只把利润看作利益。这是对于我们现代经济秩序加以理解与批判的扼要之点，我们以后还要从长讨论。

工业心理学 此刻，我们姑且不批评现代的经济制度，只把现代经济制度所由形成之诱因的性质，加以考察。在考察利润之中，我们已算由前述生产问题的第三方面，移到其第四方面了。这第四方面，就是关于心理的——即生产的刺激与诱因问题，而工业上有效的管理实奠基于此。工业的范围与经济组织之复杂性愈大，则动机或诱因的问题，就愈变为重要。在初期经济学者看来，这似乎是比较简单的问题；他们创造出“经济人”（economic man）这个名辞，以为从人类观点来论究经济制度之实况的基础，这本是十分切近真理的一句空话。雇主发动生产力，由于个人利得的动机；被雇者肯在雇主指挥之下服务，亦由于同一动机所驱使，这可说是一种公理。离开了利得关系，似乎没有讨论其动机与诱因的必要。并且，他们还假定，如每个人都是在合理而开明的方式下追求其个人利得，则世界的经济组织，大半会运转自如。在这些初期经济学者的心目中，以及在反映其主见的那些业务者的心目中，都以为世间的事物通同有一个先天安排好的“自然秩序”（nature harmony），这秩序使得每个人在追求其各自利益的当中，即能提高社会全体的共同利益。

这种意见在今日有点说不通，但在十八世纪与十九世纪初期的经济情况下，却来得非常自然。当时在生产过程中活动的雇主，常专心为自己的利润打算；他的努力，他的利得，大半都是他个人的。但在现代工业中情形就不同了。今日要发现一个十足的雇主，那往往是一件难事；哪怕一种业务显然是在某个资本家，或某些资本家的最后指导之下活动，而旧式雇主自己成就的那种功用，却由一大些对业务关系不同的人们分别处理。近代合资业务的利得，决非简单的笼统的归于所谓雇主一人之手。就经营的任务来说吧，现在担任这种任务的，是大规模的企业者资本家，是一部分为了薪金，一部分或者为了分得佣金或红利的业务管理者，还有一大群只供给资本不负管理责任的股票所有者与债券所有者。最后的一种人实不能负何等责任，他们散布在广泛的区域，并且在事实上他们对许多不同的业务有同样的关系，他们又常常改变其投资，他们在业务经营的方略上，不便参加任何活动。他们与公司的关系，单纯是由希望或预期获得利润或利息的观点投下其资本；一旦业务大亏特亏，他们才以抗议的形式临时发表意见。股票或债券所有者，对于他投资的康色恩，除某些特别情形外，大抵希望从所投的资本中取得利润或利息。有少数特别的康色恩，如像为田园城市(garden city)建筑而成立的某些有益于公众的公司，或为改良公众房屋设备而成立的某些组合，诚然有例外的人们，为社会动机所驱使投下一些的金钱，只能收回有限的红利；但是，这类情形毕竟是极其稀罕的，而一般人肯对于近代工业投资，当然是希求利润或利息。股票与债券的所有者，在当前筹集工业资本的方式下，自然对于业务经营是万不可少，可是在实际生产的经营上，就他们本身而论，就与金钱分离的人而论，却没有任何的作用。

企业者 活动的实业家或企业者(entrepreneur)，所处的地位是完全两样的。他有一种任务，他的职守是在指导工业政策，在决定生产所取的样式，在计虑是否应当或何时增添新的资本，在估计物品以如何的价格出售；此外，还有许多其他关于业务进行的重要事体。但是在现代世界中，企业者已不像从前那样，他们与其说是一个技术者，或者说是一个直接的劳动雇主，倒不如说是一个金融家。他往往不仅从事一种特殊业务，或某种特殊生产部门，而同时经营有各种业务与工业的各种部门；并且，对于所有这些，他仅看作是他的真正职业——即企业的建立，公司的推进，金融的组织——的附带事体。大实业领袖如亨利·福特(Henry Ford)，如麦尔些·洛德(Lord Melchett)，或华尔泽·拉泽劳(Walther Rathenau)，他们不仅是重要的金融家，且是重要的技术者，所以不算是典型的。典型的企业家，实在只带有极少的技术者的意味，也不能说是直接的雇主。即如已故的伊发尔·克洛格(Ivar Kreuger)，是以经营火柴业著名的，然在复杂的高级金融活动当中，他的火柴业仍变成一种附带的事体。他的实际工作，系受技术管理者的支配，金融家大半依着技术管理者的策画，从事活动。但这些管理者，自然只能在金融家的指挥之下，才有所动作，且限于金融关系人所定的大政方针之内。他们自己通常没有极强烈的金融上的要求,并且他们主要部分的收入,也不是依赖业务的利润。实际上,业务进行顺利,他们可获有若干金融上的利益,他们的薪金的大小,原可以受到金融业上所得报酬的影响;但他们对于业务的态度,却很少是纯粹金钱的。他们在使业务技术化的努力上,多少有一点自由职业的意识与科学的热忱。金融业者的统治所加于他们的限制,往往使他们感到不满,所以,如一旦在不同的基础上建立一种新经济秩序有所需要,他们是愿意效力的,这是他们大大不同于企业家的地方。

工资劳动者 旧时素朴的情态,不独从直接参与工业过程者原有的动机与诱因上失去了,且也从那些工资劳动者的心理上失去了。资本主义初期的典型的工资劳动者,通是包工工人。生产的件数加多,其所得的工资也加多。他们在金钱上的利益,与旧时雇主的利益相类似,且是同样的单纯。这种包工工作的诱因,在现代工业上,仍残留下若干;而且为要鼓励工人增加产额,甚至有人对于这种方法希求其更广泛的适用。不过,在今日比较高度机械化的许多工业上,个人包工工作的诱因,逐渐失却了效用。因为,我们见过,机械与发电所一天一天增设起来,所有协同生产的人们全体的工作步调,都是被强制着行动的。日益无从控制其自己所生产之额数的个人,包工工作的事,逐渐行不通。至于在机械经常能够不受拘束的场合,则又当别论,因为在此种场合的机械,由个人来发动,较之由一群工人所形成的团体来发动,并不会更速。一种机械可以迫胁个人,却不能迫胁团体。由是,工作的步调,就渐渐不是取决于那种提供于个人劳动者的诱因,而是取决于一大些人之集体的态度。像福特公司(The Ford Company)那种例外的组织,它用因时计值的办法,使其被雇者因较高工资的刺激,而较其他工厂工人操作更多。但是,这种诱因能收到效果,不仅是工资要高,而且要高过其他各地工人所得的工资。如所有其他雇主与福特所支付的工资相若,他就无法使其被雇者工作逾恒了。

机械一遇到逆境的时候,即当人们惧怕失业而格外努力的时候,就会加强的运转。但这里也可遇到不绝增加的反抗:就是,在二十世纪的资本主义国家的一个普通劳动者,他是没有他的父亲和他的祖父那样愿意工作的。他自以为好好工作了一天,就当在他对于闲暇之扩大的要求的限度内,和在他对于工余充分恢复其疲劳之享受要求的限度内,受到好好的待遇，而且，人们对于资本家的社会秩序愈感到不满，他们就愈不肯从事过度的劳作。所以，想用机械来加强劳动的努力，便常遇到反抗的。因此，往往有人拿这个理由来反对社会主义，以为社会主义一实行，现在促使人们辛苦劳作的诱因就会完全失掉。但是，我们顶好看看以次的事实吧，今日对于工作感到极浓兴趣的国度，要算苏俄，苏俄五年计划[①]的施行，是有意识的用新的集团的诱因，推进人们尽量发挥其能力。苏俄以集团的诱因使个人加倍努力，其发展与现代机械技术的进步一致。

以上我们已从四方面讨论生产问题了，这种讨论指示了我们一点，就是在西方社会里面要行更高度的生产，要提高一般的生活水准，其阻碍不是由于技术而是发生于业务组织、金融与人类心理学的范围。因为两个主要的问题，尤其是金融的与心理的，以言前者，就是要找到贩卖那些有利可图的商品的手段以促进较高度的生产；以言后者，就是要发现一种鼓励各种人类能尽其所长的适当刺激。如这两个问题解决了，生产额固可无限制的扩大，西方社会的生活水准亦可无限制的提高。

然则远东方面怎样呢？印度、中国、非洲，乃至其他尚未接触到现代资本主义的大国怎样呢？在这些国度中，人口远较发展了的工业国家的人口为多，正在和原始的贫困问题争斗，我们已经把经济过程的目的，看成促进人类幸福——促进最大多数人类的幸福。这个原则，我们不仅要明白的适用到欧美工业先进诸国，且要适用到全世界。

第四节　世界经济学

我们所考察的，是“世界”混乱与“世界”经济制度之关系；所以我们首先必须讲到一般的世界各国。我们不要忘记：在世界20亿万居民当中，只有四分之一住在欧洲，十五分之一住在北美——全美洲的居民，还没有达到世界总人口的八分之一。亚洲的人口，超过了世界总数一半以上。单是中国，其人口将近有联合王国（United Kingdom）十倍之多，有法国或意大利十倍以上。印度人口为大不列颠人口的八倍。中国人口数是4.44亿，印度是3.48亿，而美国则仅只1.22亿，除中国与印度外，拥有

① 原书此处为“五年计画”。——编者注

人口最多的，要算苏俄，其总数是1.58亿，且还在迅速增加。与这广大地域相对的讲来，欧洲大多数国家的人口是颇不足观的。德国的人口数为6400万，约与日本相当。联合王国为4600万，法国与意大利各为4100万，波兰为3100万，其余任何欧洲国家的人口，都没有超过2500万之数。把欧洲全居民合起来计算，还没有达到5亿；若把欧洲部分的苏俄人口除去，那就只有3.74亿的总数了。

世界人口图表

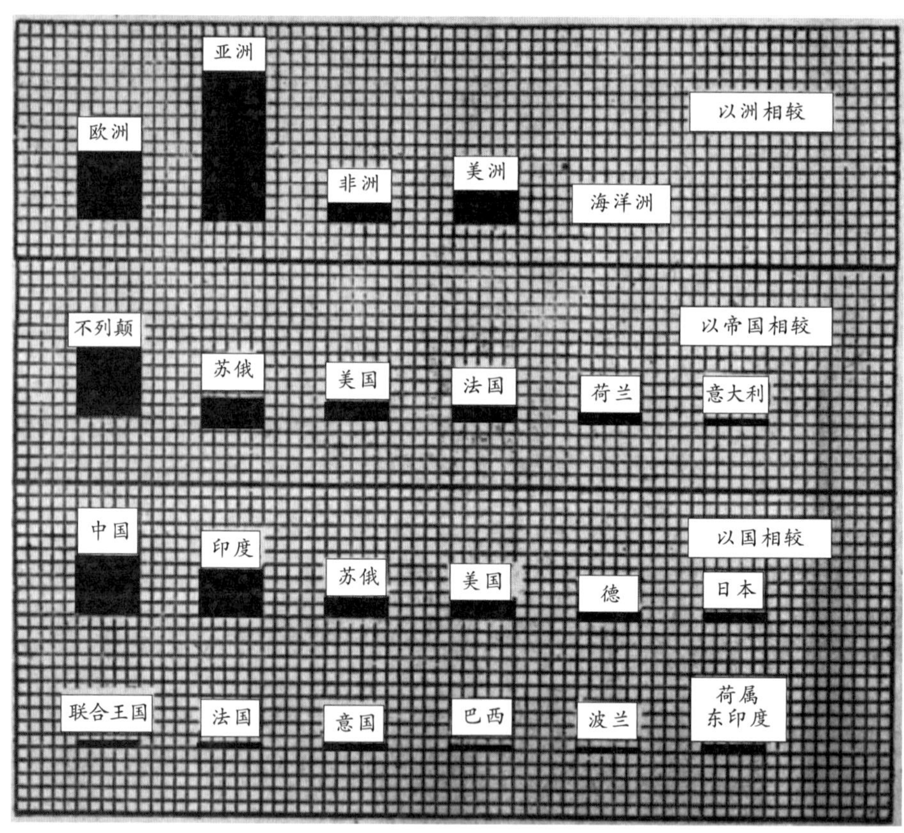

其他国家的人口(以百万计)

人口数	国别〔与地区〕
23	西班牙
22	安南
21	高丽
20	奈机立亚(Nigeria)
18	罗马尼亚
16	墨西哥
15	捷克,埃及
14	法属西非洲,土耳其,巨哥斯拉夫
12	菲列滨,暹罗
11	阿根廷
10	加拿大,阿比西尼亚(Ethiopia),比属刚果
9	波斯,匈牙利
8	比利时,荷兰,南非洲,哥伦比亚
7	奥国,苏丹,阿尔及利亚,阿富汗,阿拉伯
6	希腊,保加利亚,葡萄牙,瑞典,秘鲁,尼泊尔,锡兰
5	法属摩洛哥,坦干伊喀(Tanganyika),[中国]台湾
4	丹麦,芬兰,瑞士,智利,马达加斯加(Madagascar),古巴
3	爱尔兰,挪威,依拉克(Iraq),叙利亚,里比利亚,金海岸(Gold Coast)堪雅(Kenya),乌干达(Uganda),安哥拉,摩赞俾克(Mozambique),罗打乌永地(Ruanda-Urundi),海地(Haiti),波尔维亚(Bolivia),委内瑞辣(Venezuela),[中国]新疆,[中国]西藏,马来亚(Malaya)
2	立陶宛,新西兰,塞拉勒窝内(Sierra Leone),突尼斯,坎麦隆(Cameroun),危地马拉(Guatemala),萨尔瓦多尔(Salvador),拍托里科(Porto Rico),厄瓜多尔(Ecaudor),乌拉圭(Uruguay),蒙古
1	尼亚萨兰(Nyassaland),北罗德西亚(N. Rhodesia),南罗德西亚(S. Rhodesia),索马里兰(Somaliland),多米尼加(Dominica),牙买加(Jamaica),巴拉圭,海峡殖民地,[中国]香港,拉特维亚(Latvia),阿尔巴尼亚,爱沙尼亚

依一九三〇年初的统计,世界总人口为19.93亿人。

农民的残存 我们在西方诸国的人们，自然会有这种想法：以为我们自己的问题，都比亚洲或非洲的问题重要得多。我们常把我们自己所处的国度看作现代世界，至若亚非诸洲的国家，则只认为是市场或原料的供给地，或是帝国主义者对敌与政治纠纷的酝酿地带。有不少的著作家，曾不自知其矛盾地昭告其读者，说农业人民已渐变为没有用处，并说大规模的经济组织才是现代整个世界的特征，至从事此种组织者只占有世界人民一小部分的事实，他们却不大经意。在关于此种问题的考察上，我们切不要忘记一点，就是，现在大部分的世界，仍旧是在农业状况——那种状况不仅我们西方人要回到产业革命以前才能找到，甚且是欧洲大部分国家在产业革命前许多世纪的情形——下生活。真的，在远东，甚至在非洲，早经在开始工业化。像日本那个国家，且以非常的速率，加紧使其工业方法现代化、西方化，现在已有了非常的成就。但在中国与印度，工业主义却只触到经济生活的边缘。在印度 3.48 亿居民中，实际从事现在西方式工业与运输业务的人，还不过 250 万，若综计其国家大工业上的雇佣工人，却仅略多于 100 万之数。中国工业化的程度，甚至还不及印度。非洲除却那些为白种人定居的地带以外，虽然它为世界市场提供的农产品和原料的生产颇称发达，但机械的生产技术却是很难见到的。埃及的棉花，奈机立亚[①]的锡，对于西方工业诸国，颇关重要，可是非洲生产的大部分，在实质上仍未脱原始形态。

世界工业化 然而最新的机械不仅可供西方国家的使用，且可供全世界的使用；最近机械技术的发展，在许多工业上自然更易利用非熟练的土人的劳动，至于那些以较简单生产样式，作多量生产的工业，更不待言。说工业制度不能在世界落后国家作突飞猛进的发展，说这种国家不能在短短数年之间备有现在先进诸国同样的生产工具，那都无从在技术上发现理由。不过，其障碍在非技术的方面——尤其是土著资本的缺乏。在十九世纪中，后进诸国之工业圈内的主要生产手段，都是由于外国的投资。继英国而后，还有其他国家把她们工业上所得的巨额利润投一大部分于海外；由是，许多国度逐渐工业化，这已经工业化的国家，又转过来采行投资海外的方法；这样，工业化区域自然不绝

① 奈机立亚，Nigeria 的音译，现多译为尼日利亚。下同。——编者注

扩展起来。不过，那些在同世纪后期进行产业革命的国度，与现在的落后国家不同，她们有的是在早前的经济制度下，其文明、财产与生产技术已经有了相当的进步，像法国与德国就是如此；有的则是地广人稀，且富有可资开发的自然资源，像美洲合众国、阿根庭与澳洲就是如此。若中国与印度，其人口稠密，其财富贫乏，其工业化的问题遂与前述诸国度完全两样。因为，像印度那样人口稠密的国家，要蓄积资本，要使用资本来从其贫乏的资源发展工业，那是异常困难的。日本人口较少，她在工业上的成就，不是仰赖外资，而是由于其封建财富的转用。至人口比较更少而资源特富的俄国，她是早待开发的；迄乎今日，她在工业上的进步已使西方诸国为之惊异不置。但是，俄国之有此成就，还是由于她对当前的物资有了重大牺牲，由于她以集体的信念与野心，唤起人民的努力。而且，俄国如不施行类似狄克推多[①]的统制，即是，她如没有一个能使其命令澈底贯注到广大农村的中央政府，其成功的希望亦是很少的。然而，像中国，像印度，她们即使被统治在共产主义者的狄克推多之下，她们对于工业的发展依旧要远较俄国为困难，因为她们的人口稠密了，她们蓄积生产资本的活动，尤其太不容易。

西方比较有充裕资本的各国投资者，当他们觉得能够赚到的利润有充分保障时，他们就打算投资到中国、印度或非洲，这是事实；先进诸国之工业建设的指导者，为要对其商品找得扩大的市场，他们极愿意促进世界落后国家的工业化，这也是事实。没有这些条件存在，无论中国也好，印度也好，都不会有她们现在的铁道系统与设备和现代机械的工厂。低廉的劳动，已经在某种限度，把西方的资本吸收到比较落后的国家了。但是，就技术上的便利机会来说，工业化的步调实在很迟缓。为使西方资本家乐于投下大规模的资本，市场必须扩张，但一大部分居民没有从他们的原始贫困状况跳出来，市场又无法扩张，这是一个非常不好的循环，这个循环所加于比较落后国家的桎梏，只有苏联在国家整个计画之下，同时扩展生产与消费，才能予以严重的摧毁。

① 狄克推多，英语 dictator 的音译，意为独裁者。下同。——编者注

各国人民之职业的百分比

单位：%

国度	年度	农业与渔业	矿业	工业	贸易	运输		军队	公务	自由职业	家务	其他
						船运	其他					
美国	1920	26.3	2.6	30.8	10.2	0.4	7.0	0.5	1.3	5.2	8.2	7.5
英国	1921	6.8	7.5	39.7	13.9	1.9	5.1	6.5		4.4	11.8	2.4
法国	1921	41.5	1.5	28.4	10.4	0.3	5.9	2.0	2.6	3.5	3.9	—
德国	1925	30.5	3.2	38.1	11.7	0.5	4.2	0.4	2.0	4.1	4.4	0.9
意国	1921	56.1	0.6	24.0	6.4	4.0		2.0	1.5	3.0	2.4	—
波兰	1921	75.9	0.7	8.7	3.8	—	1.8	2.6	0.8	1.6	2.1	2.1
捷克	1921	40.3	2.7	34.1	6.0	—	4.0	2.3	1.9	2.8	4.3	1.6
苏联	1926	86.7	6.1		1.4	1.6		—	2.3		—	1.9
瑞典	1920	40.7	0.8	30.2	8.4	1.5	4.4	0.7	1.1	3.8	7.0	1.4
比国	1920	19.1	6.6	39.9	10.7	0.8	6.8	2.2	3.3	3.6	5.0	2.0
丹麦	1921	34.8	—	27.0	10.8	1.3	4.6	0.7	0.8	5.5	13.3	1.2
荷兰	1920	23.6	1.7	36.1	11.7	3.3	6.3	0.6	1.1	6.5	8.1	1.0
加拿大	1921	35.0	1.6	26.9	13.0	0.7	7.1	0.2	2.8	6.0	6.7	—
印度	1921	72.3	0.3	11.2	5.9	0.2	1.2	0.3	1.1	1.5	1.8	4.1
澳洲	1921	22.9	2.9	31.2	15.3	2.1	6.9	0.4	1.7	6.5	9.0	1.1
新西兰	1921	27.1	1.6	27.5	15.5	3.2	6.7	0.3	1.0	8.4	8.7	—

世界协调的前途 如人们真有四海之内皆兄弟的认识，如国际联合会真是一个国际的有力机关，那末，一切国家对于促进整个世界的进步，对于亚洲非洲人民之永劫的穷困的救治，就会发挥和衷共济的精神。但是在实际上，各国的猜忌，帝国主义者的对敌，与工业制度的竞争，已使此路不通；同时东方社会对于帝国主义者深入势力的抗拒，又造出了阻止西方资本流向海外之不稳定的政治条件。加之在世界物价不绝变动的状况下，借贷是危险不过的，一笔债务的偿付，以商品换算起来，也许要变成一个可怕的高率的重负。比如银价的惨落，不但大大的缩减了中国的购买力，并还大大的增加了中国要以黄金或外国通货偿付的债务；此外，原型商品价格的低落，已使一切借款国家的债务负担，较其所借债款的实在价

值，简直大到不成比例。通货的稳定，借者贷者间之条件的均等，那都有关于经济的国际主义的发展。如我们当前种种努力的目的，不在猎取我们特殊国家之部分的利益，而在增进世界的总财富，那我们拼命努力使印度与中国工业化，结局一定能叫世界财富有极大的增加。这一来，一切先进国家所改造的工业，就能在未来的长的期间内尽量发挥其效用。但是经济的帝国主义，只努力独占殖民地，以殖民地为其市场，为其原料供给地；而比较后进国家的人民，又为其不平待遇而表示怨愤，由是海外投资不得稳定，占有二分之一以上的世界上的地面，不能迅速增加其财富，以致使占有世界二分之一以上的人民，继续陷入于完全不必要的原始贫困状况之中。

自然，技术上的生产力之不能充分发挥其效能，那并不是为了什么新的原因。世界自始至终就不曾在技术方面有让它充分发挥其经济利益的机会。在每个阶段，世界都为此而阻止其进步的前程，究其原委，一部分系由于具有国境的政治单位的强制划分，这种划分，完全没有顾及经济的分工；另一部分，则系对于科学进步所提供的技术功能没有充分能力加以组织，对于要适应不绝扩展之生产力的分配状况没有充分能力加以安排。自现代经济制度开始以来，没有一个时期不存在有阻碍贸易自由的人为关税壁垒与政治的障碍。某种地域之资本的过度缺乏，与其他地域生产资本财之剩余能力密切关联；政府与实业家们，纵令对于经济问题不是怎样的钝感与短视，但他们所孜孜计虑的，不是要繁荣世界或世界的工业，而是要繁荣他们自己的国家和自己的工业。十九世纪提供于人类，让人类自由处置的一切技术，如能充分应用起来，那世界一大部分的原始贫困的景象就不但不难解除，也许老早就解除过了。但是，当我这样说，并提示这原始贫困问题在今日指顾间可以得到解决的时候，对于这种希望的限界性与幻想性质，我是意识到了的。以今日这样广博的生产的资源，竟久而久之的不能解决这个问题，实在使人难于相信；但我们必须记着，像这种的解决，并不仅是要依存于可资利用的技术力量，且还要依存于能利用这技术力量之经济的与政治的秩序之存在。试一环览宇内，任谁都不能相信贫困的问题，会在当前经济制度的构造中得到解决。因为不论在什么地方，这种制度似乎已在受着一种愚弄其充分技术力量之崩溃的威胁。

我们的出路 摆在我们前面的，实在有三个可能的前途：一是现在经济秩序的改造。这种改造要基于以次的基础，即允许技术上之生产力的充分利用与加速的发展；一是能做成同一结果的新而非常异样的经济秩序的建立；一是当前秩序趋于混乱的瓦解。如这第三个可能的前途实现——任谁都不能保证其不实现——那世界的景象就实在是黯淡不堪了。因此我们必须下大决心，在最精密最客观的事势考察当中去选定其他两个可能的途径：我们是要在一个较宽广、较包容，并且必需是较集体的基础之上尝试改造当前制度——即创造一个以世界为经纬的新的世界资本主义以代替今日部分的、相互冲突的资本主义呢？抑是大发愿力，认定这在某种经济阶段有其必要的资本主义，虽然已经成就了它的历史任务，但再也不适于二十世纪由人类所支配的技术上之生产力的利用与发展呢？这是在当前危机中每个有识者所必须明加抉择的重要问题；本书的要旨，就是想对于当前之事实与趋势，尽可能的加以非感情的客观的分析，以期对于这些有识者个人的判断，提供一点必要的基础知识。

从外表上看来，世界资本主义的情势，已再无从保证。过去数年的危机，本质的表示了现代的经济制度，不能适应其急遽发展起来的技术上的生产力。自一九二九年以来，生产力尽管日益迅速增进，而利用生产力的可能性则日益减少。有相对自给自足能力的合众国，对世界市场有精密特殊生产系统的大不列颠，都无法阻止其崩溃与衰落的大势。这事实，归根结底的显示了以次的见地：就是世界必须组成一个简单的经济体系，并且在世界各地陷于不况与危机时，任何国家都不能独特的享受繁荣。但是，世界即使是一个经济体系，当其活动起来也决不会和衷共济的。由危机所招来的反动，就是各处地域主义与国家主义趋势的高扬，就是每个国家、每个集团，都企图躲在人为的防御线里面，以期回避世界危机的侵袭。资本主义不图建立一个适应二十世纪需要的世界经济体系，却已加速的摧毁其曾经著有功效的国际主义。也许有人说，这种趋势是在十分变态境况下求得安全的一种自然事态；是使资本主义改造成为一个世界经济协作体系的真正尝试的前奏曲。但是，我们在何处能发现这种改造尝试的征象呢？各国政治家与实业界领袖们不是连想都没有想到这个新的协作的世界秩序上来么？在当前，我们也无须说资本主义不能或不会改造，但是我们只要把刻下的情势略加考察，就必然无可避免的要得到以次的结论：即这种改造工作不但不曾开始，就连那些在政治经济上居于领导地位的一大部分人物的心目中根本就不曾把这当作一回重要的事。

其实我们这大多数的人，都是极端憎恶现势下之真理的发现的，人类心理上有一种对于定局的自然要求。这种要求，总把世界看作是固定的、不变的；对于某种问题所成就的解决，总把它看作是最后的解决，以为一度有效，就注定永远有效的。在十九世纪时代，经济制度的大体轮廓，大多数人都看为是固定的、不变的，除了占少数的乌托邦社会主义者及马克思派的社会主义者而外，谁都难得对于经济秩序之根本基础发生疑问。

回顾一下过去罢　但是，到了现在，谁肯对于十九世纪的状况作一非感情的回顾，他就一定要认定这诸般状况有许多方面绝对是出于人为的。那些状况是由决计不能持久的特殊环境产生出来。所谓产业革命（The Industrial Revolution）——由此导来了一种植基于动力机基础之上的工业制度——亦不过是一种历史事件，这事件之发生于大不列颠，是当着世界其他各地尚不能利用十八世纪乃至十九世纪初叶之种种发明所成就的新生产力的时候。因此，大不列颠乃得在工业生产效率上长期占着优于其竞争者之领导地位。她很自然的利用了一切良好机会，使其经济达到极其专门化的限度，她因着新机械技术的使用，几乎能生产出较他国低廉得多的各种商品。这种种优势，使她获有世界最好的市场；同时，因为劳动阶级的权势，这时尚属微小，即尚不够使其生活水准抬高到与生产能力扩张相称的限度，于是她就获有了异常高率的利润。由新工业主义所产生出来的庞大剩余，主要是可用以从事资本的蓄积的。大不列颠于新生产力独占之外，又益以庞大的资本剩余，无怪其经济发展的权力，不仅及于本国，且及于大部分的世界。处在这一种情形下的不列颠的工业家，自然要选择那些能由新机械技术给予以比较最大利益的商品，以为其生产活动的范围。她开始着手棉业生产，并发展织物贸易——换言之，就是从事消费者所消费的物品的生产交易——但以后，她遂由供给世界以织物，过渡到供给世界以运输与生产的工具。她建立了世界的铁道，设置了世界的船厂，担任了世界各地之公务事业的准备，并且在许久以前，她已贩卖了那些用以模仿其生产方法之机械于世界各国。主要由于大不列颠之向外传布其新工业主义，动力生产的技术乃传布于其他国家，自然，合众国基于其本国之发明，开始曾在某种限度进行其独特发展程序的事实，那是无庸否认的。蒸汽机关与火车头，鼓风炉与钢制机械，都是英美两国按着多少不一致的程序，而分途发明出来。但是，经过许久许久，合众国还是一个农业国家，当她由发展北美农业而进于工业化，有许久许久，还是以国内市场为其工业活动之适当出路。在十九世纪时代，美国人实在不需要输出机械与其他的资本财，因为这些在国内都有莫大的需要。大不列颠把剩余资本投向海外，但美国不然；美国地大物博，人口迅速增加，她自己所能筹集的资本，还不够供应其对于资本的需求。直至一九一四年，美国还在继续由海外输入资本；一个资本输入者的国家，她在世界经济发展上，是不能立于主导地位的。

不列颠的优势 由是，在十九世纪当中，大不列颠就变成一个优越的经济特殊化的典型，她一天一天趋向于依赖外国，帝国要仰给于外国的，不仅是必要的食品，还有其日益发展的工业所需的原料。她在对外贸易的少数制品的生产上所进行的分业，比较任何其他国家所已经成就了的要窄狭得多。加之她的极端的分业活动，促起了其他各地分业的反响；因为由不列颠需要食品与原料所形成的广大而迅速扩张的市场，不期然而然的，使新大陆加拿大、阿根庭诸国在农业品与原料的生产上，成就了不列颠在制造业上那样专门化的分业。这样，世界相互依存的大体系，遂主要基于英国在制造品上之专门化而开始建立起来，并且在这个相互依存的大体系的幕后，隐伏有十九世纪的自由贸易的哲学，这种哲学的全体，照亚当·斯密(Adam Smith)在一百五十年前所指示的，不外就是国际的分工。但是当着新大陆诸国在初期商品生产中发展到特殊化，以为大不列颠之工业特殊化作补充的时候，产业革命竟取一个不同的路径在旧大陆其他诸国扩展起来。这些国家特别是德国的产业革命的成就，并不是要建立一个经济体系以为英国经济体系的补充，而宁可说是为了要与英国的制造业者相对抗。不过，在开始的时候她们是不希望在自由贸易状况下成就此举的。因为，大不列颠在工业的效率上，有许久许久是居于主导地位，她的充裕资本及她的大批的技术工匠与手工业者，究不是其他国家所能与之抗衡的。因此新兴工业主义在德国，在欧洲其他国家，乃至在美国(她还有其他多少相异的原由)的发展，类皆采用了保护关税政策。在关税的壁垒后面，那些业经采行了新生产技术的较旧的国家，遂开始建立了直接与不列颠体系相对立的制造体系。在某一时期内，这些新国家要严重的排斥输出者大不列颠，她们对于其国内市场的供给，自非常忙碌；因此，不列颠的制造业者，遂得为应付此逐渐受到排斥的局面，用其资本在其他地域促进需要，并为此新的需要，而计画新方式的生产。不过，她对新生产技术的独占，渐渐由新国家的工人与技术家之习得工业主义方法和接受工厂制度训练而归于丧失。直至一九一四年，这种竞争势力尽管日益扩增起来，而不列颠的输出还在继续扩展，这原因就是由于新市场的开拓，由于其得之于新市场者比较其失之于旧市场者还多。可是她在一九一四年的情形，已经颇不安定，竞争的压迫日益加强起来，尤其是对于比较后进国家的市场的抢夺，和对于新发现之原料供给源泉的独占。

不列颠不能独占了　大不列颠在某一个时期中所处的顺境，自其在生产效率上所占优势，因新机械技术进步而渐形减缩以后，那种顺境乃大大发生动摇。新机械自然而然的要为一切国家之购买者所利用。因此，其他国家之技术与手工技能，乃迅速提高其程度；并且，新机械本身，日复一日的变成了愚呆的证据(fool-proof)。广大范围之工作技术，由发明的改进而移到机械去担当了；这一来，大不列颠工作上之特殊技巧的长处又因之逐渐缩减下来。不列颠劳动者的生活水准，较之欧洲任何其他国家为高。把此种生活水准与不列颠的生产力相对的说来虽是非常之低，但对于不列颠雇主们与那些使用低廉劳动、使用新式机械的外国相竞争，却仍不免是一种妨碍。

简言之，在一九一四年以前好久，大不列颠就已经丧失了她的独占优势，并且在她所供给世界的一切制造品当中，她已不复能自由选择，她渐渐受迫而与其敌对者作减价的竞争；其他国家企图分割世界的热望逐渐增加，她以前所占有的比较有利可图的领域就逐渐缩小。从不列颠的眼光看来，要对当前情势施行救济，那显然只有其他国家依照其生产力的增加而抬高工资；就从世界立场来说，这也是正当的解决途径。但外国的制造业者，却不是从这方面来考察；他们企图获有较大分额的贸易，低廉工资，正是他们在从事此种扩张贸易竞争中的重要武器。他们如此竞争的结果，遂反过来影响到不列颠的工资水准。在二十世纪的最初十年中，大不列颠自十九世纪下半期以来即不绝增进的真实工资，至是已决然的中止了上腾的倾向。即令一九一四年不曾爆发世界战争吧，当时依然存在着种种暴力足以严重威胁十九世纪工业秩序上的既成的调和关系而使之瓦解。这也许是世界战争必然要爆发的理由罢。

自由贸易的福音 当不列颠的制造工业几乎独占有世界市场的时候,英国的经济学者、政治家、实业家们,正为其成功而踌躇满志,对于植基于国际分工的自由贸易,他们不但坚决主张是具有特殊环境的大不列颠的适当政策,且是全世界在一切时代都应采行的适当政策。在布莱脱(Bright)与柯布登(Cobden)以及其他师承曼彻斯特派(Manchester School)见解的理论经济学者看来,自由贸易和国际分工之普行于世界,那只是时间问题。真的,在某一个时期,英国经济方法的大成功确曾使自由贸易在他国获有非常的威势,许多外国的经济学者与政治家们都为此政策而倾倒。法国巴师夏(Bastiat)对于自由贸易学说的竭力宣扬,与柯布登在英国没有两样。在十九世〔纪〕有一个短短时期中,一切西欧的国家,甚至在美洲合众国,似乎都倾向自由贸易;这时,一向具有优势的保护主义者的意见暂归销沉了。但是英国经济学的这种传道式的成功,只是昙花一现,并且在老早以前,其他国家重又回头来服膺腓特烈·李斯特(Friedrich List)的说教,且极力在关税壁垒下发展其幼稚工业(infant industry)。她们相信,她们惟有习得了英国在工业上占有优势的动力生产的技术,她们方能希望继续为现代世界状况下的强国。在十九世纪最后二十年与二十世纪最初十年间,关税的壁垒迅速在世界各国增高起来。就是那些专门输出原料与食品的国家,亦渴望以关税为武器来建立自己的制造工业。这一切的趋势,都会严重的加大世界经济秩序的不安。所有采行保护政策的国度所建立的工业,几乎都是英国所专门从事的工业。于是,在某种制造工业的紧要部门,特别是在生产资本财的工业上,其生产的能力乃自然而然的要增加起来,因为在每个国家看来,要在现世界经济秩序当中扮演一个独立的重要的角色,就必得发展这种形态的生产以为其工业制度的基础。这样,那种远于事实的普遍自由贸易,遂日复一日的不成为问题了。那是一种梦想,一种已经完全失却其世界经济基础的梦想。自然,这不一定是说大不列颠应当修正其自己的自由贸易态度的时期已经到来;依着她那特殊的环境,就在保护政策风靡一时的世界,自由贸易也许还可继续予以利益。不过普遍自由贸易像梦一般的消逝了,那就无异是说大多数国家已经决定在某种集体的指导下发展她们自己的经济体系。其实,保护关税是颇不科学的,或者说那只是打算发展那些工业，即一国有发展其生产效率的最好机会的工业，但是，一种保护政策——它具有发展某种工业，而阻害其他工业的权力——的思想，显然就是走向国家经济计划的思想的初步。世界保护主义的复活，那就等于说是一种内在的经济调和观念与自由放任主义的决然放弃，和一种与此正相反对的见解的采取，后面这种见解，就是认定经济活动的计画与指导都应放在某种有意识的统制形式之下。

国家主义与帝国主义　但是，如果保护关税被视为经济统制唯一的或主要的工具，那世界的经济势力就毫无疑义的要日益转落到对抗的国家主义者或帝国主义者集团的控制之下。因为保护主义如其说是对于国家计画思想的肯定，那就是对于国际计画思想的直接否定。那在一国之内，系以统一的经济发展的观念，代替那在十九世纪为英国人所热忱爱护的无限制的个人竞争的观念。不过照此下去，势必要视每个国家为一绝对的经济单位，其结果将导来一种纯粹各顾各的政策，并使每个国家永久与其一切邻国作经济的斗争。因此普遍自由贸易思想的成为过去，那就是说世界不但要想到放任主义的将来，且要想到计画思想的将来；但也就是说，计画如不能使其行之于一国者行之于国际间，则国家主义的冲突，就必然要把世界导向经济毁灭之途。

无限制的经济国家主义，也许在某些国家有实现的可能，但这种政策的实现，对于其他大多数国家，对于世界全体，必定是一种损害。而受害最烈的还是采行此种政策的，即企图在保护甚或禁制关税掩护下完成一大自给经济体系的小国家。因为现代世界的许多工业，实质上都是那种性质的工业，即它为广泛市场所从事的制造，乃完成现代大规模生产经济所不可缺少的。显然的，一个小国如为其本国市场而在这些工业上发展大规模的生产，或为提供其本国人民以合理的生活水准而作广泛的充分有效的生产，那又是另一问题。从世界经济效率的观点看来，现在东欧与南欧之错综复杂的关税障碍，实在是荒谬不过的。像这些只拥有几百万人口的国家，绝对不能完成一大包罗的经济体系，而不大大牺牲其生产力。至地大物博人口众多的国度，其情形也许颇不相同；这种国家对于自给自足的政策，虽然再澈底推行起来，亦不致招到其他欧洲小国那样的损害，但其经济的国家主义的努力，终必受到无可超越的限界。哪怕就是美国罢，她在原料甚至在食品的供给上亦尚不能自给自足，且还须向海外投售大宗的货品。特别是，当一个国家一旦在金融上变成了其他国家的债权者，要输出资本财，她就应当打算同意以货还债的办法，接受债务国所能够提供的商品；世界大战的结果，美国变成了主要的债权国；虽然美国人民迄今尚未充分认识事势的推移，但有一点是知道的，就是经济的国家主义政策，就在美洲大陆亦破产了。

现代的世界，与普遍自由贸易不能实行的情形是一个对照。诉之于普遍保护主义的结果，无非是生活水准之不必要的降低，货物由一国到他国之自然移动的通路的破毁。无论是普遍的自由贸易，抑是普遍的保护主义，在现代世界都行不通。当前有一个压倒的趋势，就是在世界经济组织上加以努力。各国都当在相互调和利益，而不在相互保护独特利益的基础上建立一个有组织的世界体系，并且这个体系，对于不断变动的环境要有弹性，要能迅速的适应。保护主义最坏的特征之一，即是它的硬性，因为每种保护政策的效果，总会对受保护的产业造出多大的专利，这种利益往往使经济制度硬化，使其不能适应那些变动更速的生产技术条件。新的经济秩序，是资本家的抑不是资本家的，姑且不管；但我在此刻敢于相信的，就是这新的秩序必得是世界的秩序，并且各国想借国家主义的排外政策，以期躲避当前经济暴风雨的分途的努力，其结果是定然要趋于混乱与崩溃的。

一种滑稽的状况 把我们所说的总括一下吧。无论哪位有识人士，只要他对过去数年的世界下过观察，那情形定是滑稽不过的。世界生产力在过去二十年中实有惊人的发展——那种发展，较之有史以来(产业革命时期亦不除外)所成就的犹大得多。在制造业固不必说，就在农业上其发展亦是惊人的。由是世界所能生产、所能交换的物品与勤务，都有极大量的增加。不论在哪个地方，这种生产力上的改进皆超越了人口的增殖。并且人类各种肉体的精神的劳动之生产的价值，殆莫不有真实的增长。像这些生产能力上的进步，显然是有利益的。那应当能够大大提高世界的生活水准使人们享受更多的闲暇；应当能使我们解决世界一切国家——远东诸国在内——的贫困问题；应当能使我们少受社会经济问题的压迫，多把精力用在那些比较不“阴惨”的生活技术的培植上。总之，这个世界应当更富有、更健旺、更幸福、更智慧，并且对于将来更有希望。无论从哪方面来假定，生产力借着科学的帮助，在未来二十年中，一定能——如果能妥为组织的话——较过去二十年有更迅速的进步。我所写的书,应当是论及如何才可最好的利用世界新的财富与对于闲暇的机会,而不当论及世界衰落或世界恐慌的危险。我们大家的光阴,应当花费在讲究如何使生活水准特别提高,而不当把时间费在职业介绍所,费在油腻的厨房中,或者为这世界经济的阴惨景象而费在这阴惨的书籍的著述上面。

丰裕的咒诅　世界本来是应如我上面所说的那样,但实际情形怎样呢?一大部分主要的食品与原料都不能找到肯出适当价格的顾客。这原因不是由于世界不需要这些物品,而是由于世界虽有这些生产物以上的需要,无奈需要这些物品的人们没有交换手段去购买这些物品;所以生产尽管可以大大的扩增,而扩增的物品不过更使市场滞塞而已。同时在世界制造的领域内,制造业者所投的资本,虽然不像初期生产者的投资那样不容易伸缩,从而制造品的过剩,似乎没有初期那样利害,但其结果却是广泛的失业。因了生产品不能以相当利润售出,即因生产工具所有者得不到适当利润,几百万的男子妇女都找不到工作,几千个工厂都停止活动。世界对其生产力简直感到莫知所措。这种生产力愈增加,世界就愈没有方法去利用。说这种情况是滑稽的,悲剧的,我想谁都不能否认。生产力增加的结果,如果竟成了失业与灾害的积极原因,那科学家使人类劳动生产力增进的发明,究有什么用处呢?机械的作用如仅在驱逐劳动,那目的在减轻人类劳动重累的机械的发明究有什么用处呢?播种而求收获的农人,为了救济其财政上的困难,竟祈求一个歉收的年成,这样的世界我们还有什么可说呢?我们确实是生在一个稀奇古怪的世界中。

自然哪,对于这类问题的答案,我们可以说那不是丰盈作祟,不是自然赐予或科学成就上的罪过,而是我们没有把这些毫无疑义的利益妥为组织支配。这全是真的。农人丰盈的收获,工人更多的生产,那是怎样也说不坏的,恰恰相反,要这样才是积极的利益呢!他们所生产收获出来的东西,必须使其作为提高全般生活水准的手段。所以,错误不在人们的生产技术上,不在物品的丰盈上,而在经济制度的组织上。我所要述及的,也只限于这无可争辩的彰明较著的真理。不论是谁,他都会同意一件事实,就是说世界经济事象,完全是受支配于一种非常错误的管理,或完全缺乏正当管理。但是我们一问及错误所在的地方,马上就由确定的领域转到意见纷歧的领域了，比如问：那种错误的原因，究有怎样深的根底呢？那能够借一些简单的改革，像世界货币制度之改良组织，关税政策的修改，国内国外债务普遍勾销或折减，对于军缩问题，太平洋方面之国际困难问题的实行改进，或者对于其他有关现时经济制度之存续的种种变更而得到救治么？或者，我们必须试行比较激进的步骤，甚至仿效苏俄，实施共党专政，推行五年计划，努力把社会主义的经济组织由一国扩展到世界么？

显然的，我们此刻不能一一解答这些问题，并也不能希望有使每人而悦之的解答。在我们企图解答这任一问题之前，我们要考察事实，要探究世界是怎样陷入这种危机，并看其向着恢复或向着更悲惨局面迈进的趋势是如何。

因此，我在次章所要叙述的，就是世界恐慌的根源，恐慌的连续情况，以及它在世界各国和各地方所发生的反动影响。不过关于这点，还只是对于本书所要解明的诸问题之性质加以初步的考察。在这世界恐慌之初步的考察中，为图易于了解，我们首先必须回溯到大战终结与世界恐慌开始的那十一年间的历史，然后再进而考察大战时的情形，以及战前世界的和形成于十九世纪的经济制度。至少我们要在大体上论究那些在大战中拼死对敌的诸大国与帝国主义列强的勃兴，并要考察到现代动力生产方法，逐渐由一国扩展到世界大部分文明领域之经济的影响。这几层做到了，我们于是再回头来论述现在的事实和趋势，再来判断那些对世界恐慌所下的各种解释，以及各国政治家各派经济学者认为可以挽救世界恐慌所提的方法。

生产过剩之不可能　但在描述世界恐慌本身，甚或开始其原因之探究以前我在本章所特别属意到了的，是强调世界经济情形之绝对荒谬，并强调现经济制度之实际成就，和一种合理经济制度之正当要求间的对照。我在前面讲过，人类一切经济活动之唯一目标，不外是借着最大可能之财富的生产以促进人类的幸福；人类对于闲暇，对于合理的工作条件，乃至对于财富之最善分配的诸般要求，都是要有了财富才可满足的。任何经济制度之成功与失败，必须以这些要求为标准来判断；本书自始至终是把握着这种见解的。

如其有人主张世界的生产实在过多了，或者说，我们对于目前的困厄只须听天由命,不必孜孜于救济,那我就不难据此见地加以批驳了。经济制度系由人所形成,当然可以随人的需要而设法救济。设或有人诉说需要不得满足,那一定非增加生产力和增加实际生产不可。如我们所能控制的生产的资源不能充分利用,则又必然是由于愚昧,由于错误管理;这种的弊害,只要人们肯用智慧去设法救济,那定然是可以救济的。若连这种事理还不相信,那不但是为人类的理性与常识悲,且还确信人类对此已失却了常态。实在说来,过去二十年的事故,似乎可以明白证示人类集团的愚昧与无能。而且,要把广大世界上之庞大的生产的资源加以妥当的组织,那种业作之困难,及其需要万众一心和竭全人类才智共同努力的事实,是用不着否认的。不过这种种的困难,究不是悲观的理由,而是应当加强努力的理由;过去愚人的道德,就是说,要诉之于人类的理性,非集思广益不可。因为人类都是有他的领导者的。如其大家对于经济问题有了理解,并有一种智慧的舆论,对于领导者所作的正当事体极力援助,对其所作的不正当事体横加阻掣,那一来,诸国民在经济事实的安排上显然可以达到妥当的目的。工业上的技术家与工人,都是可以在生产更丰裕的财富上胜任愉快的,但可惜世界各国的联系,还没有达到完全利用其勤务的境地。在此种情势下,实有群策群力以求经济秩序安定之必要。因为人类不创造一种经济秩序,使大家都能分得其由征服自然所获有的物品,那显然是不会罢休的。

第二章　世界战争之经济的结果

第一节　世界贸易衰落的前后

在一九二八年与一九二九年中，全世界的经济活动已达到一个新记录的水准；世界各地的生产额，不论是食品原料抑是制造品，殆莫不较以前为高。而且，经济活动之更大的成果，就是由此招致了种种利益。全世界的生活水准几乎一般皆较过去为高。但是，就在物价达到最高顶点的一九二九年的某一个时期，已经利用了的生产力，距离可资利用的生产力还是隔得很远。世界这时的失业者还有很多，许多工厂都停歇，许多发明不能即时利用。不过，实际情况虽然如此，一九二八年至一九二九年的全般景象，似乎仍足以引起人们以次的乐观见解：说战后世界经济的困难几乎没有了，从此世界将向着更高生活水准作一巨跃。

但至一九二九与一九三〇年间，世界情形丕变了。一九二九年秋季华尔街(Wall Street)的金融瓦解，无异是繁荣中止的最初的显明信号。合众国的不况，迅速的加大压力的扩展到其他的国度，迄乎今日，我们仍处在这种大不景气的波澜中。真的，我们仿佛已与这不景气习惯了，前数年把我们的乐观幻想破毁无余的震动，现在也仿佛开始减弱了。由恐慌开始以迄今日，时期已够长了，我们不但可以开始对其原因作明敏的考察，同时对于人们以次的说教，即主张恐慌是一种贸易上习见的循环运动，就是人类不加救济，亦会在不况之后导来恢复与繁荣的说教，已因难耐这长期的痛苦而不能不逐渐怀疑了。

在本章，我首先须问到不况是什么，以次，根究其发生的原因，再次，论及其主要的连续现象，如何连续的情形，以及其主要事实，究曾在哪种限度发生相互的影响。我们要对物价惨落影响于各种贸易、各阶级和世界各国的事实加以考察；我们还须问到，各国为解除此困厄或逃避其结果所施的救济方法,究是实行改善了现状,抑是使现状变得更坏。最后,我们更须努力发现的,就是,当前的不况究是在日益加深其程度,或者继续没有改善,抑或是有了逐渐消除的期望。所有这些,都是关于事实的主要问题。不过像这些问题,不能得到普遍一致的回答。如其对于这些事实及其解释大家意见一致,那救济起来,也就没有什么困难了。

无奈大家的见解,是怎么也难得一致的,人们是依着他们不同的利益、不同的成见,对事实作不同的观察。就因此故,从什么角度的视线来观察问题的这一点,那是首先要弄清楚的。本书的著者是一个英国人,他在著述此书时,自然会极关怀到英国的事情。不过,他颇知道,如其他以英国人的资格从英国人的视野来写本书,那他对危机的事实,特别是对危机的原因,就不能希望有一个妥当的解述了。因为我们当前所遭值的危机,是所有各洲各国都受其影响的世界危机,要恰如其分的观察其实情,要正确的了解其意义,那是非从世界的国际的观点出发不可的。

世界的公民　因此,我对写本书所取的态度,是一个世界公民的态度,或者宁可说是从非任何特殊国度的立场来考察世界的情事。而且,国际的观点,是纠正普通人对危机观察的必要条件,所以我更非从此立场出发不可。我们一般人关于危机的认识,大体上自然是侧重在危机对于我们的国家及我们自身的影响上面。因此,我们对于我们自身及我们国家所遭遇的困难的救济,就往往不容易想到那些救济在世界其余各国所发生的反动。加之,当前世界在政治上、在经济上,都没有形成一个有力的共同政府,在某种限度内,这种情势也足以促使普通人只寄其希望于其自国政策的倾向。然而,哪怕就是一大部分处理危机的方策,要各个国家来施行,但那些方策终须根据以次的理解:即危机不是国家的而是世界的,一个国家的自救方策,如其会在其他各地发生破坏影响,其结局终不免要回头来害及其本国。

自然,我们知道危机是世界的,但要使人们认识救济亦必须是世界的,那却就困难。一大部分事情其所以弄糟的,就是由于其中具有这样一种性质,即一国要想把事情弄好,势非与他国通力合作不可。试把危机的主要附随事体及其特征一加思索罢!那其中无论哪一项,都是不能单纯就哪一国的情形来解述的。物价的一般跌落,维持金本位制的困难与白银的减价、赔款与战债问题、债权国与债务国之间的更广泛的关系、关税提高与输入限制、远东与欧洲之工业上的竞争的展开、危机前后之海外投资的过分幻想——所有这些事项,殆莫不具有国际的性质。而且,它们都与和平条约之国际政治背景保有紧密的关联,而这和平条约又曾在欧洲造出一些新国家和新的国境,并破坏了既成的生产与贸易的经济单位,重新分配殖民帝国。至若其他世界战争的遗产,如俄国的共产主义者革命,对于导来意大利式之独裁政体之议会德谟克拉西[①]的怀疑,中国与印度之民族与阶级的动乱的迅速增长,以及由战争与革命留给全世界之不安定的尖锐意识,都显然与前述诸事体有了相当联系。所有这些活动于人们心目中的酵母,不但会影响各国政府的政策,且会影响到一切国家各个人对于日常经济事体的态度。我们对于世界将来缺乏一个定着的信念,那就是现代危机之心理的方面,那是颇关重要的,因为这种心理上的危机,不但可以影响各国,且几乎可以影响每个人的经济习惯、商务处理,乃至其对于较广泛之经济政治方策的态度。

我们把危机的若干特著事实讲述出来,其世界的性质就昭然若揭了。它开始是集中于合众国股票交易市场上的物价飞涨与惨落。接着,南北美与澳洲大农业国家的困难不绝增大起来;美国投资者由欧洲提回其资本,危机遂侵袭到德国与中欧,金融奇窘的结果,奥国的昂斯塔尔银行(The Anstalt Bank),德国的达那特银行(The Danat Bank),先后倒闭了。这一来,世界的"信用危机"(crisis of confidence)激成英国及其他许多国家废弃金本位;合众国由是发表暂时停止偿付国际债务宣言,大不列颠由是而撤废其传统的自由贸易政策;此外,为阻止货物自由移动,尤其是阻止支付货物之货币的自由移动,差不多每个国家都实施政府限制与统制的积极方策。

荒凉景象的扩展 在这诸般不幸事实之深入结果上,每个国家的困厄,无非是使其他国家的地位弄到更坏。合众国的破产,直接影响到大不列颠、德意志以及所有其他以合众国为其货物销场的国家。德国金融的奇窘,又严重的打击奥地利与中欧一切国家,同时,大不列颠与合众国的金融状况,亦相因而受到危险。大不列颠之放弃金本位制,其他尚维持着金本位制国家的输出贸易马上感到威胁。并且,每个国家为保护自己而

---

① 德谟克拉西:democracy 的音译,意为民主。——编者注

采行的政策，几乎没有不加害于其邻人，于是其邻人自必要采行相当政策以图报复。提高关税，限制输入，限制国外汇兑以及限制资本由一国向他国移动，势必阻害货物与货物之正常交易，结局，彼此的生产额同受其限制。在世界所有的货币市场上，货币全行封锁；而现代贸易与工业所赖以维持其生存的信用，乃陷于完全梗滞的危险状况中。由不况致形成收入短少的政府，甚且迫而缩减其必要的国家支出，这种紧缩政策，又进一步限制了货物与劳务的需要。要在日益缩小范围的市场中，保持住一个最大可能的分额，缩减生产费是必要的，由是，一国削减劳动工资，其他国家也竞相削减。然而，工资削减，无异进一步缩小需要，增加世界失业的总数，并在负担维艰的政府肩上，加上一个维持失业者的新的重担。这样，在每个国家的经济制度中，困窘景象乃不绝增大其环圈。而各国为救济其紧急关头所行的方策，直无异为他国造出一个新的难关。

在此种情形下，每个特定国家的危机，非与他国相联系起来是难于理解的。是的，某些国家在这方面的遭遇，也许比较其他国家要利害得多。但对于危机的描述，却不定基于任何特定国家的观点，而必得具有一种精神，就是，汤玛斯·哈第（Thomas Hardy）在其所著《王权》（*Dynasts*）中的精神，当其观察人类事故，有如一个人居高俯视一个蚁丘。其不同之点，宁可说是那对象并非无止息的活动，甚且不是显然有计虑的活动，而是生活逐渐向下与痿痺的现形，那使矿山与工厂停闭，使船舶在海洋上停止行驶，使棉花小麦橡皮充满堆栈，甚且使黄金在世界各地死藏起来，同时，在中国，有数百万人民陷于半饿状况，其他各国的男子妇女儿童都缺乏日常生活用品，这些用品，是那些失业工人与停闭工厂可利用堆栈中堆积的原生物而增加其生产的。我在前章讲过，在物价惨落的前几年中，世界生产迅速增加——远较人口增加为速——而由战后深刻不况恢复过来的欧洲尤为显着。在一九二五年与一九二九年中，世界食品与原料生产增加11%，欧洲则增加17%；同时，全世界的对外贸易增加19%，而欧洲则增加22%。至这四年中的工业生产，那亦是有迅速增加的，那种增加率，至少是与原料与食品之增加率相等。

1929年世界主要各国生产状况

国度	麦	煤	煤油	电	钢	汽车（生产数）	船舶（包括汽船电船）	棉花（消费量）	家畜		
									猪	羊	牛
	百万公担	百万公吨	百万公吨	百万基罗克①	百万公吨	千辆	千吨	千公吨	百万		
	1928—1930（平均）	1929	1929	1929	1929	1929	1929	1929—1930	1929		
合众国	234	552	138	97352	57.3	5358	112	1386	53	51	58
大不列颠	13	262	—	17392	9.8	239	1520	574	3	24	8
德国	37	163 174*	—	30661	16.2	135	249	295	20	3	18
法国	76	54	—	14327	9.7	250	79	268	6	10	16
意大利	63	—	—	9794	2.1	91	71	221	3	10	7
加拿大	115	12	—	17663	1.4	263	—	47	4	4	9
/	68	—	1	829	—	—	—	—	4	44	32
阿根廷澳洲	44	11	—	2286	0.4	—	—	—	—	106	11
日本	—	34	—	12036	2.3	—	165	604	1	—	1
印度	90	24	1	—	0.6	—	—	447	—	36	147
中国	—	15	—	2124	—	—	9	465	—	—	—
苏俄	233	38	14	6465	4.7	—	34	442	21	133	67
世界	1249	1327	206	—	120.5	6367*	2774	5434	—	—	—

* 德国还有木炭174百万公吨。

* * 限于主要各国。

① 基罗克：英语 kilowatt 的音译，意为千瓦时或度。——编者注

第二节 合众国

实在说来，欧洲的发展，较之美国的发展要规则些。美国由一九二八年到一九二九年的景气，在其不同的经济部门上显示了极大的差别。而当时为景气所笼罩的部门，主要不外是股票交易所、地产经营与建筑工业，至若在工资或雇佣上，在真实消费者的需要上，却并不曾显出怎样了不得的繁荣景象。不过，这种在发展上的区别的征候是很少人留意到的，直至股票交易所倒闭时，美国一般人几乎还是一致贸然相信繁荣的进步。在一切工业上几乎都能挣到高率利润，投资事业俨如疯狂一般的活动。建筑业上加强活动的结果，新工厂、新房屋，以及壮丽堂皇的办公室一类的长排建筑，都在各处兴建起来。因为大家预期繁荣的继续，土地便被视为一宗发财的对象，于是买进卖出者频繁，其价格迎风陡长。同时工业股票在市场上的价值，简直高到与其实际所生利润不成比例。投资者乐观地期望将来，大投资本；比较短视的投机者，则利用一般人的易于朦蔽，大发其财。为了渴望丰裕的酬报，各种各色的美国人以及世界各国的人士，都把他们的金钱注集在美国股票交易的市场。股票价格迎风陡长，购买股票的人自没有一个不获有过分的纸上的利润，红利几乎是计数不到的。因为在这种场合所珍重的是资本，资本的评价，就随货币的不绝增积而不绝增大起来。信用骎骎扩大，对于防止信用用作投机的努力全归失败。就在这当中，许多外国人既把他们的流动财源不绝由其他世界中心地域移注纽约，由是黄金乃从其他国家流出而一无所用的堆积在美国。

在一九二四年与一九二九年中，美国普通工业股票的平均价值已超过 200%，而同时大不列颠与德国之同种类股票价值之增加，则不过 25%左右。

由 1924—1931 年之美英德三国之股票价格的变动

（普通工业股票之年平均价值）

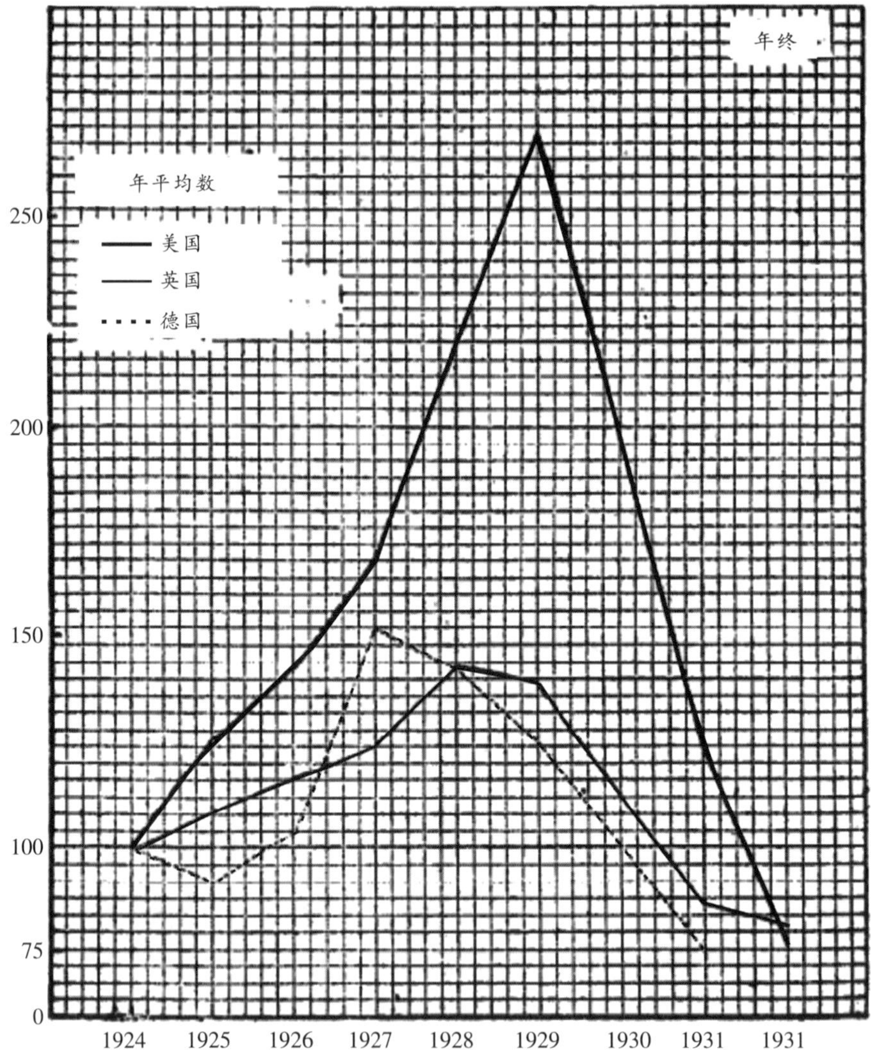

物价惨落前后的股票价格的变动

普通工业股票或公共股票价格(1924年为100)

年　度	美　国*	德　国	英　国**
1924(年平均数)	100	100	100
1925(年平均数)	126	92	109
1926(年平均数)	143	105	115
1927(年平均数)	169	152	124
1928(年平均数)	220	141	142
1929(年平均数)	270	125	139
1930(年平均数)	201	100	112
1931(年平均数)	124	75 (7月为止)	87
1931(年　　终)	77	交易所停闭	81

*在交易所倒闭前之1929年9月,美国指数达到309,至同年11月,则低落到207。1930年复高扬到244,同年末惨落到146。

**英国刚在金本位制停止前之1931年8月,其指数为78,此后,于11月升至92,12月再降至81。

股票价格的这样庞大的膨胀,那决不是由于实际经营利得之合理的预期。哪怕就是工业继续维持繁荣,那也不能期望其利得能支持这高的价格。因此股票价格膨胀,一大部分是纯粹投机,投机的结果,迟早总有某些人要蒙受损失。专于觅取短期赢利的投机者,如其他如期抛售,自然可以大发其财,不过在这种场合终不免要导来一种认识,就是觉得证券股票的价格高到过于滑稽了。设或大家都意识到这一点,那马上便有人要大吃其亏,然而在一九二九年的前大半年中,短期股票的价格还继续上腾,即令有人讲到怎样危险的理由,谁也是听不入耳的。各银行仍继续基于景气膨胀价格的评价,对各种股票债券行使垫支。投机者当抛出有利的时候,依旧继续期待更有利的价格。结局,股票价格虽在此后许久还保持上腾趋势,但迫切崩溃的情况却已显然可见了。

困难的征候　其实,自那些比纽约证券市场投机者眼光较远的人以及能观察时势之归趋的人看来，美国经济制度在一九二九年中就已经充满了失其平衡的征候。美国是一个大工业国，同时也是一个大农业国。在建筑业上，在证券市场所表现的景气，决无从助益于农民的状况。由一九二七年到一九二九年的当中，世界其他各国的物价，都有下落趋势，而美国一般批发价格与零售价格的水准，实际尚属稳定；不过，这是就工业品而言，以农业品与工业品较，其相对价格，与绝对价格都是表现下落的，美国农民处在世界全般物价低落的情况下，他不得不以低廉价格抛售其产品，但同时却要在本国市场上购买较高价的必需工业品。在一九二八年，美国农产品价格只高于战前水准 39%，而其所购买之工业品价格则高于战前水准 56%左右。

这种情形，一部分是发因于美国银行系安定本国物价的精密政策，另一部分则是发因于投机活动与吸入现金的增加，结局，农民大受其害；而农业不绝地合理化，又使一批一批的农民由农村移向都市寻觅工作。

合理化与失业 然而，美国工业上的合理化，至少与农业上的合理化保持有同样迅速的进度；所以，工业总生产额尽管增加，而在一九二九年所雇佣的劳动数量，实际还较一九二六年为低。这样，由农区向都市移动的劳动者，就不会有工作等待他们。我在前面讲过，美国当繁荣达于极顶的时候，其失业者的人数已经估计有 200 万以上。而那些有工可作的劳动者亦没有受到繁荣的丝毫好处。纸上繁荣的大大增加，投资者投机者固然获利匪浅，而对于一般劳动阶级，那却是漠不相关的，以一九二九年与一九二六年较，工资劳动者每周的所得，实没有一点增加。劳动工资与被雇人数，既不能与生产的发展保持均衡，其势不能不使美国的经济生活受到搅扰。因为，要使增加的生产的财源，得到有利的使用，惟一的途径，就是充分扩大那些能够吸收增加的产量的需要，在某一个时候，工资尽管停滞，分批购买的迅速发展，也帮同促进了消费的需要。不过，利润的提高与合理化的增进，卒使消费者的需要，不能与扩大过速的生产力以同一步骤增加。全美国人民只顾生产，不管消费，结局，生产与消费间的缺乏平衡，自不免要导来景气局面的崩溃。在此种情形下，那些效力更增大了的新工厂、新矿山，纵令尚可继续由出售产品而获得利润，但消费者的总需要量既受有限制，那在较陈旧的较少效率的经营中，一定要引起更多的失败者与破产者。就社会全般而论，如非消费者需要能扩大到容受新旧工厂所生产的物品，那工业的投资是难得达到营利目的的。

也许说，美国可以借输出增减手段而谋恢复其经济组织上的平衡。但这是有几种行不通的理由的。第一：我们讲过，美国的银行系一心一意要维持物价的稳定，生产费减低了他们不管，其他国家的物价下落了他们也不管，这样，主要是由于这样，美国的物价乃相对的较任何其他国家的物价为高。第二：我们须记着，大战以后，美国变成了一个大债权国；在目前的情形下，一个债权国如不打算贷与他国以购买其产品的手段，她的输入就必须要大于输出。直至一九二八年，美国人向海外贷出了大批的货币，他们投资于南美，投资于欧洲——尤其是德国，德国合理化政策之得以推行，主要是受了美国金元的帮助。但由一九二八年到一九二九年当中，美国华尔街异常景气，投资与投机的预期利润，在美国比较在世界其他任何国度为高；就因此故，美国人自乐意把他们的金钱保留在国内。同时，外国的资本，又因企图分有美国股票投机的膨胀的利润，而不绝向美国移动。在这诸般情形下，要想外国人由美国购买更多的货品，那是难能的。不但如此，因了美国对外投资的缩减，又因了外国人要由输出抵偿其流入纽约的货币，他们所能购买美国的货物，是一定要较以前为少的。

因此，由一九二八年到一九二九年的美国景气，是当然无从稳定的。有人说，美国物价惨落的主要原因，是由于工资太低，这是似非而实是之论。有人或要问，美国的工资，不是世界最高的么？这本不错。但一国工资的正当水准，应当按比例于其生产能力的水准。显然的，美国的工资率，大大的落在其生产力发展的后面了——这原因，一部分是由于工资增加太少，一部分是由合理化政策使工业农业上的劳动需要减退。此外，迄今仍包括有美国最大部分人口之农村社会的购买力的降落，那亦不失为一种有力原因。美国华尔街的金融解体，其所以不旋踵间就使世界各国都陷入不况的深渊的，要不外由于美国一般购买力一旦减退，一切以美国为其产品之主要市场的国度，皆因此蒙受了莫大的损害。

其实，工业上的紧缩，在股票市场投机者业经感到惊恐以前，就已经开始了。证券价格在纽约市上仍能维持于不坠的时候，工业家早已逐渐发生货物滞销的困难，并开始紧缩其生产。为了担心物价的低落，食品原料都投积在市场上；对于劳动的需要迅速低减。由是，知道现存高率利润不复能维持下去的人，日益加多。实际上，当华尔街假定生产力迅速增高,需要将以相当速率扩增,因而兴奋投资于工业上的时候,一些有识人士已经在开始收回其股票交易的方面的财源。迨到大家都知道需要扩增的希望没有保障,于是,一座完全投机的建筑,乃像纸屋一样的归于破毁。

在一九二九年九月华尔街恐慌的当中,膨胀的纸上价值,乃遇到一种骇人听闻的惨落。在同年之末,工业股票的平均价格已经跌落1/3。在翌年最初数月,曾有一个短期的、部分的、幻想上的恢复。但此后又复低落,至一九三〇年年终,股票价格仅及繁荣期之半,并返到一九二六年的水准。迨至一九三一年,跌落趋势仍继续不变,同年末的价格,只略高于同年初之价格之一半,尚不及一九二九年价格的1/3。

第三节　欧洲的物价惨落

但是,时至今日,我们不但追踪着美国物价惨落的途程,且还要蒙受着美国物价飞涨与物价惨落在世界各地发生的反响,其物价惨落固是贻害他国,其物价飞涨同样贻害他国。因为,当投机热在美国如火如荼的展开时,美国资本向海外移动突然中止,而欧洲的资本反注集到美国市场。欧洲这种财源的丧失,再加以有支付美国之战债与战后借款之利息的必要,于是引起银行〔利〕率之抬高和信用的紧缩。这一来,欧洲物价因而压低,其失业人数因而增多。前此由美国向海外大投资流出的黄金,重又开始汇集到美国银行,致欧洲中央银行缺乏充分的准备金额。但是,当欧洲物价因美国信用紧缩压低时,生产量的减落与利息率的提高,以致生产费用实行增加起来。

德国的困厄　但欧洲各国所受美国物价飞涨的影响并不一样,有的国家的受害实远较其他国家为烈。德国自从在一九二四年《道斯计划》(The Dawes Plan)下稳定通货、整理赔款以来,其工业的改造异常猛勇精进,然其改造过的工业,皆系极度机械化,因而需要极多资本的支出。我们知道,德国自己的活动资本,是几乎在马克膨胀的前一时期丧失殆尽了的。她对这多的工业资本支出,以及其对于赔款的偿付,计惟有仰赖外债。在一九二四年与一九二八年间,德国由国外,特别是由美国所借入的债款,实在远较其所付出之赔款为多。她这时期由各国投资者借入的总额,计达150亿马克(约合7.5亿镑)。这有她所付出的赔款(包括实物偿付）的两倍，而这样大的借款，美国至少要占一半。显然的，没有这借款，赔款固无法偿付，工业亦没有实行合理化的可能。实在说来，德国之使其经济——那为战争与膨胀所摧毁了的经济——维持平衡，盖不外仰赖大批的海外借款。

在美国物价飞涨的一九二九年中，美国对德国的投资突然中止。德国这时如非找到一个代替的财源，马上就要遭到经济的厄难。特美国所借给德国工业、公共事业及各市政机关的债款，通是长期借款。美国既停止贷借，长期资本难得，如是，这必须弥缝的缺陷，势不能不由德国银行向国外通融短期信用来弥缝。英国、荷兰、瑞士，以及其他银行家，皆以高利率通融充分的短期资金于德国，但是，德国为维持经济上的平衡，她不能采行特别有效方策，缩减输入，并拼命扩大其输出。在此种变动的情况下，德国的劳动需要与生活水准，通同降低，德国的经济体制，乃陷于一种要用信用来维持的极度危险的境地，而这信用，又只靠短期的借款，其偿付一随贷借者的意志。

当美国物价由狂涨转到猛落的时候，德国的情形，立即变得异常险恶。美国已不再向海外投资了。美国投资者受到证券市场崩溃的严重打击，对于未来充满了疑虑，他们无意把金钱拿来冒险。加之，许多美国银行都因购买证券，或对价值惨落的证券大量垫支而陷于苦境。为要缝补其当前的破绽，这些银行都想急于收回其海外的资金。这一来，德国受到两重恶害：一是直接影响其对美国的购买力，一是影响他国贷款于德国的意向。因为美国银行是要向其他金融中心提回其资金的，并且，欧洲金融家出贷于德国的货币，事实上有一大部是由美国以短期条件借给他们的。

长期短期的资本移动

单位:百万金元

<table>
<tr><th></th><th>国别</th><th>1923</th><th>1924</th><th>1925</th><th>1926</th><th>1927</th><th>1928</th><th>1929</th><th>1930</th></tr>
<tr><td rowspan="4">贷出国——输出</td><td>美国</td><td>−126</td><td>489</td><td>622</td><td>140</td><td>470</td><td>1036</td><td>233</td><td>547</td></tr>
<tr><td>英国</td><td>700</td><td>380</td><td>261</td><td>−29</td><td>482</td><td>667</td><td>672</td><td>190</td></tr>
<tr><td>法国</td><td>—</td><td>—</td><td>—</td><td>—</td><td>504</td><td>235</td><td>−29</td><td>−234</td></tr>
<tr><td>加拿大</td><td>44</td><td>107</td><td>277</td><td>173</td><td>51</td><td>164</td><td>−87</td><td>−161</td></tr>
<tr><td rowspan="4">借入国——输入</td><td>德国</td><td>—</td><td>421</td><td>866</td><td>169</td><td>1090</td><td>1017</td><td>567</td><td>145</td></tr>
<tr><td>澳洲</td><td>187</td><td>220</td><td>110</td><td>170</td><td>257</td><td>193</td><td>166</td><td>187</td></tr>
<tr><td>阿根廷</td><td>32</td><td colspan="2">170</td><td>31</td><td>134</td><td>131</td><td>38</td><td>—</td></tr>
<tr><td>日本</td><td>—</td><td>226</td><td>74</td><td>128</td><td>22</td><td>54</td><td>−25</td><td>—</td></tr>
</table>

在贷出国栏中的"—"表示资本输入,在借入国栏中的"—"表示资本输出。

注意:上表是混同的表示长期短期资本的移动,至若美国在1930年国外长期投资的继续缩减,以及在德国以短期借款代替长期借款的1929年之长期投资的完全短缩的情形,这里都没有指示出来。1927年之法国资本的大量移动,那主要也是属于短期的。

德国对外的债务

单位:10亿马克

年　　终	1926	1927	1928	1929	1930	1931(7月)
A 德国借入的						
长　期	4.1	5.4	7.0	7.3	9.2	9.0
短　期	4.1	6.6	9.0	11.7	10.3	8.0
其　他	3.5	4.5	5.5	6.0	6.0	6.0
总　数	11.7	16.5	21.5	25.0	25.5	23.0
B 德国借出的						
长　期	4.5	4.5	4.5	4.5	4.4	5.0
短　期	3.6	3.9	4.5	5.5	5.3	3.5
总　数	8.1	8.4	9.0	10.0	9.7	8.5
C 德国的净债	3.6	8.1	12.5	15.0	15.8	14.5

德国的贸易差额

单位:10 亿马克

年　　度	1924	1928	1930
货物入超	1.8	1.3	—
货物出超	—	—	1.5
金与汇划入超	1.3	0.9	—
金与汇划出超	—	—	0.1
赔款支付	0.3	2.0	−1.7
由轮船及服务的净收入	0.3	0.5	0.2
由外国投资的净收入	0.2	0.6	0.8
总不足额	2.9	4.3	0.7

德国的对外贸易(1927—1931)

单位:百万马克每月平均数

年　　度	净 输 入	净 输 出	净 差 额
1927	1186	852	−334
1928	1167	968	−199
1929	1121	1055	−66
1930	866	944	78
1931	561	767	206

注意:

1.就在德国仍由海外输入资本的先头几年,其不利的贸易差额,在逐渐低减。

2.在 1929 年以后,输入锐减,那一部分由于物价低落,但也因为自动削减输入,以期在支付债务赔款上能保持平衡。

3.表示在物价惨落当中,拼命努力维持输出。

1931 年度德国支付的平衡

由杨格计划顾问委员会之估计

单位:百万马克

输出剩余(包括服务与实物交付)	3000	7 月 30 日到期赔款	800
德国银行利用之外资	1300	利息与外债偿还基金	1500
外国信用(包括德国中央银行与国际清算银行)	1200	外资的提取	4900
由国家银行贮积的现金及其他	1700		
合　计	7200		7200

因此，在一九三〇年与一九三一年中，德国政府虽采行了一些异常猛烈的救济方策，但其经济状况却日坏一日，甚且弄到不可收拾。在压低人民生活水准的情形下，对各种的输入是严加限制的，同时为努力扩张贩卖，其输出价格竟低减到使其世界市场上的主要竞争者，发生惊恐。为改善对外贸易，从而尽量削减价格的德国生产者，他们都竭力使失之于国外市场者取偿于国内市场，高抬国内市场的物价；这样，德国一般的生活水准就进一步受到不良影响。德国工业的合理化，原本是设想世界需要扩张，因为合理化的工业，如希望以较低费用生产，就必得提供市场以极大数量的产品，生产数量愈多，其生产费即愈经济，这是合理化的一种特质。也就是说，机械设备能充分使用，生产费自必减低，若大规模之合理化工厂时作时辍，其生产费当然增高。合理化减少了劳动费，减少了对每个生产单位的劳动需要。不过，它由是增加了资本费，增加了利息的负担。后面这种费用，集拢来看是非常之大的，要使每个生产单位的负担减轻，只有尽工厂的所能，多生产分任此负担的生产单位。非然者，合理化是并不经济的；但当德国人发现此种生产费的关系时，世界市场已在美国华尔街金融恐慌之后开始严重的缩小。

胡佛的延债宣言　就在这世界贸易衰落的过程中，德国居然成功了一种输出超过输入的大有利差额，并开始由她自己的财源支付赔款。然而，她的这种成就，无非是由于猛烈的削减输出价格；而其国内市场的极度不况，以致失业险状日甚一日，大部分合理化工业之崭新机具停止活动了。维持失业人口的费用，在国家支出预算上一天一天的加多，延至一九三一年最初数月间，德国已完全陷于束手无策的困境。这时，把她由经济大破局援救出来的，是胡佛（Hoover）对战债赔款延期支付的宣言和柏林的“停付”协定（The Berlin“stand-still” agreement），根据这种救济办法，德国的债权者乃同意其延期支付短期债务。不过，这些方策纯然是暂时性质的，而促使实施这些方策的病根，却丝毫没有去掉的征候，她们所能保障的，不过暂时的保障罢了。人们对于宣言效力失去，和协定中止以后所要遇到的事体，还是惊惊疑疑，对于将来的信用，可说完全没有恢复。德国国内市场既没有改进，其生活水准，反因世界情形日坏一日而进一步压低。德国之局面的撑持，只是靠着国家采行严厉方策，曲加统制，那在其一般人民之间，已酿起了憎愤与失望的酵母。所以，当荒凉状况继续不改而债权国救助的实际效果渐使人感到绝望时，德国中间党政治势力，乃为希特勒主义与共产主义平分春色了。

至关于延债宣言的本身价值，那也有一部分为接受此宣言所惹起的困难所破坏。此宣言对大不列颠虽为一直接损失，大不列颠立即允诺了；法国几经折冲交涉之后，虽然终于承认了，但她附有修正的意见。德国在《杨格计划》下每年所要支付的赔款额，是分作两部分：一是无条件偿付部分，即在任何情形下不得延缓；一是有条件偿付部分，即德国如因偿付有危及其国外汇兑安定场合，得请求延缓。法国强烈反对胡佛宣言涉及前一部分，因为她在这一部分中，是可获有最大部分的数额的。结局，她接受宣言所附的折衷办法是这样：德国须支付无条件偿付部分之赔款于国际清算银行，为避免此款有流出国外的危险，由国际清算银行立即贷借于德国铁道方面。延债宣言虽在这种基础上得到了允诺，但那种允诺过迟了，以致为那些由德国提取大批短期资金者造一机会，因此，杨格案规定偿付的部分尽管延迟，而立即崩溃的威胁还是难于避免。于是，继延债宣言而后的，又有德国银行与外国债权者间的停付协定，这协定主旨在阻止提取短期资金，和缓那崩溃的威胁。在某一个时期，这些方策确也收到了防止德国经济组织总崩溃的效果，不过，这些方策之收到此种效果，还是由于德国政府采行其他极力限制外货输入，限制本国资源输出之诸般方策的协助，而输出入方策之猛烈的限制，一般人民的生活水准是更加破坏低落不堪了。

由胡佛宣言与停付协定所造成的这苟延残喘的局面，理应立即用以为重新澈底考虑整个赔款战债问题的机会：在这种现状下的德国，凡是一个脑筋清醒的人，一定不会相信她在一九三二年延债期满时再有偿付赔款的可能，德国付不出赔款，协约诸国对美国的战债，也自没有人相信她们能按期偿付。然而，事势尽管如此迫切，各国还是月复一月的迁延着，不图对此问题作一确定的解决。至一九三一年年终，德国根据杨格案中的规定，要求修改其所负的义务：联合委员会按照实情作成报告，这报告不仅确认德国没有偿付能力，且强硬提示整个问题有重新考虑之必要。由是，关于德国私人债务的停付协定，又复据此报告重订。但协约国政府对于赔款问题，仍没有达到一致的决定。洛桑会议（Lausanne Conference）时开时辍，无非为了英法两国政府意见的参差。英国坚决主张赔款战债有两俱勾销之必要，法国因把应得赔款，偿其应付战债还有多额赢余，不肯赞同英国主张。这时，德国政府因了舆论压迫，宣言她不但在一九三二年无再行偿付赔款能力，且在将来亦无此能力。她这种宣言，在法国引起了异常的反感。同时，美国明眼人虽明知道欧洲无力偿付，但其舆论却敦促政府，宣称赔款与战债无关，并表明美国无意低减欧洲各国所欠美国债务。美国国会的这些宣言，我们是无须过于重视的，但当时却实行阻止了美国人对赔款战债混作一团的谈判的参与。在不久的将来，赔款与战债显然都是要勾销的，但这勾销之举，是否能在欧洲国家财政大崩溃以前做到，那却是疑问。我在进行本书的著述时，洛桑会议已达到了一种纸上的解决，其关键全在美国有否取消战债的准备。美国现在虽无此表示，但洛桑会议的决定总算是有进步的。

第四节 英国的危机

在德国由胡佛延付债务宣言及“停付”协定勉强避免掉的危机，却迅速扩张到了其他国度，特别是大不列颠。大不列颠因为据有世界金融中心的优越地位，其经济与金融制度特别容易受到损害。伦敦银行与贴现汇业局曾为资助国际贸易，借与了世界各国的大宗款项。德国虽则陷于显然的崩溃危机中，他们犹率先对德国银行与工业家继续助以短期的垫款。不过，伦敦金融家垫借于德国及其他国家的短期款项，并非他们自己的资金。不列颠输出的减落与其资本家投资海外的进款的短缩，已使伦敦用以周济世界的自由财源大形减缩了。在此情形下，英格兰银行似乎要审慎周详的，设法由较高水准的银行〔利〕率，依短期存贮与投资的形式，把外国货币向伦敦吸收，而伦敦银行家借与他国的金钱，一大部分就是由此得来，从而，他们对于那些短期债券所有者，就随时要负起偿付的责任。

危机在世界上日形扩大，伦敦货币市场上的反动也就日形严重。在一方面，提回德国借去的款项既不可能，同时因世界物价的继续跌落，与其他国家困难的不绝增加，以致像澳洲、南美共和国一带所通融去的短期信用，都在原料食品价格惨落的情形下极难支付出来。但在另一方面，那些曾经借款于伦敦的债权人，却为了要应付其国内增加的困难，急欲收回其对伦敦的借款。纽约证券惨落所引起的美国银行界的难关，使美国人由伦敦提回去了大宗的财源；法国当膨胀政策实施期间，佛郎逃出国外许多了，到这时法国人也拼命收回其国外借款。

资金像这样大批的由伦敦提出，那在其本身上是再坏不过的。伦敦的资金缺乏，伦敦金融家自必要缩减其对海外的借垫。但这影响还是积累的。在老早以前，他们这种继续提取资金的活动，已开始卷起了对于不列颠金融制度是否稳定和其金本位制是否有力维持的疑惧。在大不列颠维持住了金本位制的限内，存在伦敦的货币，与黄金有同等效力，因为那是随时能够以无大出入的兑换率，换成黄金的。但外国资金既不断由伦敦提出，外国的金融业者就开始要发生一种疑虑，怕大不列颠不能长久让他们无限制的输出黄金。

关于这点，有名的关于国家度支的五月委员会（May Committee on National Expenditure）——其反对的压力，曾导出不列颠之劳动政权——作成了一个多所论争的报告，这报告批评不列颠之预算不平衡的情形，主要是由于收入减落，和维持失业之支出大增——这两者都是世界恐慌的结果。此报告在签名者心目中，原已有了要求不列颠政府实行紧缩政策的成算，故其措辞无疑要大惊小怪，并过分夸称实际状况的危险。然而这种带有宣传性质的报告，国内反对报纸自然尽力推扬，而国外亦承认其表面价值，就因此故，其直接影响乃在促使金镑进一步的流出。在这场合的金镑流出，一部分系由于外国金融家由伦敦提回其借贷相抵的差额，一部分则由于那些较小国家的实行所谓“金汇兑”本位，她们对其国内所发行的通货与信用之一部分实际准备，不是黄金，而是保留在英国银行的借贷上的差额。这些国家的中央银行一怀疑到金镑将来是否能够稳定，她们就要因为顾虑大不列颠的抛弃金本位，而迅速把那差额改换为黄金。法国银行在借贷上对伦敦亦有颇大数量的差额，但因她渴望维持不列颠的金融不使破产，故这时没有向伦敦提出多少黄金，不过，她前此的大量提取，终不免大有影响于英国的危机。

大不列颠支付的差额

（资本及短期资金的移动除外）

年　度	1924	1928	1929	1930	1931
商品与原金银的入超	324	358	366	391	376*
政府由海外所得的净收入	－25	15	24	19	16
由海运所得的净收入	140	130	130	105	80
由海外投资所得的净收入	220	270	250**	220**	165**
短期利息及信托佣金之净收入	60	65	65	55	30
其他财源的净收入	15	15	15	15	10
总收入	410	495	484	414	301
总的正负差额	＋86	＋137	＋103	＋23	－75

* 包括有3500万磅黄金之净输出。

* * 由修正缩小的估计。

大不列颠转变为借入者　英格兰银行遭遇着这种大量提款的危险关头，就是全部牺牲她的金准备，亦殆难于应付，为打开此危局，她不能不设法向法兰西银行及纽约联邦准备银行通融紧急借款了。在一九三一年六月，由此种方式所借得的款项，计达5000万镑，此款规定用金偿付。但借来不久，随即证明这项金额，究不足以应付继续提款的要求，不到几个星期全部告罄了。由是，英格兰银行把此种情形通告不列颠劳动政府，并宣称今后只有两个挽救的途径：一是停止金本位，不然的话，就是要依政府的保证向国外大借其债。

当这个时候，不，在这以前许久，大不列颠的唯一聪明的办法，显然是停止金本位制，使金镑的对外价值低落。这一来，金镑的移转，定会蒙受严重损失，从而，外国向伦敦提款的趋势，就可得到阻止。但劳动党内阁的财政部长斐斯康特·斯洛敦（Viscount Snowden），是一位金本位制的拥护者，他对金本位制的狂热拥护，就连英格兰银行或国库部的官吏们，亦望尘莫及。在他的影响下，劳动政府决定为了拼命维持金的支付，而进一步向巴黎、纽约商借更多的借款。不过，显而易见的事，就是英国政府虽然出面保证，纽约、巴黎的金融家，仍然要依极繁重与例外的条件，始肯允诺英国进一步的借款要求。照那些条件做去，不列颠不但要设法平衡其预算，且要缩减失业维持费来平衡其预算。诚然，政府是不承认这条件是外国银行所提出的，但不承认尽管不承认，而这条件的提出，显然大有人在；不列颠首相麦克唐纳（MacDonald）氏，在众院答复质问时分明承认了此种事实。

对于这最后条件的争持，不列颠劳动政府因而解体了；大多数的阁员，都不赞成缩减劳动失业维持费，而主张依其他方法平衡国家预算。奇怪得很，劳动党内阁对于放弃金本位的事体似乎不曾加以考虑。这原因，也许是由于财政部长斯洛敦氏的势力过大，以致其同僚不能接纳此种提议。在此种情形下，首相纳姆萨伊·麦克唐纳氏因遇事与其大多数阁员发生争执，遂决意牺牲这些阁员。他根据阁员们在同意他的主张的理由，向英皇提出内阁总辞职的辞呈。但辞呈甫上，随即受命为联立政府的首脑，这政府包括有前劳动内阁的一部分阁员，有保守党及自由党的领袖，但路易·乔治这时因病垂危，未曾入阁。

金本位制的放弃　新"国民"政府开始亦未停止金本位制。它成立之始，即重与巴黎纽约商谈借款，这次借款总额为8000万镑，其偿付办法，与前借之5000万镑同，以金支付。借款虽然成立了，但伦敦这时的情势颇足引起外人的惊疑。由是，除外国继续提款而外，不列颠的财源还继续输出，以致在不久期间之内，这宗新的借款又迅速告罄。结局，负有"挽救金镑"之权能的国民政府，在成立不久之后，就不得不迫而停止金本位制——这是早前几个月就应当采行的步骤，设前几个月实行此办法，许多外国资金都不至于流出。

大不列颠之金本位制的停止，马上就在全世界发生有力的反响。因为，伦敦是世界金融的中心，大不列颠是各国最大的自由输出市场，这地位，使金镑具有极大的国际的重要性。在英国金本位制停止前不久，有许多国家（特别是在南美洲与澳洲），在实质上已算把她们的金本位制停止了。而那些以英国为其主要出口市场的斯堪底纳维亚诸国，如瑞典、挪威及丹麦，都在英国停止金本位的数日间即开始步英国的后尘。此后数月，停止金本位的国家为数甚多，至一九三一年年终，真正维持金本位的只有美国、法国、比利时、意大利、荷兰与瑞士，德国因受杨格计划之束缚，亦尚维持着用金的原状。由是,风靡一时的金本位制,已不复是一种世界本位制,而是限于少数国家的本位制,凡属维持着这种本位制的国家,马上就发觉其输出缩减,并经验到其失业与困苦有一种可惊的增长。

因为停止金本位的效果,就是那些贬低其以金计算之通货的诸国,必然要在那些维持金本位制国家市场上,降低其输出货物的价格。同时,金本位制国家之输出的物价,就要依停止金本位制国家的通货贬落程度而提高起来。所以英镑价值贬落,以前值一镑的货物,可由较少的美金或佛郎而购得,值一美金或一佛郎的货物,则须较多的英镑。这一来,国际贸易遂不利于维持金本位的国家,而有利于停止金本位的国家。在英国停止金本位以后的若干时期中,无疑在某种限度产生了此种结果。不过,效法英国停止金本位的国家愈多,英国由停止金本位所收到的有利结果便愈少。加之,整个世界的不况日益加深,世界市场日益缩小,英国输出者所能挣得的纯利就益觉微乎其微了。况且,美国的恐慌情形是日坏一日的,她以前繁荣所系的原料与食品的“廉如粪土的”(dirt cheap)价格,至是进一步趋于低落,美国市场的如此继续缩减,那无异促使其他国家进一步陷于困苦状况中的要因。

英国停止金本位,英国的危机确因阻止了外国的提取资金而得到了某种限度的缓和,但那对于世界恐慌的救济却没有何等帮助;不但如此,那甚且加强了美国的不况,从而使世界以金计算的物价更加低落。在一九三一年那种情况下,许多国家之放弃金本位,那是必然无可避免的,并且可以说是必需的。但是,处在那种境地,不惜一切牺牲的维持金本位,那固是愚妄,而现在还主张一经放弃金本位,一切经济困难即可解决,却是同样愚妄的。

英国放弃金本位以后的德国情形 英国金本位放弃,德国的情形是更加变坏了。德国要支付赔款,要偿还那包括有庞大的海外投来资本之利息的商业债务,用金或金币,当然可以对那些废止金本位的国家占得一些便宜,就因此故,她只好继续保留金本位制。但金本位制的维持,却又不免阻害输出贸易。就德国的实际情况而论,哪怕就是停止赔款的支付吧,她要想保持国际支付的平衡,惟一的途径,就是借助于大量的出超,为求出超的增进,乃进一步限制输入,同时并极力在此不况的世界市场上,在此由各国普遍贬低货币引起了新的阻碍的世界市场上,维持其输出的贩卖。然而,要在此种市场上推销货物,势不能不一步紧一步的压低工资,同时且为了要在国外以"探并"(dump)的价格出售,乃极力维持货物在国内的价格。这些办法,德国都做到了惊人的地步。然其结果不外是加深德国国内的不况,并使失业者人数迅速增加到空前的限度。

此种情形,在其他许多国家复制出了更其尖锐的事态。澳洲、阿根廷、巴西、智利诸国,诚然不像德国那样,要偿付赔款,但她们对于外人所投的资本,却要支付巨额的利息与红利。她们都是食品与原料的主要输出者,食品与原料的价格的低落,既大大的超过了制造品价格低落的限度,她们要以这些实在生产物支偿的债务,就无形增高起来,变成了不堪压迫的重担。她们不能由此偿还债务了,于是也不能不限制输入。她们限制输入的办法,是更加提高那在许多场合已经够高的关税壁垒,是对某种物品输入加以直接的限制或禁止,凡属为支付入口货而仰给于外国货币银行的事,则更严厉予以限制。这一来,购买者愈不易得到货物,贷款者愈不易获得偿付,就令一国对他国某种货物之需要仍存,而他们彼此间的贸易进行就一天难似一天了。

这诸般限制,对制造国家有很大的打击,她们出卖货品益发困难,并且随即会震惊于入超的危险。由是,她们也开始提高关税以摊比与禁制的方法限制她们所允许输入之货物的数量。每个国家都希求只卖不买,都想以本国货物代替输入,同时并不欲减少其输出。这样,国际贸易的范围愈益窄狭,各地经济往来受到障害的结果,就是失业人口的可惊的增加。

而且,与这些困难相伴的,还有银价的惨落。在数年之内,中国购买力由银价惨落减了一半。中国的内战与经济绝交运动,印度的内乱与不合作运动,都加深了世界市场的凋落,且以特别反动的压力加在大不列颠之由来已久的输出工业之上。

大不列颠之停止金本位制,以及其他许多国家之继大不列颠而停止金本位制,那在债务国方面是轻减不少负担了,她们不复支给债权国以同样多的金或金币,并且在用银的地域,亦因各国货币贬价而受有好的影响;但是这些缓和恐慌的事实,究不足以抵消那些促使不况加深的诱因;由一九三一年冬到一九三二年冬,全世界是继续陷在一天加深一天的厄难中了。

第五节 战债与赔款

前面讲过，在世界这种局面下，战债与赔款的困难问题，是难得有妥善解决的希望的。在主要与此问题有关的五个国家——英、法、意、德、美——中，惟有德国以严厉的国内统制方法和不绝牺牲其国外债权者，勉强能避免崩溃，而其地位则显然没有何等改进。他所能成就的一切，只不过是倍增其对外的借款。这事实可以说是一种最深入的世界危机，是很有伴随革命可能性之德国经济组织的解体。大不列颠虽曾宣称她乐意取销赔款，但却不便开罪法国，使其金融危机进一步的加深。法国有许久没有触及世界危机的影响。她开始感到那种危机的严重乃是在一九三二年的最初几个月中。可是危机尽管袭来，她却仍是不愿意解除对德国的要求，如其美国不肯勾销战债，她就连低减赔款的事亦不愿加以考虑。至于美国，其商工业的不况和金融的危机是仍在迅速增大的，国内一般舆论，都强烈反对援助欧洲，联邦政府虽认知了情势的严重，可是为了迁就舆论，为了迫近目前的总统选举，它始终不敢拿出任何创意的主张。

债务之物品价值

年　度	1920	1922	1924	1926	1928	1929	1930	1931
不列颠的批发物价指数（1913 为 100）	307	159	166	148	140	137	120	105
1913 年百镑债务之价值	33	63	60	68	71	73	83	95
不列颠的批发物价指数（1920 为 100）	100	52	54	48	45	43	39	34
1920 年百镑债务之价值	100	192	185	210	222	232	256	294

战债与赔款

战债	总债务	分年支付的总额	总年金 $4\frac{1}{4}$%的现有价值估计	已经承认勾销的百分率
		欠美债务(百万美金)		
大不列颠	4604	1106	3788	17.7
法国	4025	6848	1997	50.4
意大利	4042	2408	528	74.1
比利时	418	728	225	46.1
		欠英债务(百万金镑)		
法国	600	799	256	57.4
意大利	589	277	90	84.9
		赔款(百万金马克)		
德国	136000*	113905**	42183	69.0

*1921年所定。

**杨格案中的数字。

一九三二年的情势　上所云云，是一九三二年初夏的情形。胡佛总统延付债务的期间告满，德国还是没有重复支偿的可能。那时，美国显然不肯勾销或缩减战债。美国的态度如此，欧洲各国自然不肯勾销赔款。她们大家觉得最好的办法，不外是对于某些到期的偿付，再行暂时延缓下来。以当前情势而论，就是关于这点亦似乎不免要引起多少的争论。

而且，仅是延期偿付，仍显然不能使德国避免完全的崩溃；我们已经讲过，赔款即令停止，德国人依旧无法应付各国加担于他们的其他要求，一九三一年的“停付”协定，诚然在其满期的一九三二年一月重新续订了，但德国经济制度上的压力，却继续在促进希特勒主义，使其在德国作突飞猛进的发展。

赔款问题一时既难解决，德国现有的私人借贷，又不绝有感到提回的威胁，在此情形下，对于任何信用的恢复，显然是都谈不到的。整个欧洲的全部混乱，只不过是迟早问题罢了。在德国，乃至在东欧与南欧，几乎逐日都有不履行偿付义务的新危机发生。同时，经济的状况，金融的状况，又都继续趋于恶化。这一来，不经过一种破坏的改造的期望，就一天一天的减少了。

不错，在六月间所开的洛桑会议中，法国人的态度是有所改变了，这种态度的改变，似乎大可促成问题的实际解决。如其这个问题解决不了，势将促进德国的法西革命（Nazi Revolution），其结局，德国不但对于赔款，就对于《凡尔赛条约》规定的其他部分，亦不免要直接的正式的加以否定，这是大家都认知的事实。这事实使法国的态度趋于缓和，使会议能达成一种纸上的协定；不过纸上协定究有多大实际效果，那却就成为问题，而且赔款问题即令得到解决，对于潜伏于这个问题里面的较广泛的经济事件不加以处理，那仍无补于欧洲的复兴。然而这些较大问题的处理，被推诿到此后待召集的国际会议（如其美国参加的话）身上了。

这诸般情势，显然是愚昧不过的，并且一个人如非相信世界革命是当前混乱的唯一出路，那我们无论从什么观点看来这种情势是危险的。不过，实际情形虽然如此，我们要使其改善，究非一国所能为力。这问题的核心，乃在各国不能调协各自国家的立场以达成一种和衷共济的行动。依着过去数年的经验，我们不由得不同意共产党的意见：就是，当前的问题不能依照常轨来解决，即是说所有关系的国家，都不肯即时采行一种避免总崩溃的步骤。在当前的情势下，赔款问题无论是解决也好，不解决也好，赔款总归付不出来，这是十分显然的事实。赔款不付，协约各国也定然不会支付美国的战债；各国不付战债，美国当不免多所责难；但事实上，责难尽管责难，她结局只好出以默认。这一来，所有的赔款战债全行停止偿付，一般情势也许会有一个稍苏的机〔会〕，或者使世界有一个充分的考虑期间，以期对于主要的经济事实达到一种较为妥善的理解，然而在当前的情势之下，哪怕这种见解，亦实未免过于乐观哩！

况且，任何这类方策的成功，势必与最近将来之世界贸易、生产及金融状况，紧相依存。如其因着某种奇迹，全世界复兴起来，物价水准亦实行提高，那像战债赔款一类问题就在世界经济上无关重要，其解决亦轻而易举了。物价惨落与贸易衰退——同一事的两面——曾经大大增加了一切债务的负担，同时并缩减了债务者手中的财源。加之，物价一经惨落，一切国家的制造业者，就要坚决要求实施保护政策，以反对外货的倾销。由是，在一切债务国乃至债权国中，就相率建立了较高的关税壁垒，与不绝扩增了输入的限制。然而，债权国对债务国货品的输入，既加以有效的排斥，那债务国所欠的债务，究将何从支偿呢？美国一方面希望尽量排斥欧洲货品，同时又希望由欧洲取偿战债，那是可能的么？

世界物价恢复，实业家的困难地位，必因之缓和，其结局，他们对于保护政策就不会怎样坚持；由是缩减关税，撤消世界贸易障碍，乃可次第推行了。但是要在贸易继续不况中自动恢复物价，或者要在关税壁垒森严与债台高筑的现状下恢复贸易，那都是很不可能的。在实际上，这整个的问题都不能分开来说。世界物价的抬高，固需要世界债务问题的解决，也同样需要国际间协同的活动，世界所遭逢的困难，是决不会自行解除的。对于这些困难的处理，惟有诉之于各国的共同的努力。不过其问题在确定最好着手的地方罢了。关于这个问题的种种方面，我将在本书以后各章详加讨论，但在进行此种讨论以前，我第一要追述到现代世界经济制度的发展，其次要对这通行于世界所有一切大国（苏俄是唯一的例外）的经济制度的显著特征，加以概括的考察。

第三章 经济发展的两世纪

第一节 工业主义的形成

从本质上说来，文明的成长，在其经济的意义上可以说是对于自然支配的展开。人类之拥有广大而潜在的生产资源，曾有了许多年代、许多世纪，但可惜他们以前没有利用这些资源的知识。煤矿老早就蕴藏于土中，此外还有其他许多丰富的矿产。在土壤中，在未被发觉出来的动植物的蕃育与淘汰的可能性上，一向就存在有广大而潜伏的繁殖能力。汽力与电力是早经存在的，但以前无人知道，也无人使用。迄乎今日，人类已有了关于这些方面的知识了，不管是好是坏，现代西欧的文明，总算是这种知识的成果。但是，我们还该有多少不知道啊！我们已经知道了的，还该有多少人不能利用啊！现在地面上一大部分居民，比如在中国，在印度，在非洲的人民所过的生活，实在还没有脱离原始生活的形态咧！哪怕就是在那些比较发展的国度罢，她们对于种种不断扩展的生产力，也还是谈不到充分的利用。

不过，当地球上某一部分居民一经脱却其固定社会之束缚与传统时，这诸般生产能力，就自然有迅速而连续的发展。一种发明可以导来其他发明，由是形成一列无穷发展的联系。就科学而论吧，比如应用科学之类，其目的有时即使不在精求经济之进步，但却不绝导来了经济领域内的最关重要的诸般发现。现代西欧文明与各种既经存在的其他文明之间的显著差异，就在现代工业主义的本质，不在要求达到一种固定的匀整的完全，而在不绝对自然势力行使征服。工业主义是不能停滞的，但它一分钟一秒钟也不希望停滞。固定状况是它的致命伤。它常常要靠它自己的不断发现予以促进，要生产规模日益扩大，要当作安定生产之必要条件的市场无限扩张，要适应生产力发展之经济组织形态的不绝变更。

自马克思时代以来，这种事实，虽早被一切经济的历史学派公认为普遍原理，但时至今日，那些坚欲以固定的全不相称的条件，去分析这些迅速变动之生产诸力的专门经济学者，却还有一大部分感到格格不入。现代经济学说的形成，恰好是当着西欧显然由旧的环境开始过渡到新的工业主义的时期，在旧的环境中固定的均衡之保持，似乎对于社会生活为一可能的定式，而新的工业主义则使任何这类观感变为幻想，变为陈庸，那不足以认知新势力之真实意义，也无从发现一种适于探究这种新势力之新的概念。正统派经济学对于探讨现代世界问题之努力，其所以不能有何等帮助，盖不外由于此种原因。自然科学是在不绝进步的，任何固步自封的成见，对于人类必须加以控制的新经济势力既无从理解，自更谈不到控制了。

假若我们能理解这些新势力的真正性质，那它们在形成这种势力以前的突发的迅速活动，显然与缓慢推移的许多世纪的背景是正相抵触的。据说，在两千年前，亚历山大学派（The Alexandrians）已经发明了蒸汽机关，不过，这机关在当时只当作玩物看待，不久便因无益于世而被人忘记了。罗马帝国有众多的人口，且有以地中海沿岸一带为中心的国际市场，这些人口与市场，大可对于机械的大量生产制度和资本主义的交易制度，提供一些基本的必需条件。但罗马的文明，虽然在灌溉与农业上，在大规模的市场组织上，有了颇大的成就，可是它终竟没有脱出商业资本的阶段，从而，无从梦想到大规模工业生产的效力。中世纪的经济组织，全都拘囚在墙垣市集（walled towns）与庄园村落的限制中，它之所以在经济领域内从未脱却一种固定社会的观念，那是无怪其然的。中世纪的科学，系隶属于宗教；那时的诸般想像，本质上都带有一种非经济的式样。然则，罗马帝国在希腊学术基础上，竟不能建立起一个与其伟大的政治征服相称的经济势力，那究竟是不是有什么阻止她呢？从物质上说来，我们不能发现什么阻力；因为一大部分既经提出的解说，都是极其不足信的。那纯是不会有的事；也纯是从不会有过的事。如其那样的经济力量已经开始发生了，地球上决没有什么力量——哪怕就是野蛮人的侵略——能够阻止其向前发展。

然而，约在两百年以前，这种长久停滞过来的技术发现的时期，终于在西欧各国，特别是在英格兰开始了。至为何这时开始的问题，那与为何不在人类历史上更早些开始的问题，是同样难于解说。实际上，中世纪之旧的、固定的、地方的经济，至十七世纪已澈底破除（就中以英格兰为最澈底），这很可说是发明时期所以开始的一种解释。因为这一来，新生产力发展的人为的障碍，就破坏无余了。英格兰在一六八九年的革命解决下，完成了国内的和平。特别是英格兰与苏格兰并合以后，不列颠的商业，乃可在国境内自由发展。加之，美洲的发现，与东方之海上贸易的扩展，那已大大的开拓了欧洲商业的机会，并展开了一些自罗马帝国崩溃以来的大国际市场，这些市场的广阔程度，足有形成诸般补充生产物之大规模交易的可能。这样，一个广泛的世界经济基础建立起来了。世界市场迅速扩展，许多人自汲汲于寻求增加生产的手段。自凯侬（Kay）的飞梭到瓦特（Watt）的蒸汽机关，由白克威尔（Bakewell）的饲畜实验到化学肥料的发现，其间还有其他许多大的发明。把这些大发明的原因，归之于世界市场的拓展，归之于农工业发展机会的展开，那是大体无误的。不过，这些条件虽大有助于那种既经发端的工业主义的成长，但要用以解释工业主义为何有此发端，那却就完全失当了。事实上，罗马人之不能适用大规模的生产方法，与现代世界之能从事大规模的生产，都非一种纯粹的理由可以解释。那可以说是偶然如此，并且我们也几乎只能说到这里为止。

不过，除此以外，我们还能作以次的补充，就是前述那诸种条件，如其不是便利新生产力之利用与发展，则十七世纪十八世纪的许多创意的发现，也许不免要逢到以前亚历山大的或中国的发现之同一运命，不久即为人所忘记了。十七八世纪的许多创见之所以首先应用于工业，盖因这时工业遇有日益扩展的不能以旧生产方法供应的市场，因而渴望利用这诸般创见。当某些创见一经开始利用了，其他的创见就自然而然的跟着利用起来。由一种发明导来其他的发明，每种发明不但有助于增益物品之有效的供给，同时也有助于扩大市场。

况且大不列颠与北美之社会经济组织的构造，特别利便于那些由人类宰制的新生产力之迅速拓展。工业基尔特[①]制度与土地上之封建制度之崩溃，和市场日益扩张的事实联系起来，造成了一种利便于发明的环境，一大部分有野心的工农业小规模生产者，都急欲求得更多的财富，而

① 基尔特：guild 的音译，意为行会或同业公会。下同。——编者注

不复受任何有力的合理体制的拘束；人们到处都从事实验，在开始时，机械的复杂与费用，并不像此后之需要蓄有大量资本，那时备置新机械所需的资本或获取资本的信用，都是绰有余裕的。新纺织机也好，较后发明的动力织机也好，甚至蒸汽机也好，只要是能由小规模生产蓄有资金的人，或者能由那些用老式贸易致富的商人借得资金的人，都可以自行备置，或由他人租贷。无数的小经营的老板，俱在实验新的机械。诚然有许多人是失败了，同时也有许多人成功致富，从而继续扩大生产规模，并添购那些不绝发明出来的更新的与更多费用的机具，在此种情况下，工业进步的观念，与个人开创才力和私有竞争经营之观念，在人们心目中，发生了不能分离的联系；这种联系，曾强固的存在于此后若干世代的人们的心目中，哪怕就是大规模的合股公司与托辣斯发展起来，哪怕就是生产技术异常进步，以致使有效生产所需的资源全都控制在那些远非个人能力所能胜任的基本工业中，人们还是在固执着那种观念。

在这简短的一章中，无疑是要描述现代工业主义之导源于其十七世纪十八世纪之商业资本主义的连续状况。但是于理解当前困难最关重要的一些工业主义发展的特征，这里是非补充说明不可的。因为我现在不是叙述经济史，而只是要由此显示出当前经济制度之错误的业作。

从广义上说来，普通称为“产业革命”(Industry Revolution)的大变动，盖始于十八世纪中叶以迄于现在。我们现仍处在这种变动之中。世界有一大部分地域，至今日始经历其初期的阶段。哪怕就是那些最称发达的国家吧，她们仍没有完全理解其教训，仍没有在组织与生活方法上完全适应其所提供的机会。备有现代生产机构的诸国家，彼此非参组于一种紧密联系的世界经济体系中，殆难期望有健旺而安全的发展，然而这紧密联系的世界经济体系，现在几乎还没有初步的成就。机械的威力，全没有加以集团的指导或控制，而一任其横行于各国；由是，这种无规制的、没有被理解的力量，就不但对于增进人类之较完全较幸福的生活式样没有何等益助，且几乎进而破碎了世界，摧毁了世界的文明。

“产业革命”的开始，系在商业已经由其刺激较高的生产的活动而大大增进了世界财富的时候。日益拓展的市场，日益扩大的市集，对于工业品农业品之增加不已的产额，造出了一大需要。因此，在当时人民一知道应用改良机械于工业上面，一知道发展水力乃至汽力的用途，增加可耕农地的产额，并为肉食品、羊毛、生皮及牛酪等而改良动物的保育时，种种新发明的要求，遂在所有那些有充分和平保障及国内秩序能促进其经济发展的地域强烈高扬起来。就欧洲而论，大不列颠是完全具有这些必需条件的。独立战争甫告结束的当时，合众国所具备的这些条件，比大不列颠还要充实。拿破仑战争的结果，新的生产力是受到了不少的阻害的。就在隔离大陆的大不列颠，亦因战祸与欧洲市场长期的封锁，以致影响其财政，从而在某种限度妨害其生产力的发展。不过，与大陆各国比较起来，大不列颠总算是受害最轻的了。她的领土未被侵略，她之崛立于封锁政策以外，那是她在十九世纪初期即已在新生产力发展方面，对于所有其他各国确立了长期优势的主要原因。合众国是以她的农业见长，曾有一个时候，她也优于造船业务。但是，美国人口是稀少的，美国人的主要注意，当时仍是集中在农业方面，而非集中在工业方面。由是，大不列颠在机制品的世界贸易上遂一往直前，几乎没有与其抗衡的敌手了。

所谓“产业革命”，其开始时实是两重的运动，一是工业方面的，一是农业方面的。在十八世纪末期与十九世纪最初25年中，大不列颠之较大的棉花与羊毛的纺织工业，乃至煤矿与铁的生产，诚然都革新过了，但同时在这诸种工业革新的影响下，农业亦遭遇了非常的变动。敞地与公共场所的圈围——卤莽灭裂的推行着，全未注意其对于农村人民的后果——无非是对于有利的土地开发机会大大扩增起来了的一种反应。而战争需要扩大和欧洲荒废所惹起的缺乏，自然会导来高昂的战时物价；这种高昂的物价，恰好又是对于圈地运动的一大刺激。不过，从根本上说来，圈地运动的进展，究还是由于农业知识的进步。有了进步的农业知识，人们乃不甘采用以前耕作与畜牧的传统方法，乃进而创行那些便于更有利的利用土地之租地法(land tenure)的条件。伴有圈地运动之农业方法的改进，在动力蒸汽机刺激下所形成的织物、矿物、金属工业之迅速机械化，构成了“产业革命”的第一个形态。

当“产业革命”进到第二个形态时，就在大不列颠亦还没有完全成就第一期的变动，而在欧洲其余各国，则不过刚刚开始罢了。这第二个变革的形态，实质上就是包含着新动力由生产上移到运输上的扩展。工业与农业产额日益增加，既经存在的运输手段，遂愈加显示其笨拙，愈加成为经济发展的严重障碍。迨至十九世纪三四十年代，这个问题始由蒸汽机关与金属工业之生产资源的应用得到了解决，自是水上陆上的交通手段通同改良了。铁道与汽船、火车头与铁甲舰，把世界全装置起来，使它在更大部分的地面上，能以更大的速力运载更多的货物。货物由水上运输，不但其运费较为低廉，且手续较为容易，时间较为迅速而确定，而陆上运输的改革，则尤达到了一个更大的限度。总之，新式运输手段的出现，致使广阔的诸大陆的内地，都开拓为国外贸易市场，整个世界变成了一个单一的经济单位，由是一国的繁荣，愈益有赖于国际的情势；每个经济问题，都成为世界的问题，都要求国际的协力的解决，如其有一部分国家反对协同动作，那整个世界就难免陷于全般的混乱。

第二节　经济的帝国主义

“产业革命”的第二个形态，实在与运输发展及对运输提供有效手段之金属贸易发展，保有不可分离的关联。在十九世纪第二个 1/4 的世纪中，煤、铁与土木工程建立起了新运输系统的基础。在一八二六年与四十年代初期，大不列颠已经大体筑成了她全国的铁道干线，此后，她乃开始利用其既经获得的技术与经验，对世界其他各国从事有利可图的建设铁道的工作，像柏拉塞(Brassey)那样的大铁道承建者，当他们一在国内发现没有多少承建契约可订时，马上就开始把视线注集到国外了。但铁道对经济发展的期待虽然是异常之大，经济未发展的国家，要想拿出现款支付这繁巨的铁道建设费用，那是难于做到的。在此种情势下，那些由先前冒险事业致富的不列颠人民，乃不但供这些落后国家以技术，且更贷以借款。由此，不列颠的资本、不列颠的技术家、不列颠的技术劳动者，遂担任起各国建筑铁道的业作，即是他们以新式的运输手段，装置了大部分西欧国家，以后更装置了印度与阿根廷，装置了中国、非洲以及世界其他许多地方。

铁道与资本主义　在现代资本主义的发展上，铁道建设实在占有异常重要的地位。从一方面说来，它是使世界辽阔诸洲的奥地[1]成为贸易市场的手段，它与汽船联络起来使新大陆、非洲以及东方的原料与那些具有生产能力的事物得供欧洲的利用。在另一方面，因为动力生产由此迅

---

① 奥地：即内地或腹地。下同。——编者注

速广被于全世界，它对于资本主义之企业组织，和海外投资事业的发展，乃具有决定的大影响。

就推进国际贸易之功能而论，铁道所扮演的角色，那是比汽船重要多了。大部分汽船，虽亦能以颇大的速率装载大量的货品，但它所走的是熟识的商业航线，而不若铁道之能在世界地面上大大的开发商业。铁道未出现以前，工业主义只不过是点缀在最进步国家之沿海岸一带而已；既有了铁道，世界各洲的内地，乃渐趋于工业化，或者说，极度的商业化了。尤其是在美洲合众国，那里之成为进步的工业国家，铁道殆为一有力的动因。

可是铁道的发展，对于企业组织机构上之影响亦极关重要。即如在十九世纪第二个四分之一世纪中所建树起来的大不列颠铁道公司，就其企业机构而论，诚然是仿模先前隧道托辣斯与运河公司，为了要取得一种侵蚀私人权利，完成其整个系统的权力，这诸般的组织，都曾由国会所通过之私有案而被赋有一种特权。不过，铁道公司在实际上却是向着新的异样的方向而发展。新铁道建设计划所需的巨额资本，只有求之于大众，求之于一大部分有钱没有用在他种工业上的人们。一般向大不列颠新兴中等阶级征集资本的铁道创建者，居然创出了一种典型的现代合股公司，其股东与债券所有者散在各地，他们的人数太多了，他们的居处太分散了，以致对于公司的活动不能作有效的控制，而仅仅从金融财政的观点与公司发生利害与共的关联。铁道债券与铁道股票的经验，对于合股组织之一般公认，对于所有工业上有限责任之由一八五五年不列颠《公司法案》的最后允许，都算是提供了一个基准。自然，除铁道上的合股组织以外，也还有其他首倡的合股经营——像煤气公司、自来水公司之类就是实例——不过，在合股制度的发展上、在大众投资的传播上，铁道合股组织实在是居于主要的地位。

至关于资本供给之国际化，铁道亦可说是尽了同样重要的功能。不列颠之海外投资，本来是在铁道出现以前就开始了的，当十八世纪时代，不列颠已有私人在西印度与北美洲从事投资活动。拿破仑战争后，海外收益颇丰，就中甫脱西班牙羁绊的南美诸邦，尤足为美国货物之有希望的日益拓展的市场。但是，在海外铁道建设时代以前，除了以政府公债形式借款或由纯粹私人冒险从事经营——如西印度种植事业——外，实不见有何等海外投资的事实。不列颠投资者开始用金钱从事外国的工业经营，主要是在海外建筑铁道。铁道工业一经开始，于是乃迅速扩展到其他工业方面。在现世界的经济发展上，资本输出占有一个重大而不绝增进的地位。而且，投资国外与投资国内，同是以铁道事业为其嚆矢。

资本的移动 在这种海外投资的大运动上，拥有大量剩余资本的大不列颠，当然是占着领导地位的唯一国家。她输出货物力量之迅速增长，给予了她的必要财源。不过，她要在一个比以前贫困得多的世界发展其对外的输出，势必要贷与其他国家以购买其所售货物的手段，并且要以能获得迟延的报酬（即所贷出借款之利息）为满足。我在前面讲过，此种海外的借贷，在初期只限于公债，自铁道出现以后，始不绝扩展至工业部门。在一八五〇年，不列颠资本家对外的投资，大约已经达到了 2.3 亿镑，其中主要是政府公债，至商业矿业上的投资，不过占有零星小数而已。据最可征信的统计，一八七六年的投资总额，计已达到 12 亿镑。在一八六〇年与一八七六年之间，伦敦市场上移作新的海外投资的金额，约为 9.5 亿镑。这大宗金额的当中，由铁道担保的政府公债，占一半以上，而所有其他方面的投资尚不及一半。单是合众国的铁道，计已吸收了 7000 万镑而有余，由是铁道的担保，就容易占有次于公债的地位。在一九一四年，不列颠投资者之海外投资的估计，至少有 40 亿镑，其中由铁道担保者，占 15 亿镑，由政府公债形式投出者，占 10 亿镑。

大不列颠在一九一四年的海外投资总额，任何其他国家都不及她一半。法国约计有 18 亿镑。德国约计有 12 亿镑。合众国约为 5.4 亿镑。合众国的这宗国外投资，主要是投用在南美与中美。而德国法国的国外投资，则多半是投用在欧洲及其殖民地带。但不论哪个国家，其投资总额总有一大部分包含铁道担保，此外还有一部分是为建设国有铁道系统而进行的政府公债。法国除了在她自己的殖民地以外，曾限定其国外投资于公债及资助俄国经济发展的方面。德国对于国外投资的分配，是在欧洲与世界其他地方保持均衡，这种投资，曾赋与有一种固定利率保证的优越条件。大不列颠的投资形式，则与她们不同，那是广泛的分布于世界所有的国家，公的私的，各种各色的股票债券都有。

这巨额资本向海外移动，当然要加速促进比较后进国家之经济的发展，并且会在比较发达的地域益加刺激那些生产资本财货之工业的扩展。就大体而论，投资海外，实系金钱集中于比较富有者手中的结果，他们一方面增加贮蓄,一方面限制国内消费品的市场,由是遂激励起一种常向海外探求新市场的经济体系。假若工资曾在较旧国度中较迅速的提高,那整个世界之财富总体的增加也许要较为迟缓,而比较后进地域之工业化,势将不免趋于停滞。但是,现在较进步国家的财富是应当更妥善的分配的,她们彼此之间应当少作国际的抗争,少作帝国主义的活动,少欺凌弱者,少撒种些战争的种子。

国外投资是一种盛举么 是的,较富有的、各种设施较充实的国家,对于那些比较落后国家的发展予以帮助,那显然是一种盛举。并且,她们从事此种资助落后国家的活动,理应不使那些受资助者屈受其政治的支配,也理应彼此之间不为权利而互相抗争。但是,摆在我们眼前的事实却不是如此。比较落后的国家,并不曾多向比较进步的国家贷款,她们借得的债款,有时竟是违反其意志的一种强加的负担。同时,贷款的进步诸国,且为其国民争得此贷款的权利,时常发生纠葛。由是,在比较落后国家进行的事业,不但其资本是由他国所供给,其管理亦系由那些在贷款国登记过且受其支配的公司所控制。至事业的利润,则是由这些资本供给者汇回他们本国。事业所由进行的国家,如其不是公认为完全文明的国家,她就势必要屈伏于投资国的警察,甚且在公开的或假装的保护形式之下为其实行吞并。她本国的市民,无论出于自愿抑或反其志愿,都被迫而替外国资本家从事劳作;有时其税收的一大部分尚须划作支付外国资本利息之担保。降及十九世纪下半期中,世界未开化民族,乃至那些比较西方经济进步水准落后的国民愈益不能忍受压迫了。欧洲一方面在自己领域内高唱国权与民族自决的权利,同时对于非欧洲的人民,则否定其权利,禁止他们同样利用其土地与劳动之潜在的富源。不但如此,她并且认定强制开拓那些由非文明人所占有的地域,即令反乎当地人民的意向,亦算是履行了白种人的一部分文明的使命。

自然,从具有大规模生产信念的欧洲人的观点看来,他们是有取那种态度的原因存在的。现代工业主义的发展,必须具有两个条件:一是要能够为其制品找到日益扩大的市场,一是要能够用其制品换得充分的食品与原料;所以,他们不但要求美洲原野地的产物、澳洲农场的产物(那里产业被没收的土人,比较还少),且要求非洲热带的产物,要求马来亚(Malaya)与荷属东印度的橡皮,此外,还要求那些人口稠密,但非在白人干涉的刺激下不能希望其有充分剩余生产的国度的许许多多的物品。就因此故，欧洲人所以不能让那些土著居民不知利用其故土的广大经济机会。在他们看来，土著居民要提高其文明与财富的水准，就只有学着利用其摆在面前的富源；这种教导责任只有白人能够担当。白人就负有这种使命——这是为了世界文明，同时也为了自己发财的一种使命，一种与工业主义必然发生联带关系的使命。依照此种见解，民族的自决，就只是对于那些能够睁大眼睛看清其主要经济机会的人民才有利益。对于民族主义之感情的尊重，决不许其盘桓于工业系统的文明境界。

帝国主义者的抗争 不幸，白种人履行其文明的使命并不像军队那样统一起来。他们为了取得开发落后地域的权利常相互争论，甚至诉诸武力。整个非洲都被瓜分了；列强在瓜分非洲的业作上，虽未导来实际的战争，但却不曾除去战争再发的威胁。在一九一八年，德意志殖民帝国为战胜诸国分割了，吞并的形式，虽然被隐藏在委任统治制度的假面具之下，每个分赃的强国，虽然誓言她是为了委任统治地居民的利益，而在实际上一大部分委任统治的地域，却实行并合在战胜协约国的版图中了。是的，这些地域对各国商业的门户开放(open door)是得到了保证的，但除去这种例外，委任统治制与实行兼并，就几乎没有什么区别。

困难的根源大体是存在于此次的事实中，即各先进国家要继续维系其工业，势不能不要求日益扩大的制品销售市场，与原料食品供给地域。因为现代工业主义的性质，是一刻不能停止的；它要就是发展，否则就是衰落。工业发展的关键，必然要在本国领域以外，发现销售其大部分制品的市场。尤其是像大不列颠与德意志那样的国家，她们已经发展的工业主义不是一种生产与消费平衡的机构，而是要求大量输入原料食品，专门从事若干种类之机制品生产的窄狭的生产组织。这种组织，定然要为购买而发卖，并且只有能在国外卖出比较多的制品，方可把国内的生活水准提高起来。如求其多卖，且还要保证必要原料之不绝增加供给。此种依存于国外市场的情形，法国不若英德两国之甚，而拥有广大地域与比较平衡的经济资源的美国，则更不若英德两国之甚。但是各资本主义国家的国情虽互有不同，然每个工业化国家之对外依存性却是在一天天的增大的。这种情势之必然无可避免的结果，就是经济的帝国主义的成长，就是列强对于抢夺有效的制品销售地与资源供给地之抗斗的加强。列强对于煤油供给的竞争,那是一个显明的例证。

诚然,在列强对抗的当中,到处还存在有克服这些抗争的努力,大家颇企图协力开发那些比较落后的地域。像在中国的银行团,就很可以说是这种协调政策的显明实例,中国的边疆如满洲一带,虽然一时不难为人所吞并(如最近日本对世界的声明),但其本部的地域过于广阔,人口过于稠密,列强要加吞并,多少有些碍手。而且中国本部也不能如非洲那样的割裂为各别的势力范围。每个强国都想利用中国既经确立的贸易中心,都想利用中国的大口岸与大河流。没有一个国家肯让他国对上海与长江的贸易行使独占。由是,列强对于开发中国,就采行一种不易调和的利益均沾政策,她们把中国当作一个市场,一个特权所寄的共同投资的地域。有许多外国资本团体,曾经参与中国的铁道建设,并且为指导其政府及投资者理事会与中国人有关的活动,曾立下一些共同的原则。不过,这种制度,并不曾破除各国的猜忌或抗争,不曾使中国免除外国的干涉;列强虽然群起反对,仍不能阻止日本强占中国的满洲。因为各大强国是过于互相猜忌了,她们实无法采行一致的有效行动。

帝国主义国家的发展 总之,十九世纪下半期的显著特征,就是一种新形态的经济的帝国主义的发展。在一八八四年与一九〇〇年间,不列颠帝国的领土,计增加了370余万方英里,而在这增加的领土中,包括有570余万居民。法兰西增并的领土为350万方英里,其所属居民则超过3600余万。德国向外扩张领土的情形,比较没有其他帝国顺利,她主要在非洲所建立的殖民领地约为100万方英里,居民则将近有1700万。合众国兼并了古巴、菲律宾、夏威夷以及阿拉斯加。意大利追随英法之后侵入北非。俄罗斯与大不列颠为波斯而发生龃龉,为阿富汗斯坦及小亚细亚而发生纠葛。法国、西班牙及德国曾在摩洛哥互相角逐。在里阿普尔德(Leopold)治下之比利时,曾拼命拓展刚果的国境,那种举动,就在一个帝国主义者的世界亦是不免有些羞涩的。直至一九一四年,地面上未被一两个"文明强国"占据的地域几乎可以说是没有。像坚果一样颇耐得住现代文明摧残的中国,那算是一个大例外,但中国正因为没有瓜分,遂做了列强纠纷与抗争的牺牲。就全世界而论,经济的帝国主义已经成了世界政治上的主动力,而隐在帝国主义背后的就是不绝增大起来的战争的威胁。

第三节　大不列颠德意志与远东

在经济发展的过程上，对于新运输方法之影响的研究，使我们由铁道与轮船的勃兴一直叙述到今日的世界。但“产业革命”有一个特征，即是在它发展过程上的每个连续的形态，并不是对于以前行动着的势力的代换，而只是对于那种附添的新势力的代表。运输只是一种物质进步的手段，运输的发展并不曾代换生产组织的机械化，也不曾代换农业方法的改良，不过它却以空前的速力促成了这两者的进步与扩展。因为市场扩大了，货物由海陆运输的速率加大，费用减低了，货物的生产就会因此运输改进而增多；而基于货物之国际的相互交换的国家与地方的分工，亦会因此运输改进而加强。所以我们在此还可这样的解说：就是在十九世纪下半期中“产业革命”已进入了第三个形态，在这个形态上占着主动地位的，不是生产，不是运输，而是这两者合同动作，使工业主义以空前的速率向着更大的领域扩展。这时期德国的工业化，根本是基于金属工业与铁道，而后者最大的成就，就是促成了那种使德国经济组织统一起来的关税同盟（The Zollverein）。合众国自由铁道开拓了她内地一切闭锁情形以后，她遂能为其本国市场着手大规模的工业生产，同时并能为其食品与原料开拓国际的市场。自此以后，她的人口增加，工业发展，她益发能自给自足了。这样，她的经济组织乃比较偏向于国内工业品与农产品的相互交换。美国的保护关税，以及她几乎到现在还能支持的自给自足的经济能力，使她大体能够离绝欧洲错综复杂的经济关系，而无须汲汲于从事建立大殖民帝国的冒险。迄乎今日，美国对于她所有的能力，几乎都能在国内找到充分的发展机会。世界的市场、世界的经济情势，虽对于美国不无关系，终没有对于大不列颠及德意志那样的压倒的重要。至于法国，她因为坚固的支持着农业，和继续属意于小规模工业，故对于世界市场的依赖，亦远不若英德两国之甚。法国重工业在法国经济政策的编组上，能够充分表现一点决定力量，那是在一九一八年兼并了亚尔萨斯洛林以后的事。不过，我在前面讲过了，法国是一个资本输出的国家，并且是一个广大的殖民帝国。这些情形使她对于世界的经济问题，保有非常确定的关系，而在美国，她却大体能够居于比较自由的地位。

在十八世纪中,法兰西与大不列颠曾是商业上的劲敌。不过她们彼此之间的直接事件都由拿破仑战争解决了。至十九世纪,她们的经济制度的分道扬镳的发展,使她们对敌的原因逐渐撤销。新的工业主义把德意志与大不列颠变成了经济上决死的对头。德国的工业发展是远较大不列颠落后的,就因此故,她一走上工业主义的旅程就直接的不可避免地要与不列颠引起最尖锐的经济的对立。不错,德国在纺织业方面是不曾严重侵害不列颠之优势的。但她集中全力所发展的工业,却正是那些在国际贸易上会驱除纺织业之原来优势的工业。由五十年代六十年代的柏森麦与西门子法(The Bessemer and Siemens Processes),至七十年代之基尔克利斯特(Gilchrist)与汤姆斯(Thomas)的发明,都是制钢上的新的大发现,这些发现恰好都做了新德意志工业主义的基础。大不列颠要想适应那些对于钢之大量生产的新机会,势非废弃并重新装置其大铁工业不可。在钢铁的新时代,大不列颠乃与德国为控有迅速扩展的世界市场而开始对等的争衡。德国因拥有亚尔萨斯洛林与鲁尔,不久即迅速跑到了大不列颠的前面。在八十年代的中间几年,不列颠之钢的生产,仍为德国之钢的生产的二倍以上,且仍对美国占有优势(后者的钢产额,实际全是供应国内市场的需要)。但至九十年代中,美国的生产颇容易的超过了不列颠之生产以上,至二十世纪初头,德国之钢的生产亦驾大不列颠而上之了。同时,其用钢工业异常发达,就这样,在广泛的机械制品的世界市场上,德国的生产者就变成了大不列颠生产者之最重要的劲敌。

在经济帝国主义新时代之政治关系上,英德对抗成了一个主要的成分。不过从国内的情形说来,这两个世界制造品市场之劲敌的经济组织,绝对是两样。德国有一个保护政策防卫的国内市场,而同时英国则允许任何国家的货物自由输入。德国仍是一个债务国,由海外借入资本,同时英国则对海外作大规模的投资,她主要由货物形式吸收其海外投资的利息。德国人这时确也开始在海外投了相当数额的资本,但她所借入的仍较其所投出的为多。除此以外,英德两国还有一个更有意义的对照,就是依据自由放任主义,英国的工商业很少受国家的干涉,反之,德国的工业商业的发展,却正是由于国家的鼓励,并且大体还受着国家保护。英国的铁道是私人所有的,是相互竞争的,而同时德国铁道则是属于国有,由国家自行管理。英国的银行与金融,大体是采行国际化的形式,其目的在借此调剂外国人间的交易关系，乃至本国工业与商业上的金融困难，但德国的银行，却显然是看作促进德国生产与商业发展的一个辅助机关。托辣斯与联合公司一类组织，虽然大不列颠也有不少，但仍不免为社会舆论所鄙视，且不能取得法律上的裁可；可是像在德国的卡特尔以及与卡特尔相似的工业组合，那却是由于国家的积极提倡，即如在有名的伦利希·威斯特斐伦煤卡尔特(Rhenish Westphalian Coal Cartel)中，实际就有国家的参与。德国是有一大些农民的，她对于农业是如同对于工业一样的保护。大不列颠不然，她的一般农民老早就归于消灭了，所有各种形式的农业完全是任其受世界竞争的摧折。总之，在十九世纪初期形成的大不列颠企业者的性格是非常个人主义的，同时他们却又带着这样一种国际主义者的色彩：就是，他们这班生产者，总以为他们要与世界市场发生关系，因而就不大注意政治的国界。反之，德国企业者的性格却带有异常浓厚的国家主义的兴趣，故他们对于自己某种目的的实现，总以为要期望那种在国家鼓励与保护下的集团行动。

这种集团活动的性向，使德国在重工业方面成就了非常迅速的发展。重工业对于大规模的组织方法，远较纺织业来得方便。因为把纺织厂或毛织厂扩大起来其利甚微，而金属工业上的技术的变异，则非大大扩展生产单位，不易收得廉价的效果，而且在每个特殊工厂的生产上，都是需要进一步专门化的。这种趋势不但要大量蓄积资本——在这点上大不列颠要比德国优越多了——同时且要同业诸组合间有一种合作的精神——在这点上大不列颠就远不若德国。不错，至一九一四年为止，大不列颠的金属工业与机械工业还在非常迅速的继续发展，但德国在这些工业方面，却驾凌于前者以上，且每年还不绝增大其世界市场中所占的分额了。

直至十九世纪中叶为止，新的工业主义还只在西欧立下基础，合众国的工业却不过粗具形体罢了。若干世纪以来，远东对于欧洲的重要性，就在为其精细的纺织物、奢侈的食品以及少数容易运载的原料品，供给来源。由纺织工业勃兴以至十八世纪末为止，那里还是颇关重要的市场。在十八世纪的非洲，主要是一个猎取黑奴的场所，由那里捕获的黑奴，都卖往美洲从事垦植。至黑奴贸易禁止的十九世纪初期以后，它的商业重要性才缩减下来。加拿大是一个人口稀少的农业国家，她的出产是羊毛与木材，至一八四〇年后方始有少量谷物的输出。她的唯一重要工业是造船业，自金属建造汽船的新式造船业产生，她这种工业就归于淘汰了。澳洲与新西兰的人口还不到20万，虽然它们的精致羊毛生产已经开始，但在一八五一年金矿发现以前还是没有多大的经济价值的。就南美洲而论，巴西在十九世纪之初即已成为一重要市场。她与阿根廷、智利、秘鲁的贸易在不绝扩展，不过，在十九世纪下半期以前，这些国家都还是停滞在经济发展的原始阶段。

在一九一四年以前的半世纪中，除了美洲合众国的广大发展，和大不列颠与德国之工业迅速发达外，我们还目击到了现代商业与工业方法之加速扩展于一些新的国家。几乎长期与世界贸易绝缘的日本，她在这个时期勃兴起来了，她不但对外国商业开放其港口，且还异常澈底异常迅速的采行了西方世界的生产技术。不列颠的资本，在印度装置起了网状的铁道，并开展其为西方所需要的生产资源。欧洲人所侵占的非洲，以前只限于近接海岸的若干地域，但此后侵占范围扩展，一直到全洲都为欧洲列强所吞并。俄罗斯一向被称为欧洲的仓廪，她向较富厚的各国借入资本，建筑了贯通欧亚广大领域的铁道，她并企图在极高的保护关税之下成就她自己的现代工业。如橡皮，如机油一类新商品的出现，使马来亚、荷属东印度、墨西哥、波斯、缅甸的经济重要性陡然大大增加了。商业已不复限制于旧的贸易航程，行驶海洋的船舶，把福利与罪恶参杂的现代文明，载到了一切海角天涯。铁道建设热充满世界，且由是展开了对落后国家大投资本的机缘。在十九世纪初期，贸易大抵是以货物与货物交换，此后则有一大部分是依靠着先进国家市民之海外投资。这种海外投资的结果，竟导来了一种可怕的帝国主义的再生，和先进国家对落后国家行使政治的干涉。因为，你如售给某人以衬衫，这个交易算全部完结了。但你如售彼以铁道，彼就能够希望售价在一个长的时期内分期偿付，这样你就可以继续由他所运转的铁道方面收得利息。在这种情形下，投资国对债务国乃持有利害与共的关系，并且会视债务国之秩序而有信用的政府的存在，为其财产权利之保障。加之，先进国为了获有其制品销售的市场，和其所需原料食品之供给的来源，她随时皆在设法扩大其殖民领地，有时她甚或单纯是为了阻止旁人侵夺那种地域，即是她打算将来要侵夺的地域。

经济的帝国主义之兴起 十九世纪后半期之帝国主义的再生，实在不是由于政治态度的无故变动。帝国主义的深固基础，乃存于世界各国之经济关系中。柯柏登(Cobden)、布莱脱(Bright)以及大不列颠与他们同时代的大多数人,都曾抱有这样一种信念:就是他们相信一切白人殖民地像合众国在十八世纪所做的一样,宣布独立,变为主权国家,那只是时间问题。他们这班人并不反对殖民地的这种活动。因为他们曾认定:贸易如其不遭受任何政治的压迫,那定是发展更快的。除印度外,所有包括在不列颠帝国之内的土著地域,在初期维多利亚时代的人(Victorians)看来,并不感到有何等利益。而他们在印度的主要利害关系,无非是为兰开夏(Lancashire)的棉制品扩张市场。他们观察世界,完全是用一种制成了的消费品的贸易者的眼光,至其所奉为圭臬的自由放任主义,则不过是由他们经济野心所必然导来之结论而已。

在大不列颠的情形虽然如此,但在其他采行新工业主义的国家,却发觉她们对于大不列颠乃是立于比较不利的地位。她们的工业领导者,觉得在自由的世界市场上,难于和不列颠竞争。并且她们自己也没有足与不列颠相抗衡的殖民领地。她们一方面保护自己的工业,阻止来自大不列颠的输入,同时更着手使那些已经为她们获有的殖民地,变为专于消纳自己货物的市场,不许其他国家染指;此外,为了保障更多的保护市场和有利的投资地带,她们还设法取得更多的殖民地。大不列颠是相信她的工业优越性和其较迅速与较大规模之投资能力的,她没有感到有对外货封锁其殖民市场之必要,哪怕就是在对她自己货物课税的地方,亦是如此。但是新起的殖民帝国,如德意志,如法兰西就完全两样,她们的殖民领地,差不多全变成了她们母国之货物与资本的独占市场。

这种事实,并不是说大不列颠不受帝国主义发展的影响。恰恰相反,她这时亦着手吞并新的地域,在各处修建帝国铁道,并设置许多公共经营,以便为不列颠的资本,为不列颠的生产资本财货的诸般工业制品提供有利的出口。不仅此也,她的活动,并且不限于帝国领地之内。阿根廷主要做了不列颠的资本与机械的市场。在中国、在印度,甚至在那些属于其他列强之殖民地带(如荷属东印度),都可发现不列颠之投资的活动。

合众国——她大体上是笼罩在高率关税下的一个自行集中的经济单位,是"世界最大的一个自由贸易的地域"——的勃兴,欧洲工业主义与经济的帝国主义的勃兴,以至英德对立形势的发展,都是一些划时代的事实,我们如把这些事实搁在一边,那末,战前数十年最显著的经济事故,就可以说是远东方面之工业化的开始了。大不列颠十八世纪的种种征服，使她几乎完全独占了远东的市场，这些市场对于兰开夏之高度机械化的纺织工业都是极关重要的。此外，大不列颠是远东产品的主要输入者，她把这所输入的产品，再输往欧洲与美洲。印度乃至中国通为不列颠资本投注的重要区域。在一八四二年吞并的香港，简直成了不列颠对中国南部贸易的大仓库。中国迫而把上海及其他某些港口都为不列颠商业开放了。一八五三年封锁的日本市场的开放，盖由于以美国人为领导的西方人的强迫。日本在一八六七年的革命以后，迅速转变为一个进步的经济的与军事的强国了。日本人以异常澈底的进取的竞争精神，努力采行机械生产技术，并应用西方之商业与金融的方法。她的制铜、造船，乃至机械等工业，都继纺织工业扩张起来。借她充裕的廉价劳动的惠助，她在远东方面建立起了输出市场。迨战胜俄罗斯帝国以后，她遂一跃而为帝国主义国家了。一九〇二年的英日同盟，那是她在世界舞台上有了新的重要性的佐证。此后，工业主义开始逐渐扩展到印度与中国，迨至欧洲大战发生，欧洲对远东的供给受到阻害，这一来，远东方面的工业生产大受刺激，而横遭蹂躏的兰开夏制造业者，简直离绝了他们一大部分最重要的市场。大不列颠在金属工业与机械工业上既已感受了欧洲的与美国的竞争的威胁，现在在纺织工业方面又受到亚洲生产之威胁，亚洲这种生产可以利用极低廉与长时间的劳动，那在竞争上更使她容易受到打击。

不过，工业主义在中国与印度虽然和在日本一样的开始了，但其进步至为迟缓。印度与中国之最大多数的人民仍然是固着在土地方面，就是她们的制造业的生产，大都还是采行手工业的形式。例如，中国在工厂中生产的棉制品的数量，虽然增加颇速，但与其用手织机所生产的数量较量起来，却就颇不足观了。在印度也是如此，我们就令把甘地先生（Mr. Gandhi）宣传的效果置诸不论吧，她现在的手织机，仍然要供给其全国极大部分人民的需要。特其在工厂生产方面有极大进步的，与其说是织机，却不如说是纺绩。

远东的竞争 不过，在印度与中国的这种手织机生产的继续活动，那对于西方各国，特别是对于大不列颠的输出者，就同日本之工厂生产活动一样的要引起严重的竞争。因为中国与印度之工厂，在效率上虽远不若日本工厂，虽更不足与欧美工厂相提并论，但其过于低廉的劳动费用，却使她们能以极低廉的价格发卖，若在技术比较无关重要的粗制品上，那就更有此种效果。兰开夏在战前的廉价品的远东市场，定有一大部分为日本、中国与印度的纺织工业所侵夺去了。不但如此，远东方面的竞争，一定会一天天的趋于激烈，并且，在相当的时期内远东的工厂不但生产比较低廉的制品，且会生产更昂贵的制品。真的，从表面观察起来，令人惊讶的事体并不是工业主义在远东的进步，而是在远东不曾更迅速的进步。因为晚近工业技术上的变动，确实要相对的缩减先进国家的利益。崭新的自动机械，一方面减少了技术劳动的需要，同时却使远东方面更容易有利地利用其比较不强固不技术的劳动。由此看来，远东工厂制度进步迟迟的真正原因，就是由于它们不能找到更迅速发展其工业的资本。它们在国内敛得的一大部分蓄积，都要用以偿还过去由西方列强举借外债的利息。它们要扩展工业，势须向国外举借新的资金，不过近年中国与印度的政治情形的欠安定，使它们在举借外债上发生障碍，至于工业主义较中国印度发展迅速得多的日本，她却又为其增加极速的工厂制的产品找寻市场，而发生政治上和经济上的困难。中国人之排斥日货，那是中国答复日本帝国主义吞并政策的有效手段。

在世界比较后进的国度，其基于现代动力生产之工业的发展，显然还只进到最初期的阶段，由是，在世界经济的地位上也显然要日益增大其影响。像苏俄今日所进行的五年计划，那是包括着工业与农业之整个经济的澈底改造，使其在使用最进步形态的机械动力的基础上从事大规模的集团组织的活动；我们没有理由说中国与印度永远不应照着苏俄这种做法。诚然，这在今日是有许多严重困难的。就苏俄来说吧，她尽量压缩其极大多数人民之生活水准，犹难得筹集充分资本以完成其野心的工业改造计划。但苏俄人口还较远东各国为稀薄。远东如中印各国之人口既稠密，其密集的农家经营又复限于极小规模，且贫困达于极点，要像苏俄那样进行包括的经济发展计划，其困难一定更大。中国印度无论是仿行苏俄式的趋于澈底的共产主义，抑是要更迅速的成就资本主义的发展，都非大大集中政治权力以期造出便于实施这类经济改革的环境不可。这些地域的工业的发展，在最近将来至少可以做到这种地步，即促成西方与东方之许久以来之商业关系的改革，并使东方各国在世界经济体系上处于一个完全新的地位。实行上的困难尽管再大，谁能说中国印度在最近的将来不会完成一种便于实施苏俄那种经济计划的政治革命呢?世界各地所受苏俄思想的影响,以远东方面为最强烈。要把这种思想适用到印度与中国之不同的经济环境上来,虽然必须经过一番修正,但要怀疑印度中国始终不会有从事此种修正工作之充分力量与自主权能,那是没有理由的。

第四节 机械与人

在欧亚两洲交界的乌拉山脉(The Urals)之旁,有一个称为麦尼拉哥斯克(Magnitogorsk)的市镇。这个市镇照计划是住 25 万居民。在数年以前,那里并没有什么市集,不过是地面下蕴蓄有未经开发的一大矿源之空旷乡野而已。然在今日,它却像是因了什么奇遇,使它那里集中有许多大规模的矿务工程,并还设备有欧美最新式机械的工厂。在这些新工作场的里面及其周围,有许许多多的男女在辛苦劳动,他们想迅速的把这个荒野地域造成一个广大的新的机械动力的中心。在整个苏俄的境内,满布了这种情景:几乎许多世纪以来没有多少变动的原始状况,现正迅速过渡到一种有伟大动力做基础的新的文明。那些支配这种新发展的人们,都在殚精竭虑的把最新的技术方法,应用到机械制品的大规模的生产方面。

苏俄今日之向着这种新文明迈进,其步骤是空前急遽而突跃的。她不畏艰难,想直接由最原始的生产方法过渡到最进步的生产方法,欧美各国曾经缓慢经历过来的中间阶段,她是要统统跳过的。美国、大不列颠或德国之进步到今日这个地步,几乎在机械生产的基础上,继续发展了两个世纪,但苏俄在实际上却企图一跃而走到她们前面。因为她对于新的工业主义,是动员其广大国境的全部资源,并在单一而包括的计划下,在完全统一的统制下发展其所有一切的新兴工业。同时,在其他工业国家,大多数的私有工业仍然是由一些独立的公司经营,统一计划的地位被一种至近年始渐趋软弱的信念所代替了,那种信念是说:每个企业如有追求其个人利益的自由,那末,借着一大些混乱的且往往相互冲突的努力之先在的经济协调,定然会造成某种限度的秩序与进步来。

苏俄已决心由原始的农业文明一直跳跃到电气与巨大动力的时代。在共产主义者领导之下,她已在数年中完成了大不列颠由两百年逐渐进步所完成的一切,甚且还超过了这一切。因为在两百多年以前,大不列颠的全般机械发展情形,那比一九一七年的俄国还要进步多了。

特苏俄今日有进行此突跃工作的可能,盖因空前进步,正为现代机械发展的特征。当动力机首先应用时,无论就现代哪种标准来说,其进步是异常缓慢异常迟疑的。于十九世纪物质进步所关至巨的瓦特蒸汽机关,那并未成就一种急速的进展。就在大不列颠,其用途亦是经过许久许久才渐趋普遍的。这机械在它被发明以后 50 年,还有很多工业,许多生产行程中它难于侵入。而在大不列颠以外的其他国家,其进步是更加迟缓了。法国德国的最大部分的纺织工业,是一直到十九世纪中叶以后才采用蒸汽机关。而且在每种工业上,在每个国家,蒸汽机关都是行之以渐,且还要遭遇许多困难。因为蒸汽机关一经采用,原来的手艺与生产方法就不免废弃,因而劳动者与职工都表示强烈的反对。

不过,十九世纪进步的结果,机械变动步骤乃颇较以前迅速。因为以机械动力为基础的生产体系一经确立,机械的改进,新生产方法的设计,势不能不加速的进展。一种发明会导出他种发明;渴望低减生产费用的制造业者,时时刻刻在寻求新的创见。加之,劳动者自有了组织,且能由组织的力量争持较高的工资和较好的雇佣条件,雇主们自必要为他们的金钱觅得一些能挣取较大价值的方法;那些方法不外是使较昂贵的劳动更能生产,或者缩减劳动量,用机械代替以前由人类两手或体力所从事的工作。雇主与雇主乃至一国与他国,都竞求低减生产费,都要求由减低价格多售产品,其结果,定然会引起机械化的急速进步。因为,大家不久都发现了:许多物品如由较大规模的生产,乃至较大量的联合购买,和在一切可能的市场上有组织的发卖,那定能节省许多许多。生产规模增大,商业规模更要增大。由是资本较大量的积聚起来。为增进资本总量——依着合股制度——而发明的新手段,使工厂与机械愈益扩大而集中起来。机械化的加速迈进,无非是向着一个目标,那目标仿佛除了使人类体力在生产行程中失其竞争地位外无他意义。“由起煤以至于按钮”(from coal heaving to button pressing),似乎可以说是现代世界之工业的叙事诗。

人力限制的撤除 在这工业迅速超于机械化的过程上,有三个各别的然而是相互密切关联的方式,人类劳动系由此而转化,并由此而为机械力的发展所代替。那三个方式中,第一是,以前由个人体力所加于生产力上的限制，至是几乎完全被克服了。一种机械能够升起的重量，或者它所能应用的压力，与前此由人们——个人或集团——操纵杠杆所能发出的体力，简直没有何等关系。一具现代的坠锤(drop-hammer)或起重机，那并不仅是一个人力的代替物，它所发出的力量，决非人力——哪怕是建筑金字塔所集合的人力吧——所能供给。技术改进了，这种新力量也就能够加速的应用起来。在重工业上的现代生产方法，恰好是被建立在这个基础之上。

技术的废弃 至第二个方式，就是机械能成就人工的技术与熟练。以前只有经过长期实验的工人才能胜任愉快的无数业务，现在机械可以自动地日益趋于准确的运行起来。由是，对于这类工作所需的训练时期大大缩短，而没有技术的劳动，就非常容易由这种机械工作换到那种机械工作了。同时，机械渐趋于精巧复杂的结果，它不但愈加可用以代替人工的熟练，且愈加可用以代替有训练的手工业者的优越，及其费过颇多辛苦习得的技能。例如，就机械的制作上来说吧，铸铁法的改良，致一大部分旧的技术都归消灭了，砂制模型者和木制模型者的技术固不待言，就是那些用旧式机械从事调整工作的装配者与旋盘匠的技术，也同样归于淘汰。真的，技术劳动并不是完全没有需要，比如工具制作及机械修理那一类工作，甚至可以说需要比从前还要高明的技术。不过，无论就哪种高度机械工业而论，高等技术工作对于雇佣总量的比率是大大的迅速的缩减了。而且机械的应用范围并不限于生产行程方面：它侵入了事务室，侵入了会计处。打字机与计算机，已经革新了现代商务上之书写的和管理的部门。哪怕就是以前由旧来手工贱役出入的私人家庭吧，自从家奴与不支薪的管家妇劳动供给停止，那种家庭也马上革新起来。

从另一方面来说，新机械往往需要新式的技术，并且有时还产生一种须以技术劳动代替非技术劳动的结果。这是事实。例如现代机械工程出现，那些用木制旧式机具的水磨师的传统技艺诚然是破坏了，但它却产生了旋盘、装配、坠锤冶炼以及其他许多的新的技艺。此外，如纺纱工厂制度的出现，十九世纪的较高等技术的纺机职工，代替了旧来以手纺绩的“家内”工人。但在比较晚近的时候，这纺机的业作复又为那种需要极少技术的轮纺机的方法所代替了。以前装配者与旋盘匠的工作，后来逐渐代以标准化的模型仿造和自动的与半自动的机械制作。十九世纪造出了一种代替其所破坏的旧技术的新技术。二十世纪则更大踏步的趋向一种转换，那就是使技术由工人过渡到机械的转换。

劳动的代换　工业机械化过程上的第三个方式，就是现代机械不仅逐渐除去了体力或手工技术的需要，且进而积极的代换了劳动。假如机械能如人类一样的技巧，能如许多人之联合劳动一样的强而有力，那么，从事某一定量活动所需的劳动者人数，就可缩减至颇少的限度了。例如，不论是谁，只要他去参观一个现代的面粉厂，他就会知道在一种容易机械化的工业上，劳动几乎是绝对用不着的。

由海外装来谷物的船舶，横在码头旁边，要起卸谷物，就是安排一个备有强大吸引器的长管，这管之一端插入船舱，把谷物吸引上制粉厂的顶层。制粉厂充满了种种自动机械，那些机械分别把谷物研磨、类别、匀调，以至成为面粉。面粉自动的由顶层下泻到其他阶层，以后自行盛入袋中，装入货车中，由货车把它运往需要的地方。在所有这一列连续的行程中完全无需人手触及谷物，甚且无需人手触及制粉厂中活动的机械。除了少数服侍起重机的人，少数加油并调整机械照常运转的机械师，或者再加一两个把持揩布毛帚，奇异的看定地位使工厂扫拂清洁的工人外，再也看不出其他的人类劳动。是的，这是一个极端的例子。但一切机械化的工业，似乎都在因着一种不可抵抗的动力的敦促，而不绝向着这个目标活动。要求代换并扩大人类的体力，要求代换并改进人类的手艺　那是还嫌不够的。工业主义的最后目的，就是要使劳动者变为机械的附随物，为其日就稀少的服侍者。

在工业主义最近发展的过程上，对于这种绝对代换劳动的努力是更加重视的。劳动阶级的组织愈坚固，他们对于较高工资与较好待遇的要求愈激切，雇主们想免除劳动并以机械代换劳动的压力就愈加增大了。当无技术的劳动低廉时，雇主们自力求以无技术的劳动男女代行技术工人的工作，像今日的中国与印度还是如此。但在美国与西欧的工业主义，却已经超越了这个阶段。因为她们早已没有廉如粪土的无组织无奥援的劳动者可供利用，其技术与工资都已达到了比较高的限度。在此种情形下，缩减生产费的显而易见的方法，就是完全免除劳动，或者至少用极少的劳动。最近各国，特别是美国德国所行的合理化政策，那已经使这种代替劳动的努力达到了可惊限度的成功。

然而，人类劳动与生产间之关系的革命并不限于制造工业方面。十九世纪进步的结果，世界农业状况亦因新大陆开拓而同样革新。农业新形势的展开，开始与其说是由于改良的耕作方法和畜牧方法，倒毋宁说是由于农产物运输情形的显然改变。铁道开放了广大的美洲与澳洲的奥地。并且在每隔十年中，汽船把新供给的谷物及其他产品，更低廉、更迅速地由新大陆运往西欧，而其运输的数量则是增加颇速的。开始运输的物品，原只限于小麦，但自七十年代以后，冷藏器出现了，由是美洲澳洲除供给西欧以小麦外，更能供给西欧以肉类。大不列颠是一个最富的国家，她有最好最廉的制品交换这些食物，就因此故，她遂变成了一个对于新大陆农业的主要市场。在自由贸易制度之下，她自己的农业逐渐缩减，农民向新大陆找寻出路，向工厂集中的城市找寻出路，由是形成了一种农村人口减少的新的运动。就每亩地的产品而论，新农地自不能与欧洲高度耕种过了的农地相比较，但在低廉价格上说，新大陆处女地却占着便利，并且无须多少劳动的低级耕作，那在人口稀少土地低廉的地方是再便当没有的。

这一来，新国家之农业状况就对于机械化给予了一种刺激。自是农场曳引机、刈禾机，以及其他为现代大规模农业所使用的动力机的农具，通同变成了这些草原地农业者的独特工具。此外，新地域的农作，又可刺激有关农业的科学的进步，例如繁殖于各种不同气候状况下之动植物的选种法，以及世界各地之动植物病害的防御法，都由此得到了新的改进。科学的研究，可大大增加农作的收获，可改进动物之体重与品质，并能使运往远地的货物减少腐坏。羊毛之品质与产量改良了，像腐肉一类废物设法利用了，凡工业上所需的新样的农产品都由农业方面予以供给了。并且有人还推测：农业不能与现代工业上的大规模生产方法相竞争，农产品的价格，定然会与工业品价格相关联的提高。但这种推测是没有实现的。就全般讲来，其趋势简直是反乎这些人的预期。在过去一世纪中，农业上的革命，对于工业上的革命并没有何等逊色。“报酬递减法则”(The law of diminishing returns)——这使十九世纪初期的经济学者政治家不绝感到惶恐——今日更不足以使人类流于饥饿。今日世界所哓哓申诉的，不是农产品的缺乏，倒反是农产品的丰盈。而地面上最大部分的农作效率，且还是极低极低的。苏俄对于其全国广大农村之集体经营化，在几年之内，已使世界农产品的供给有了巨额的增加。不过，世界是用不着为其食物盈丰而恐惧的，它今日还有几千万几万万的居民极度缺乏食品啊！

专家农业的发展　然而，在大宗农产品的种植上，最新式的农业方法，与最新式的工业方法同样有代换劳动的趋势。而在那些努力减削费用，因迫而转向比较不集约的耕作方法的较旧国家，其情形尤属如此。但在某种限度内，这种趋势为专家式农业的发展所抵销了。所谓专家式农业，就是为了供应日益增大的都市人口需要，乃以比较集约的方法从事花卉、水果、鸡蛋、家禽一类物品的培育，在丹麦与荷兰两国中，此种农业方式是收到了成功效果的。特此种方式的农业的发展，盖有赖于世界生活水准之继续提高。因为专家农业的产品，大体上都是一些半奢侈品。世界所能生产的物品，世界显然都能消费，这虽是些半奢侈品，究不足为其发展的妨碍。不过，这里含有这样的意义：就是专家农业的发展，不能不靠工业繁荣来支持。因为，如其工业家不能售出其制品，生活水准势必低落，水果、蔬菜、鸡蛋、家禽以及所有其他一切比较专门的农产品亦必缩减。乡村人口的维持，盖不外依赖都市工业的不断进步。工业上雇佣人口的缩减，也可说是农村佣雇人口的缩减。

当前的穷境　如就过去一世纪作全盘的考察，则经济的进步，要不外存于以次的事实：即对一定量货物由生产以至搬运到消费者手中所需的劳动量，在不断的缩减。单是这种趋势，已能使每个采行新生产方法的国家大大提高其生活水准。用新生产方法来提高生活水准，那是再好没有的事。在拿破仑战争与一九一四年世界战争之间的那一世纪，全是向着这个方向迈进，虽然劳动由旧的雇佣形态转变到新的雇佣形态，时时都发生过严重的冲突，并且像手织机织工一类的工人，都因工业行程的改变而归于淘汰了。全般的说来，这一世纪之所以能利用日益增进的生产力以改进生活水准，那有一部分是由于工业上的改变——在我们的祖先看来，那也似乎异常急速——远较今日类似的工业改变为迟缓；尤其是由于世界市场的迅速扩张，致使那些进步国家，能增加其输出的生产；此外还有一种原因，就是由于这种外国的需要，因对落后地域之资本输出增加，而进一步受到刺激。但时至今日，资本的输出已遇到障碍了；世界的需要早已不能赶上生产力的扩张；而在另一方面的机械驱逐劳动的活动，则比较过去任何时代为急速。因此，在生产制度与消费力之间就显然发生一种缺陷了。世界最迫切的问题,不是进一步的增加生产力,而是在发现充分利用已有的生产财富的手段。现在努力为其剩余产品找寻出路的世界各国,都在借着削减生产费的方法增进其输出,因而都在不绝缩小其国内市场的消费:这一来,那个问题就愈趋严重了。但这些国家要想趋避这条绝路,却又是不大容易咧!因为,如其他国都如此做法,某一国不依样而行,那她就不免有丧失输出贸易,从而丧失其对必需输入品之购买力的危险。但是,各国愈加向这方面做去,全世界的失业人口就愈加要增多起来。因为今日缩减生产费用的主要手段,要不外绝对排除人类劳动。在技术家看来,在生产中立于主动地位的手工劳动者,仿佛日复一日的变为赘物了。但是,如其他不事生产,他将如何得到消费的手段呢?如其他不消费,现代经济制度的广大生产力将如何顺利的使用呢?

第四章　经济制度之理论与实际

第一节　经济学之范围与目的

我这一节的目的，是要对于现代经济制度——主要存在于比较进步工业国的经济制度——之实际组织与活动，以及对于那些为经济学者所分析解释过的理论，作一个广泛的考察。

假如要使这种考察成为写实的，那末，它所根据的基础，就必得是实在的事物和动力，而不是那些曾由人们用以组合这些实体的形式。自然，我们非论究组织的形式——这实在是我们的考察之主要目的——不可，但我们的论究，必定要强固的依据那些潜伏在组织与统制之形成下的实在事物与动力。

生产力的来源　生产力只有两个来源，一是人，一是物；这两种来源的供给，都有限制，就生产力——那已经大大增加了——仍有限制的意义来说，它们都是“不足的”(scarce)。假若某人或某物的生产能力适用于某一目的上面，那末，在同一时候，这同一生产能力决不能适用于其他的目的上面。有些事物曾由生产来源之可用量中分拔出来，用之于某种确定的生产的目的。健全的经济制度的鹄的，就在使可供利用的资源，能有最妥善的用途，若以经济学者的术语来说，就是要实现“最大的效用”(the maximum utility)。

我们人这种生产力的来源，有两种能力。其一是在开物成务上实行从事劳动的力，如手艺者、书写生、技术家、专家，或某种管理人所表现于他们作业上的能力皆是。但人类能力固然表现并应用在这些实际的劳动形式上，同时也表现应用在那些使用人类有史以来所蓄积的智识而成形的物质资源上。人类所蓄积的这种知识，不存在人的头脑中，就定然是存于那些已经由人们创作的书物与碑石中。不过，像这种知识，其本身与那应用在生产上的实际劳动有若干区别。这是人类经济的遗产——是整个文明之遗传的和不绝增大的传统——如其财富的创造，能达到最大可能的丰盈程度，这是应当对全世界公开的。

为生产力之又一来源的物，亦有两个方面：其一是单纯由自然赋与人类之物资；如土地、空气、水、自然肥沃性与矿源，对于人与物发生有效作用之气候的生产价值，海、河，以及今日看作运输与交通手段之空气，和看作清除与运转之动力的水。但除这些自然物外，还有那些由人类把他们的心智与劳动应用到这些自然物上而成就的生产的物资：如现有的器械与生产工具，体现于矿坑、工厂、货栈、机械等上之实在造成的资本，以及其他在本身没有用处，但能用以生产若干于其本身有用的其他物品之许多实物。

经济组织的问题，就是要使所有这些生产力的来源，用之于最有利益的用途。从根本上说来，这就是要使人与物之可供利用的源泉，以最小的努力，产出那些在正当比例上最感切要的物品与勤务。这就是经济的问题，经济问题实全具于此。自然，这不能算是整个人类的问题，因为人是不想一味辛苦劳动的。他不但是一种生产力的来源，同时还是对于其生产努力结果之唯一享有者、唯一享受者。他必须有享乐的余暇，且须备有不破坏其享乐的工作条件；归根结底的说罢，在更多余暇与更多生产之间，要有一种决定，这种决定，要与其从事生产作业时的必要劳动强度连同考虑。但这一来，这就不算是纯粹的经济问题。这要把经济上的考虑，与其他非经济上的考虑，权衡轻重，再行决定。从经济学的立场来说，可资利用的生产的资源，就是那些作此种决定的人们，打算用之于生产用途的资源。改进了的生产力之最大利益之一，不外就是它会给予人们以更多余暇和更多物质财富的机会。

非经济物 劳动条件的问题，并不仅限于工时长度或工作强度的问题。因为有些生产方法是异常可厌的，为了避忌那种烦厌，往往不惜抛弃那些能由开发而创出的附加物质财富。这就是说，在生产上，我们不仅要考虑到如何才能以最小可能的努力来生产货物，还须考虑到如何才能使这种努力尽可能的避免烦厌与不快。但这也不是纯粹经济的问题，对于这个问题的决定，也必须把经济的与非经济的价值加以权衡。加之，有些工作简直可以说是积极的快乐源泉。哪怕是用其他手段可以生产更多的财富罢，像这种能够发生快感的工作，也许还是值得照旧保留的。现代的世界，仍在为穷困问题而挣扎，人们通常都注意不到这些经济生活的方面——无论如何，这方面的事体总算是超出了那种因颇危及生命与健康而被排斥的诸方法范围之外。不过，生活水准提高了，人类自然逐渐会讲究他们所从事的工作之性质与限量。并且这里也是要把经济的与非经济的价值，权衡轻重的。

照以上所说的经济问题，自然不能完全由经济学者来解决。那与其说是经济理论家的问题，却倒毋宁说是技术家的问题。因为专精生产各部门的技术家，可以说是能够告知我们，如何才可以用最小生产资源与人类劳动而生产的唯一人物。他们依据其日益增进的知识，计划并使用更有效的生产运输乃至勤务的手段，以期用较少费用生产同多物品，或以同多费用生产更多物品。这根本不是节省金钱的问题，而是节省那些费在生产上之实际劳动与实物的问题。所有这些，都是经济学者须注意、须论及，但不能设计或创见的技术上的事体。在他看来，工业与农业之技术的效率，不过是一种论材，但也有权力把它看成非固定的而在现时是不绝进步的论材。技术效率在继续进步，那是他可以这样断定，或不得不这样断定的。

因此，技术家——包括那些站在他们后面的有研究精神的工人与科学家——的任务，就是在继续设计更有效率的生产手段。至若应当生产些什么，他们是谈不到的。但在这种事体上，他们自然是最要紧的顾问。生产这种那种物品的实在费用，究要多少——把某些特种品目缩减一些，究能节省多少费用，在什么生产部门，能够由产额增加而减削经费，所有这些问题只有技术家才能解答。消费者要顾虑到这些事体，势不能不请技术家充当顾问。不过，作哪种生产与生产多少，那是每个人的事，因为每个人都是消费者，一切最后完成了的物品，都只是作为享乐用的。哪怕就是对于什么机械或其他生产工具应当制作的决定，就其非技术的方面看来，亦还是关系消费者的事体。因为对于这些物品的需要，乃取决于那些能由它们创出的最后完成的物品的需要。

消费者及其欲望　在任何组织完善的经济制度中，消费者总好像是生产之最后节制者；消费者的需要，往往能依个人的欲求或集体的欲求而自行表现出来。私家主妇或其他购买者，可以向店铺乃至任何买卖物品勤务的地方求得其所需要的东西；或者国家、市府，或若干其他团体，也可代市民或市民中之某某结合安排一种物品和勤务的供给。如公路、公园以及其他公共娱乐场所一类物品与勤务之免费供给，那于公共团体是再便利不过的，因此，在安排这些事物的生产上，它们就俨然是消费者之需要的说明者。不过，这里引起争论的所在，就是像这类自由供给的设施，不知究应推行到哪个限度！大体上，那可希望有两个目的，其一，如同在隧道的场合，课税的收益显然涉及了勤务所提供的实效；其二，非如此不能提供贫民以必要的勤务。

在需求仅是属于消费者——他对于其所需物品，提供一定价格以表示需求——的事体的限内，在生产方法仅是属于技术家——他为满足消费者的需要，设计并使用最有效的工具——的事体的限内，经济学者的任务，就似乎只是一个观察者的任务，他注意这些势力的作用，并对任何切望了解其究竟的人解述它们是怎样的活动。真的，有些人硬想把经济学的任务看为纯粹被动的任务，但在实际，我们无论就哪方面讲来，它都不是这么简单。因为在一方面，生产必得照着技术之指示而组织起来。这种组织，定然要引起非关工艺学或应用科学的各种问题。在另一方面，消费者所需要的物品，要取决于那些物品所定的价格以及存在于消费者手中之收入的额数。而价格与收入的规定又包含有在分配范围内整秩社会经济生活的种种困难问题。经济学者的职分，主要是存在于这两组问题之间。他当在生产力之技术发展与人类欲望所设定的条件内，关心于生产与分配之最妥善的组织方法。

然而关于此点，显然会发生以次的困难，就是，生产力之技术发展，那是一件对于那些能够生产出来的物品之数量与种类加以限制的确定事体；但人类之欲望的概念，却没有这样明白确定的性质。因为消费者之实在需要，受有他的收入额数大小的限制，且受有各种物品与勤务之价格高低的限制。一个经济学者如非承认现存的收入分配与现存的定价方法，为绝对没有问题的"论据"(data)，他就必须为其对于人类欲望的概念重新考虑它们，并在它们满足人类欲望之适宜性上加以评定。一定的，经济学者不用决定人们应当需要什么，不要设想人们应有怎样的判断标准。但是，假如有各种物品之相对价格变更了，或者现存的收入分配更改了，他就不能避免的要重新考量需要，看在哪种场合会有怎样的需要。他必须有某种可用以批评经济制度之功能的标准。并且，他所着意的任何标准，定然包含有一种关于人类欲望之判断。

通常由经济学者倡言的标准，就是欲望满足的标准。他们说：经济制度之目的，不外是生产并分配最大可能的总效用(total utility)量，而效用则是由消费者之满足程度而测定。他们更进而有以次的解释：就是就最大多数的物品与勤务而论，一个人对于某物所获愈多，他由继续增获某物所感到的满足就愈少。由此推论，如其一定的总生产量平等分配于一切消费者，那就似乎可以产生最大的总满足；特这里所谓平等分配的意思，不是说每个消费者——其嗜好不同——都分得每种商品的相等量，而是说他们各个人都可由共同经营中取得物品之总平均量，取得其所最需要的分额。照着这种观点推论下去，那末，成就最大总效用的唯一方法，似乎就在使社会每个成员都有相等的收入，即对物品与勤务的总量都有平等的要求。因为收入一不平等，就势必要在消费上产生一种较少于最大可能效用的结果。

生产与分配 但在事实上，财富之生产制度与分配制度是分离不开的。在现存状况下所分配的收入，那不但看为消费的手段，同时也看为是对于生产之报酬与刺激。因此，说收入平等可以产生最大可能效用的见解，就难得使人相信。因为在反对这种见解的人看来，收入一旦平等，那马上就会在生产数量上发生有害的反动。真的，对于不平等制度之理论上的防御，向来就是说，收入平等，不但会减少生产总量，同时，由消费所得满足的有利效果，且还抵偿不了生产上的损失。在我们承认现存经济组织制度的限内，我们不能怀疑这种见解的正确。因为当前的生产，原本就依赖着那种显然含有经济上的相当不平等的刺激。现在要创建一种经济制度，一方面能确保最大的生产，同时又能确保消费这所生产出来的物品的最大效用，但问题就看这种制度是否有创建的可能。

不过，事实是这样，由经济学者设定的标准——最大效用的标准——建树起了一种倾向收入平等的强有力的假定；因此，如其组织一种尽可能接近平等分配的经济组织，而在总生产上又不会蒙到损失，不会蒙到过大损失，那也就乐得尝试一下了。

这种对于消费者之最大满足或最大效用的标准，照普通的说法，就含有这种意义：即消费者是其所需物品之最适当的判断者。在大体上，这是毫无疑问的真实。不过,我们前面讲过,需要有属于集体的,有属于个人的。个人的需要,往往要受各种物品之相对价格的影响。而在集体需要的场合,集团方面就自行建立起一个标准,对消费者之需要加以判断——这种判断,虽然对于每个消费者,不会如其自己所判断的那样准确,但却最适于促进全般的最大的满足量。因为一个人由禁戒某些物品——如汤和水之类——在自己方面所得的满足,会远不若其所与邻人的不满足之大。在某些场合,国家为要使若干物品低廉或昂贵,以便鼓励或阻止其消费而施行的干涉,也会发生与此相类似的顾虑。在这诸般情形下的判断标准,通常不是个人消费者的满足,而是消费或多或少在全体社会满足量上之效果。假若一个人消费过多的酒精饮料而不受教育,他就不但最损害全体社会所需要的生产能力,且会为害于其朋友或邻人。无论就哪方面讲来,他的这种行为定会发生减少总满足量的结果。

我在前面讲过,为要成就最大的满足,哪些勤务应当免费开放,哪些物品价格应当低廉或高昂,哪些货物应当生产较多数量或较少数量,经济学者虽不妨根据经济的理由提供意见,但他没有决定这些的任务。所有这些事体,都要让消费者——个人的也好,集体的也好——自行去决定。经济学者的任务,在从一种倾向经济平等的假定从事研究,看生产与分配制度,要怎样组织才易于对消费者保障其最大限度的满足。他必须常常问到:现存的不平等制度,究在某种限度为生产利益上所实在必需,并且这种必需究在某种限度能为另一种经济组织方法所减少或撤除。

第二节 生产制度

有了上面这些导论,我们现在乃可以我们所见到的一种清晰观念来讨论生产制度,在根本上,这种制度就是把一切可资利用的生产资源——人与物——用某种方式组织起来。在经济学者看来,这些存在着的,尤其是尚在发展中的资源,都算是一些论材——如人口的数量与其生活内容,自然的资源与已经蓄积的实在资本,以及人类知识状态等等。所有这些论材都不是固定的,而是在不绝改变的。人口有增有减,他们的生活有时变坏,有时改良。依着种种开发的方法,自然资源是能够采尽,也是能够更新的;并且,知识进步了,今日对生产没有用的东西,明日也许颇有用处。像工厂、机械、铁道以及其他许多物件，通是实在资本，这种资本常在消费中。对于这常在消费中的资本，究应在某种限度以同种类或不同种类的新资本财来代换，究应在某种限度增加生产组织的总设备，那都是由人来决定。知识在不绝增进，且在以千百种新的方式应用于各种资源的用途上，而这些资源，则是在当前不绝发展之文明限界内所允许利用的。上述这诸般论材的若干部分，诚然非人们所能支配。它们对于经济学者也如同对于社会一般人一样。不过在某种限度内，它们有一大部分是能由人们之集体的或个人的行动所支配的。

即如人口的数量，就颇容易受那些组成总人口之个人所支配，而个人的行为又可受国家安排不同种类之教育设施的影响。至社会之物质生活设备，那是同时会受集体与个人两方面的支配的。对自然的资源，对蓄积的资本，对人类的劳动，乃至对技术上的知识，究是怎样用法？是利用抑是滥用？那都可在某种限度内加以人力的控制。新资本的蓄积，一方面可对其额数加以限制，同时并可依其特殊资本财而行使伸缩。所有这诸般的支配活动，有的委之于国家，有的委之于其他公共团体，或者完全委之于特殊经济组织机构内的个人或私人合作组织与组合。这种经济组织机构异常重要。个人或私人组织如何行使其控制活动，一大部分要看这种组织的机构怎样。哪怕就是个人主义最发达的社会，它在实际上亦不能完全让个人行使控制，因为它如其是一个社会，它就不期然而然的会设定一些规律，使个人在这种规律所定的范围内从事控制的活动。

因此，经济学者的实际任务就是在提示那些经济组织形态，在那些组织形态中个人或集体所要求的物品与勤务，都能依最满意的方法加以制作，加以分配，从而就最能保障技术上的生产能力。就此种意义上说来，经济学者的职分，不外就是极广意义之经济组织的职分。

我们已经讲过了，真正的生产问题，就在对于有用生产资源——人与物——之种种不同的产业与勤务能充分的利用和正当的配分。有了这种根本着眼点，我们就知道在当前的经济制度下该如何去关怀这些事体。

生产不足　当前经济制度不能充分利用那些可供利用的资源，那是我们已经解述过了的。为了时间关系，我们姑且把那些自愿离开生产的，即宁愿靠着不劳而获的收入——当前经济制度允许他们获取的收入——过着懒惰生活的一小部〔分〕人，放着不讲。自然，与整个获取不劳收入的阶级比较,这种人是少多了,因为一大部分获取这种收入的人,同时也还从事他种工作。除了这些自甘懒惰者以外,我们在不得已而失业与资本财废置不用的当中可以发现有用生产力未经充分利用的许多证明。世界贸易衰落的结果,这种情形至今日已发展到了颇不寻常的程度。不过,大量失业与若干资本财弃置不用,那几乎是常事,就在极繁荣的时候亦不难发现此种现象。

为什么有此现象呢?简单的解答,就是控有这些资本财与控有创造新资本财之手段的人们,不能在那种由生产获取相当利润的条件下找得充分利用这诸般资源的用途。就因此故,他们把资本财,把创造资本财的手段,置诸不用了。失业的劳动,就是跟着这种事实导来的结果。换言之,在现在经济制度下,一大部分生产的部门都是组织在一种基础事实上,那就是,生产如其不能提供相当利润,生产资源就不免要予以废置。利润的期望,是最大部分经济机构所由转动的枢纽。

这不是说,没有利润的期望,生产就决不会进行。一个公司为了避免闭厂所蒙到的颇大损失,它也许在受到小小损失的时候,还以继续承订契约,继续使工厂照旧作业为较有利益。但这个公司之肯出此下策,一定要它存有一种希望,就是它设想在不久以后还可获得利润。一种国营事业、市营事业,或受公家津贴补助的事业,也许不顾损失继续进行。但这种事业能不顾损失照旧进行,一定要公家能照常征收税款;而且,如其在其他产业与勤务上不能挣得利润,税收的源泉就要迅速涸竭了。

特依靠利润为生产的刺激,那并不是现代资本主义经营之特有现象。一个社会的状况,如已复杂到使生产者不能靠自己产品的消费,或靠直接物物交换而生活,那在这种社会状况下的生产,就带有依靠利润为刺激的性质。农村生产者到了没有办法的时候,他往往能够自食其产品而不必一定要把产品送到市场。因此,他就在不能由出卖产品而获取利润的场合,还不妨继续生产。但在工业生产者则不然,不论他是从事大的规模抑是小的规模,他要生活,就必须变卖或交换其产品。他除了在小限度内能诉之于直接的物物交换外,如非其出卖产品,能获有一种超过其生产所费的剩余,他就决不会继续生产。由现代工业主义所导来的新环境,第一是,它使世界最大一部分居民都依靠出卖工业品而生活;第二是,它曾部分的使农业工业化,这样,农人与农企业家的生产,也如同在工业生产上一样，大部分靠着利润的期待；第三是，它使最大部分的工业生产者都转化为工资劳动者，就因此故，在生产品数量上具有决定影响的，就不是他们对于利润的期望，而是生产手段所有者对于利润的期望。

资本主义的枢纽　在开始的时候，我们必须把握住利润在现代经济制度中的枢纽地位。在未理解这点之前，我们对于世界不能适当利用其可资利用的资源，好像觉得过于荒谬。实行把大部分的生产力抛弃不用，而反以这样为有利益，这是难于令人相信的。然而特殊矿山或特殊工厂的所有者不能由利用此种工具而获取利润，那却是十分显然的事；至工资劳动者的失业，则又不过是这种生产工具闲置起来的结果。

在私有经营制度之下，利润是使物品与勤务得生产出来的唯一可能手段。像其他种形式的收入，虽然对于那般收入所有者，同是生活的手段，但在这种制度下，看来像是一种失费，那不但不能刺激生产，简直要成为生产的阻碍。真的，金钱的刺激是可以诱导工资所有者与薪资所有者增加其产额的，但他们的活动究将增加生产，抑或减少就业的数量，那完全要视其雇主对于利润的期望而决定。总之，利润是整个经济制度所由转动的枢纽。

往后，我将要考察到这种处于枢纽地位的利润之利弊。不过，此刻我企图对读者诸君解明的，只是这种制度的若干根本的特征。现代工业的生产，乃至相当限度内之现代农业的生产，都是靠着人规模的费用浩繁的资本财——如建筑、机械、动力供给之来源等等——的设备，这诸般设备，乃表示巨量之创造的生产资源的支出。它们在不绝的耗费，不绝的需要更新。而其中若干设备，还会因新的发明或因工业技术需要上的乃至消费者要求之性质与方向上的其他改革而变为陈旧。加之，世人如其希望有一种进步的生活水准，希望尽可能的利用不绝扩张的生产力，甚或希望增加人口，同时不因增加人口而减低生活水准，那么，对于生产上的资本财的设备，就不仅只补换耗损陈旧部分，且当增添新的部分。换言之，就是要常常充分使用其现有生产资源，创造资本财货，以便保证消费者货物产额上之必要的扩张。

自然，对于一个社会所当蓄积的新资本量是没有固定限制的。因为所有这些资本都能用以增进生活水准。但这里毕竟有一个“相对的”限制。就是对于资本财所能生产的消费者货物的供给，必须费去充分的资本;否则蓄积便纯是一种废物。在消费没有与蓄积成比例增加的地方,一定会导来经济的危机,不然的话,就要当事国能由海外投资的不绝增加,或不绝向海外送出其剩余产品,而不用输回等价的货物,那样,它才能解消过剩资本的困难。

可是资本的输出,对于某一特殊国家的困难也许暂时可以解除,但却显然不能解决全世界的困难。就世界全体而论,如非危机发生,消费一定要迅速增加到能充分吸收资本财——由蓄积造成的——所能生产的一切货品。但在资本家的社会中,无论在实在的生产资源上,抑在金钱上,都无此综合的决定。全社会蓄积量与消耗量,是由个人、企业公司与组合之无数各别决定的结果,其中绝无所谓通盘的规制。在每个国家中,每个有剩余收入的个人,是自行决定其必需消费以上的剩余,看把它贮蓄,抑是移作别用。每个各别的企业公司,如其经营有了利润,这利润亦是由它决定,看应该分配多少红利于股东,该留下多少作为预备金的贮积。至若对于公司设备上之损坏与废朽方面是否要加以适当的补充,那都是一听公司去裁决的。此外,比如学校、兄弟会(Friendly Society)、信托基金会(Trust Funds)一类非营业团体,它们对于其收入,亦是自行决定用途,或则现在用去,或则留待将来。所有这些私人与团体的总决定,就构成了全社会之蓄积总量与消费总量。这总量究有多少,只能猜想,只能估计,而无从确实知道。在此消费总量与蓄积总量之间,从未曾借组织的行动,综合的确定其正当的比例。

这并不是说:资本的蓄积量仅仅是众多不确定的浮动的个人决定的结果。显然的,在那些决定当中有一大部分是取决于个人心理的作用——他对于将来的看法,或者,他以为握在手中的一只鸟,抵得落在树上的两只;他对于其蓄积之稳固与经济制度之安定上的信念,乃至其对于子女的责任心等等,都于其收入用途决定上有关。不过所有这些要素本身,对于个人大都是外铄的,在某些社会与某些阶级中,蓄积的习惯,要比在其他的社会阶级根深蒂固多了。对于子女的责任心,那要视国家为大众设定的蓄积的性质而定。至关于蓄积的稳固性和经济制度的安定性所具的信念,那在一方面固然是取决于一般事势的推移,同时却也在不绝对事势推移发生影响。

蓄积与分配 特对蓄积量大有影响的另一要素,却是收入的分配。

在现代工业社会中，收入大不平等：庞大的资本蓄积，都是成于那些较富有的阶级；他们的收入，大大超过其从心所欲的消费的支出。中等阶级的蓄积，亦关重要，且还一年稳定一年；至劳动阶〔级〕的蓄积，则视当前工业繁荣的程度而大不相同。若果在经济制度完全没有其他变动的状况下，同量的总收入能比较平均的分配，那个人的蓄积量也许较少，但其蓄积的倾向，必然逐渐趋于有恒。因为在那种状况下的中等阶级的蓄积，势必经由更大部分的人口，而自行再生产出来。

富有者的蓄积，一大部分是成于他们怎么也消费不了的收入，在这种限度内，那简直是自动的。但在景气与不况的时候，其蓄积就大有差别。不况的时候到来，富有者（也如同劳动阶级一样）必需消费预算以上的剩余，是定要减少的。至中等阶级蓄积者的蓄积，往往是采用保险政策的方法，或者从事那些附有固定利息的房屋抵押，或者为供将来一定期间内的需要而安排儿童教育基金或退休年金等等。因此，他们的收入如在不况的时候减少了，他们就宁可缩减消费而不欲减少蓄积。这些情形，一部分也可适用于劳动阶级的蓄积，但他们一旦失业，他们过去的蓄积就不免要化为乌有。

所以，社会的蓄积，大体可以说是经济制度的一种功能，其蓄积量的多寡，决定于收入所由分配的方法。不过社会所蓄积的金钱，并非全部变为生产组织扩张的资本。比如工业经营由利润中扣作预备金的团体蓄积，诚然有一大部分会用作新的生产手段，并且其额数多少，还要看一年一年的营业利得状况而定。但在个人方面的蓄积，却有其他一些可能的用途，如买收政府公债——那也许是供生产之用，也许不是——从事股票交易投机，或者单纯的存贮于银行。此外，合作团体的个人蓄积与团体蓄积，还可如在国内一样，向海外投资或贷借。

蓄积与投资 所以，蓄积虽然是新资本的唯一来源，但新资本对于社会生产资源之发展上的应用，却并不与此蓄积数量保持一致的关联。在现在的情况下，投用在工业上的新资本的数量，主要是受决定于利润的期望。有资可投的人，如其看定他能由投资获得充分利润，他自然会把资金投用在工业上面。但是，在他的打算上，如觉利润的期望不佳，他就不会投下他所蓄积的金钱，他宁可把金钱用在其他方面，甚或存贮在银行中以待好况的时机到来。

在当前的工业组织限内，把资本用来扩张生产，大约有三种方法：第一，营业上所得利润不作为红利分配于股东，而当作预备金蓄积起来，以后再用这种预备金来增添设备或作业资本；第二，个人投资于合资公司或组合所发行之优惠的或普通的股票；最后第三，以社券或各种债票的形式，出贷资金于这些公司或组合。在第一场合，新资本将由股票所有者获得较高利润，而增大现有股票之市场价值。在第二场合，投资所得的报酬会变成一种依靠营业运气的可变的利润，有了利润便有红利可分。但在第三场合却不是如此，借款者在社券与债票上订明了一定的利率，他无论是否获有利润，利息都非照付不可。投资者以这种方式贷出金钱，他就不是企业的参与者而是信用者。企业要偿付他的利息与原本。

一个人投资于股票上面，他是希望获得利润。他投资于社券或债票上面，那是因为借款者希望由这宗借款的使用可以得到一种偿付了约定利息而尚有余剩的利润。因此，为企业目的而举债的需求，一视人们对于利润的期望而定。有此期望，借款者乃肯同意支付利息。假若一般对于利润的期待不高，则投在优惠的或普通的股票上的资金一定较少。企业家借钱的兴致较低，附息的借款自然也要相因而减少下来。所以利润与利息虽是两个判然各别的收入形态——利息在企业者心目中看为是失费，利润则看为是利得或剩余——但流入工业中的两个资本形态，却是密切关联的，并且在这两种场合，最后都是靠着对于利润的期待。

由是，我们在这里又发觉了，企业家心目中的利润期待，占有经济制度中之枢纽地位，那并不是说利润会决定贮蓄量，而是说它决定工业上之资本蓄积率。因为较高的利润，一方面固可产生贮蓄所由形成的较大量的剩余收入，同时且会诱导这种剩余所有者，使他在投资或借贷的形式上把剩余用来发展工业。

利润的节制器 所以在许多经济学者看来，利润的水准，仿佛就是蓄积与消费之相对量的自动节制品，或者至少是那种用以创造生产财与耗费财之有用生产资源之相对比例的节制器。因为利润抬高，资本蓄积率增加，货物的供给必然加多；其结果价格低落，利润相因减少，直至平衡恢复为止。从反面来讲，利润如其低落过甚，以致不能诱导充分的蓄积，那货物就不免有相当长期的缺乏；货物缺乏，价格提高，利润重又增加起来。这是利润在当前商业制度上自动趋于平衡的一部分理论。至于这种理论究竟真确到什么程度，那是我以后要论到的。

在这里，我们同时又还达到了一个论点：就是现行的生产量与工业上之新资本蓄积率，都是为生产控制者和投资者对于利润之期望所左右。在这种情况下，利润的跌落一定会产生生产减缩与资本蓄积低落的结果。而必然伴随这种结果发生的，就是人与物之生产资源，乃至非利润低落，即会投用在工业上之金钱的归于闲散。

因此我们知道，生产量之大小，主要系取决于企业家心目中所期待的利润，至于生产能力发展的限度，则是为过去所挣得之利润数量，及这利润投用在工业设备上之数量所影响，而当前对于未来利润之预期，那当然亦有不少的作用。以生产量而论，其决定的要素，乃存于企业家之间的意向，特别是存于那些在现代世界中大体能决定主要商品究应生产多少之大企业方面的意向。在有些产业上，对生产量仍全无规制，生产多少，纯是一些不同企业之各别决定的结果，但在其他企业——例如不列颠的炭业，以及许多德国工业——上，其决定系取决于同业全体。有时产额的规制，还经过了法律的认可；生产超过了认可定限的公司，往往还受组合方面的处罚。不过，无论规制是集体的，抑不是集体的，其主要的决定原因，要不外是对于利润之期待。

生产费用　自然，这种利润的多少，不仅是要取决于售出物品之数量，且要取决于生产不同物品所费的不同的费用，以及消费者对于较多或较少物品供给打算支付的不同价格。并且，每个单位的生产费，是随生产量之多少而迥不相同的。在其他情形不变的限内，生产费能削减一分，由生产所得利润就能多挣得一分。至若其他情形究能在某种限度内保持一致，生产费与需要之间，究有怎样的关联，我打算留待后面讨论。在这里，我只想提论到以次的事实，就是，关于所当生产的数量的多少，乃是由那些控有生产机械者——无论是个人的，抑是团体的——依其对于利润之推测而决定；那不是决于消费者，也不是决于任何为消费者从事活动的其他的人。

真的，往往有人这么说：消费者在最后场合也实行规制生产，因为生产要看他们是否有购买能力；货卖不出，谁还肯继续生产活动。不过，消费者决定要买的，只是那些售价已经决定了的货物。东方式的货物陈列所(The Eastern Bazaar)的讲价活动，那究不是现代工业世界的特征。对于确定的消费者，大多数的价格都是业经决定的价格。价格的决定者，是生产者，是商人，他们由此种决定而影响需要。自然，他们这种人的行动，要为他们对于消费者打算依确定价格购买的物品数量的推测所影响。但在以较高价少卖与以较低价多卖之间，他们是可以自由决定的。他们能够确定一个价格，然后把他们认定能以此价格投售的货物尽量生产出来，或者他们能够确定一个产额，然后再估定这些产额容易脱手的价格。概言之，就是：价格决定了，产额随之而决定；产额决定了，价格随之而决定。但无论他们直接由产额来决定也好，间接由价格来决定也好，对于所售货物的多少，究有一大部分是取决于他们，而不是取决于消费者。

第三节　生产费与利润

企业者所关怀的利润，要不外生产费与那物品和勤务所由出卖之价格间的限界。因此，企业者的目的，就在使其每个单位之生产费减到最低最低。但这里并不说，他的目的，也在使其出售货物的价格提到最高最高。因为物价如其过高，势必限制贩卖，说不定竟会由此减缩其利润总额。他所关怀的，不是每个生产单位的利润额，而是其总利润对于其总生产费，及对于他与其股东投用在生产上的资本额所持的比例关系。有时候，这种关系会促使他以提高物价为有利，哪怕就是在物价提高会缩减贩卖的场合，亦是如此。比如在生产行使有组织的独占的场面下，或者，像那种变更价格而不致对其销路有多少影响的生产品，特别容易收到此种效果。至若在不同的情形下，他要扩张销路，就顶好是削减价格。在同业间发生强烈竞争的场合，或者在销路可因价格低减而增进的场合，最易采行此种方策。有些物品——包括生活必需品——的需要是很没有伸缩性的，那就是说：在相当广泛的限度内，其价格的变动，于其销路没有影响。但其他像那些所费较少的奢侈品一类的物品，那对大多数人的购买力，是立在限界的限度，由是，其需要大可伸缩，其价格一有变动，马上就在其销路上发生影响。至若另有一些介乎此两极端之间的物品，则其需要之伸缩性，亦系介乎此两者之间。一个贩卖需要没有何等伸缩性之物品的独占者，他当然会从心所欲的提高其物品的价格。反之，相互竞争的生产者，要出售其需要大有伸缩性的物品，他的地位便最不稳固。

不过，我们在这里还得考虑到另一个要素。在大多数产业上，生产数量对生产费的单位颇有影响。一个工厂能不绝进行业作，且能充分使用其动力、机械与劳动之常态设备，则产额增加，单位生产费减落。因为许多经常费用，如管理费、机械修补费、保险费、借款利息等等，皆不会因产额增加而增加。这些费用如其能由较大的产额分担，每个单位的生产费当然要低减下来。特这诸般事实，虽可应用于大部分的机械工业上面，但前述诸种经常费用对总生产费之比例不同，其程度亦因而大异。至若对于工资在总生产费中占有较高比率之机械设备较少的工业，那又不可同日而语了。

但上所云云，并不是说产额——哪怕是最高度机械工业的产额——在短的期间内能以低减的单位生产费而无限制的扩增。因为，假如一个企业家企图生产较多于其工厂正常设备所能生产的物品而不增加其设备，他的单位生产费势必又要提高起来。真的，特别是在技术效率迅速发展的地方，他很可由扩大工厂或建立新工厂而更进一步的压缩其生产费。不过，这需要相当的时间。如其他不是希望那种对于其产品的较大需要，能支持到一种限度，即使其支出的资本得到恢复的限度，他就定然不会在新的设备上投下资本。显然的，除前述诸种顾虑而外，单位生产费由缩减产额或增大产额而增减的程度，那对于企业者之物品价格与生产数量的决定上将为一强有力的因素。哪怕是一个独占者吧，假若缩减价格，能够出卖更多货物，假若他的单位生产费能由必需新资本投下所增大的总利润而缩减，他也许要低减其价格。不过，照通常的情形说来，企业家如认定增加的需要纯是暂时的，他就定然不会新投资本。

需要的伸缩性，不仅因商品而不同，且也因时而不同。因为这种需要，是受决定于消费者必需消费的收入量的。假若他们的收入减少，其收入就须在必需与经常的费用上，支出较大的比例，要由较低价格提高对于某种物品的消费，那是比较困难的。因此，在不况的时候，企业家都力求支持价格，因为需要在这时候是简直没有伸缩余地的。

前面所说的，单位生产费能由产额增加而低减的限度，那只适用于某种特别生产部门而并不能适用于全般产业。在这种限界内，任何特殊工厂的生产费，都有因产品增多而减落的倾向，然对全产业则殊不然。因为，需要一经扩大起来，以前废置不用的较少效率的工作坊、管理部与劳动者，势必再行运用起来，而这样增加的生产，自然不免要包含较高的生产费用。当需要的增加不是因为物价低落而是因为消费者手中收入增加时，这种现象是最易发生的。贸易繁荣时期的特征之一，就是增加的需要，一方面促使最有效的生产者减低其生产费，另一方面且能使效率较小的生产者赢得一种满意的利润。在这种繁荣继续的期内，价格可望抬高，有效生产者可以获有意外的利得。然则这个时候为什么不能永远继续呢？那待以后再加论列好了。

价格与产额 论到这里，对于一个与某些企业有密切关联，同时又与其他企业立于强烈竞争地位的实业家，我们已有一个轮廓了，当他决定其价格与产额时，他心目中有许多不同的顾虑。他最要顾虑的，第一是各种物品需要之不同的伸缩性；第二是对于生产费的不同的效果，以及产额增减所需的不同资本量；第三是物品出售时消费者手中所存的收入量。关于这些顾虑，独占者与竞争生产者的看法各不相同。在独占者看来，成为问题的是发现怎样的产额和以怎样的价格出售，才能赚得最多的总纯收益，此外，并参照消费者需要的限度，决定这彼此相关联的产额与价格。反之，在竞争的生产者，他们是不能像这样支配市场的，他们所要做的主要事体，就是决定以如何的价格出卖，然后再生产他们认为以这种价格所能售出的数量。但是，如其他们决定屯积，那就定然要打算以能够获得的价格出卖。有某些企业上的物品价格大体都标准化了，所以这些企业的主要问题，就是看每个生产者要接受多少定单——其竞争与其说是关于价格的，倒毋宁说是关于品质与上市效率的。若在其他企业，情形恰恰相反，除了当大多数工厂都充分使用了的物价高涨的时候，其价格上的竞争是异常尖锐的。

现代企业世界之联合组织的发展，势必使一国物品价格趋于标准化，因而使价格上的竞争受到限制。因为，在强有力的联合组织存在的地方，标准品的价格变动，通常是整个企业上的协同动作。在物品不能标准化的场合，虽然不免有多少价格竞争的余地，但这往往亦受有以次的限制：那就是关于契约与价格之交互报告的协定，以及由协作诸公司摊分货物定单的协定。在这诸般情形下，价格的确定就愈加要变为生产制度的一种任务，而愈加不是生产者与消费者间之认真断断论价的结果。因为在现代企业世界中大家渐渐相信：较高的利润，与其说是求之于不规制的市场，不如说是求之于规制的市场。

然而，哪怕就在竞争受到严厉限制的地方吧，生产者想低减生产费的刺激，是依旧存在的。因为，从制造货品公司的观点看来，不论用什么价格发卖，也不论卖去多少货物，生产费的减少，在其本身总是一种利益。"生产费愈少，利润即愈多"的意见，个人企业者都视为显而易见的真理。不管他是独占者抑是竞争的生产者，利润因生产费减少而加多，无疑有利于他所经营的个别的特殊企业。但这原则是否可以同样应用到全般的企业世界，那却难于肯定，要肯定，也得把经济制度各部分的交互作用以及生产所由进行的诸条件通同研究过了再说。

真实的费用与金钱的费用　然就一般而论，经济学者在这点上似乎同意企业家的意见。在他们看来，缩减生产费之为有益事体，以及经济进步主要系存于生产费之缩减，那都是显而易见的事。因为，世界财富上的大进步，大体上可以说是由于一定量的货品，能以较少的劳动与较少的其他生产资源制造出来。但与经济进步攸关的生产费的缩减，那是真实的生产费的缩减，即货物由生产以至上市所需劳动与其他生产资源的缩减。若雇主为增加利润所要缩减的，那却是金钱上的费用。那是另一回事。企业家对于其所消费的生产资源，自然须以货币支付。并且就因此故，金钱上的费用，乃与真实的费用发生关联。但它们两者是怎样关联起来呢？试假定煤价跌落吧！煤价跌落，生产一吨钢所需之煤即令照旧，其生产费是要随煤跌价而缩减的。不过制钢过程上的真实费用，并未丝毫减少，像这种费用的减少，除非是较好的技术方法出现，把产煤的真实费用减少了。比如煤业不况，引起煤矿所有者间的强烈竞争，因而促使煤价跌落，那也同样不会招致制钢上之真实费用的缩减。这就是说：煤价减跌的理由如仅是这样，那钢的金钱上的费用无论缩减多少，终与其真实费用无关。

通常使现代工业上之利润动机合理化的缘由，就是说：那种动机会促使每种企业拼命增进其工作的效率。能够把生产费缩减到最低限度的企业，获利最丰；而效率最小，所费生产费最多的公司，势必归于失败。因此之故，有人主张工业的进步，在不绝受着刺激，生产技术是会不绝改进的。雇主为了利润，自会在可能范围内，对其企业作最有效的管理，并且时时刻刻期望新的发明和其他缩减生产费的方法。不但如此，他还用选拔最好工人与革除最坏工人的办法，用奖励较多额生产的最有效的办法，把他对于利润的刺激转而用以刺激其雇佣者。

但不幸生产费不但能由效率增加而缩减，且能由生产行程上所配分的收入减少而缩减，或者，能由较低廉劳动代换较昂贵劳动而缩减。企业者自然而然的有一种老习惯，把工资看为一种失费，并以为要攫取较广泛市场，顶好是使这种失费尽可能的降低。依照经济学者及这般企业者自己的"常识"，较低廉的物品，就是较能销售的物品。就某种意义上说，这自然是确实的。假如一种物品低廉了，同时消费者用以消费的金钱数量又没有减少，那需要当然会有所增加。但是，假如物品低廉，系由消费那种物品之劳动者的工资减少，那末，消费者用以消费的金钱数量，就没有以前那样多，也就无从由较廉的物价期待较大的需要。不错，工资缩减，货物低廉，如只限于某一企业，其他企业上的情形不变，那这种企业是能够出卖较多物品的。但所有企业或大部分企业如都由低减工资而降低物价，那又两样了。雇主惯于考虑的，不是整个经济制度，而是他自己的企业，所以他不会从这方面着想；在任何场合，他总以为要使上述那种真理影响其行动，只有一切雇主都打算起来从事国际的协同动作。就因此故，他觉得在实际的考虑上是不妨把那种真理放在脑后的。但事实是这样：大家竞相缩减工资，势必致破坏世界的繁荣，而那没有找着方法阻止这种倾向的经济制度，定然是要处在严重的崩溃危险中的。

但问题尚不只此。现代的动力机械，已把高度的工业效率，带到了那些具有无限廉价劳动的比较后进国家。这应当说是整个世界之物质繁荣上的加速进步；在实际，也许终于会在相当范围内产生这种结果。因为高度的工业效率，是定然要提高这些比较落后国家之生活水准的。不过，这些落后国家之半饥饿农民对新兴工业所需劳动之无限供给，有时会使其劳动工资保持住极低的水准。低廉劳动是能够导来高率利润，从而，会促进工业化的速度的。但其中包含有一种破坏的竞争，即这些落后国家与工资水准颇高的国家间的竞争。不错，后进国家的工业化的速率，往往会受到她们本地资本缺乏的阻挠。然自先进国家资本家渐渐察知低廉劳动大可应付现代自动机械时，他们就宁愿把新资本逐渐投到那些政治安定的后进国家而不欲投在他们本国。这样，先进国家的景况便会因失业人口的增加而趋于恶劣，而这些国家劳动者当前获有的较高率工资，势将受到阻害。同时,为了维持其国内的利润与投资,她们是定然要高筑保护关税壁垒的。

工资与购买力 不论是工资率缩减,抑是工资率照旧,而雇用较少的劳动者,那对于购买力总量自然是有同样的影响。哪怕就是失业者由国家基金维持罢,他们的维持费,终归是要出自那些配分于生产过程中的收入。因此,那于购买力无所增益,不过是由社会某一部分向其他部分的一种移转罢了。也许说,收入由较富者方面移转到较贫者方面,多少可以增加一点对于消费品的需要,但这种效果极其有限,如其课税的负担是加在劳动者身上,或者是直接加在工业上面,那就尤其没有多少效果了。因此之故,合理化政策如其会引起"技术上"的失业,其缩减国内市场,就与削减工资的结果没有区别。

不过,生产费的缩减,若是由于采用合理化政策而不是由于削减工资,其真实的生产费与金钱上的生产费便都会减少。因为,由此制成的货物,不但金钱的支出较少,生产资源的支出亦较少。这简直是一种纯粹的利得。它让人们在较高的真实收入与较适意的闲暇之间去从事选择。但在实际,那却会招致与闲暇完全两样的懒惰,在许多场合——虽非在一切场合——那将使从事工作的人们更加辛苦勤劳。而且,采行合理化政策并不一定会扩增生产量,因为生产量的扩增,是要以市场的扩增为前提的。这样看来,合理化的唯一效果,就在缩减雇佣,而不用按比增加工资或减低价格,所以结局遂不免在需要量上发生反动。

第四节 分配问题

这种情形,虽不一定会改变需要总量,却会改变需要的方向。即对于消费品的需要减少,而那要在资本财购买上求出路的"蓄积"比率,则相当增高。但我们知道,消费者的需要,如没有相当的扩增,资本财之供给的增加,是没有用处的。真实生产费的低减,暂时间也许会刺激产业,因而产生一种物价高涨的繁荣现象,但这种繁荣现象是不能持久的,它的继续支持,是靠着高率利润,高率利润根本就会引起资本财的过剩供给与对消费品需要的相对减少。所以,当新生产工具一加入生产活动,消费者需要的不足情形就显示出来,由是利润复又降低下去。

这种进退失据的事实，不但表明当前收入的分配过于不平，且表明分配的方法极端错误。像这样只视一种收入——利润——为利得，而其他收入都被看为失费，看为生产障碍的组织，那是定然会在现代经济情况下导来一种破灭的危险的。

但是，我们究将用什么分配方法来代替这种错误方法呢？在雇主看来，工资、利息与地租，分明都是生产的失费，利润分明不是失费，雇主对各种不同收入这样区别，那不算是他的错误。他是制度的奴隶，而不是制度的主人。但是对雇主们个人的责备减轻，要不外是对制度本身的批判加重。因为，那好像是说，任何让个人企业者为利润而决定其产量与生产性质的经济制度，必定要导来繁荣与不况，不然的话，如其由工资与税收的超过某种限度的提高，以修改有恶害的收入分配，那也会导来永久的不可救治的不况，这一切的提示，不外是说，在这种组织上，即把生产控制权通同委之于一个私人企业者的特殊阶级的整个配列上，存有一种极端的缺陷。

自然，这是社会主义者的观点。社会主义者常常这样主张，说“为利润而生产”(production for profit)异常不好，应当用一种“为效用而生产”(production for use)的制度来代替。他们以为怎样决定使用有用的生产资源，并怎样决定收入分配，使物品与勤务之需要供给平衡，这是两种任务；这两种任务应当由社会本身依适当的经济机关来担当。我们已经知道，在实行这任务当中含有生产努力在资本财与消费品之间的集体配分，和购买力之相应的配分与规制。这就是说，当作资本蓄积来源之积蓄，不是一种私人的任务，而是集体的任务；并且，配分于各个人的收入，不是为了生产的投资而只是为了消费者货品与劳务的购买。但这一来，将会使那继续配分于消费者的收入，能够充分吸收可供消费物品之现行生产的全部。

显然的，对于现行经济制度作如是猛烈的批判，那是不容易被人接受的。因为这种意见的提示，俨然要使经济制度所依据的基础，全盘改造过来。特关于此点，我不能在这里作进一步的解述，我打算留在本书后面从长讨论，因为在本书最后几章，要论及现在见诸苏俄之异样经济制度的实在业绩，并要论到那种为社会主义者、合作主义者，及世界其他所有进步思想派所鼓吹的代替资本主义的制度。在本节内，我只是企图曝露现行制度所由建立的基础，且指证这种制度在实行上引起“冲突”的（那些为我们所理解的）原因。这“冲突”到现在已具有一种特质，它要求对于曾经被大多数人视为普遍有效，而今日则（因经济世界的混乱，使资本主义的潜在缺陷更显明的曝露出来）愈加受到严重批判的诸般假定，加以研究的考察，这至少是应为大家所承认的。

第五章　物价与物价水准

第一节　指　数

过去每度严重的贸易衰落，都曾伴有一种尖锐的物价惨落情形。以过去三年而论，世界贸易与工业愈益陷于深刻的不振，大多数物品价格乃愈益趋于低落，这种相互关联的简单事实，差不多绝无例外可言。一九二九年以来的物价低落，实在非常严重，而在若干原料与食品的价格，则简直是反常的暴跌。但这种情况，我们只有由贸易不振的严重性与深刻性上去考虑才可理解；不过，贸易衰落究在哪种限度可以视为物价低落的结果呢？或者物价低落究在哪种限度可以视为贸易衰落的结果呢？又或这两者是否都有其他独立的原因呢？关于这些疑问，我们不能轻易加以肯定。有一派学者认定价格跌落是贸易不况的直接原因，而其本身则大抵是由于货币上的变动。另一派学者着重各种物品之不均衡生产的影响，以为那会引起某些"生产过剩"物品之价格跌落，以后更在其他物品价格上发生反动，而造成全般的衰落情形。此外，另有一派学者却主张物价跌落本身为一种好事，他们说世界的困厄，主要是由于对某些物品价格之人为的支持；因为勉强维持某种物价，以致在世界生产力与对各种物品之世界需要之间缺乏相当比例，由是导来劳动与其他生产资源之广泛的闲置。

但我们暂且把这些对立的理论放在一边，来考察近年关于价格变动的实际事实。首先，我们须把各种物价之间的差别弄个清楚。经济学者与统计学者动辄利用所谓"一般物价水准"(general level of price)的概念，他们通常把某些物价指数引用来表示近年的这种"一般水准"的已有的变动。但是，除了最漠然不定的意像外，我们怎样能够说及"一般物价水准"呢？即使说这是可能的罢，我们哪能有一种测量的手段来测量其是否像用物价指数所指示那么正确呢？今日一大部分物品的价格，较之一九二〇年甚至一九二九年为低（许多是非常之低），那自然是灼然可见的事。但在这显明的概括，与用确切指数所表示的“一般物价水准”变动的表象之间，存有一个相当的距离呢！

批发价格　普通用作一般物价水准之基准的指数，那是各国（大多数是各国官方）编制出来，表示那些选定的标本物品之批发价格的变动。这包括于指数中之标本物品的选定，多少是不免有些随意的。自然，在当事国国民经济上占有非常重要地位的物品，都会尽可能的设法包括进去，但这只能做到便于获得满意的价格材料的限度。至若这种材料的有效性，一部分要看对于那些物品之有组织的市场是否存在，一部分则要看那些物品本身标准化的程度如何，所以，标准品质的商品全部，差不多都可以引出代表的价格。

由公认方式，计数量发卖的货品，显然颇容易获得满意的价格材料。就因此故，大多数批发价格之习见的指数，主要是测量原产食品、原料，以及计量出售的部分完成制品。小麦与面料、肉类与牛油、煤与铁、原棉与羊毛、汽油与原产橡皮——所有这些，都是能够很简单的确定其标准价格的标本物品。通常习见的批发价格指数，一大部分是基于这些标本物品之比较的平均的价格。所以，批发价格指数，主要是测量食品与原料的平均价格，至于那些出厂或输入的制造品的价格，那简直是不易测定的。它们并非一切批发价格之实在的代表指数，极其限度也不过是由一些可以或不可以成为标本的物品所选出的代表指数罢了。

因此，当人们说一九二九年末与一九三一年末之间的不列颠批发物价水准跌落25%，那不能据以证实不列颠制造业者这时期所卖的货品较以前低减了25%，却宁可说是他们所买的原料减少了25%。但对于后者，自然还不能说是证实了任何特定制造者或特定贸易所买原料的限度；因为批发指数是由一大些价格所得的平均数字，而这些价格的变动，不但程度极有参差，甚且方向是正相反对的。

评量之方　批发指数只测量到若干批发价格，而没有测量到一切批发价格的事实，我们就令放着不讲，对于一般的平均数的作成（哪怕就是被选定的物品的平均数吧），亦不是一件简单的事，一切被选定的物品，并不是同样重要的。棉花比丝重要多了，小麦比咖啡重要多了。如其我们在制成一般的指数上，对这四样物品中的每种物品的变动，加以同样的

“评量”,那显然是一种谬误了。为了要相当的限定每种物品的相对重要性,至少非采行一个大致不差的评量制度不可。关于此点,通常是采用两种方法:或者用几种比较重要标本物品的——例如加拿大、阿根廷、澳洲乃至不列颠或美国的小麦的——不同市价,然后给每种市价在总指数中以相等的评量;不然的话,就是在制作指数当中对每类物品限定其明确的评量,比如说,小麦为十,咖啡仅为一。

但这也不能说是安全妥当。同一的商品,在不同国度的国民经济制度上并没有同样的相对重要性。就因此故,各国为测定其自国物价水准而编制的指数,所依据的并非同一种类的货品,种类即令相同,其评量也不一样。因此,不同国度的指数,简直不能确实加以比较;比如说,在小麦与棉花价格上的一定变动,对于其全体的影响是不相同的。

不过,如其我们能把这些限制时时记在心里,并不误认这种批发价格指数为一切物价变动的可靠测量,为制造品价格变动的可靠测量,那末,这批发物价的指数,就会有相当的用处了。大不列颠颇要依赖食品与原料,就因此故,不列颠的批发指数,乃很可视为(以金镑计算的)世界物价变动之大致不差的指标,并且,其表现世界物价,就比表现不列颠全般物品价格还要正确。在美国不同。美国的批发物价指数,对美国国内的价格情形,持有更密切的关系,因为美国之输入与输出,于其国内生产的消费的物品数量,比较没有多少影响。

生活费 除了批发物价指数外,各国几乎都编制零售价格指数或生活费指数,她们企图由此测定劳动阶级维持其经常生活水准所必需的支出的变动。不过这也有相当的困难。通常对此所用的方法,是搜集一大些典型劳动阶级每周支出的“预算”,再由这编制出一种标准预算,以为劳动阶级全体支出的代表数字。有了这种标准预算做基础,然后再由铺店主搜集那些表示各种物品各时期价格的规则材料;至此,测定全体标准预算上之生活费变动情形的指数,乃得编制起来。不过,编制这些材料的方法,各国互不相同,特其一般目的则无二致。可是,成为劳动者消费其收入之对象的物品,一国与他国迥异,在同一国之不同生活标准诸劳动者间亦迥不相同;因此,要比较各国生活费的变动固不容易,要断言一国内书写劳动者与非技术劳动者之生活费皆以同一限度变动,那亦欠妥。非技术劳动者的全部收入,有一大部分是消费在食品上面,所以,他受到食品价格变动的影响，要比受到任何其他物品价格变动的影响为大。总之，各种零售价格指数与生产费指数，都只算是极粗略的概括，只算是对于真实状况的近似。但虽然如此，有了这种测量方法，究比完全没有要好多了。

其他的指数　现在有些国家于批发价格指数与零售价格指数之外，更为企图测定制造品价格而编选一种更加粗疏的指数。还有的国家，且编制一种与工业品价格相比较的农业品价格指数，或者与输出品价格相比较的输入品价格指数。但迄未有一个国家企图编制一种包括的物价指数，以代表所有一切商品（原产的、制造的，乃至零售的）价格的一般平均水准。

不过，像这种指数即令能编制出来，那也不够成为一种“一般价格水准”的完全测量。因为，除了时下生产的商品之外，还有许多物品在买着卖着，并且都有它们自己的价格。出租的房屋价格、煤气与电气价格，乃至某种形式的保险的价格，有时都得包括在生活费指数里面。但除此以外，还有一些重要的价格，例如旅行者与货物运载的价格，股票市场上的股票证券的价格，出租或卖出之土地与工业建筑物的价格，借入货币的价格（即利率），乃至个人勤务的价格（工资、薪金、束修之类）。所有这些以及其他许多要素，都须包括在“一般价格水准”的概念之中。这诸般价格，有若干能作成个别指数，并且某些国家已实行编制了，但包罗一切商品（零售的、批发的），对某特定社会所支付的一切价格制作一种一般的指数，那却没有一国敢于尝试。

依照这些事实看来，我们对于一国在某一时期的一般价格水准已经改变了百分之几的那种断定，就必得以十分怀疑的态度来接受。那应用于批发价格，应用于零售价格，或者应用于若干其他种类价格，也许近于真实；但要应用于一切价格上面，那就万谈不到了。

哪怕我们在一定时期之内，发现了各国价格指数变动上，仿佛有一种显著的类似，那也不能遽然说是全世界的物价水准已经有了相应的变动。因为普通对于国际间的比较（批发价格指数）所用的指数，一大部分是应用到那些大都加入了国际贸易中的食物与原料上面。食物与原料价格的变动，并不一定包括有其他物品价格上的相应的变动。因为其他物品的价格，仿佛受支配于国内或地方原因者比较甚多，而受支配于世界原因者比较甚少。

不过,如其我们对于大多数国家之零售价格与批发价格涨落的指数发现了一般的趋势,我们就有理由断定这其中存有促使价格上升下降的一般的动因存在。从而,物价一有所变动,我们就自然而然的去考察世界货币情形,以为那也许是物价变动的原因。但是,如其我们作此种推测,我们切不要遽下结论。因为,除了货币的关系外,同时在许多国家还存有其他可以左右物价平均水准的动因。比如,工农业上的技术的大改进,以致把真实的生产费缩减了;或者,世界工资迅速跌落下来了,那一来,哪怕货币情形无所变动,物价水准还是会全般的趋于跌落的。总之,我们须时时牢记着:价格指数是一种平均数,价格之百分之若干的涨落,那可以说是包括在指数中之大多数物品价格的比较小的变动,也可以说只是其中极少数物品价格的比较颇大的变动。不论多少种价格,都能够平均化。但许许多多的平均数,实在全无意义。平均数纵令是正确的,亦须小心处理。1与99之平均数为50;但是由这两个相差太远的数字作成的平均数所导出的结论,那是容易看出其极端错误的。

第二节 近时的物价变动

有了前面所述的这些考虑,我们现在乃能在过去若干年关于价格变动的广泛材料之中,进行某些方面的观察。我们开始只述及两组价格与两个国家,即是大战告终以来的大不列颠与合众国之批发价格和生活费的变动。先看这两个国家的批发价格指数,那是以她们在一九一三年与一九二〇年之价格水准的百分比来表示的,至同时期的生活费数字,则并列在批发价格指数之下边。

由1913年到1931年之英美价格变动表

年度	批发价格				生活费			
	英(贸易局)		美(劳动局)		英(劳动部)		美(劳动局)	
1913	100	—	100	—	(1914)100	—	100	—
1920	307	100	221	100	255	100	205	100
1921	197	64	140	63	222	87	163	79
1922	159	52	139	63	181	71	156	76
1923	159	52	144	65	171	67	162	79
1924	166	54	141	64	171	67	162	79
1925	159	52	148	67	173	68	169	82
1926	148	48	143	65	170	67	166	81
1927	142	46	137	62	164	64	162	79
1928	140	46	140	63	165	65	161	78
1929	137	45	139	63	163	64	162	79
1930	120	39	124	56	157	62	152	74
1931	104	34	105	48	147	58	140	68

一看上表的数字，立即就显示出了以次几个重要之点：

(一)在一九一三年与一九二〇年间，美国批发价格增到2倍以上，英国增到3倍以上，而生活费在英国增到2倍以上，在美国则将近增加2/3。

(二)英美两国的价格，都由一九二〇年之顶点，尖锐的下落。在一九二〇年与一九二二年间，英国批发价格几减一半，同时美国则减去1/3以上。生活费在前者将近跌落1/3，在后者将近跌落1/4。

(三)物价至一九二〇年的高涨程度，由一九二〇年到一九二二年的跌落程度，英国比较美国大多了。不过，以一九二二年之英国价格与美国价格较量起来，前者犹大大高过其战前水准。

(四)就全般讲来，由一九二二年到一九二五年，英国批发物价没有进一步跌落，在一九二四年还有暂时的上涨。美国同时期的批发价格略有起色。至关于生活费方面，则英国稍落，美国稍涨。

(五)由一九二五年到一九二九年，英国批发价格逐渐跌落，——美国因曾经过一九二五年的暂时高涨，故其价格只略低于一九二二年到一九二五年之水准。至一九二七年止，两国的生活费皆在降落，至一九二九年止，则同陷于停滞状态。

(六)由一九二九年至一九三一年，两国之批发物价与零售物价均趋惨落。不过，迄乎一九三一年终，美国物价虽然仍在继续下落，而英国在同年九月金本位停止以后，却表现几许昂腾的趋势。但英国一九三一年之批发价格的平均水准，究仅及一九二〇年的1/3。

(七)在一九二〇年与一九三一年之间，英国批发价格跌落2/3，美国跌落50%以上；但前者的生活费仅减低42%，后者仅减低32%。

我们对这些广泛的不定的物价变动，究能作怎样的解释呢？显然的，物价在英美两国的变动，并没有完全一致。由一九二〇年到一九二一年，以及由一九二九年到一九三二年，它们的物价都曾破局的惨落，但在那介在的期间当中，它们的价格史是互有出入的。

英国物价变动的原因 在一九二〇年与一九二一年间——在英国可以说是在一九二〇年与一九二二年间——英美两国都经验到了战后繁荣之可惊的崩溃。英国以前物价的腾昂，是较美国更超过其战前水准的，因之，她的物价跌落程度亦较美国为大。美国尚保持着金本位制，英国则把金本位制放弃了。金本位制放弃，英国货币价值自然跌落。结局，在世界市场上购买货物，英国就相对的要支出比美国为多的货币。至一九二二年，英美两国货币上的这种差别，是大大缩减了，但是不曾完全消灭。美国已经清结了战后的繁昌，已经在采行金本位制，至一九二一年以后，她早已无须用人为方法去压缩价格了。英国不同。她仍然放弃着金本位制，她的金融界巨头，急欲恢复这种制度；但迄未采行一种决定的步骤，延至一九二五年，美国物价暂时表现昂腾现象，这似乎有助于金镑与金元之间的战前平价的恢复。然无奈美国物价昂腾的时间极其短促。英国要在战前平价的基准上恢复金本位，就势须采行猛烈的方法以压低货物价格。英国政府与英格兰银行认定金镑必须“与金元相对抗”；至一九二五年金本位制实行恢复。在一九二八年中，英美两国批发价格高于战前水准40%。这事实，有些人以为可以证明旧平价恢复已经是一种成功。但实际全非如此。因为英国为要维持金镑，使金镑对金元保持或接近旧平价，已觉有采行高银行〔利〕率与猛烈限制信用的方法之必要了。英美两国的批发物价之间既经表现了外表上的调和，为什么还有这些事情发生呢？

那第一是因为批发价格指数，并没有真正测定英美两国的总价格水准。英国主要输出的制造品价格，实际较之批发价格指数犹超过战前水准甚多。美国因为金属品价格的极度跌落，其情形亦与英国相同，特程度不齐耳。不过，就依靠制造品的输出上言，美国没有英国那样利害。英国要在旧平价基准上恢复其金本位制，势必致增高其主要输出品在世界市场上的价格，因而招致其输出业上的失业与不况。在此种情况下，英国为要由海外吸收金钱来维持金镑汇市上的安定，且为要压低国内物价，尤其是压低劳动价格，自然不能不继续限制信用，继续提高银行利率。加之，美国的商业繁昌，是要加强英国不少困难的，美国因商业繁昌吸去了大量的短期资本，那使金镑汇兑上更形紧迫，以致促使英国政府进一步限制信用。

美国的物价　当英国正用人为方法压低物价时，金本位制稳定、汇兑上毫无顾虑的美国，却已经在推行稳定物价的政策。她这种政策，就是应工业生产的增加而扩大信用的供给。美国生产力之迅速增加，主要是由于工业与农业的不绝机械化。机械化增进的结果，同量货物就可由较少劳动量生产出来，因而使生产费用缩减。这效果，因劳动工资率增加有限而更其增大了。就通常的情况讲来，这应当引起物价的低落。但物价低落的倾向，由银行不绝增加货币的供给抵消了。自然，对于特种物品价格上的变动，这种政策是无从阻止的，但它却维持住了平均的价格水准。雇佣劳动者较少，所雇劳动者的工资，又未随生产力增加而增加，于是利润大形膨胀，工业投资踊跃，现有工业之股票市价飞涨，因而形成美国一大商业繁荣。不过，生产费缩减的结果，这繁荣并不曾伴随着商品价格上的增腾现象。然像这种固定价格水准，却充分可以刺激一般事业。

特美国的金融政策，究不足以安定那些大抵要在世界竞争状况下出卖的货物的价格。在世界贸易开始衰落以前好久，美国农民已经发现他们农产品的相对价值在趋于低落。这是我们在前面讲过了的。据已有的估计看来，农民刚在一九二九年危机发生之前，他们平均是以超过战前40%的价格卖出其产品，以超过战前50%的价格买入其所需的货品。农民购买力衰减，同时工资对生产力增加的比例，又适足以形成消费品需要减少的结果。

就因此故，美国安定批发价格水准的政策，卒因购买力的减退而破坏了。这种破坏程度，由银行把新资金从事股票与不动产的投机而加强起来。因为土地与投资的价值，最后终是要靠充分的消费者需要量来维持的。英国为要压低物价，用人为方法使货币稀少，致遭逢一九二六年与一九二九年间的继续不况；美国用人为方法使货币增多，乃在一大繁荣之后，继以可惊的崩溃。

我们讲过，由一九二九年到一九三一年终末的英美两国的物价，是有尖锐的惨落的(虽然不若一九二一年之战后大收缩期之甚)，但这一九二九年以后的物价惨落，无论就英国讲，抑就美国讲，都不能把其主因归之于货币政策。因为在这个时期中，她们两国都有非银行所能控制的其他动因存在。

就美国说吧，消费者需要衰落了，一般人认定股票证券价格已经高到不能为增添资金提供出路了，银行家虽再卖力安定物价，亦属徒劳。而在英国方面，英格兰银行所压低的不列颠的物价，究不能比全世界物价跌落更快或者真正同样的快。由一九二九年到一九三一年终，银行方面纵减少了金资的供给，但这原因与其说是由于审慎周详的收缩，却倒不如说因为对于金资需要的衰落。

世界其他各国的物价变动 现在我们可以由英美的物价变动，而论到其他主要各国之物价变动。欧洲大陆方面的情形，由若干国家货币在大战中或刚在大战后遭逢困厄，致惹起巨大的膨胀，而弄得错综复杂了。德国就是一个极端的适例。一九一九年之德国批发价格，为战前 4 倍，一九二〇年为战前 15 倍，一九二二年为战前 340 倍；在一九二三年之最后膨胀中，德国通货实际已无价值可言，由是物价提高到数百万倍。降及一九二四年，新通货采行，依金而使其稳定。结局，以新币计算的物价，乃跌落到仅高于战前水准的 37%了。

法国的膨胀，与德国颇不相同。但法国一九二〇年的物价为一九一三年之 5 倍，一九二六年的物价为一九一三年之 7 倍。迨佛郎最后在战前价值 1/5 的基准上安定了，法国在一九二七年与一九二九年间的批发价格，乃约为战前之 6 倍。意大利物价在世界贸易衰落之前，已经定着于其战前水准 5 倍的限度了。斯堪底拉维亚的价格，亦在一九一八年增高到战前水准的三四倍。荷兰物价将近提高 3 倍。迨英国恢复金本位制，这些国家亦继英国之后，在战前汇兑水准上恢复其金本位制了。

因此，我们在这里就当计及两组国家：一组是在旧平价上保持或恢复金本位制的国家；另一组国家，则是以贬价方法压低其通货之金的价值，或者是在金的基础上发行新通货以代替旧通货。

由 1920 年到 1931 年世界批发价格

（以 1913 年为 100）

国度		1920	1921	1922	1923	1924	1925	1926	1927	1928	1929	1930	1931
1.在旧平价上维持或恢复金本位制的国家													
英国		307	197	159	159	166	159	148	142	140	137	120	104
美国		221	140	139	144	141	148	143	137	140	138	124	105
瑞士		—	191	168	181	175	162	145	142	145	141	127	110
荷兰		292	182	160	151	156	155	145	148	149	142	117	97
瑞典		359	222	173	163	162	161	149	146	148	140	122	111
挪威		—	—	—	232	268	253	198	167	157	149	137	122
西班牙		221	190	176	172	183	188	181	172	167	171	172	174
日本		259	200	196	199	207	202	179	170	171	166	137	116
阿根廷		180	143	130	135	145	147	132	130	130	127	122	117
加拿大		244	172	152	153	155	160	156	153	151	149	135	113
澳洲		228	175	162	179	173	170	168	167	165	166	147	131
南非		223	160	128	127	129	128	123	124	120	116	103	100
2.贬低通货或发行新通货的国家													
德国		1486	1911	34182	166200亿	137	142	134	138	140	137	125	111
法国		509	345	327	419	489	550	703	617	620	610	532	455
法国	佛郎金		—	—	—	—	—	—	125	126	124	109	92
意大利			517	529	536	554	646	654	527	491	481	411	342
意大利	里尔金		——	—	—	—	—	—	—	134	131	112	92
比利时			366	367	497	573	559	744	847	843	851	744	626
比利时	佛郎金		—	—	—	—	—	—	123	122	124	108	90
3.世界 15 个国家的通货物价平均水准之大略计算		228	182	160	159	162	160	148	142	145	140	124	110

上表所揭的数字，系说明世界主要国家在一九二〇年以后的批发价格变动情形。英国在一九二〇年的批发价格，已经超过了平均数以上许多——在第一组国家之中，仅仅瑞典一个较英国为高。但至一九二二年，英国与世界的批发价格重又趋于平衡。直到一九二五年恢复金本位制止，英国价格尚是保持或接近一般的平均数，但至一九二五年以降，则渐

渐落到那个水准以下了。

自然，这里成为问题的，就在英国物价跌落是否由于在极高镑价基准上恢复金本位制。不过我们须得牢记一件事，就是，英国批发价格指数所测定的，不是制造品的价格水准，而主要是那些大都由外国输入的食品与原料的价格水准。至其他国家的指数，亦大抵是测量原产品价格，特其程度不必一样。比如，以德国指数与英国指数较量起来，前者则包括有较大的制造品成分。就因此故，英国物价指数上的相对的跌落，那与其说是任何货币上的原因，却大体可以说是由于输入原料与食品价格的惨落。不过，英国在恢复金本位制之后所行的收缩政策，那究不失为其批发物价相对跌落的一个动因。

显然的，英国的输出价格上的跌落，并不曾与其输入价格或总批发价格的跌落保持同一限度。哪怕就在一九三一年吧，尽管输入平均价格已经低于战前水准5%，而输出价格却仍实行保持住了高过战前水准40%的平均数。英国制造品价格的这种相对的昂腾，就在贸易衰落几遍及世界的时候尚继续支持着，并且，自世界贸易衰落以来，各国都曾加强这方面的作用。不过，英镑对外价值高昂，致使制造业者极难缩减费用；就因此故，英国输出价格对输入价格的悬殊乃较全世界的这种悬殊为大。

批发价格与零售价格之比较 我们现在可以由批发价格论到零售价格了。这零售价格，宁可说是各国测定生活费变动之指数。我们讲过，在大战中及大战后，美国生活费提高的程度是远不及英国的。但至一九二一年以后，两国指数渐形接近。到了一九二五年以后，她们对于战前的增加率，简直没有多少区别了。不过，美国在一九二九年所受贸易上的破局影响较大，故此后零售价格之跌落亦较英国为迅速。

就通常情形而论，当贸易衰落时，批发价格较生活费之跌落尤为利害而迅速。那正如当贸易兴旺时，批发价格较生活费之腾贵尤为利害而迅速一样。需要上的变动，在食品与原料价格上所发生的反动极大，且极迅速；而在制造品上发生的反动，则远不若前者之迅速。一般的讲来，这原因可以说是由于以次的事实，即，使制成品迅速适应一种变动的需要水准，那是比较容易多了。食品与许多原料的生产，须要一个长的期间，所以，当制造业因制造品需要缩减而缩减其原料与食品的购买时，原生产物生产者就要经过比较长的期间，才能适应其供给，加之制造业者为了缩减供给以维持价格，他们类能联合起来。而同时大多数的食品原料生产者，大都是散住在广泛的地域，他们要有所联合，就颇非易事了。不错，在当前贸易衰落的状况下，像咖啡与铜一类原生产物生产者，也曾联合维持其价格，但他们要做到这点，计惟有把大宗积货移开市场。比如，就小麦来说吧，如其把大宗积货充塞到市场上去，势将压缩价格；不然的话，如在铜的场合，那暂时纵积贮起来，但终久是非出清不可的。这样，其价格在结局所受到的压制，就比之听其自由适应市场而不加以限制，还要严重得多。

职是之故，无怪一切国家在一九二〇年与一九二二年之间，或大多数国家在一九二九年与一九三二年之间，其生活费的跌落程度，远不若其批发价格跌落的利害。但我们不能据此作这样的解释，说在那些相间隔的诸年度中，美国批发价格与零售价格变动不相上下，英国的批发价格则较其零售价格继续有更利害的跌落，故此两者在以次图表上所明白显示的距离，亦几乎在不绝的扩大。

金本位制的复归　英国批发价格与零售价格间之跌落距离的不绝增大，那是依战前平价恢复金本位制的结果之一。金本位制恢复，英国通货的对外价值提高，因而英国就在世界市场上以较低廉的价格购买货物。可是，英国制品的生产费，却并不因此引起相应的缩减。那原因不仅是由于英国劳动组合坚决反对减低工资，且是由于英国要以人为的方法恢复其由战前平价所抬高的汇兑率，因而增高利率以吸收海外资金。因此，英国输出品价格昂腾，英国输出业者乃丧失其世界市场之贸易。而同时英国的生活费，却又对于世界物价之不绝低落的水准仍保持着高昂的程度。

其实，批发价格与零售价格之间的变动距离的增大，那并不限于英国，若干其他的国家也是如此。不过，那些国家所发生的这种现象，其原因当求之于恢复金本位制所导来的通货收缩政策。一九三一年的事实明示我们，英国在当时并不是高抬币价的唯一国家。以金来计量的法国生活费，无论是对战前的生活费抑是对批发物价的现行水准，都是相对低落的，这原因，系因法国恢复金本位的方法，不是收缩通货而是贬低通货的价值，所以，它恰好成就了与英国正相反对的结果。

下面这个表，系列举那些有数字可稽的各主要国家一九三二年以来之官方发表的生活费变动的数字，我依据前揭批发价格变动表上所采的原则，也把那些国家分作两组。

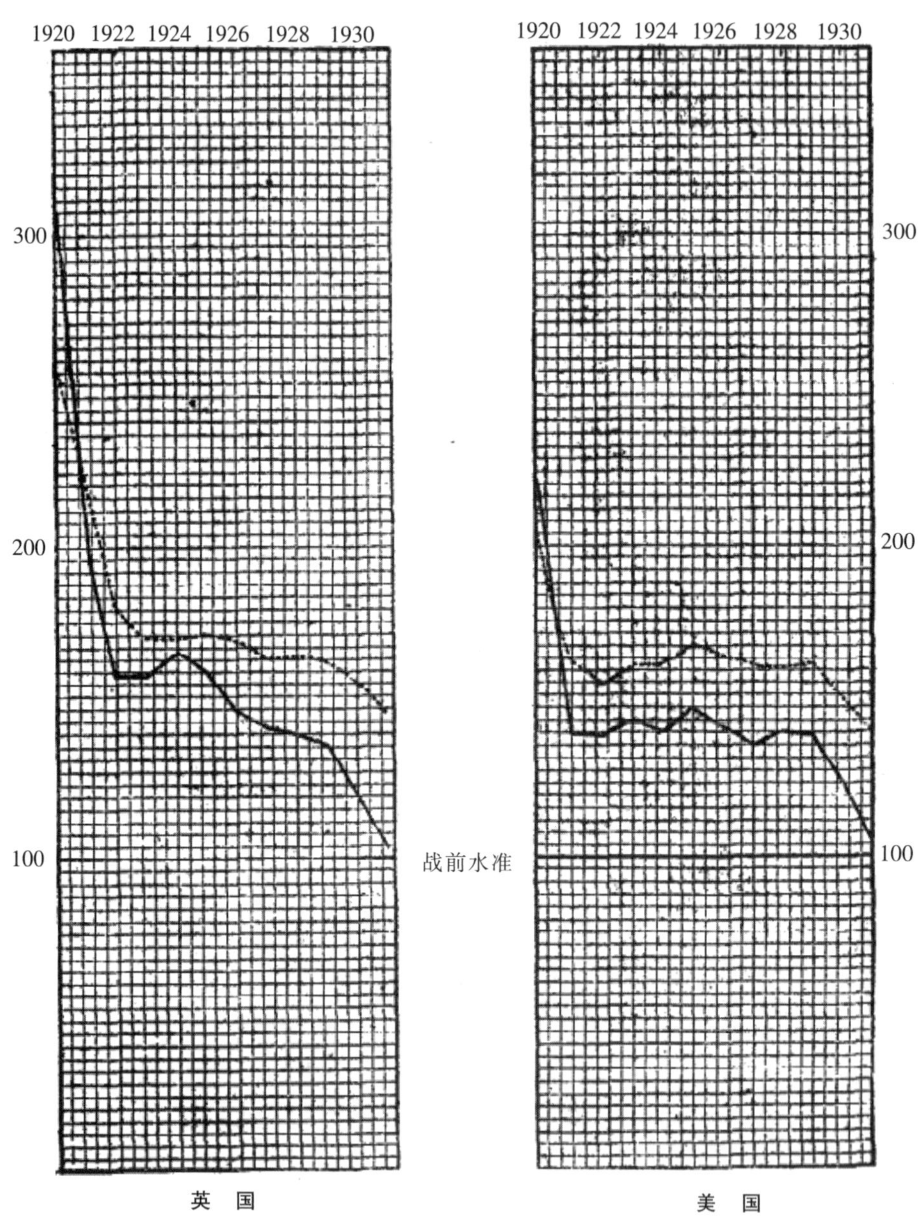

由 1920 年到 1930 年之英美批发价格与零售价格

——批发价格 ……零售价格

由1920年到1931年的生活费

（以战前为100）

	1920	1921	1922	1923	1924	1925	1926	1927	1928	1929	1930	1931
英国	255	222	181	171	171	173	170	164	165	163	157	147
美国	205	163	156	162	162	169	166	162	161	162	152	140
瑞士	224	200	164	164	169	168	162	160	161	161	158	150
荷兰	219	208	187	174	173	179	171	167	170	169	162	151
瑞典	270	236	190	174	171	176	172	169	173	169	165	159
挪威	307	277	231	218	239	243	206	186	173	166	161	153
丹麦	262	237	199	204	214	219	184	176	176	173	164	156
印度 罗比金	190	177	165	153	157	157	157	—	—	—	—	—
	—	—	—	—	—	—	—	176	165	167	154	124
秘鲁	202	191	183	173	180	192	193	187	174	170	163	152
加拿大	188	165	152	152	148	150	152	149	150	151	151	137
澳洲	—	—	—	145	143	144	146	145	146	149	141	128
南非	179	162	135	131	133	133	131	131	131	131	128	123
德国	—	—	—	—	126	143	142	150	153	154	147	136
法国	341	307	302	334	366	390	485	525	519	556	572	571
佛郎金	—	—	—	—	—	—	—	—	105	113	118	116
意大利	441	4□4	488	487	512	598	649	548	526	542	531	483
里尔金	—		—	—	—	—	—	—	143	148	145	132
波兰	—	—	—	—	—	—	—	115	123	123	119	99
其他的中数	219	200	183	168	169	169	166	164	161	162	157	136

停止金本位制的影响 现在，我还得把一九三一年英国及其他若干国家重新停止金本位制对于物价的影响一加考察。英国政论家们曾傲然指示我们，说直到一九三二年的六七月之间，金镑价值尽管大跌特跌，批发价格乃至零售价格，都没有了不起的昂腾。但这里有一件容易被人忽略的事，就是，在英国停止金本位制以后，其他金本位国家的物价，还在继续跌落，假若英国仍维持金本位制，英国的批发价格，也还是会跌落的。此种情形，可由下面的数字来说明。在一九三一年九月与同年年终之间，

由金元兑换所测定的金镑价值，大约跌落30%。据经济学者所说，同期内主要原生产品之金镑的价格，约跌17%，其在世界市场上用金计算的价格，则跌落5.5%。因此，把以金镑计算的真实价格，和以金计算的价格一加比较，前者就将近提高了25%。虽然如此，这些物品之金镑的价格的增高，犹较少于以金计算之金镑价值的跌落。这种情形，一部分是由于累积的货品之存在，但也由于英国能由海外那些停止了金本位制的国家取得其较大部分的供给，同时，英国的生活费，又只有非常有限的提高——那简直与前几年度之正常季节的提高，不相上下。不过，在此种场合，还须把世界物价跌落的情形加以考虑。如其英国仍旧维持金本位制，一九三一年以来的英国批发价格与零售价格是定然要尖锐的惨落的。

第三节　物价的安定

我们所考察的是一般的物价。但前面讲过，测定一般物价的指数却是由许多不同种类物品之特殊价格所制成。并且，就大多数的用途来说，这些特殊价格的变动，比较一般价格水准之变动的估计还重要得多。因为不同物品之相对价格的变动，那在经济制度上，简直是和一般涨落的变动一样的固定。并且，在过去若干年间，有些特殊物品的价格，曾经有过极其不常的惨酷的变动。

橡皮价格是一切实例中之最可惊的实例。英国市场上之橡皮的价格，在一九二七年年终，每磅价格将近由4先令跌到8便士，至一九三一年八月，更跌到2.5便士。2.5便士对4先令，几跌落95%。橡皮价格在一九二五年之昂腾，系由于在需要迅速扩张时反以人为方法限制其供给之结果。而此后价格之暴跌，则是由于限制供给的组织破坏，致引起生产过剩之结果。不过，那些未参加限制供给组织之地域(如荷属东印度)的扩张产额，也大有关系。一九三一年之过低的橡皮价格，确使最大一部分生产者蒙到了致命的损失，但在实际，还有一大些不能以这种极低价格投售出去的存货咧！像这种例子，本来算是特出了，但以前有些物品，经过了一九二〇年与一九二二年间之狂跌，至一九二四年与一九三一年间，又复跌落一半，甚或跌落一半以上咧！下面物价变动表所指示的英国市场价格，那将充分说明一九二四年、一九二九年年终乃至放弃金本位制的一九三一年八月的情形。从那个表中,我们将知道,在一九二四年与一九三一年间,加拿大之小麦、玉蜀黍、棉花、羊毛和铅的价格,都跌落了 2/3 乃至 2/3 以上。英国小麦、锡、铜、咖啡与牛油的价格,将近跌落了一半或一半以上。而同时新西兰之羊毛价格,跌落 1/3,生铁、木材、牛肉、干酪,则跌落 1/4 或 1/4 以上。自然,一大部分这类物品的生产者,要想使其生产费适应这样惨落的价格,那是全不可能的。

然而,生产费确是大大缩减了。生产费的缩减,一部分系由于低减工资的结果。在大多数国家中,物价一经跌落,生产费就相应缩减。不过,生产费的缩减,往往也由于生产方法的改进——生产方法如其改进,真实的和金钱上的费用,都会减低。像此种生产费减低情形,可见之于采掘业及制造业上,也同样可见之于农业上。因为工业上机械化的发展,世界大部分地域会因其影响而改良种植方法,而采行更科学的动植物选种和培育方法。直至此次贸易不况的开始时为止,全世界之食品与原料的实在产额,确实有极其迅速的增加。这种产额的增加,有一大部分是因为生产方法的改进。

近年一切物价之极端动摇,以致任何国家皆不绝增加其安定物价的需要。生产者因价格迅速跌落不已,曾力言价格如能使其稳定,则不况可以消灭,工业也不致在发展当中当心更进一步的挫折。因为在他们想来,价格一经安定,不绝增进的生产力,就能希望较多的利润与工资,因而使雇主与劳动者交受其利。

第一表 物价的动摇

拿破仑战争当时及以后之英美批发价格

（1790年到1791年为100）

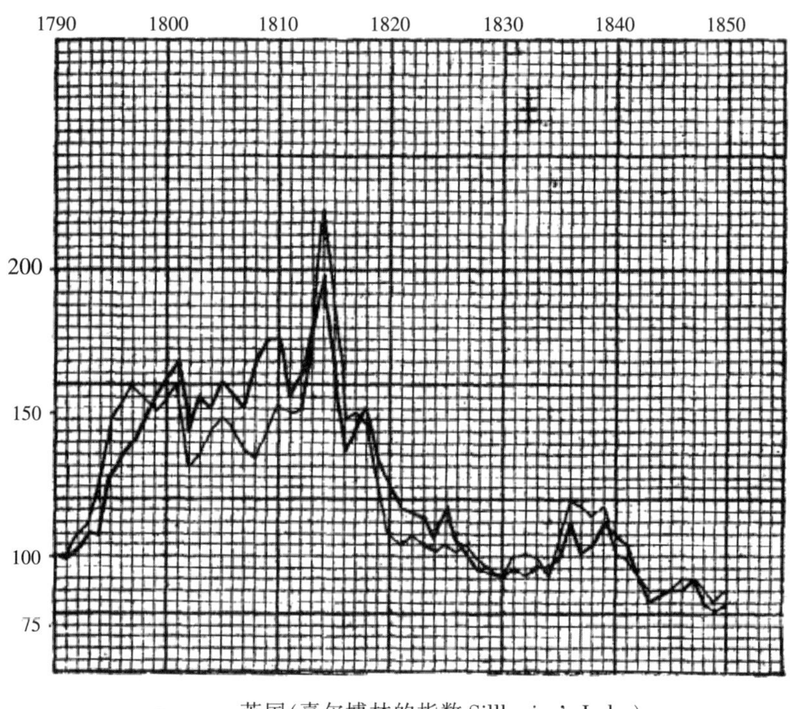

第二表 物价的动摇

1871年到1914年之英美批发物价

（1900年为100）

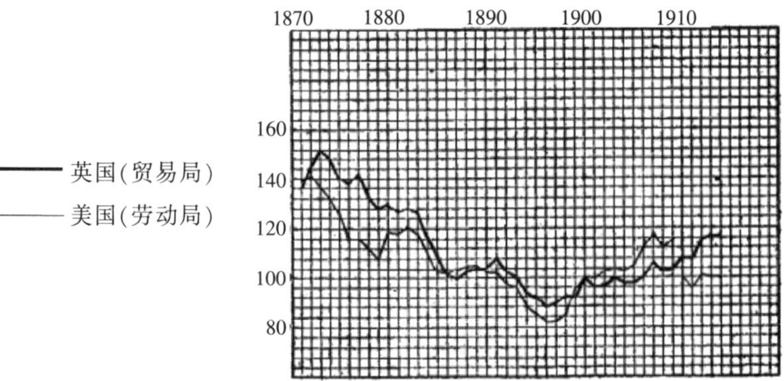

第三表　物价的动摇——大战中及战后的英美批发物价

(1913年为100)

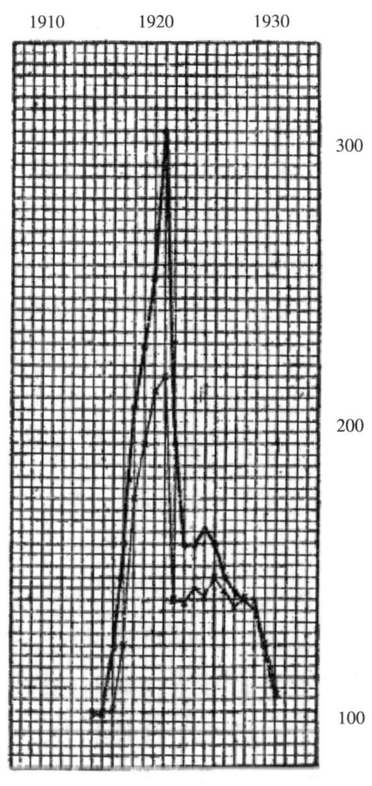

物价可以安定么　然而事情并不是如他们所说的这样简单。我们将安定怎样的价格呢？我们是把批发价格或生活费的一般水准定着起来呢？抑是把特别物品特别勤务的批发价格和零售价格定着起来呢？稳定价格，是就一国着手，抑是就全世界着手呢？最后，当我们已经决定稳定某些物品价格时，究将怎样使其实现呢？

近年以来，有些特殊的雇主团体，曾对其必需出售的物品作过种种安定价格的努力。但生产方法与需要趋势变动，各种物品之生产费，显然不是以同一比例变动。假若每种物品的价格安定起来，某些企业会立即以超过生产费价格许多的价格出卖其产品，而同时其他企业的产物，就只能以低下得多的价格发卖。这一来，前者就会获得大量的剩余利润，并且，对于那些生产费大减的物品需要的扩张，势将在极不利的情形下受到阻止。把特殊物品的价格暂时安定下来,那也许是一件有益的事体。但使每种物品的价格安定于一种无关其生产费变动的特殊水准之上,那却就显然是一种荒谬举动了。就因此故,我们必须排除特殊价格之永久的稳定。

然则一般的价格水准,究应怎样去稳定呢?这当然也不是轻而易举的事。我们在前面已经讲过,测定什么是一般价格水准的材料,本来就没有。不过,我们暂时可以假定,我们的目的,是要在某种形式之下,安定批发价格的水准。自然,这个水准,要看作是由一大些特殊价格所制成的平均数。假若要使这个平均数安定下来,那么,某种物价一有跌落,其他物价就必须为抵补此种跌落而抬高。并且,如其在大多数业务上,其真实的生产费用,因生产效率的增加而减少,那么,除了劳动工资提高到了吸尽生产力改进利益的限度,其限界的利润,是定然要增加的。在生产力不绝增进的经济制度下,价格的安定,势须把生产效率增进的全般利益,在增加收入的形式下分配于一切生产者。

有人会问,为什么没有这样分配呢?假若事情能够这样安排,为什么没有实行呢?大多数人都是宁愿增加收入而比较不愿低减价格的。并且,前者似乎更容易刺激生产的增加。不过,困难之点,就在各国生产力的增进并不是一致,各工业上之生产力的增加,也不一致。但较量起来,前者还要利害了。价格的一般水准,如其是由国际协定安定下来,那么,当某种特定价格允许变动时,在生产力发展最迅速国度的最迅速发展的工业,就能在世界市场上,不绝以较低廉价格的产品竞胜其竞争者。真的,假如要使一般价格安定,这些廉价产品价格上的跌落,就要其他物品之价格上的增加来平衡。在收入能按比增加的限内,这似乎不致引起困难。

可是,这种说法的真实性,只是靠着一种假定,那假定是说,一般价格的水准能在世界基础上安定下来。但这是可能的么?除了极其有限的标准原生产物之外,决不能有何等世界价格。严格讲来,世界价格水准决不存在。大多数物品的价格,大体都要受各国甚至各地方原因的影响,各国都有各自的货币制度。这货币制度,会支配其货币发行额,由是支配其国内价格水准。不错,各国如都采行像金本位制度一样的货币本位制度,把她们各自的通货对于金的换算率加以确定,那也许会使其价格水准在某种限度内趋于平衡。但同本位的货币制度的采行，究不是以同一程度影响一切用金国家之国内价格水准，甚且也不会使其维持一种永恒的关系。要安定世界物价，世界须有一种共同的通货，这通货由一种世界银行制度管理，一切国家对此世界银行组织，应放弃其控制货币的权力。有一天，世界也许是会采行这样一种银行组织的，但在目前决谈不到。

世界物价水准存在么　此外，我们应当把我们所谓世界价格水准弄个明白。不同的商品，在不同的国度中，有极其不相同的重要性。但我们讲过，任何价格的一般指数，皆包含有指数所含诸特殊商品之相对重要性的"评量"。这对全世界是怎能推行呢？一种对全世界正确的"评量"，对各特殊国家定然是不正确的。

加之，每个国家的价格水准，并不仅受货币政策的影响，同时且会受赋税特别是关税以及其他保护方式的影响。假若若干国家抬高关税，因而抬高其物价，那能由其他国家的物品价格跌落得到补偿么？然而，要安定世界物价水准，又非这样此盈彼绌不行。而在实际上，若干国家的物价腾昂，其他国家的物价并不随之而跌落。她们的办法，大概是以报复的手段抬高其关税，从而抬高其物价。因此，世界物价水准的概念，如非在各国确然放弃保护关税政策的世界中，是决难使其容认的。

我们要设法使世界物价较现在安稳一点，虽有可能，但要使一般世界价格水准完全稳定，那就简直是一种幻想了。然则各国将在一国基础之上安定物价么？每个国家应当自行安定其物价水准，同时却又让这水准，从而让其汇兑率随着其他国家之汇兑率上下变动么？

国内的价格安定政策　在一定限度内，这是一种比较实际的政策。但在现行金本位存在的状况下，甚或在其他永久固定各国不同货币之相对价值的任何国际货币本位存在的状况下，这政策显然没有实行的可能。就令一切国家同样采行一种国内价格安定政策，这政策实行的可能性仍少。设有些国家采行此政策，其他国家不采行此政策，其实行可能性显然就更少了。在短的期间内——够应付贸易者、短期投资者及储蓄者的需要的时期内——各国诚然能由通货的管理使其国内通货安定下来，但管理通货，要成为一种按照长期变动而改变其国内通货之相对价值的手段。在修正的金本位制度之下，这也许能行得通，或者管理汇兑，完全不用金属本位，也能做到。不过，关于此点，在次章还要从长讨论。

美国之安定物价政策 假若一个国家打算让她的汇兑上下变动，她就能够在某种限度内作安定其国内物价水准的尝试。刚在世界贸易衰落的前数年中，美国就曾实行此种政策，而收到了若干成效。但这种政策的推行，亦颇不容易哩！我们讲过，要确定什么价格的一般水准（哪怕单是商品的价格吧），那并不是简单的事体。货币不但用以购买商品，且用以购买各种人的劳务；不但购买那些即时消费了物品与劳务之即时生产的供给品，且购买各种包括有股票证券的土地与财产。一国固定一般价格水准之唯一方法，就是调整其货币（包括有银行发行的信用与通货）的供给。但通货与信用都能用以购买任何出卖的东西，而且一定量通货发行出来，究会以多少购买货物，以多少购买其他如股票证券一类东西，又讫无保证。这是美国安定物价努力所逢到的根本困难。如把物价安定起来，那生产费的减落，就等于说是利润的提高。因为在物价安定的情形下，劳动者是不会因真实生产费的减少而得到较高的工资的。以较低生产费生产的物品加多，要阻止物价跌落而加入流通界的货币就须愈益加多。但这不绝增添的货币，有一大部分不会用以购买即时生产的货物与勤务，却会用以购买股票、证券、土地以及其他各种形式的财产。用在这些方面的货币愈多，为要维持物价而挤入流通界的新货币，就愈非加多不可。分期摊付的购买制度，即无异一种增加新币的手段。这对于货币需要给予了一种人为的刺激，因而颇有助于美国贸易景气的维持。但是，工业机械化不绝增进的结果，劳动需要减少，生产却继续增加，这样，要阻止货币流注到股票投机方面，要维持物品的需要，就越发困难了。由是，新增货币用以购买其他财产者愈多，用以购买即时消费的物品与勤务者愈少。这种倾向一直继续下来，最后，大家明白了，这些财产的价值，要靠物品需要来维持。大家一经明白了这种关键，股票市场粉碎了，美国银行组织立即感到它在货币需要迅速减缩的情形下无力维持物价水准。因为银行方面要向流通界增注货币，势非大家准备向银行通融货币不可。然在股票市场崩溃以后，他们都不愿通融资金，并也不能通融资金了。

这样看来，美国国内价格的安定，无非是建立在股票市场投机的基础之上，而这仅由货币总供给额之调节，以期安定一般物价水准的方策，应用起来，究能有怎样的效果，那是无须烦言的。不过，我们不能据此就说股票上的投机乃是美国金融恐慌的结局原因。因为投机本身是一种更深根固蒂的原因的结果。美国生产力增进了,如其美国的工资及其他小收入迅速增加起来,足够吸收不绝增加的物品的供给,那么,股票证券以及其他财产的真实价值即令再大,在股票市场上,乃至在不动产上的投机,也是定然要少得多的。然在当前的经济制度下,我们很难遇到这种事体。现在生产力有最大进步的工业,就是那些以机械替代劳动收到了最大成功的工业。即令劳动者个人方面的收入有极迅速的增加(实际并非如此),而全体劳动的总工资额,却必然要由机械的代替劳动而渐形减少。这样,对于消费者物品之总需要,仍不免要引起反动。加之,生产力有最大进步的工业上之工资的提高,并不会导来其他生产力进步较小的工业上之工资的一般提高,从而,也无从实现那种增加的购买力之一般的分配。要使这一般的分配实现,计惟有让那些较有大生产力的工业制品跌落,而不抵偿其他物品之价格的提高。换言之,在现行经济制度之下,消费者全体之购买力的适当分配,乃与物价水准安定相冲突。

无疑的,假若美国是和苏俄一样的社会主义者的社会,这种困难是不会发生的。在那种社会中,国家要使其一般物价安定政策保持平衡,她可以支出尽够维持需要之正当数量之工资,而无须顾虑到已付工资对任何特殊工业上之生产费的关系。但美国是一个资本家的社会,她的每个雇主,都想为他自已及其股东挣得超过生产费以上的剩余。因此,在那些真实生产费比一般减落较少,因而不曾引起失业人口增加的工业上,工资就不能增加起来。其实,在全般的工业上,工资率的增加,皆极其缓慢,并且,因了进步的工业之机械化,雇佣总量亦没有增加。

由是,美国的经验,遂引起人们对于资本家社会是否真正能实行一般价格安定政策(即令是以一国为基础)的怀疑。他们仿佛觉得在这种社会中,要保证消费者需要之必要的扩张,不能专靠提高工资,还须在增加的产品得到销路的场合减低价格。这种说法,并不是说不应提高工资,工资是决非提高不可的。不过,效率增加的产品如可畅销,价格也有减低之必要。

减少物价的动摇 然而,在大多数国家中,物价是能够有利的维持着,不致像今日这样动摇不定的。因为特定价格与一般物价水准的变动,乃发生于两组判然各别的原因——由独占和战争扰乱一类结果所招致的原因,乃至由消费者需要倾向改变所引起的暂时脱线情形,姑且搁着不说——其一是由于生产状况改变,其一是由于货币情形的改变。由前一种改变，受影响的只是特殊的物价（自然，哪怕是一件简单的变动，也不只影响到某一种工业），由后一种改变，则受影响的为一切物品的价格，不过，一切物价不是以同一程度涨落罢了。

在可能范围内，尽量消除一切由货币状况变动所生的物价变动，同时，让物价在生产状况变动的场合，自行自由去适应，那也许是再好不过的吧。不过，这不是说，货币的供给，应当使其固定不变。货币供给一经固定，势必在货物增加供给的场合，要人为的压低价格。同时，这也不是说，货币的供给应当按照物品增加的比例而增加。因为从低减生产费的观点看来，这种方策就等于说是人为的抬高物价，其结果必致引起社会收入之不当的有害的分配。正当的途径（假如能够这样安排的话），就是让物价随生产力之增进而减落。但这种减落限度，当比较其够适应生产力之增高的限度略少，但不能太少；因为，在资本主义制度之下，以抬高价格的形式，对于生产略施刺激，虽有必要，但此刺激过大，就必然要导来一种破坏。

但是，假如这是一种企图达到的目的，究将怎样使这目的实现呢？显然的，要实现这种目的，不能使货币的供给机械的按照物价或生产的指数的变动。因为物价的指数，乃反映着一切作用于价格上之诸原因的联合的结果，而生产的指数，又不能指示我们任何有关生产费的事体。实在说来，一种想在价格制度上保持相当限度的安定性与伸缩性的贤明货币政策，是不能够机械的运用的，那必须仰赖判断，仰赖一种力求分析价格变动之各种基因的有意识的处理。要使物价得到相当的安定，那在货币政策的管理上，与其应用概算的方法，就毋宁应用经验。

此外，我们如其把一般价格水准的问题放在一边，相对的价格，也是至关重要的。这种相对价格的动摇，促成了近年若干严重的困难。我们讲过，原料与食品价格的跌落，远较制造品价格的跌落为利害。这一来，那些大体靠原生产物输出贸易的国家，就要减低其购买力。她们对于制品之需要的减退，势必引起工业国家之广泛的失业。而在美国那种国家，同时是原产物生产者与制造品生产者，其农业购买力减退在都市工业上所发生的反动，恰如澳洲市场崩溃在英国工业上所发生的反动一样。

工业品价格与农业品价格　我们以美国为例来说明当前的情况，那比采用有关一大些国家的例子，实在容易多了。曾有人估定，在一九一三年与一九三一年冬季之间，美国一定量农产物对于其他物品所具的购买力，一般跌落25%，一定量工业品对于其他物品所具的购买力，跌落30%，而同时一定量都市制品的购买价值，则反增加9%。农民出卖其产品的价格跌落1/3，他们为购入其他物品所须付出的价格，则增加1/4。

一个在澳洲或匈牙利之农民，与一个在英国或法国之制造业者，他们与美国同国内之农民与制造业者的地位，实在没有区别——这种情形，或者一直要继续到一切国家都先后被迫而放弃其金本位制度为止。下面的数字，可以说明那些国家，即有详细记载可供参考的诸国，在一九一三年与一九三〇年之间的原产品与制成品之相对价格的变动。

1913年到1930年原产物与制成品之相对价格的变动

（1913年为100）

国　度	原产物	制造品
德　国	110*	143
意大利	336	415
加拿大	106	126**

*除去食品。

**包括半制成品。

可惜我们不能由其他国家得到可资比较的数字。但上表所举列的，却无疑可以看作是代表的数字，并且，自一九三〇年年终以来，这种相对价格的悬隔，甚且比以前更大咧！

论到这里，很明白的可以作这种结论：就是工业上的繁荣，如其得到了顺利的恢复与维持，物价不安定的问题定然可以解决。但绝对的价格安定，不但没有实行的必要，且也没有实行的可能。价格的动摇不定，不是纯粹由于货币的原因，不能纯由货币上得到补救。比较健全的货币政策，确不难减少许多物价上的变动。关于这点，我们在后面还要从长讨论。不过，价格不安定的原因，乃更根深蒂固的存于现代整个经济制度之组织与作用中。那些为解决当前经济困难所提示的救济方策，虽然都在以这样的希望指示我们，以为世界各国如其采用这种或那种特别方策，为其银行政策的基础，一切困难便可迎刃而解，但我们关于这些方策的采行，究非慎重其事不可的。

第六章　货币信用与资本

第一节　何谓货币

本书前面述及现代经济制度之轮廓，皆在可能范围内尽量避免一切由货币行为所引起的错杂关系。这种企图，是想把货币形态留在后面讨论。因为在货币形态中，一切进步国家有关货币的经济事项，实际有一大部分要推行到基本的经济的实体——即使用在财富生产上之实物及在财富消费上所享受的实在满足。但论到这里，我们显然不能再把货币问题放在一边。因为第一，无论在哪种场合，货币差不多都是交换货物与勤务，乃至对这些货物勤务作生产准备之惯常手段；第二，货币的行为，在过去数年之经济事实上显然是极关重要的要素。诚然，有些人几乎把一切经济的困难都归之于货币的误用，从而主张货币政策一经改变，一切都能纳入正轨，而无须经济组织其他方面之根本改革。这些人都算是“通货幻想家”(the currency cranks)。在一切经济困厄的时期，他们的教义异常迷惑人心，以致产业制度一发生不好景象，我们就可预言那些为恢复繁荣而增多货币的一批视为确然无误的新计划，将迅速的呈现出来。但是除了这些货币幻想家以外，还有许多有理性的人们，也把我们当前一大部分的困难归因于货币，他们以为要走上繁荣之路，改革货币要比其他事体急切多了。

这种货币政策问题，确非普通人所易于理解，所以要把问题的这一部分加以简洁的解说，就比较平常更费周折了。我们在想及并言及货币时，定然容易失其常态，而失却常态的人，又似乎不能谈到任何问题。因此，已经了解世界货币与银行制度之作用的读者，如其觉得我告知了一大些为他们所完全知道的事体，那就只好请他们原谅；因为要假定最大一部分人民都有关于货币机构活动之基本知识，在我是颇不放心的。

货币在现代世界中之第一的最显著用途，就是购买那些为我们日常所须购买的物件——如零售店中的衣料食品与烟草，如饮食店或公共食堂中之饮料与餐食，如戏院或电影院中的座位。任何或者一切小的支出，都成为普通市民每日之常务。至货币的第二个用途，那与其第一用途关联着，那就是支付工资。制造业者、雇有家庭仆役的管家妇，以及其他各种各色的劳动雇用者，惯常是以实在的货币支付其雇工的工资。而这依工资形态配分的货币，自然有一大部分要成为消费者日常所要支出的货币。

通货与其他的货币形态　我们前段所说的货币，乃是在通货意义上的实在货币，"通货"(currency)为包含银币或铜币(现世界殆没有使用金币)乃至由纸印成的钞票。像这类货币，在发行国内到处自由周转，到处可以支偿货物与劳务，通常都称之为通货。我们讲过，通货主要是用作零星支付，并且一大部分的通货，都在不绝由甲手转到乙手。雇主由银行方面获得的通货，用以支付工资。工资劳动者把它消费掉，于是，原来的通货，转到店主、地租征收者、保险经理人以及其他营业者手中了。经过相当的周转，通货重复回到银行方面。银行方面又照原来的路径，发行出去，收取回来。通货像这样由银行转到消费者手中，又由消费者手中转到银行的运动，普通称为通货之流通(circulation of currcncy)。

不过，在经济极发达的社会中，货币已不复是唯一的甚或主要的货币形态。商人们彼此的结算，并不用这种货币，不但商人，就是那些富有的消费者，他们照例只是用通货作为日常小规模的支付，至其他大部分的支出，则不用通货了。在一国内的商业往来账务，通是由支票结算。中产阶级的消费者，亦具有支票簿，他们大部分的凭单支付，都是用这种支票。过去一百年来的世界货币制度上的一大变革，就只是对于不绝增大其总额的金钱事项的清偿，不用实在的通货而用支票。

但当金钱的事项，不发生于一国之内而发生于国境以外时，则常常使用其他种的货币。一切通货，都是由政府或某特殊国家银行发行的国家通货。这种通货只能通行于发行国国境以内。假若一个人要作国外的支付，他就不能使用他本国的通货了，又或他要往外国游历，他必须用本国通货掉换他要去游历的国家的通货。并且，一个商人要偿付他由海外购买的货物，他也必须携带某种外国货币。不过，国外游历者带他要去游历的国度的实在通货,虽属常见,但国际贸易支付的额数过大,那不适于带通货,也不常用支票,而是采用另一种支付工具——这工具实在比支票还要古旧——即所谓汇票。

因此,我们在货币制度的考察上,就不仅要论及各国所发行的通货,且要论及那些在现世界商工业上扮演着重要角色的其他支付工具,即支票与汇票。我们第一要做的,就是在可能范围内,把这各种货币形态的相异相似点,解说明白,且把支票、汇票以及其他通货代替物,对于它们所代表的铸币与钞票的关系解说明白。

符号货币 我们开始来考察通货,并把我们考察的范围限定在一国之内,而不用涉及一国通货与他国通货掉换的复杂关系。前面讲过,一国的通货,包括金属铸币以及用纸印成的银行钞票,或不时由政府发行的钞票。这类通货,有较大一部分是符号货币(token money),即是说,它所含的内在价值,与其所标刻或印记的货币价值不符。它是由其发行的环境之下,获得其价值,获得其对于物品与勤务的购买力,在某一个时期,它诚然不是如此,比如就金属所铸的通货说,那含有实在重量的金属,并附有刻印,其实际所具价值,与其额面所刻印的价值全然相符。因为金属也如其他商品一样,有其内在价值,它这种价值,系取决于其与生产费有关的需要。但在实际,任何国家流通的货币,从不曾含有这样一种内在的或商品的价值,这价值恰与发行当局所标刻的价值完全一致。即令铸币在发行当时,持有这种内在价值,但不久即因损耗而减其重量;并且其重量减到某种限度以前,通常还是当作其含有原来的内在价值而通用。在过去,铸币的重量,如因耗损或故意削剪过甚,人们往往也不肯照其额面的价值收受;他们对于这种铸币的支付,不是按照其数量,而是按照其重量。在许多世纪中,这个通货贬值的问题,曾成为文明世界的主要金融问题之一。通货的贬值,并不仅由于磨损,由于剪削,且由于政府方面的自动。政府当着财政困难时,以贬值的货币支偿债务,那显然是一种筹款的方便法门。然而曾在许多世纪,至少在理论上,流通于大众手中的货币,不是标记货币,而是实在金属;这金属被认为具有一种与其所购买的物品一样的内在价值,不过通常要减去一点政府的发行费或铸币费罢了。后来,为了防止剪削,造币上有了种种改良。例如凸形币边的作成,于防阻剪削活动大有功效。并且,金是最有价值通货所由铸成的金属,金所具的这种优越性,不仅是由于稀少,由于它具有大的内在价值,而是由于它具有不易磨灭的能力。

在整个中世纪中,西欧始终缺乏通货,即缺乏通货所由铸成的金属;通货缺乏,于压缩物价有极大的效果。因为,我们如其用有限的货币购买不绝增加的货物,那物价必然是要低落的。货物数量增加了,每一枚货币,一定要购买较以前为多的货物。美洲的发现与新大陆贵金属的大量流入,全欧洲物价突然引起了可惊的暴腾,而以后一世纪中之经济上的烦恼和社会的扰乱,当可由此说明。在十九世纪中,我们曾经验过类似的变动。一八五〇年后之加利福尼亚与澳洲之新金矿的发现,以及同世纪末叶之南非洲新金矿的开采,亦曾惹起了物价水准的暴腾。于是,有些人这样设想,以为我们今日困难的根源,乃在于金之供给,不能与近年世界金之生产力之发展,保持相当的比例。

我们上面所说的这些,似乎都是表示这些用作通货的金属之内在价值,究是一件有根本重要性的事体。因为,政府对日益增加的通货的流通,如其利用其发行权力,把贱劣金属参杂在贵金属里面以贬减其流通铸币的内在价值就行,那么,金银的缺乏,就无关轻重了。然而,事实是这样,直至晚近,流通货币的内在价值,还视为重要,并且,政府的权力——即对于其所发行货币,赋予以超过其金属以上之购买力的权力,是有限得很的。实际流通的铸币,除了用以购买货物外,不能换成其他的什么,无怪人们都要按照铸币所含金属之内在价值,而评价铸币。但时至今日,我们却不妨说,在流通中的铸币和其他通货之内在价值,是无关重要的。人们对于货币的态度,为什么有这种改变呢?这是非理解不可的。

银行钞票 假若我们不先考察金属铸币的性质,而把那在今日最通用的其他通货即银行钞票的性质略加考察,我们就极容易理解人们关于货币态度的变迁了。银行钞票原来只是一种支付的约单(Promise),这约单由银行签发出来,依约单保有者的需要,照其额面所书的额数,付以实在的金属货币。所以,一种银行钞票的价值,根本要看那种钞票领受者对于银行的信用如何,即要看银行当必要时是否可以实行赎回其所发行的约单。约在100年前,大不列颠的银行钞票,不仅由英格兰银行发行,且由一切主要市镇之地方或乡村银行发行。在这些银行中,有的资金丰盈,规模阔大,其约单一般通行。但其他许多银行,类都是一些暴发公司,它们的兴起，乃是应拿破仑战争时期所惹起的通货增加供给之急需。因为，当时物价飞腾，随产业革命导来的生产力的扩张，又复达于极点。而这时大多数的银行钞票，都只流通于各该地方；只有在发行银行被人知道的窄狭地域内，才有人接受。往往因为发行银行缺乏偿付能力的信用，用其钞票购买货物，说不定要打些折扣。实际上，许多银行失败了，许多不幸的人们都还持着它们一文不值的纸币。这种情形的不便，后来逐渐被认识到了，于是，采行种种步骤，在可能范围内把银行钞票发行权集中于一个特殊银行的手中。在一八四四年的《银行特许案》中，英格兰银行实在还没有取得发行钞票的独占，不过将近是独占了。依据那次法案，地方银行的发行额，只限于当时在它们名义上实际还未发完的额数，并且，这些地方银行的钞票，还规定要逐渐销除。这时依旧保留着各别的有限的钞票发行权的银行，不过是几个主要的苏格兰银行罢了。

因此，英格兰的钞票，就成了由英格兰银行行使支付的一种约单。英格兰银行安定，就被大家视为是一种支付的保障，银行钞票持有者随时可以换得他所应得的实在金额。但是此种发行保障，只有限制英格兰银行之钞票发行权才能确定。换言之，就是英格兰银行不得滥发钞票。大体上，银行必得在库中保藏实在的金额，以为其钞票兑换之后盾或担保。当时规定英格兰银行发行的钞票额数，只能超过其存金额数的1400万镑——当地方银行的钞票发行额都由英格兰银行一手包办的时候，英格兰银行所发行钞票额，就得超过其存金额数的2000万镑。除此超过额以外，英格兰银行发行的每张钞票，都在银行金库中，藏有等价的实在金额，作为后盾。因此，在正常的情形之下，银行无疑有对其钞票兑现的能力。然当金融恐慌发生，银行势将完全流出其存金的时候，它也许不免要停止兑现。自《银行特许案》通过以来，银行曾有几次在金融发生危机的当中，暂时停止其兑现的义务。然就正常的情形而论，银行无疑随时有支偿其钞票的能力，并且人民对于英格兰银行的钞票，简直视为与其所实行代表的金额，完全相等。

实际上，在新状况下的英格兰银行钞票的价值，甚且比早前流通市面的金币，还要确实多了。银行对持票人允许支付十足重量的金，持票人不会有引受贬值铸币的危险。就这样，银行钞票乃得十分自由的与金属铸币同时流通。并且，有适当兑换保障作后盾的银行钞票，渐把人们旧来对于货币的念头打破了，就是，他们不再以为货币必需具有与其购买力相等的内在价值。

货币与金 然而，这种念头的打破——也许迄今还未完全打破——不是一朝一夕的事咧！在十九世纪整个下半期中，英国金镑实含有一种与其所购货物价值相等的金量，其评价因而颇高。而且，金币的使用，在现世界各国，虽然都废除了，但有若干国家——例如法国——却仍渴望恢复旧来的制度。就银币与铜币而论，代用货币的观念，已经是为一般所承认了的，世界重复使用金币的可能性，实在太少。对于实金的渴望，简直无异一种迷妄。今日大多数人，都有承认以次事实的倾向：就是，符号货币在合理水准上的购买力，如能由发行当局以适当的保障来维持，那么，这种符号货币，就与其他货币一样好用了。

因此，银行钞票的出现，逐渐使人承认符号货币，且逐渐使人相信现代世界通货所具的价值，不是由于制造这通货所用的材料，而是由于发行这通货的环境。我们已经知道，中世纪世界贵金属的缺乏，该引起了物价如何的暴落，并且世界贵金属的一再发现，即贵金属一再新增其供给，该引起了物价水准如何的昂腾。假若世界以符号货币代替那种具有内在价值的金属货币，那么，这种符号货币的购买力，显然会取决于其因需要而供给的数量。例如：现代某政府，如单由增印纸币以偿付其所有的欠项，从而，在流通界增投新币，而不收回其旧币，结局，其物价水准的提高，就显然会与美洲金银矿开采或加利福尼亚或南非洲金矿发现以后，没有两样。因此，如其世界使用符号货币，那对于这种货币的供给，就势必要依据若干可以安定并维持其购买力的确定原则予以规制。在晚近若干年间，德国、奥国、法国以及其他国家，曾不问其货币之供给数量如何，不问那种需要金融调节的交易增加的额数如何，且也不问其他一切关系，而一味增发纸币；她们在这种大膨胀运动中所收到的结果，我们是已经知道的。

不过，现代世界用作流通工具的，不仅是通货。我们讲过，实在铸币与银行钞票，在习惯上只是用以从事若干种类的支付，世界最大一部分的商业交易事务的周转，都不使用通货（除了用作支付工资的数额外）。所以，以前在货币发行量、货物生产量与物价水准之间，虽曾存在有一种极简单的关系，但这关系在现在就不是那么简单了。我们今日所需计虑的，不仅是通货的供给，还有其他支付手段如支票汇票一类的供给。在百年以前，银行业者最大的任务(就国内交易事务而言)，无非是处理钞票与铸币。现代的银行业者不然，他们的最大任务，却在处理那些没有包含着实际通货的账簿。甲开一支票于乙，不必要授受通货。甲只在银行中的甲的账簿上，记下这一笔款项的数目，同时在同一银行或其他银行中的乙的账簿上，记下相等额的数目就行。并且，当现代某一银行借出款项时，她通常不借出铸币或钞票，而是借出一宗提兑支票的权利。自然，这种金钱上的移转关系是间接的，但也无须授受通货。因此，在我们现代金融制度上，通货与普通所谓信用——即现今大部分经济事项赖以融通的手段——之间，存有一种关系，这关系是我们非弄清楚不可的。

第二节 信 用

在一九三二年一月，英格兰银行钞票总额，计为 4 亿镑，其中实行流通额数只 3.53 亿镑。在另一方面，单是伦敦清算银行的存款数字，计已达到 17.14 亿镑；并且，由伦敦清算所印行的每日银行清算数字，则超过了 9800 万镑。同时，美国流通中之各种通货总额，为 56.47 亿镑，而一切银行的总存款额，则为 462.61 亿镑。从此看来，在一年的行程中，银行的总贮积额与总流通额，就大大超过了实际可资利用的通货额数。这就是说，一国大部分的金融活动，不是靠通货的互相授受，而是靠银行系统范围内之存贮额数的移转。现在我们要问：这庞大的银行贮存额究是包含些什么呢？显然的，那不是实在的通货。并且，假如一切银行贮款者都要把他们的存款换为通货，那所有的银行一定非立刻关门不可。这种情形，并不仅限于英国银行系统，所有现在世界的银行系统，殆莫不如此，特其程度不同罢了。我们知道，无论现代世界哪个地方的商业关系，总有一大部分是不用通货周转的。

就银行方面负有支付的责任而论，银行存款与银行钞票正同。假若我有若干存款在某合资银行中，这就是说，我有权利开发同等额数的支票，或者向银行要求同等额数的通货。但是银行业者知道：他们的存款者只会要求有限的通货，他们大部分的往来交易，实际都是用支票结算。他们并且知道：即令某某存款者要求通货——比如说，他要用通货支付工资——这通货的大部分也会迅速的由工资领受者付给商人，再由商人回付到银行方面。因此，他们所需保有的实在通货，只够应付他们认为也许会发生的需要就行。而其额数则不过是占有总贮存额的极小的部分。每个合资银行，除了在本行保有这一部分实在通货而外，并还与英格兰银行立有账目，一有需要，即可由英格兰银行增加其通货的供给。但是，这些合资银行纵令把它们存在英格兰银行的存款，及其所有的铸币与钞票加在一起，其总数也不过只占有其应支给存款之债务总额的一小部分。因此，在一九三二年一月，伦敦清算银行把它们的铸币、钞票以及其存在英格兰银行方面贷借差额总计起来，恰恰少于其总存款额 1.8 亿镑，即略多于其存款总额的 1/10。然而，它们知道在一切正常的情形下，有此通货额数亦足够应付它们认为不时的或不免发生的一切需要。

银行业者的现金准备　在实际上，合资银行如见到有某种待应付的需要，它们往往会增大其一比十的金准备，它们可以把银行的若干财产变换为现金，或者通融短期借款。在一九三二年一月，伦敦清算银行有值 2.83 亿镑的投资，有值 1.17 亿镑的活期或短期资金，它们随时可以缩减这些条项，把那些由投资财产拍卖或短期债券还偿所得的支票，付交英格兰银行以增加其现金准备。但银行业者始终不愿保持需要以上的现金。因为，投资也好，放债也好，都有利可图，都可增加其利润。若把钱死藏在库中，或存放在英格兰银行方面，通是没有利息可言的。就因此故，它们对于现金准备，总企图缩减到最少可能的限度。它们根据经验，觉得在正常状况下保有存款 1/10 的现金，那是绰有余裕的。

银行存款　然则这没有通货及英格兰银行贷款作保障的大量存款，实系由何而形成呢？大体上，它可以分作两个部门（虽然那看来不像是怎样判然各别的）。第一部门是由银行顾客所存入的额数，第二是银行承认的贷款。合资银行业者的任务，原来不外是看管人们为了安全保管及移转方便而存贮的金钱。他自己的资本，在他所由活动的总额中，只不过占有一个无关重要的部分。因此，在一九三一年一月，9 个伦敦清算银行的资本总额（包括其蓄积的利润），不过是 1.23 亿镑，其存款则有 16.77 亿镑；其贷款有 8.89 亿镑。由此看来，在银行的总财源中，存款者存入的额数，实占有最大一部分。这种的存款，或者是由存款者以实际的通货存入，或者是由他们以其他银行所开的支票存入。银行业者负有安全保管这些存款的责任,并且要保障存款者使他们能够以不事先通告(活期存款)或先期通知(比较狭义的存款收据)的形式任意提支。

但除此以外,银行业者有时也允许其存款主顾在其既经存入的额数以外,开发支票或领受实在通货。这就是说,他允许放债或垫款——即通常所谓透支——通常对透支是要有有担保的存款之要求的。银行业者每次由这种形式贷款,是把这贷款额写在存款者的存折上面。他之所以允许这种贷款,因他由此可以得到利息。在此贷款额没有达到一种限度,即没有达到使通货需要超越可供通融的通货供给之限度的范围内,尤其是在某银行业者不让其他银行业者揽去大规模贷款的范围内,他是可以继续允许这种性质的贷款的。

银行垫支 当某银行业者允许贷款,并把贷款额数写在借款主顾存折之上作为其存款时,他是期望借款者将迅速提出其摆在他贷方的额数。因为借款者不是要使用这项金额,他是不会支付利息的。可是,当借款者一由银行开发支票或领受通货方式把这金额实行提出时,这个额数重又在他贷方写下;如是,银行之存款计算额又复减少。不过,借款者由此提出的金额,立即在充实营业或支付工资的形式上,移转到他人手中,以后更由他人回复到银行方面。其结果是:借款者的账项一经记下,而相应额数的账项,几乎马上就会在其他方面开写出来。因此,由存款者实行存入银行的金额,大都是银行业者已经实行贷出了的款项。银行总存款额所由形成的两个要素,其所以在实际没有它们外表上所显示的区别,要不外这个原故。银行所贷之款项,不但会引出一种存款,且会在那种存款中,即由借款者取得此款项的人们,后来存入的存款中再现出来。因此,我们要在银行的金融状态中,把那些代表银行主顾所存入的金额(银行借款除外),和直接由银行放款所得的贮金加以分析,那是颇难做到的。在银行业者,他们实在用不着作任何这类区别。他们所必须考虑的,第一是看可供其使用的通货额是否充足,第二是看其放款政策,是否能与其他银行取一致的步调。自然,除此以外,他还得考虑那些向他们借款的人们是否稳当。不过,我们在这里不是要考察银行垫款之特别目的,而只是要考察其见总的额数。

银行业者在放款政策上必需与其他银行采取一致步调的理由,是极其简单的。假若一切银行的放款,对于其存款总额,大体保持着同一的比例，那么，每个银行所需付给其他银行的额数，就将近和其他银行要付给它的额数相当。例如，伦敦的主要银行，共同有一个清算所，它们彼此间由存款者开发支票所形成的债务，就是在这清算所中，以简单簿记制度相互抵销。假如各银行彼此间的债务相互抵销，那一切债务就不用任何实际支付，而干脆的得到清结。但是，假若某一银行尚负有其他银行一个差额，那简单的清结方法，只是把它们彼此在英格兰银行的账目，拨转一下就行。因此，假若某银行放款，较其他银行为自由，以致在清结上要找出相当的负差额，结局，势必要减少它在英格兰银行中的存差额，而增加其他银行在英格兰银行中的存差额。这一来，它的现金供给缩减了。我们讲过，合资银行都视它们在英格兰银行中的存差额为现金。银行的现金供给减少，其贷款能力亦必因而减少。因为，银行业者通常都视10%的现金为极低限度的现金准备。其现金比率低落，其放款限度即非降低不可。它要增大放款，先须增加现金比率，就这样，各合资银行的放款政策，实际乃不能不保持一致。

银行会制造信用么 不论在什么时候，社会上流通着的购买力的总量，多半是由银行货币所形成；而这银行货币，则是借着支票在人们手中转递的。银行货币包括有在合资银行中属于存款者——个人、商号以及一切机关——的金额，和由银行贷与这些存款者的贷款。关于这种贷款性质，曾有不少争论。有人曾假定，银行业者会创造信用；又有人假定，它们除了把某些主顾的死存款，转移到那些需要利用这存款且愿出代价利用这存款的其他主顾而外，实不能有所作为。这两种说法，银行业者都认为是谬见。但在实际，银行业者究在何时才仅是转移信用，何时才是创造信用的事体，不但旁观者，就在银行业者自己也是颇难知道的。我们讲过，银行主顾们在银行账上的存款，包括有银行方面允许贷出的款项。银行业者根本就不能指出他何时是贷与“真正货币”，何时是贷与那些由他自己已经造出的货币。自然哪，银行业者自己能够贷多或贷少，并由他的多贷少贷，而左右有效的购买力的总量。但他所创造的信用，与他仅仅转移的信用，终是无法区别。他所关怀的，不是贷款与存款间的关系，而是那包括有贷款在内的存款总量与其随时可供利用的现金准备之间的关系。

在这种情形下，银行无论何时的贷款——不管是无中生有的创造信用,抑是转移信用——我们都不妨极简单的看为创造信用。因为,购买力由他的贷款而增加,由他的不贷款而减少,在这种意上说来,它确然是创造信用了。

关于这点的解说,极其简单。银行业者即令只看为是转移信用,而不是无中生有的创造信用,他转移信用这种行为的结果,定然要增加货币的活动,使货币流通较之没有他为中介要更为迅速。无论何时,银行存款者总有许多会把他们的货币死藏在银行之中。假使银行业者这时把他们存入的货币贷与那些即时要用货币购买物品的人,那货币的总量,纵不因此而增加,而实际流通的货币却因此而增多了。

货币数量论 这种事实,使我们得到一种影响供给与物价水准间的全部关系的极重要概念。经济学者通常称此概念为"流通之速度"(velocity of circulation)。而这流通速度的概念,在所谓货币数量论(The Quantity Theory of Money)中,占有一个主要部分。照此种理论所说,物价的水准,乃取决于流通货币量与一切必须买卖的物品数量间之关系。但是,有如要使物品与劳务在价格水准上发生影响,必须这物品与劳务实行买卖(例如不出卖的图画与房屋,就于价格没有影响)一样,要货币在价格水准上发生影响,也必须货币实行改换其领有者。当一个印度君主把货币窖藏在他金库中时,或者当一个印度农民把货币窖藏在他的宅园时,这被继续窖藏的货币,并不能看作是于物价水准有何等影响的货币。在远东方面,实在有可惊的巨额金银在秘藏着。至一九三二年开始几个月中,我们已看见这货币流露出了许多,因而在金镑价值上发生了强有力的影响。在最近几年中,我们又看见美法两国在一种颇别致的方法上,把那既经实行用作流通基金的大量黄金,吸收到她们中央银行的窖室中。像这种窖藏的黄金,除了使其价值较实行使用时为低以外,并不得看为是货币,从而不得认为它有影响于当前的价格水准。

因此,假若完全不流通的货币,即认为于物价没有影响,那么,流通迅速的货币,就在物价上较之流通迟缓的货币更有影响了。货币流通愈速,其所成就的流通工作愈多。如其货币迅速地由一个人手中转到其他人手中,每转一次,即成就一次交换的任务,则一而再,再而三,不绝迅速使用的每一货币,其对物价水准的影响,就会与被使用的次数成比例。在正常的状况下,货币的这种流通速度,乃取决于社会既成的习惯,而不是取决于大的变动。但在特别不常的情形之下，那种速度也许会大大增进，也许会大大减退。例如，假使人们期望物价尖锐的提高，那就是说，他们这样预想，以为他们把货币保留在手中愈久，货币对物品的价格就愈小。所以，他们渴望用这货币，购买那些因货币价值跌落而变为更有价值的货物。这一来，流通的速度增加。这增加速度的影响，使物价更加提高。在德国大膨胀的时代，其物价曾达到一个可惊限度的提高。至那种膨胀本身，大部分却又是人们想尽可能迅速的抛去货币换取货物之热望强烈增加的结果。

在另一方面，假若人们盼望物价跌落，那就是他们盼望其货币因保留而增高其价值，反之，如其他们用以购物，物品将来对货币就会减少其价值。因此，他们的倾向，就打算物价不跌到顶点，不肯从事购买。他们把货币保留起来，不作购买活动，货币之流通速度将因而大减，而物价跌落趋势，就会因货币流通之缓慢而益形加强，这种货币流通速度减退的事实，已见于当前贸易衰落的世界各国。而在银行存款之总营业率逐渐降落的美洲合众国中，则已达于最大的限度；美国为防范全般银行缺陷的曝露，实行藏贮货币。美国银行并为抵销这藏贮货币缩减其流通速度之影响，乃迫而以这一大部存金为基础发行银行钞票，增加通货供给。在某种限度内，这是阻止了物价的跌落的，但却不曾阻止贮藏黄金与缩减流通速度的趋势。就因此故，美国当前即令把货物的生产大形缩减，而其在流通界增加供给的钞票，仍无补于物价之逐渐趋于跌落。

货币与价格　从表面上看来，物价的水准，直接随货币数量与那些必须交换的物品数量之关系变动而变动的观念，似乎是一种显而易见的常识。但是照我们上面所说的，我们却应承认这种关系在实际上并不是如此简单。从货币方面来说，影响物价水准的，不仅是货币数量，且是因使用而增大其效率的货币数量。至若必须交换的物品数量，亦不是如一般人所说的那样简单。社会上随时可以交换的物品，并不仅那些即时生产的物品与勤务，还有那些已经存在的一部分十分不定的与诸多变动的事物。人们不但买卖新产出的物品及即用的个人劳务，且买卖土地、房屋以及各种派生的物品，特别是股票证券。购买这些派生物所需的货币，简直有购买即用物品所需的货币那〔样〕多。所以，这些被买被卖的派生物，一经在比例上增加起来，其影响物价水准，差不多要达到货币供给增减影响物价水准那样大的程度。就因此故，股票市价或不动产市价暴涨，势必招致更大数量之股票证券或土地的买卖。其结果，为了通融这不绝增加的买卖额(turn-over)，将造一种增加货币的需要。不错，一种投机的暴涨，也会大大增加那些用在股票证券以及不动产交易上的各种货币之流通速度，这一来，所需货币数量之增加，就较之需要通融交易事件之货币价值的增加要少多了。但是，除了被封固在股票市场活动的可供利用的货币供给量，多到了那个程度——即由较少的用作购买的资金，把商品价格水准压低的那个程度，在货币的数量上，总是需要增加若干的。因此，股票市场的暴涨，往往总伴有银行信用的相当增加。银行把它们那些为了即时生产用途的贷款移用到股票投机上来，其信用是容易增大的。到这时，银行为了因此会惹起产业上的不况，于是又对生产事业允许更多的信用。有人会主张，把资金由生产事业转用到股票投机上的这种事体，银行应当是能够阻止的。但在实际上，现代银行制度似乎还没有一种阻止投机，同时不阻碍工业进步，不招致生产衰落的手段。美国在一九二八年与一九二九年物价暴落的当中，银行管理者曾作过此种尝试，讫无效果。银行家们都说那是完全不能实行的。

由是，我们知道，货币与价格间的关系，那比我们一望而知的表面现象，要错综复杂多了。货币数量理论即令根本无误，甚且是不可争辩的真理，那于金融政策的形成，仍没有什么了不得的帮助。显然的，银行制度的工作，应当对社会提供恰够充分使用其生产资源的货币——没有过与不及——并力求避免货币价值上容易引起的投机暴涨与不况景象(即由既定的货币期待扰乱所招致的不况景象)的一切变动。不过，像这类结果，一定不能借货币数量理论之概算的应用而有所成就。在我们能够期望银行会怎样进行完成此举以前，我们必须精切考察当前各种货币供给所由规制的方法，以及施行此种规制之银行制度的实在结构。

第三节　金本位制度

在前节中，我们已把以次两种货币加以区别。那两种货币是：实在通货与银行货币。前者包括有主要用作小支付的银行钞票与铸币，后者则又是由两种性质的存款所形成：一是登记在银行主顾们账簿之贷方的存款，一是包括有银行垫支和各个人实行存贮的存款。这种通货与银行货币之间的区别，非常重要。在任何国家中，银行所能创造的银行货币量，在某种限度，是取决于可供使用的通货量；反之，必需的通货量，又是在比较复杂的关系上，取决于在流通中的银行货币量。现世界所有一切国家的通货，大体上几乎都是经由一个称为中央银行的特种银行所发行。而这中央银行，又是在那种由国会法案所制定的规制之下，在政府统制之下——即令在理论上不是如此，在事实上却是如此——进行活动。在另一方面，银行货币之加入流通，那却有最大一部分不是经由中央银行，而是经由许多其他的银行，比如通常所谓合资银行或贮蓄银行之类。一部分个人乃至商号，都在这类银行中立有账簿。除此以外，还有我们后面要谈到的其他比较特殊形态的银行和金融机关。这类机关对于银行货币之有效流通，实成就了非常重要的任务。但是，论到这里，我们要把我们考察的范围加以限定，就是一方面考察典型的中央银行所演的任务，另一方面考察那些在单一货币制度下与中央银行相关联的合资银行或贮蓄银行的任务。自广义言之，中央银行之主要功能，通常就是在赋与它以权力的议会或国会法案所定的限制与条件之下，规制通货的供给。不过，这种通货供给之规制，在大体上却又包含有银行货币之总供给的规制。并且，合资银行在贷款政策上，实在大大的受了中央银行态度的限制。各国中央银行能以严厉程度不同的政策，统制合资银行之贷款总额。所以，合资银行的任务，与其说是在决定它们究应贷出的总额，却不如说是在各种请求贷款者之间，斟酌情形，配分中央银行所允许它们贷出的额数。不过，这种说法只有在某种场合是正确的。在一般银行制度中，合资银行甚且有违反中央银行意志而自行增减其贷款总额的权力，但有些国家不是如此，特别是在英国，那里的中央银行不但统制着通货供给，且统制着可充贷款使用的银行货币之总供给。由是，我要考察到银行制度之三种主要任务了:第一,通货的规制;第二,银行货币统供给的规制;第三,在各种请求贷款者间之可供使用的银行货币的分配。我们首先来考察通货,并考察通货所由发行之中央银行的机构。

金准备 关于这点,我们很容易就一个具体的实例来说。对于通货之发行,大不列颠之英格兰银行实负有全责。苏格兰银行之分别的发行权,以及铸币原来由造币局发行,而非由银行发行的事实,均不足影响其地位。英格兰银行发行通货的权力,系由议会法案所规制;自一八四四年之《银行特许案》成立以来,即是如此。实际上,直至一九一四年,那些由一八四四年《银行特许案》中定下的条件,还继续作用着没有变更——这种政策继续的可能,仅是由于在十九世纪中,社会使用货币的习惯根本改变过来了。实际情形是这样:银行有权发行大约 2000 万镑无金作后盾的钞票,在此限以外,每镑的钞票,须备有 1 镑的现金。与造币局金镑同时流通的英国 5 镑钞票,几乎都有金作保障。但战争把这种情形完全改变了。在一九一四年八月,金币曾停止流通,银行兑现的义务,亦概行停止。政府自己发行一种完全没有充分金准备的纸币,即所谓国库券(treasury notes)。物价随此国库券的迅速增加而提高,直至一大部分的流通通货都是没有金作保障的纸币。大战后,这种政府货币还与英格兰银行货币相并流通了若干时期。但至一九二八年,此种国库券与英格兰银行钞票,始在银行统一的规制之下混合起来。对于这种银行钞票的统一的规制,并还由议会法案定下了新的限制。至是,英格兰银行之无金作准备的钞票,就由 2000 万镑增加到 2.6 亿镑。这种无金作保障的额数的发行,被称为依赖大众信用的发行(the fiduciary issue)。在急需的时候,英格兰银行并得申请政府,在议会许可的限内增发此种性质的钞票。但是除此急需时的规定以外,英格兰银行在上述依赖大众信用发行额以上发行的每镑钞票,仍非有 1 镑准备金不可。这是一种规制流通通货额的方法,简言之,就是由法律规定最大限度的信用发行额,超过此限,即当有金作准备。

世界主要各国的金准备

			1922	1924	1926	1928	1929	1930	1931
美国	金元	百万	3929	4499	4492	4141	4284	4593	4460
法国	佛郎	百万	20355	20407	20425	31838	41622	53563	68863
英格兰	镑	百万	155	156	151	153	146	148	121
德国	马克	百万	1062	819	1897	2795	2349	2282	964
比利时	佛郎	百万	1866	1889	3101	4517	5876	6862	12749
荷兰	古登(gulden)	百万	582	505	414	435	447	426	887
瑞士	佛郎	百万	535	506	472	533	595	713	2347
苏俄	金卢布	百万	5	142	164	179	286	484	638
波兰	值罗(zloty)	百万	87	178	237	621	701	562	601
意大利	里尔(lire)	百万	6286	6315	6049	6888	7003	7081	7399
澳洲	镑	百万	46	47	50	49	41	18	11
加拿大	金元	百万	240	208	230	191	151	194	143
阿根廷	金庇索(gold pesos)	百万	505	470	476	641	461	435	262
巴西	米莱(milreis)	百万	384	450	471	1242	1257	129	—
印度	罗比(rupees)	百万	324	298	298	340	351	346	444
日本	圆	百万	1215	1175	1127	1085	1087	838	470

1932 年 3 月主要各国中央银行之金准备

单位:百万美金

国 别	保 有 量	对于前一年之变动
英格兰	588	−118
法 国	2999	800
德 国	209	−336
意大利	296	17
比利时	349	149
荷 兰	352	173
瑞 士	471	347
美 国	3020	−95

注意:此表除去政府或其他银行所保有之金。把政府存金包含在内,美国有40.51亿金元,再把其他银行的保有额括入,其总存金额计为43.89亿金元。在其他国家,政府存金极少,最大一部分存金,皆集中在中央银行。此外,我们还可补充一点,就是在1931年1月与1932年3月之间,法国缩减了值5.47亿金元的外国通货保有额。

但是,这里有一种为大多数外国银行实行采用的银行制度,即所谓比例的金准备(a proportional reserve of gold)制度。这种制度的采行,并不设一种固定的信用发行额,仅规定中央银行对于其所有发行的钞票,要在金库中保有最低限度的百分比,例如要保有40%的金。美国、德国以及其他许多国家,就是采行这种比例的金准备制。除此以外,有少数国家还根据我们后面要述及的理由而采用其他的规定。照那些规定中央银行对于其所发行的一切钞票,必须保有一定比例的准备,特这准备不一定是金,而是金或保存在其他主要国家银行中之存款,这被称为比例的金与金汇兑准备制(a proportional gold and gold exchange reserve)。

金的重要性 由是,我们知道,在所有这些中央银行制度的形态中,可以发行的通货额数,大体是取决于中央银行所保有的金供给量,或者,在少数国度是取决于中央银行在必要时所能弄到的金供给量。因此,在现代世界行使规制的通货制度中,金实扮演了一种根本重要的角色。实际上,世界有一大部分国家都是努力在所谓金本位制度下活动——虽然最近因世界贸易衰落的结果,使她们大都迫而把这种本位制度停止了。在大战以前,金本位制度已经是一大部分文明世界之通货规制的基础。英国在十九世纪初期,首先采行金本位制度,以后各国相续仿行。在这以前,银曾为一大些国家之通货基础。由银规制通货,是所谓银单本位制,以后银则与金合作而为金银复本位制——英国在十八世纪亦是如此。不过,以银与金较,无论是相对的讲,抑是绝对的讲,其价值都大有变动;且自世界各国间之贸易关系愈形组织化,国际贸易之重要性迅速增大以来,世界主要各国间之货物交换,乃愈觉到没有一种单一货币测定本位的不便。由是,各国都相续以金为其规制各种通货的基础,而采行金本位制。但各国之所以都有采行金本位制的可能,那却是由于十九世纪下半期世界金的供给量的大大增加。美国、澳洲以南非洲之金的发现,以致因此金供给而采行金本位制的倾向,一般通行,结局金价上涨,物品与劳务的价格则异常跌落。实际上,物价尖锐的惨落,就是当着金本位制迅速扩张到新国家的时候。在一八七〇年代,德国、美国、拉丁同盟诸国,都采行了金本位制。而那几乎在十九世纪最后1/4世纪中继续暴落的物价,恰好是在这个时候开始的。自是以后,南非洲之金的生产的大增加,和世界使用通货习惯上的若干节约办法,竟把那种趋向改变了;在一八九六年与一九一四年间，物价复又昂腾起来。不过，这两种尖锐对立的物价变动，还不够动摇世界金融业者对于金本位制度的信心。在一九一四年，他们还相信金本位制；一九一八年以后，那些在战时因紧急需要迫而放弃金本位制度的交战国家，又企图依相互的协定，很快的恢复那种制度。约在一九二九年世界贸易开始衰落以前不久，所有的国家，差不多都成就了她们这种志愿。当世界贸易衰落之顷，金本位制复又达于极盛时期，不过，因为战后经济情形的改变，这种制度在许多方面所发生的作用及其被运用的情形，都是与战前两样的。

金本位的定义 什么是金本位呢？各国都不惜蒙受极大的艰苦困难，以恢复这本位，然则这本位何以如此受人重视呢？在任何采行金本位制的国家，她的国币，都等于某种成色的一定重量的金。在大战以前，这种本位制度的维持，是由使用一定重量、一定成色之实在金币，和使那些加入流通的纸币能在必需时向中央银行兑换金币，或兑换与金币同一重量、同一成色的原金。但现在的金本位，却并不在流通界使用金币，而只是使用那些能兑换一定分量之金的纸币。所以，英国当一九三一年九月放弃金本位时，她不过是把英格兰银行对于钞票的兑现义务停止罢了。

显然的，假若每个国家的国币，能够兑换一定分量的现金，那么，一切不同国度的国币，就定然能按照各自所含的金的分量，在一定的比率上相互兑换。像这种比率，诚然不是绝对固定的。在完全的金本位制度下，那可因一国金的生产费和由一国运往他国之运输费而各不相同。因此，两个金本位国家之货币汇兑率（the rates of exchange），就会在金由一国运往他国之运费（包括保险费）所设定的限界内，上下变动，像这样对汇兑率所加的限界，即所谓现金输送点（the gold points）；在实际上，汇兑率随时在因一种通货对其他通货之需要的涨落，而在此现金输送点限内变动。假若以金镑换金元的人，较之以金元换金镑的人为多，那汇兑率就会于英国不利，即是说，在相对的关系上，金镑所值，势将较金元所值为少。不过，在完全的金本位制度下，这所少的程度，决不会很多，因为把金由伦敦运到纽约，或由纽约运到伦敦的费用，就其对于金的价值上说，那是极少极少了。

金本位的好处 把不同国家之货币汇兑率固定在窄狭的变动限度内，那显然是金本位的大好处。因为汇兑率有所限制，商人们在国外订结契约或举借债款，就不用当心其本国货币与其关系国货币之间的可能变动了。一个人在这种情形下订结契约，以金镑为基础也好，以金元为基础也好，在他几乎都没有多大关系，因为他用自己本国货币计算，究须支出多少或收入多少，他都是知道的。反之，如其世界各国放弃了金本位制，各国货币价值之间就没有一个固定的比率关系，于是对于任何有国际性质的契约，就必然要导入一种极不确定的要素；这时，一个人如由外国货币订定契约，他虽知道将来应收入外币多少，支出外币多少，但这收入付出的外币，究合他本国货币若干，他是无从知道的。这种不确定的性质，势将妨碍贸易，妨碍海外投资，刚在大战以后若干年间，世界是曾蒙受过这种极大的不便的。无怪当那个时候，各国社会的一部分有力者，都强烈要求恢复金本位制；银行家和金融资本家于国际间之货币兑换最有关系，他们的整个计划，可因各国货币价值间之不可前知的变动，而全部推翻，无怪在一切要求恢复金本位制的人们当中，以他们为最迫切了。就商人说吧（我们以后还要论到的），金本位制对于他们颇有利益，同时也非常不利；但在银行家不然，他们由金本位制所受到的利益，是颇显明的。战后金本位制的恢复，首先就是由于银行资本家阶级的促进。

我们应当注意，前面所说的这些，全未涉及一个对于其国内流通通货之金准备维持的事体。一国要维持金本位制，势须在其中央银行中贮存充分的金额，准备那些持有国币的人们实行兑现。它必须打算对于那些需要运金出口的人们付出实金，而收受其一定额数的国币。不过，在正常状况下，对于实金输出的要求，实在极其有限。因为一国为支付关系，把黄金输往他国，那只是当着两国间货币的汇兑差率已经实行达到了那种限度：即达到了输金出口还要比较合算的限度。但通例在汇兑差率达到此种限度以前，已经由汇兑上处于不利地位的国家的中央银行，采行了改变其地位的有效步骤——那通常是抬高利率，以奖励外金的流入。所以，在正常状况下由一国流往他国的黄金实在不多；并且，此种正常状况如一直保持不变，各国的金准备，就令较其惯常保存的少了许多，亦足够应付一切需要。然而，这所谓正常状况，并不是常常不变的，在最近几年来尤属如此。近年各国的汇兑差率，即令有时还维持着不值得输金出口的水准，但黄金还是在极大量的移动。这有两个主要的理由：第一是大战以来，有若干国家（其著者如法国）已经在外国银行中保有大量的余款。这余款当法国佛郎大事膨胀并不绝减低其价值时累增起来；所以，“由佛郎逃避”(flight from franc)的现象发生，法国银行家乃至法国资本家，都把他们大部分的资金投存于国外。迨佛郎稳定，这些流出的资金又逐渐返回。当法国人对于他们投存资金的国家的通货或银行的稳定性，一比平常感到更不放心的时候，这种资金流转到法国的运动就更见活跃。外国人对于法国的偿付，大都是用黄金；所以黄金就这样逐渐堆存于法国银行金库中了。

黄金大量移动的第二个理由，就是现在世界各国欠有美洲合众国大量的借款；这些债务国内不能由出超偿债，势不能不迫而用金偿还其大部分的债务了。就这样，黄金乃如同堆存在法国一样的堆存于美国了。因为以上这两种理由，黄金遂在战后各国间有了空前的移动。

对于黄金的争夺 在黄金大规模移动的情势下，各国中央银行为了防止钞票兑现的危险，乃有尽可能的获得最多黄金的强烈要求。但世界总金准备不绝向着美洲合众国的集中，致使这种强烈要求的满足，极感困难了；黄金既集中到了美国，其他各国实皆感到黄金的缺乏。特别是那些较小的国家，她们自己不能积得充分的准备金，只好在主要各国银行中建立其货币的平衡；对于其所发行的通货，不以金作兑换保障，而以其国民所需求的外国货币作兑换保障。这就是所谓金汇兑本位(the gold exchange standard)。

在过去，伦敦是世界贸易所由调剂融通的最重要中心地域，同时也是输出黄金绝对没有问题的地域。就因此故，那些实行金汇兑本位的国家，乃在伦敦保有其一大部分的对外差额，并以伦敦为供给其所需外国通货的机关。因之，英格兰银行就不仅要竭力应付英国人民对于外国货币的需要，且还要以中间人的资格，供应其他许多国家之国民的需求。这样，大不列颠的银行系统，乃不免招致黄金大规模的变态移动的危险；在此种情形下，在英格兰银行自己，显然是不曾获得较其实际所曾保有者为多的准备金的。黄金固封在金库中，决不会产生利润；所以，金准备愈少，自然更有利益。

但是，就正规的准则而论，当英格兰银行已经不大需要黄金时，它那已经获有的大部分黄金，究竟是否实在供用于合理的有益用途上呢，那是不无问题的。英格兰银行也如其他大多数国家的中央银行一样，为了供应可能的输出需要，且为了供应其国内流通的通货兑现需要，它不能不依照法律保有一定额数的金准备。然则这种金准备的实在用处究是怎样呢？如其继续发行无金作保障的纸币，一如发行仿佛有金作保障的纸币一样，那我们就把这金准备尽行毁弃，或沉诸海底，对于流通中的同额纸币的价值，依旧不会有一点变动。银行钞票之具有价值，不是由于英格兰银行金库中藏有为其保障的金的数量，而只是由于通过银行制度而流通的货币的数量。银行钞票的额数如保持不变，那由金的保障消失而影响银行钞票价值的唯一原因，就不过是由于一种心理上的保障的丧失；即是说，对于纸币之失却信心，要不外人民觉得纸币没有金的保障而已。从这种意义上说来，一国对于发行通货保有金准备，那不是因为这金准备有什么用处，而只是因为人民以为有此用处罢了。

通货之金准备的无用 其实，对国内发行通货所保有的金准备，绝对无用。为了应付金输出之可能需要，保有相当额数的金是有必要的，但没有更大的必要。不过论到这里，势必要引起其他问题，就是，金“输出之可能需要”该是怎样呢？在正常状况下，这对于通货总量，只保有一个颇小的小率；但一到变态的状况下，我们对于其潜在的要求，却就无从设定一个限界。实际上，任何国家的中央银行（在极奇特现状下之美国和法国的中央银行，又当别论），殆皆不能保有适当的金准备，以应付一切可能的需要。假若中央银行实行挤兑，那就只好停止金本位制度，因此之故，要保有一种金准备，使其应付正常的需要，虽觉过大，但要使其应付实在紧迫的需求，却就颇嫌过少了。在那些保持着金本位制，其金准备比较极少，并打算当紧急时放弃金本位的国家，这种情形是更加显而易见的。大不列颠在一九三一年之放弃金本位，要不外由于此种原因。而且，英国把金准备由危机发生前的6000万镑，增到1.6亿镑的事实，那于她全无帮助，不过是使她在早应迅速放弃金本位的时候，对维持金本位作一番脆弱的努力而已。

自然，大众的态度也并不是全无理性的。对于发行通货的金准备的要求，确有限制中央银行发行总通货额的效果。并还阻止住了通货过度发行的膨胀。人民都觉得，中央银行如其对通货的发行不复遵守金准备的限制，那就随时难保不发生膨胀的现象。但这种保障，是过于偏向外表，而不着实际的。比如，英格兰银行已被允许发行值2.6亿镑的钞票，不用金作保障；至当前特殊的紧急情形之下，更允许这个额数扩增到2.75亿镑。国会有权把这种信用发行，增加到它所愿意增加的限度；并且它还能在不改变银行对信用发行额以上的钞票行使兑现义务的限内，尽量从事膨胀。自然，这种膨胀活动，是非取得国会之法律根据不行的。但当前的信用发行限度既是由国会法案所规定，那么，银行对于信用发行额以上的钞票，要保有一种金准备的法律义务，就不成其为妨阻膨胀的手段了。真能妨阻膨胀的，只有银行自身和国会都不愿意增加这种依信用发行的钞票。

战前战后的金本位制　当战前黄金移动比较有限，同时贸易又一年一年的遵循着完全确定的通路，而比较没有多少变动的时候，金本位制的活动，自没有多大的困难。那时大多数国家，都为保障其国内流通的通货而保有某种金准备，并还为供必要时的输出需要，备有相当额数的黄金。但虽然如此，那时实行允许黄金无限制输出的国家，却为数无几。照一般人往往称述的，世界上真正实施完全金本位制的国家，只有大不列颠一个。至若其他的国家，类皆情愿提供外国汇兑，即对那些需要外国货币的人，不供给以输出之金，而供给以国外的信用。为了这提供国外信用的目的，她们的银行，通常皆在国外金融中心地域，特别是在伦敦，保有贷借差额的关系。像这样的安排，过去并不曾引起多大困难。而定规由南非得到新金供给的伦敦，往往也能供应其需要。

然当战后各国相继恢复金本位，或开始采行金本位时，那种情形是颇有变动的。供给世界一大部分新金的南非金矿产额的扩增，世界金的总供给量，诚然有了空前迅速的增进，但每年由矿山掘出的新金量，与既经存在的存金量比较起来，那是颇不足观了。而况在非货币的用途上，经常还要消费去一大些黄金咧。在实施膨胀诸年度之物价总水准的飞腾，致使世界金的总供给，与当时交易上需要融通的货币价值对比起来，那是较战前要少许多了。这一来，世界各国自不能不讲求节约金之用途的方法：一方面，不使金币流通，而代以无完全金保障的纸币；另一方面，更采行种种使金准备进一步成为通货基础的步骤。假若世界之金的有效供给，曾经是按照每个国家之特别需要而配分，那么，在那种能由此有效供给而得到满足的限度内，前述的种种方法，是不难缩减世界货币用金之总需要的。然在实际上，世界金的总供给，并不曾按照各国之特殊需要而配分，那有最大一部分,迅速为两个国家所吸收去了——首先吸收黄金的是美国,往后又加上法国。其结果是世界金的充分供给,不能保障金本位制之圆滑推行,不能阻止若干缺乏黄金国家之物价惨落。那些拥有过多黄金的国家,她们又不肯冒险利用她们所有的黄金,为其发行通货的基础。因为她们知道,通货发行过多,势必致把本国物价水准,抬高到世界一般物价水准以上,结局将破坏其输出贸易,甚且会由此突破其高高的关税壁垒,而奖励大宗的输入。就这样,世界一大部分货币用金,都被锁闭在美国法国金库,而没有成就任何任务了;那既不曾用以供应输出的需要,又不曾用作通货的基础。像这种黄金的积累,势必使保有此黄金的国家受到颇大的损失,因为死藏在她们银行金库中的黄金,是不会赉与她们丝毫利润的。不过,她们由此受到的损失,还只是没有利润,而世界其他各国由此受到的反动影响,那却要严重多了。黄金对美法两国过度供给,其他供给不足的国家,本来可以设法进一步节省其金的用途,但黄金继续流注美法的趋势,势必致迫着她们完全放弃金本位制,否则她们就只好在通货的发行上,在对工业之信用提供上,讲求紧缩政策。这种紧缩将招致物价水准的跌落。世界物价跌落,美法两国为了使其物价水准与他国的物价水准保持平衡计,就愈有把她们一部分的黄金死藏在其银行金库中之必要。

美国的黄金 论到这里,我们必须作以次的问难:为什么黄金堆存在美国法国呢?这个问题的答案是非常简单的,但两国的情形不是完全一样。我们讲过,美国在世界大战中变成了一大债权国;世界所有的主要国家,每年差不多都要付她巨额的债款,那种债款,不仅是对于其输入的偿付,且是对于其累积债务所付的息金。加之,这些国家主要由美国购买的原料与食品,远较筑有高关税壁垒的美国,打算向她们所购买的为多。因此,在经常收支的往来上,美国就占有两重有利的差额:那一部分是由于美国之输出超过输入,一部分是由于各国对于美国政府及其市民所欠债款之偿付。美国这种国际收入超过其支出的金额,每年是由美国人到欧洲旅行,和他们在债务国的任意消费,缩减了相当的额数了。加之,美国一大部分的海外贸易,都是由外国船舶(特别是由英国船舶)进行,这也可相当减少其有利差额。但虽然如此,世界其他各国还须对美国支付巨大的金额。

美国在这种情形下，要避免自己吸入过大部分的世界黄金，唯一的方法，就是使其国民尽量向海外新投资本，以期每年度维持收支的平衡。在一九二四年与一九二八年之间的诸年度中，美国国民曾努力从事新的海外投资；至一九二八年年终，由美国银行与金库所保有的金之供给量，实较一九二四年少多了。但在一九二八年以后，金之供给迅速增加；那原因，首先是由于那时美国的繁荣贸易；照我们前面所说的，那种繁荣缩减了美国向海外贷款，且还奖励了外资的流入。但至一九二九年以后，则又是由于贸易衰落，贸易衰落的结果，美国国民与银行业者，都小心翼翼的不肯向海外投资或贷款，他们都切望把他们的资财，用最稳固最确实的现金形式保藏起来。在此种情势之下，要阻止黄金堆存于美国，势不可能；在一九三〇年至一九三一年中，美国存金增加异常迅速，同时各债务国的金准备，渐形匮竭，以致使她们都相率限制金之自由输出，甚至实行停止其金本位制。

法国的藏金　法国的情形，与美国略有不同。由一九二四年至一九二七年年终，法国的存金，实无多大变动。那时法国还没有恢复金本位制。金在国内国外的移动，殆皆停止。但在战后膨胀期内，法国国民因惧怕货币留在国内丧失价值，乃在可能范围内，把他们可以提动的资金都投存于海外银行。至法国国民之所以有此大量的资金移动，乃因法国就在当时，还是一个债权国家，她由海外投资与赔款对战债的有利差额，收得了不少的剩余资金。所以，当她在佛郎对战前平价 1/5 的基础上，恢复其金本位制时，法国人民与法国银行都在国外贮存有极大量的资金。这些资金都是短期存入的，不像美国一大部分的海外贷款，通是长期的性质。像这种短期的存款，存款者高兴几时提回，就可以自由提回。

佛郎的稳定与金本位的恢复，致使那些把资金投存到国外的法国人，又迅速提取一大些回来。在一九二七年末至一九二九年末，法国的金准备突增至两倍以上。在此后诸年度中，法国的存金虽还是继续增积，但其增积率颇不相同。不论何时，法国人一经敏感到外国银行体系有不稳定的征候，或遭逢到其尖锐的政治不信任的定期发作，他们就要迅速提回其对外的存款。就这样，流入法国银行金库中的黄金，乃达到异常的巨额。法国这种存金的趋势，因法国人随时都不肯像美国人那样作海外长期贷款而更加严重了。不错，法国人为了要由其大量存金获取若干利润，他们往往也准备把这死藏在银行金库中的金额，向国外作大规模的短期存贮。但这短期存款的资金，随时有被突然提回的可能，因之，那对于被存贮国与其说是一种帮助，却倒不如说是一种麻烦。一九二九年美国对欧洲贷款的突然停止，那几乎可以说是欧洲恐慌的最大原因；但法国对国外贮款热度之不断的涨落，却在欧洲金融体系上，造成了一种经常的不安定局面。因之，这与美国之突然停止贷款的影响较量起来，其严重程度是不相上下的。

在这诸般情势下，金本位制就不但在其所成就的任务上远较其战前所成就的为劣，并且，那在当前世界不况的场面下，对于债务国家，甚至对于大不列颠，都证明是绝对行不通的。债务国为了努力维持债务的偿付，并为弥缝出口货大跌价当中买进入口货的损失，已经把她们的存金用尽了。大不列颠一向被视为是主要供应世界大部分贸易上之短期借资需要的中心，各债务国所经验到的紧迫情形，已使她感到那种反响的异常严重；在对外收支的平衡关系上，她虽是一个债权国，而不是债务国，但她要在当时的情形下维持金之自由输出，那已是不可能了。一九三一年度的危机，终于使英国放弃了她的金本位制。远在这时期以前，她对于金本位制的努力维持，就已经是在缩减通货缩减信用上大用工夫；这些紧缩政策，是颇有碍于英国工业的发展的。

由金本位制的逃避　在战争终结以后的十年中，各国都辛辛苦苦的竞求恢复她们既经放弃的金本位，但至此次世界恐慌发生后，一大部分既经恢复金本位的国家，重又迫而把它放弃了。大多数国家之放弃金本位，其直接原因虽是由于她们的存金过于缺乏，以致不能许允金之自由输出，但更基本的原因，却是由于她们应当由一国支给他国的偿付平衡，完全推翻了。金本位制的施行，必定要各国间为清结国际收支差额而需要实行移转的金额，为数不多。今许多国家既负有不能由现货与劳务清偿的巨额债务，世界的金本位制，自然非崩溃不可。因此，各国间的贸易收支与贷借关系不能重复使其平衡，金本位制就显然没有再恢复的希望。这就是说，各国间的实物移转[自然要对于“三角贸易”(three-cornered trade)及如海运旅游一类无形的事项，都当加以斟酌]，必须求其平衡，并且，债务国对债权国的输出，还得允许其较多于债权国对债务国的输入；不然的话，就必须债权国逐渐的继续的向海外投出其剩余的资金。不过，像这种国外投资方法，势必要把债务国的债务，逐渐增积起来，因而使那种平衡的建立，一年更比一年困难。实在说来，债权国如非接受债务国以货物与劳务偿债的办法，那就只有不绝重放大批的新款，才能取得其旧债的偿付，换言之，那就等于说是实无所得。

因此，我们在这里就不妨作以次的预言，就是，世界如其还想恢复金本位制，现存的国际债务关系，乃至债权国的高率关税，是非重加调整不可的；这两层没有做到，金本位制决不能恢复，但同时在那些因系世界债权国，且因已经拥有庞大金额，以致在当前维持金本位制，尚不感到困难的国家，她们的地位又是怎样呢？

这些国家——美国与法国——的地位，现在已经是极其困难了。她们有了充分的黄金；但如其她们用这黄金为基础，发行多量通货，势必抬高其物价的水准。最近世界其余一切国家都放弃金本位了，她们这时要多发通货，诚然是容易多得。因为英国及其他国家之放弃金本位制，那已在某种限度缓和了她们因缺乏存金所行的通货与信用的紧缩政策。我们由此可以探知近年来信用日益扩大的真正意义；这种信用的扩大，现在美国别称为“列佛拉辛”（reflation）——那是一种借扩张信用供给，抬高物价，因而使美国产业复兴的精密企图。但今日美国人法国人亦还是在极严重的困厄中挣扎。放弃金本位制诸国的通货价值的贬落，已经使她们的输出品价格，比之那些仍用金计价的诸国的输出品价格，相对的低廉多了。这一来，前者的产业，固然得到一种刺激，而同时金本位国家的产品，就愈加不易找到销路了。因为美国法国输出者要获得一定额的金元或佛郎，他们的货物就非要求较多的英镑或瑞典克郎（Swedish crowns）不可。所以，美国法国如其继续维持金本位制，她们就要感到丧失其一大部分输出贸易的威胁；同时，那些放弃了金本位制诸国的输出贸易，则会渐入顺境。因为英国输出者要获得一定额数的英镑，她们只须售卖较少的金元就行。不错，美国法国是可由高筑关税壁垒，以阻止其输入的增加的。但她们除了亏本贱卖，决无由扩张其对非金本位国家的输出贸易。她们已经实行提高了关税，并由是妨阻了输入。然而输入的阻止，终无补于其由高价通货所招致的广大人口失业的危机。

债权国与债务国　假若美国法国不采行提高关税的步骤，那她们继续维持金本位制的终局结果，无疑会由限制输出，扩大输入，丧失当前国际收支之有利差额，以致破坏其债权国的地位。但是美国也好，法国也好，都没有打算采行一种让外国制品在本国市场上逐渐增大其竞争的方策。所以，当其输出一经减退，她们马上就努力对输入实行封锁。这样，她们的债权国地位仍可保持，而世界其他各国乃蒙其不利的影响；但归根结底，这依旧于其输出工业的恢复无所助益。

此外，非金本位国家通货对于金元佛郎之相对价值的跌落，那使她们对于金元佛郎借款的偿付，需要更大量的本国通货，即更形增大了债务国的债务负担。这种债务负担的增加，已经引起了南美洲的破坏偿付信用，和欧洲诸国的宣布停止偿付。因此，黄金充盈的国家，尽管要维持金本位制几久就能够维持几久，但她们的地位，也并不是如其表现在外面那样的健全。因为，她们要维持通货与金的平价，虽没有困难，可是这件事体在制造工业上的反动，却就不免多所损害了。她们定然会由此丧失其一大部分的输出贸易。她们由提高关税、限制输入的努力，结局一定要惹起债务各国之破坏偿债义务。

所以，事实显然昭示我们：世界的债务与关税如不澈底的缩减，已经停止了金本位的国家，决无由恢复；同时，其他尚维持着金本位的国家，也只好大大的继续的牺牲其国内的福利。惟其如此，世界各国迟早总会携手同行；或者是在债务与关税的方面，达到一种得使金本位制再行回复的和解的基础，不然的话，就是发明某种代替金的新本位。各国过去两三年采行过的种种救济方术，都无非是在绕着她们日益增大的困难打圈子，而不曾真正的对应着根本的要求。但这要求，迟早总是要求其满足的，否则世界的经济制度，将归于瓦解，且将经过一个混乱期间之后，重新在那种基础上，再建起一个新的经济制度来。

我们将回到金本位制么 世界即使为了金本位制有作为国际支付标准的便利，决定终久要使其恢复起来，但今后所恢复的金本位，当然不是和以前同一的形态。第一，那些已经放弃了金本位的国家，她们对于恢复其货币过去之金价的努力，就颇不一样。比如，英国即令恢复金的支付，其金镑决不会恢复其以前的金的平价，那多半是要贬低的，虽然我们现在无从预言其究要贬低多少。法国贬低其佛郎旧时之金的价值的 4/5，德国完全采行一种新的通货单位，英国是不会仿照她们的办法的。大体上，她也许会在 15%与 30%的两极限之间，贬低金镑原来的价值。

英国其所以要贬低其通货价值的原因，就因为她在一九二五年恢复金本位时的镑价，与其国内的购买力相对说来，那是失之过高了。镑价过高，以外币计算的英国货物，就不免过于高昂，在这方面讲来，英国政府与英格兰银行是妨害了英国的输出贸易。英国在世界贸易衰落后诸年度之失业人口大增，这算是主要原因之一。因为英国输出业者要抵销其镑价过高的障碍，势必要能够极猛烈的削减其生产费才行；而生产费的削减，又只有大大的降低工资，降低贷金利率。但在实际上，一部分因了存金缺少，以致采行紧缩政策的原因，利息仍维持着高率；同时工资劳动者又拼命反对工资的缩减——这种缩减，往往为了实行的效果，需要大大超过生活费上之实际的或预想的低落限度以上。

因此，假如世界重又回复到金本位，各国国币的相对评价，一定会与其世界经济恐慌以前的评价不同，那是会贬价的，且不仅如当前放弃金本位诸国之通货的贬落。不过，今后恢复的金本位，即令还继续在某种限度，用金作为国际清偿的手段，那也与其从前的意义不同。旧的金本位制，就在使每个国家的国币，与其他国家的国币永久维持一种固定的相对价值。每个国家为其国币单位，确定一个一定的金等价，并假定彼此的这种等价永远维持不变。然在事物的性质上讲，那是用不着要这样固定的。一国要维持必要时以金兑换其通货的志愿，她是颇能保有一种应时伸缩其金之数量的权力的；为要在必要时偿付外债，她也许有获得金的权力；不过，各种通货间的相对价值，那是不会再固定在金输送点之窄狭限界以内的。

但也许有人会提出这样的异议，以为金本位的全部价值，确实就在它对各国不同的货币能保证其稳定的相对的价值；如其这点不能做到，金本位制就完全没有保存的必要，然而，这是一种错误的见解。各国货币之相对价值的不绝变动，那对于贸易诚是一种极大的不便；但我们并不说是每种通货之金的价值，不应当使其长期保持稳定，而况还有一种权力，使变动减少，并使其适应那种根据长期趋势所证明的需要啊！就这种体制的作用看来，在正常状况下，外国汇兑是会固着金输送点所设定的限界之内的；但是，假若在各国价格水准上，或在她们相互间的支付差额上，长期不能维持平衡，那末，这种不平衡的现象，就要她们的通货之金的价值有一种变动，才能予以改正。对于贸易商人，对于金融业者，这种制度会给予他们以充分的安定，使他们在进行融通国际贸易之通常业务上，不致顾虑各国通货之相对价值的短期可能变动。而同时某种特殊国家如因长期变动招致存金的匮竭，或收入对支出的过于短绌，这种在必要时改变其通货价值的体制，还可提供一种避免放弃金本位制的手段。这好像是说，假若金本位制完全恢复过来，那势必要具有诸如此类的预防作用，而不复使那些主要国家之通货的金的价值，绝对加以固定。

代替的通货本位 然而有许多人却颇想完全抛弃金本位，而以其他的本位来代替。这里有两个货币改革派，一派纯粹从国家立论，另一派则由国际方面来考虑这个问题。这第二派改革家承认世界须得有一种稳定的国际本位，以保持各国通货相对价值在短期内的确定。他们极力鼓吹以所谓"表计本位"(tabular standard)代替金本位。这种"表计本位"，就是一种不用金作基础，不用其他金属作基础，而只用若干种类物品价格之指数作基础的通货本位。但要使世界各国采行这种本位，那是困难极了。我们在前章讲过，哪怕适当测定一国国内的物价水准，那也是困难不过的，因为，现行的批发物价指数，并不会适切反映着一切价格的变动；而这些价格，又是在考察国币供给充足不充足的关系上，所必须加以考虑的。一种包括无遗的、确切的全国物价指数，实际尚不存在；我们要测定世界物价水准，或者要根据那种测定而规划一种通货本位，那实在是更难谈到了。少数容易移转且广泛的加入了全世界贸易中的物品——小麦就是一个极显著的例子——虽然可以说是具有全世界通行的国际价格，但在其余最大一部分物品，却就不可一概而论了；况且，这若干出进于国际市场上的商品价格，对于各国其他商品与劳务之变动不常的价格，也还没有保持着任何固定的关系咧！

无论如何，以世界现在的统计知识与设备，希望把世界物价水准做基础，来建立一种国际的通货本位，那无疑是一种幻想。这幻想，我以为是永远不会实现的。不过，对于另一派的通货改革者，则又当别论。这一派是主张，每个国家把她的通货基础，建立在她自国的物价水准之上；他们宁愿以这种手段稳定其国内的物价，而不欲像金本位制那样，对各国不同国币之相对价值加以任何的局限。实际上，一国对于她的通货政策，有两种可以求其稳定的方式：她能够稳定其国内的物价水准，或者，稳定其货币之对外价值。但在现阶段的世界组织下，这两方面都是不能做到的。

把国内的物价水准固定吧，以外币计算的本国通货价值，不能不发生变动；把国币之金价固定吧，国内物价水准不能不发生变动。这两条道路，通货改革者都行不通。

但是，假若我们赞同以次的意见，说国家货币政策的目的应当在可能范围内谋国内物价的稳定，那么，把国外汇兑率的涨落，限定在国币价值上够应付长期作用的、经过深谋远虑的变动，那也许是可以实行的。假若这点能够实行，那在国内求价格安定的希求，就与贸易商人、银行业者对于汇兑率上之短期稳定的需要，能够融合了。

但是，稳定国内价格水准的努力，却并不一定要继续用金为国内通货发行的基础。对于国际支付的清偿，如其额数不过于庞大，那是不妨继续用金作为清偿手段的；但同时对于国内通货发行之金准备的保存，乃至对于依存金多少发行通货的规定，那却是非废除不可的。以金为国际支付的手段，与不用金为国内通货供给之自动的节制枢纽，其间并没有什么矛盾。为前一用途而继续用金，尽管有强烈的要求，为后一用途而继续用金，那就只是为了祛除人们之膨胀的疑虑而已，此外实毫无一点作用。

然而，我们主张废除依存金为国内通货发行规准的那种办法，那并不是说，我们应当好好采行某种代替金本位的其他自动的本位。我们讲过，照物价水准自动的调节通货供给的努力，那是徒劳无补的。因为，哪怕就在一国之中罢，任谁都不能实实在在指明一切物品与劳务的价格水准是怎样。关于物价变动——那不仅包括有通常习见的批发价格与零售价格的指数，且还包括有那些涉及劳动、房屋、股票证券以及一切必须买卖的事物的价格材料——的可能知识，在指导那些负责决定货币政策，决定商品究需多少货币流通的人们的作用上说，那是极关重要的。但我们要把所有这些关于价格变动的零碎知识，都搜集起来，由是作出一种简单而包括的指数，使其成为我们自动调节通货的适当根据，那就困难了。对发行通货负有责任的当事者——不管是中央银行抑是其他机关——当其决定对各种可以测知的价格趋势究应加上多大的分量时，他是要用判断的。这就是说，通货将来的规制，不是依着金的运动或标准的物价指数自动的适应，而是要根据审慎周详的管理(deliberate management)。每个国家的这种“管理的通货”(managed currency)，就是要使其货币的供给，依不绝变动的需要而伸缩；物价的水准，并不求其绝对的安定，只要那种安定程度，够使制造业者消费者得到合理的保障，且够消除那些纯由货币原因(非因生产费实在变动)所引起的价格上的动摇就行了。至若在实际上要使国内物价水准安定到怎样的程度才好的问题，那我们在前章已经论过，这里所要提示的，只是两点：第一，依照我们的意向，使国内物价相当维持安定，那是可行的；第二，只要国际间的收支差额不过于庞大，同时不用金为国内通货发行的基础，那就继续把金作为国际支付的手段亦是可行的。

我们有了上面所说的这诸般概念，现在乃可对于现代那些主要负责规制通货与信用的金融机关之实在机构，加以简单的考察。在能够采用的许多实例之中，我们姑且以两个于全世界货币制度最关重要的金融机关为例。第一是占有国际金融中心之传统地位的英格兰银行，以及与英格兰银行相关联而其主要任务在对英国国内产业提供信用的合资银行。第二是美国的联邦准备银行体系，这与英格兰银行同为战后大多数国家改造其中央银行所准据的典型。

第四节　英国的银行制度

英国的中央银行，就是英格兰银行，即在一六九四年开始由私人创设的旧金融组合。这个组合，原先是由贷款于当时的政府，而取得特许执照；它初次得到发行银行钞票的特权，亦与此贷款有关，因为它被允许发行无金作保障的钞票，就是它贷与政府的货币。在开始时，它的这种特权地位，曾遭受了多方的反对，并且，其特许执照，亦发生过几次危险。但在十八世纪中，它的地位渐形稳固了。当拿破仑战争时，国家财政需要紧迫，英格兰银行遂最后取得了英国中央银行的资格，不过，它统制通货的地位，那却是此后在一八四四年之《银行特许法案》中才予以规定的。因为它有功绩，国会才赋予以种种权力。不过，除此以外，它还是一个纯粹的私人团体；由一大些按照投资额配分红利的股东所有，并由这些股东选举理事会来从事管理，国家对于其人选不得过问。英格兰银行的这种为股东私人所有的性质，与其他大多数国家之中央银行正相类似，特与美国中央银行不同罢了。可是，有许多国家的中央银行虽为私人所有，但中央政府得派选若干董事或全部董事。法兰西银行的经理与副经理，通由政府指派。德国在一九二四年依《道斯计划》(The Dawes Plan)改革银行制度以前，所有国家银行的董事，也都是由政府所指派。

不过，在形式上，英格兰银行除了国会法案所设定的种种规制外，虽然完全不受政府的支配，但它与财政部之间的关系，实在非常密切。财政大臣及财政部官吏不绝与银行经理及其他银行职员商谈。在金融政策的形成上，我们往往难于判定财政部对于银行的权力比较银行对于财政部的权力为大。其实，它们总是通力合作的。它们之间的政策上的龃龉，现在几乎是无从看出的。

政府与银行之间的这种密切联系，一部分是基于以次的事实，就是，在许多重要的金融事体上，银行系依照政府的规定，以政府机关的资格活动着。政府及其各部的机关，都与英格兰银行立有收支账簿。政府一要借款，就委托银行去进行。政府往往也向银行直借，或者让银行自行决定：看是径由她自己贷出，抑是由她以短期国库债券的方式向市场募集。诸如此类转换公债的活动，通是由银行担当，并与银行密切磋商进行的方法。就这样，英格兰银行每日都在极密切的接触财政部的事务，她所处的地位，颇容易知道财政部所要采行的政策，并且，她还可对政府加以某项压力，使政府不能不采行银行诸董事们认为有利可图的政策。

英格兰银行除了为政府服务以外，同时还与其他银行有账务往来，那些银行包括有主要经营贮款业务的大合资银行，以及在伦敦市内金融机关中占有一个重要部分的特殊金融公司。合资银行如何在英格兰银行中保存一个存差额，并如何把这存差额视为它们扩张信用的现金准备，那都是我们前面已经讲过的。各合资银行之间的债务，通依簿记登记着，在英格兰银行清结——即是把它们应该收入付出的一定金额，转一下账就行了。这一来，英格兰银行就继续伸张其势力，到整个银行系统——那不仅包括有合资银行，且包括着伦敦市诸金融公司以及无数在伦敦设有分所并进行营业的外国金融机关——中了。

复次，英格兰银行又是国会依照一九二八年的法案，委托其规制通货的机关，照那次法案的规定，战时由政府直接发行的国库券，都移转到英格兰银行，由是，整个通货制度的管理权限，通操纵在它手中了。它由上面这三项权力的连同运用，遂使它在英国整个金融政策的协作与控制上，都具有极大的权威。假若它这三项权力缺少了一项，它对于其余两者的成就，决不会有同样的力量、同样的效率。

英格兰银行与其他主要各国——如德国法国——的中央银行，还有一个不同之点，就是它在全国没有布起支店网，且没有企图大规模的进行一般的银行业务。普通私人与商店，都不是与英格兰银行共来往，而是与某家合资银行共来往；其贴现的业务，通常亦不是直接由英格兰银行担当，而是由某合资银行或某专门贴现的金融公司担当。英格兰银行没有散布它的活动，它是尽可能的专精它的三种任务——规制通货、服务于政府并支配其他银行与伦敦市内的主要金融机关。因此，它与其他银行或金融机关，不是立于竞争的地位；它可以自由自在的按照它的三种主要任务决定其政策，而无须顾虑到涉及一般银行业务所要顾虑的错杂关系。根据它的政策，它不支付贮款的利息，它也不努力由商业世界吸收贮金。并且，在实际上，它简直不是一个企图为其股东挣求最大利润的机关。许多年数以来，它已经是在支给那种容易获得的稳定的红利，一定额数红利以上的利润，都得存留下来，用以增强其将来的地位。它的主要股东，都是伦敦市的大金融公司与金融业者，他们都欣然接受银行的政策。因为他们所期待银行的，与其说要银行本身挣得最大可能的利润，却宁可说是更进一步的希望银行能促进金融机关全体的最有利的业作。换言之，就是英格兰银行不是以它的股东们的利益为前提，而根本是以伦敦金融界的利益为前提。但这自然不是说，它是为了那些别于金融家的产业资本家的利益，或者是为了全体社会的利益。关于这点，我们在后面还要论及。

银行率　最为一般人所熟识的英格兰银行政策的手段，就是所谓银行率(bank rate)。英格兰银行的董事们，每个星期都布告那一星期的银行率；这种布告，通常于全国的货币行情，具有决定的影响，因为，其他银行打算放款所定的利率，照例要与英格兰银行所布告的银行率相适应。不过，英格兰银行率在一般利率上所发生的影响，比之在它自己方面所发生的影响，还要重要得多。它自己所布告的银行率，只是打算对于那种至少签有两个有信用的伦敦人名(two good London names)的贸易汇票，以这种银行率再贴现。但是，这种交易汇票，在习惯上并不全是在英格兰银行贴现或再贴现。英格兰银行率，通常皆较合资银行、贴现公司以及汇票经理人所定的贴现率为高。期票贴现的正常业务，不是由英格兰银行进行，而是由其他金融机关进行。后者只有在特殊的情形下，始有向英格兰银行再贴现之必要。而这所谓特殊情形的发生，就是由于正常供给贴现基金的合资银行与在伦敦的外国金融机关，都决定由限制信用，缩减借款。它们既限制信用，那些由它们借款来贴现的汇票经纪人与其他金融公司，乃不得不迫而向英格兰银行融通资金。英格兰银行的最重要业务之一，就在它往往要打算以现行的银行率对那些够资格的汇兑再贴现。所以，当金融吃紧的时候，最后总要这样一个主要机关来应付。不过，英格兰银行的这种再贴现率，往往总较市场率为高；并且，汇票经纪人与贴现公司一有向英格兰银行融通资金的必要，他们就定然要蒙到一种损失，即他们须以原来较低率贴现来的汇票，向英格兰银行以较高的银行率再贴现。因此，向英格兰银行再贴现，那是汇票经纪人与贴现公司不得已而采行的最后手段；英格兰银行如积有大批的再贴现汇票，那往往是金融吃紧的一种表征。

不过，向英格兰银行贴现的人，即令没有一个，其银行率对于一般货币行情的影响，还是异常之大的。伦敦一切短期借款的利率，通常会直接视此银行率为转移。例如，合资银行对于其主顾之普通透支——这即是极广义的工业借款——所课的利率，就是受此银行率的影响。此外，汇票经纪人及贴现公司对于贸易汇票所定的贴现率——即可说是为从事外国贸易而举债的利率——亦是受此银行率的影响。因为英国的对外贸易，主要是由汇兑周转，而不是由银行透支周转。并且，在以这种方法周转世界各国间的贸易当中，伦敦市亦担当了一个重要的任务。不过，以法国而论，它的一大部分国内贸易，虽然还是继续以汇票周转，而不大用支票和普通银行业者的透支办法，但英国的国内贸易，却几乎不用汇票。英格兰银行率对于银行业者的透支利率和汇票贴现率，是都有影响的。所以，英国国内贸易不用汇票，那并没有减少这种银行在各种短期借款利率上的作用。

其他的货币率　我们上面的立论，并不是说银行率一有变动，由汇票经纪人与贴现公司所定的贴现率，马上就要直接引起与此成比例的变动。例如，合资银行对于其透支利率，虽与渐形昂腾的银行率维持相当的变动比例，但是银行率如其下落，它的利率却不一定随着变动，这就是说，它对于下落，设有一个最低的限度，银行率无论低落到什么田地，它的利率是不会低到此最低限度以下的。常有人说，合资银行的这种最低限度利率，是 5%。为了应付某种例外,这也许不是毫无变易的定规,但对于普通贷款的正常利率,它们是决不会缩减到 5%以下的。银行率增加,它们的利率随着增加,但往往还要走在前面。因为,银行率通常虽较汇票贴现与日常贷款的现行市场率为高,但在另一方面,往往却较合资银行对工业透支所课的利率为低。这种差别的存在,就是因为对工业的贷款,往往需要较长的期间——通常为 6 个月——而汇票经纪人与贴现公司则是举借活期借款——即是说,银行要他们几时偿还,就几时偿还。在银行方面,它们是愿意依较低的利率,贷出这种活期借款的;因为,款子随时借出,随时收回,它们就能够在极流动的形态上,保有其一大部分的资财。假若合资银行要由贷款额的缩减,而减缩其债款,它是立即可以收回其若干贴现市场上的资金的,但如其它们要收回其工业透支,那就非经过相当长的期间不可了。

但我们要问,普通企业家对于其借款,为什么肯支给比贴现率为高的利率呢?其简单的答案是,逐日的活期借款,不适于他们的用途。企业家为了周转生产或交易所借得的款项,都须这款项能让他们在手中周转一个长的期间,使他们在必须偿还以前,得由完成生产或贩卖货物而有所利得。他们不能冒逐日借款的危险;在经营本利未收回以前,要他们偿付的借款,那亦是他们不敢尝试的。就因此故,他们对于有 6 个月或者更长期保障的资金,都宁愿支给较高的利率。而在合资银行方面,因为它们的资金要由此锁闭 6 个月或更长的期间,没有贴现式的贷款流动,所以它们对于比较长期的借款,乃不能不要求较高的利率了。英国的银行业者,往往总是企图把他们大部分的资金,用在最流动的方式之上。

这种对于资金之流动性的希求,在某种限度内,是有碍银行业者依垫支满足生产者之实际需要的意向的。普通银行的垫支,都是以 6 个月为期,但有许多生产或交易的完成,却要求比较长的期间。比如就农业来说吧,农业上的借款,就非较长的期间不可。有许多人都诉说英国对农村社会融通资金办法的不当。此外,在许多重要的工业合同中,其延付期间,往往要比较 6 个月长多了。生产者接受大批定单或对其顾客扩大信用的能力,常是依存于他由银行方面通融借款的能力。因此,银行方面确也常常贷出远较 6 个月为长的长期款项。不过 6 个月是它们普通对工业贷款的确定期间,这个期间满了,还可在必要场合,允许更新续订。近年以来,由银行出贷于工业方面的资金，有许多都因企业公司蒙到贸易长期不况的困难，而终于被封固在那里面若干年了。银行要把它们已经“凝结”(frozen)在重工业乃至纺织业方面的大宗垫款收回来，势必要驱使借款者陷于破产的境地。但是，这大宗“凝结”了的垫款，并不是由于银行方面愿意承借若干年的长期，而实在是由它们已经无法收回这原来的短期贷款。

信用与资本　英国的银行家们，惯于在那些能够合法的由银行透支融通的企业借款，与那些不能够合法的由此融通的企业借款之间，划一条鸿沟。为工业预备长期的资本，不是他们所要做的事，他们将告诉企业界，叫企业界去作这种准备。因为那是有关资本市场的事体。长期资本应当仰仗贮蓄，而不应依赖银行信用。银行业者的唯一业务，就是作短期放款，过此限度，即算是替旁人越俎代庖。但这个区别在实际上，常是不容易区划的；刚在大战结束以后的繁荣期间，就在银行业者自己，亦颇不易确切的或适当的把这种界限区划出来。他们那时曾对许多企业大垫其款，那些企业把他们这种垫款，用以购置机具，或他种企业设备，或者取得现存诸企业的资产，并使这些企业与他们自己混合起来。银行方面之所以肯作这种垫款，乃因它们期望在不久的期间，企业公司方面即能向大众发行股票或债券，然后再以这股票或债券所收得的长期资本，代换银行货币。但世界贸易衰落事态发生后，企业界异常惊恐，借款诸企业之资产价值，迅速趋于低落，这一来，它们要向大众募得必需的资本，就不可能了。在此种情形下，银行自无从收回其贷款。银行营业成规上的这种变调，遂不期然而变成了大增“凝结”信用额数的一种原因。与前面说的“凝结”信用相并说来，这就是第二种“凝结”信用了。这第二种“凝结”信用，于是成了银行正常营业变调的结果。

诚然，在某些国家中，其银行营业成规在这方面与英国的银行营业成规大不相同，比如德国就是一个显然的适例。德国银行在正常状况下，大规模的收买工业经营的股票，从而，它们有颇大一部分资产，都由流动的形态，变为暂时“凝结”的形态了。它们通常收买股票，并不是为了要永久保留下来，而是准备后来当这些股票价值昂腾的时候，把它投售出去。英德两国银行在营业成规上的这种区别，大体是由于德国工业家要筹集长期资本，比较有更大的困难。在筹集长期资本方面，专门作中介活动的德国金融机关，其富厚程度与其设备之完善，都远不若英国的这类机关。所以，德国的银行就努力想填补德国金融机构上的这种缺陷。然而，像它们在营业上的这诸般活动，势必要把它们一大部分基金长期锁闭下去，以致它们所需的资本，比之那些使其垫款尽可能的保持流动形态的银行的资本还要多。我们知道，在一般德国银行与其他大陆银行方面，以它们自己所拥有的资本，与其所周转融通的交易额数相对的较量起来，那是比较主要借存款者资金活动的英国银行资本，要多多了。这种活动资本额与其总义务上之相对的差别，那和英国与大陆方面之银行经营方法之差别，是密切相关的。

活期贷款 银行率会影响一般银行对普通工业透支所课的利率，我们是已经知道的。此外，银行率还会影响伦敦市之活期贷款的利率，特其途径不同罢了。合资银行除了由透支放款外，同时还是供给这种活期贷款的主要来源。借入此种款项者的主要用途，是用以购买汇票融通国外贸易，但也用以从事股票与实物交易上的投机。合资银行乃至任何驻留在伦敦的外国银行，随时都保留有它们愿意以活期——而非注定 6 个月期限的透支形式——贷出的一定量货币。只要谁肯冒随时偿付的危险，他就可以用较低的利率，借得这种性质的款项。实际进行这种借款的，大都是那些股票经纪人与贴现公司，他们两者通是用这种借款，购买那些可以回转一个期间——通常比如说 3 个月——的贸易汇票。这样看来，他们使用这随时有偿还义务的货币，乃是要购买一些非经过相当时期不会得到利益的东西。并且，当他们购买汇票时，自然还要斟酌到他们所应支给的贴现率。可见他们举行此种借款，就显然是冒险了。不过，他们敢于作此种冒险尝试，必定要同时还有其他可以通融款项的机关。当某银行向他们催讨款项时，他们即可向其他银行举债弥补。但就一般情形而论，任何紧缩贷款的趋势，会同时作用到一切银行或大多数银行，所以这种希望借债还债的办法，往往是行不通的。在此种情形下，汇票经纪人或贴现公司，都只好向英格兰银行通融。

除了汇票经纪人与贴现公司外，还有一批向合资银行与外国金融机关承借此种款项的人，那就是专门从事股票交易与实物交易的投机者。他们通融极短期的借款，亦不免要冒大危险，并且，当合资银行要他们偿还债务时，他们还不便请求英格兰银行通融，因为英格兰银行是不肯依证券而对投机者垫支的。所以，银行如实行缩减它们对于那些在股票实物交易市场中活动者的信用，这些活动者就必须要承认是一种损失。就这样，银行政策乃能在股票与原产物价格上，发生决定的影响。假若在物价暴腾时，各银行自由贷出投机用途的贷款，那物价就会更狂乱的暴腾；反之，银行信用如其缩减，那立即又会使大批证券向市场抛出，以致当贸易不况与信用紧缩政策连同作用时，引起股票价值的可惊崩落。我们也许可以说，银行应当规制它们对于投机者的垫支，以便阻止或缓和股票与实物市场上之暴腾与暴落。但在实际上，投机者当物价高涨时，尽管实在要借款投机，而他在名义上说是借作其他用途，那是银行方面无法阻止的；假若物价暴落，投机者存贮在银行方面，借作其借款保障的证券，势必迅速跌落，这时银行为要使其自己避免损失，乃不能不急于收回其一部分贷款了。因此，要求把银行制度妥为组织，以期能阻止物价之投机的暴涨暴落，那虽是一件极关重要的事体，但我们却不能妄言那是一件容易的事体。即如美国她就曾经发觉那实在是困难不过了，其原由待我们在后面再来解说。

银行的储蓄业务　银行制度的原来用途，第一，显然是在对于私人乃至公司的存款，提供一个安定地方，并为他们私人乃至公司相互间的收支借贷，提供一个转移货币的简便手段。从根本上讲来，这是银行储蓄业务的最单纯形态。而其在现代世界的发展，则大体是以支票制度的发展为基础；支票制度依着簿记的登记法，使货币的移转大增便利，其结果乃大大节省了实在通货的用途。至银行制度的第二功能，就在对企业界供给充分的信用，务使企业活动能在极大可能范围内，保障一切可供利用的生产资源之尽量使用，不过，它同时还得避免信用的过度扩张，以免把物价抬得过高，物价过高了，那倒反而要引起不能保障生产资源尽量使用的结果。

关于银行存款转款的勤务，实际是没有人表示异议的。大家都认定那都是有用的业作，并且都做到了恰到好处的田地。不过，往往也有人作这种提示，以为使用支票的习惯，还能够大大扩充，一直扩充到远较英国今日所已经成就了的程度；比如，在他们这班人想来，工资就应当用支票支付，而不用通货支付。但用支票支付工资，究竟是不是实在经济，那还是疑问。工资领取者所得工资的大部分，都是要极零碎的付出去的，他的零碎支出如用支票，那簿记中所含的额数，就未免过大，如其他仅在领收工资时接受支票，支票到手，即到银行兑取通货，那又全无利益可言了。不错，工资领收者的生活水准如其大大提高，情形也许不同。支票制度将来的发展，实未可限量，但以英国而论，她目前是一定不够用支票为支付工资的手段的。

银行业者与信用 关于银行制度之业作的主要争论，乃发生于其第二个功能——即信用的创造。不论是谁，如其他举债或透支为银行所拒绝，他就会觉得那是信用供给不足的表征；他所请求的信用如其得到了，他又会觉得银行对他课加了过高的利率。大多数金融改革学派，不是主张轻减信用的利率，就是主张增加信用的供给。其实这两件事体没有大的出入。假若其他情形不变的话，信用利率轻减，立即就会吸引更多的借主；如其利用利率增加，许多想借款的人，也会缩手不借。所以，当银行希望作更多或更少的信用时，它们的主要办法，不是对于那些本来不予贷款的人贷款，或者对于那些本来打算予以贷款的人不贷款，而是应时伸缩其利率。利率本身的涨落，就会造成信用的紧缩或扩张。但是，银行对于某人贷借，对于某人拒绝，或者对于某特别主顾不肯作某种额数以上的放款，那又是依着它对于借款者的偿还能力及其借款用途之出息，而加以鉴别。哪怕利率保持不变，银行还能由其对于透支所需担保之较宽松的或较严格的要求，乃至对于借款用途之较苛细的或较随便的审查，而影响信用的数量。利率诚然是支配信用数量最显然的要素，但却不是唯一的要素。

我们讲过，由合资银行课加于普通借款者的利率，乃取决于英格兰银行所宣布的银行率，在合资银行自己，它不过决定有一个最低的限界罢了。由是，在合资银行实际贷款的总量中，英格兰银行可依其银行率的或高或低，而使紧缩或扩张。当英格兰银行感到信用应当紧缩时，它即抬高其银行率；当它感到信用应当扩张时，它即降低其银行率。不过它在这方面的权力，并不是绝对的；因为，如其它把银行率定到过高或过低，超越了借款者打算支付、贷款者打算接受的限度，它所定的这种银行率，就会失其支配作用，市场上将脱离其束缚，自行安排一个自认为妥当而与英格兰银行意向无关的借贷条件。因此，英格兰银行当决定其银行率时，通常都要小心谨慎，使其不超越市场会认为合理而予以接受的限度。

公开买卖政策 不过，英格兰银行除了银行率以外，还把握有影响信用额数的其他手段；就其最为吾人所熟知者而言，即为证券的买卖，即所谓“公开买卖政策”(open market policy)。英格兰银行随时都拥有容易变卖的大量证券——主要为政府公债。它一卖出证券,购买此证券的人,就须对它偿付。这种偿付,通常是用某合资银行或某金融机关所签发的支票。其结果,签发此支票的合资银行,势必要在其英格兰银行所立账簿的贷方,减去同等的额数。但是,我们讲过,合资银行在英格兰银行所立账簿贷方的金额,通常是当作现金看待,即其贷款能力的基础;现在此种金额既经减少,即等于其贷款能力的削弱。因此,英格兰银行之证券投卖,就是它缩减合资银行信用放款额数之有力武器。

在另一方面,如其英格兰银行由公开市场上买入证券,它自然要对此证券行使支付。其结果,就恰好与前面相反的,增加合资银行在英格兰银行所立账簿贷方的相等额数,由是,合资银行之信用贷款能力增加。而英格兰银行(其他国家之中央银行大率类此)之公开买卖证券政策,乃成为其规制商业信用之银行率的有力补助手段。此外,英格兰银行还能利用其政府银行的地位,对货币的充盈或缺少,发生极大的作用。假若它希望货币离开市场,它就可以劝政府暂时以国库债券的方式,增加其短期贷款的额数;反之,如其它希望投出货币,它就可以对若干国库债券行使偿付。不过,这种政策,究只能收效于一时。因为国库债券对于银行垫支的用途,随时可以当作现金使用,或者被视为与现金相等。

从此看来,英格兰银行规制信用放款的主要手段,还只是银行率与公开买卖政策,这两者连同作用起来,对于英格兰银行通常在整个经济制度中之信用膨胀或收缩,所给予的完全支配权力,那是怎么也不会说得过火的。在诸借款者间,斟酌情形,配分信用,合资银行虽有充分的权力决定,但它们对于信用放款的总额,却就比较不能自主了。这种事实的形成,并不是因为英格兰银行对于其他银行的放款政策持有何等强制的权力,而是因为它们放款的额数,终归要受某种法定规条的限制。本来就法律上讲,就技术上讲,它们要放款多少,都可完全自由决定,而无须过问英格兰银行的意向。但在实际,它们却大体要遵从英格兰银行所定的政策,并且,它们企图脱却英格兰银行羁绊的任何努力,结局都不免要逢着英格兰银行的有力防卫。我们讲过,不论在什么时候,英格兰银行都能运用其公开买卖政策操纵信用,使信用差不多紧缩或扩张到合资银行现金准备所必需的程度。

因此，在整个英国金融制度中，英格兰银行实占有机枢的地位。它不但规制着通货额，且还规制着信用额。以当前情势而论，后者的规制权力，究比前者重要多了。因为对于通货的需要，在逻辑的结论上可以说是视信用发行额为转移，而在实际上，英格兰银行的主要任务，也就在决定信用究应发行到什么程度，然后再使通货的供给，与此既经决定的信用政策相适应。我们在前面讲过，如其英格兰银行得自由管理通货的供给，而不用顾虑准备金的义务，或对于信用发行没有设定法律的限制，那它对于此种规制的工作，一定会比现在做得妥当多了。其实，一种管理的货币政策，仅仅是对于现有的管理的信用政策之逻辑上的补充。

第五节 美国的银行制度

美国的银行制度，与英国银行制度是大不相同的，那不但是就其结构与业务言，同时还是就其发展过程言；英国的银行制度之形成，乃是由于逐渐的演化，而并非事先立定了一个整个统一的计划，反之，在美国的银行制度，则大体是审慎周详的由法规创制出来。其实，美国当前的这种银行制度，还是开始于一九一三年，而为一九〇七年之金融大恐慌之直接结果；因为那次大恐慌显然指示了两种事实：其一是对于全国银行活动，有加以较过去为严格的中央统制之必要；其二是严厉规制通货发行，同时不连同统制银行信用供给与指导之危险。

美国幅员之广阔及其各地方之经济差特性质，使它不能像英国那样自然的、逐渐的产生出一种集中的金融制度。单在股票市场活动的范围内说，纽约几乎可以说是美国的金融中心，犹之乎说伦敦为英国的金融中心一样。但纽约与伦敦不同之点，就在它不是美国大部分工商业的有力的金融中心。诚然，要由一个单一的中心，指导着美国广大的生产上与贸易上的金融活动，或者把所有这些方面的金融活动，都直接安排在位置于单一市镇中之集中的银行制度统制之下，那是难于实行的。无论就幅员的广袤上讲，抑是就产业与人口的地理分布上讲，美国都需要采行一种不像英国那样集中的银行制度，即需要采行比较分权的制度。

但是在《联邦准备法案》(The Federal Reserve Act)通过以前，美国在银行活动方面已采行了一种颇大限度的分权制。不过那种制度的采行，并不单是由于上述的原因，且是基因于美国政治制度之联邦的组织。依照那种组织规定，银行得在各邦的法律下设立，并且各邦得采行一种具有它自己特征的各别银行法。这种制度的不便，纵然在一八六四年导来了一些直接活动于联邦法律之下的国家银行，但邦银行仍继续与这些新设立的国家金融机关相并的存在着；国家并没有企图创立一个中央银行，甚且没有企图创建一种像英国那样的中央银行制度。加之，美国的立法，一向对于银行的分行业务，是侧目而视的；典型的美国银行，仍旧继续为一种没有支店的地方金融机关，其任务是在融通某一特殊市镇及其邻近一带的工业商业。在美国各地，特别是在纽约发达起来的许许多多的国家银行，从许多方面讲来，其业务实在与英国合资银行的业务相同。但英国最大一部分贮蓄银行，都被集中到五个大合资银行手中了，而美国则除了一大些经营某种银行业务的金融机关以外，却还存在有 24000 个正式银行。而且，这 24000 个银行，甚至还是从大战以来，经过大规模并合运动的结果。在大战以前的一九一三年，美国银行数目却超过了 30000 以上。

国家银行与邦银行　在一九三〇年还存在的这 24000 个银行之中，约有 8000 个是在联邦法律下活动的国家银行，其余两倍这个数目的，则是受邦法律支配的邦银行或某种托辣斯公司。所有的国家银行，通由法律强制其隶属于联邦准备制度之下，至若其他非国家银行，则一听其自由，在它们这些非国家银行之中，约有 1000 个已经利用了联合的机会。因此，整个美国联邦制度所代表的银行，不过是略多于全国银行总数的 1/3 罢了。特这些隶属于联邦制度的银行，都是比较最大最重要的机关，所以它们在全国银行总投资额中所占的比例，要比较大多了。

《联邦准备法案》的目的，原在以那些能够担当中央银行任务的机关来整备美国的金融制度，换言之，就是原意在通过这些机关，对国内的通货与信用加以规制。这种法案的擘划者，立意要废除当前由许许多多银行机关各别保有的现金准备，而代以保存于少数银行——这些银行的活动，要成为统一制度的部分活动，并且在某种限度内，还要受共同的统制——的比较集中比较活动的准备。照旧来的制度，每个重要银行，都保有它自己的准备金，而较小的银行，则依赖较大银行的准备，这种制度是已经发现了大的不便与危险的。某个地方的通货与信用的尖锐缺乏，大可与其他地方之金融来源过剩同时并存着。并且,当困难发生时,它们还不能相互作有效的援助。因为地方距离是颇有关系的。全国各部分银行间之实行支票的清算,那不能不需要一个相当的期间,但是,除此以外,还有其他的原因,那就是有效联络的缺乏,和在钞票发行权取决于各国家银行分别保有的金准备的情形下,对通货的供给,没有大的弹性。

联邦准备制度 因此,美国的银行制度,是非加以联合组织不可的,但却不能如英国德国那样的集中。就这样,它采行了一种比较不同的制度。它的联邦准备法案,不是在全国建立一个中央银行,而是把全国区分为12大区域,而分别在各区最重要的金融中心,设立12个联邦准备银行,此后,这12个联邦准备银行又有权在其他次等重要的中心区域设立分店。不过,它们这12个银行并不是完全独立的机关,它们的业作互有联络,并且在某种限度内,都要受联邦准备局(The Federal Reserve Board)的支配;而这联邦准备局,就是美国全国银行政策的最高统制机关。

特这里有一件有兴味而且有意义的事实,就是,一般的讲来,美国的工业,远不若欧洲各国工业之宜于受国家的统制,但美国新的银行制度,却大体可以说是一种政府的组织。联邦准备局中的7个委员,通由联邦政府直接委定,就中财政部长与通货管理局长为当然委员。所以,从形式上看来,联邦准备局纯粹是一个国家机关。但在另一方面,12个联邦准备银行都是半公半私的,它们每个银行都是由一个包含有9个人员的管理局所管理。这9个人员有6个是由那些加入了联邦准备组织而成为其会员的诸银行所派定,其余3个,则是由联邦准备局派定。至前6个由诸会员银行派定的人员之中,有3个是直接代表这些会员银行,其余3个则是选充当地区之实业界——包括工业方面与农业方面——的代表。为要使诸联邦准备银行之政策保持联络,并使它们与联邦准备局本身作密切的接触,其中还设立有一个包含有12个人员——每个联邦准备银行派定1个——的联邦参事会(A Federal Advisory Council)。这个参事会定期与联邦准备局方面讨论。联邦准备局在本身不是一个银行,且与公家没有直接关系,但它担当有其他国家中央银行所担当的某种任务,并且它显然对通货规制负有最后的责任。

联邦准备银行 从此,我们知道,在英国由英格兰银行担任,在德国由国家银行担任,在法国由法兰西银行(The Banque de France)担当的那种任务，在美国则配分于联邦准备局与12个各别的联邦准备银行去担当了。在理论上，这12个联邦准备银行，都是处于同等的地位与同等的重要。但在实际，纯粹的金融活动，特别是关于股票市场方面的活动，大规模的集中到纽约了，这种的集中，使纽约联邦准备银行，得处有远较其他联邦准备银行为重要的地位，并使它的贴现政策，在美国货币的行情上，扮演了非常重要的角色，那种重要，与英格兰银行之银行率与公开买卖政策，在英国货币行情上所发生的决定作用，完全可以等量齐观。《联邦准备法案》通过的一大目的，原在阻止资金在纽约的过度集中，并由是阻止那种时常在美国引起危机与恐慌之股票市场的过度投机倾向。然而，一九二八年与一九二九年的事态，却分明显示了这种目的不曾达到在物价暴涨的时候，联邦准备银行对于阻止资金的流入纽约，从而阻止纽约股票市场的过度投机，简直显得无能为力了。但是，除此极严重的缺陷以外，联邦准备制度究曾给予美国金融机关以远较过去为大的安定性，并由是产生了比较有弹性的货币与金融政策，及全国金融资源在正常状况下之更妥当的分配。

我在前面讲过，一切国家银行，都由法律强制加入了联邦准备组织，而其他金融机关，则一听其自由。凡属加入了这种组织的银行，都没有它自己的现金准备，它这种准备，系由其存放在联邦准备银行中的存款所代替。每个会员银行，都迫着要在其所属的联邦准备银行中保留一个与其对于贮款者所负总债务保有一定比率的金额。这种比率，因各银行所在地域的情形不同而互有差异。但无论哪个联邦准备银行，都不支付其所属会员银行存入金额的利息。美国大多数邦银行其所以不肯加入联邦准备组织，这算是一个主要原因。因为它们与其把准备金额存入联邦准备银行不生利息，却倒不如把这存款保留在某一会员银行之中，依赖这存款为其现金的供给。就因此故，美国老早就想把全国最大一部分大大小小的金融机关，都包括在联邦准备组织中的希望，终于是徒然了。不过，在不久的将来，这些没有加入组织的邦银行，也许不免会由法律强迫其加入，而况在当前不况的情形下，那些未加入组织的非会员的小银行的失败数，究比会员银行的失败数要多许多咧！

贸易汇票的再贴现　联邦准备银行对于其诸会员银行的最重要任务，就是允许对它们放款，它们诸会员银行再把这种放款，作为它们自己放款的基础。联邦准备银行之完成它的此种任务,就因它得代表诸会员银行对贸易汇票及其他流通手段再贴现。在《联邦准备法案》通过时,仿佛再贴现的便利,主要是为了贸易汇票而安置的;但在实际,那种种便利,简直在极大限度内应用到了其他种种票据方面。例如,对诸会员银行之贮款者的期票,甚至对于那些用作股票投机方面的票据——只要有美国政府的债券为保证——亦予以再贴现的便利。所以,联邦准备银行对其会员银行垫支的信用,实际只有1/5是关于商业汇票再贴现的垫支。

这样看来,诸会员银行对于信用的供给,全是依赖联邦准备银行。而钞票的发行,亦逐渐集中到这些联邦准备银行手中了。在联邦准备制度出现以前,美国流通的巨额钞票都是由各种国家银行各别发行的。迨联邦准备制度出现,这些国家银行还不曾丧失其钞票发行权,不过,近年总发行额一半以上,都是联邦准备银行的钞票,并且后者在全额中所占的比例,还是要逐渐增加的。联邦准备银行发行钞票,要40%的金准备,其余60%,则以一种流动的证券保障。因此,我们知道,美国的通货制度,就与英国通货制度两样,这可从以次两点看出:第一,她的国库券,各国家银行发行的钞票,与联邦准备银行的钞票,相并的通行;第二,其联邦准备银行钞票的发行,不是依照定额的信用发行制度,而是采行一种比例的金准备制度。像美国这种不同于英国银行制度的特征,曾为战后许多建立新中央银行机关的国家所采用;它的效果,无疑是在使通货的发行比较具有弹性。因为,照英国的定额信用发行制度,增加值1镑的实金,只能使英格兰银行增发1镑的钞票,减少值1镑的实金,也只会缩减1镑的钞票;而在美国的比例金准备制度之下,金的供给变动,皆能使钞票发行有更大得多的增加或减少。不过,就美国而论,这种规定并没有怎样了不得的重要性,因为美国的黄金是够多的,她所蓄积的巨额黄金,往往使其金准备水准大大高过其应当保有的最低限度。

因此,美国的12个联邦准备银行,特别是纽约联邦准备银行,遂成了全国银行制度所由转动的枢纽。而它们这些银行之间的债务关系,则是由一种集中在华盛顿的金清算基金(gold settlement funds)所结算。所以,这种基金所完成的任务,就恰好相当于英国诸合资银行在英格兰银行中转移其存款。加之,每个联邦准备银行对于其所属诸会员银行既行着清算所的职务,同时又为政府的银行业者。这样,美国就算是成就了一个完全发展的中央银行制度，这种制度虽大体是在政府支配之下，但对于其国内极广大的地域与极繁昌的人口与资源，却依旧能适应其对欧洲一般银行业务那样的需要。

联邦准备制度的运用　直至一九二九年物价暴涨与暴落时为止，美国的新银行制度还不曾遇着实在严重的困难，因为美国的存金是够丰富的，有了这充足的存金，银行当局就可自由采行一种信用与通货的管理制度，而几乎无须要顾虑到国际的错杂关系。银行率在美国金融行情上所发生的作用，那是与其在英国金融行情上所发生的作用不同的；因为，我们讲过，汇票经纪人与贴现公司向英格兰银行借款，那只是当作它们在金融紧迫时所采行的最后非常手段，而联邦准备银行允许其会员银行再贴现的便利，那却是它们正常业务的一部分。加之，英国合资银行从不向英格兰银行贷款，且反而要时常维持其在英格兰银行的存差额，而美国的再贴现制度，则使联邦准备银行不绝要向其所属会员银行贷款。由是，美国的银行率——例如由纽约联邦准备银行决定的再贴现率——对于市场行情所保持的关系，就与英国银行率两样了。并且，纽约联邦准备银行打算对于汇票或其他票据再贴现率的变动，那在纽约金融行情上是有不少影响的，但那决没有英格兰银行率变动在伦敦金融行情上所发生的影响之大。就因此故，美国联邦准备银行，就比之英格兰银行还要依赖其公开买卖政策——这就是在市场上买卖证券，以规制信用的供给——了。为了实施这种信用规制政策，联邦准备制度中还设有特别的一个公开买卖委员会（Open Market Committee），委员 5 人，美国东部 5 个联邦准备银行各推定 1 人。在一九二九年以前，联邦准备制度对于安定物价与阻止投机运动发展的企图，主要就是仰赖这种公开买卖政策。但其实这两种企图，都证明是大相抵触的。因为，在生产力由合理化政策增加的场面下，为安定物价而提供的充分信用，总难免要逐渐移向股票市场；况且，美国是有许多拥有巨额基金的金融机关，与联邦准备制度，没有关系的。要说有，那也只是若即若离的关系；这些金融机关既不受联邦准备银行的控制，同时，它们又拥有巨额的基金，那货币自然是容易流注到股票投机方面去的。因此，就在今日，美国的金融机构，还远不若英国金融机构的调节；并且，美国的联邦准备局及其相关的银行所处的地位，还颇不够指导全银行界的信用政策。

海外业务的发展　近来美国银行事业发达的显明特征，就是海外业务的发展。这种海外银行业务，大都是由一些大托辣斯公司以及与联邦准备系统接近的金融机关所进行。大战发生以来，美国变成一大债权国了，她这种大债权国的新地位，使她对于国外的金融情形不能不格外注意。加之，美国海外贷款的增进，一方面使美国银行迅速增加其海外支店，同时并使国内金融机关加速参与那些集中于海外的银行的工作。不过，这诸般的发展，颇缺欠平衡，并且美国为调剂海外贸易，企图在纽约设立一个对商业汇票行使贴现与认支的有力市场，亦没有成功。美国银行业者的主要兴趣，仍是继续倾重国内情形，而美国的银行政策，大体上依旧是受着纯粹国内诸般考虑的支配。一九二九年的股票市场的大崩溃，曾在各方面发生了不少影响，就中主要影响之一，就是使美国银行业者尽量缩减他们对海外的放款。并且，为要多多保有流动资金，以应付国内的金融变动事态，许多银行都不能不迫而收回其海外短期的存款或贷款，于是引起海外资金的大量的回流。此种现象，多半是由于美国银行在股票市价高涨时，对于当时具有莫大膨胀市价的证券，作过庞大的垫款。迨证券市价崩溃，这些银行遂在许多方面无从掩盖其已经垫支出去的贷款。并且，它们自己还是那些价值大跌特跌之证券的保有者。因此，在股票市场崩溃以后的诸年度中，美国金融界乃卷起一大银行倒闭的波澜。许多银行都因不能应付其债务，相率迫而停闭。就是那些勉强耐得住这次大风波的诸银行，亦发觉它们的资源大减，它们的一大部分基金，都停滞在那些价值大跌特跌的证券中，它们只好承认这是一大损失，并也只好承认这会引起股票市价更形暴落的某种结果。

美国现存的银行与倒闭的银行

	现存的银行（1932 年 1 月）		倒闭的银行（1930—1931）	
	数目	存款（百万金元）	数目	存款（百万金元）
联邦准备银行	12	—	—	—
隶属于联邦准备系统的国家银行	6368	29470	570	612
隶属于联邦准备系统的邦银行	874		134	502
不属于联邦准备系统的诸银行	12722	19683	2939	1442

总　数	19980	49153	3643	2556

第六节　其他国家的银行制度

在考察英美两国金融机关的当中，我们知道了整个银行制度包括有两个主要任务：其一是主要关联于通货及信用贷款之总额的规制，其他则须涉及有效的财源在诸请求借款者间之实行分配。头一个任务，根本可以说是中央银行的任务，而后者则通常是属于储蓄银行的事体——即是说，那在保存大众的流动资金，并为他们相互间移转这些资金。除此两者外，还有一大些依各种不同方式而进行的任务。例如，对于汇票及其他形式的商业票据，行使认支和贴现的全部业务，不论在什么国度，都是金融制度中极关重要的活动。至若对于各种企业经营提供长期信用或实在资本，那可以说是从事一般银行业务机关的正常任务，但也可以说不是它们的正常任务。

今日各进步国家的中央银行，主要都是在负责规制通货，并指导一般的信用政策。其实它们所有这类中央银行机关，不是在不同的方式下仿效英格兰银行，就是变相的仿效美国的联邦准备银行。在结构上，它们大抵是像英格兰银行。因为大多数国家都有采行单一银行的必要。但在它们这大多数的中央银行的结构中，却又由模仿美国联邦准备制度，而把那种制度的许多特征，特别是比例金准备——它们不愿意效法英国的定额信用发行的规定——的特征，移植过来了。

大多数国家之中央银行，还有一点像联邦准备银行，不像英格兰银行，就是，英格兰银行几乎完全委诸合资银行或其他金融机关（例如认支贴现公司之类）去担当的业务，它们这些中央银行却自行担当下来了。就法国的法兰西银行来说吧，它的活动，不仅只是规制通货，且还经由其许许多多的支店，直接对贸易的汇票贴现。贸易汇票在法国所占的地位，与其在英国所占的地位大不相同。法国人结算其国内商业款项，通常不用支票，即不用那种在银行方面转账的简单方法。他们无论对国内乃至对国外的支付事项，照例都是用贸易汇票。并且，在法国通货制度下，国内钞票发行的保障，除金以外，还包括有这些国内贸易支票，而这些贸易支票，就是由法兰西银行购买来作为其发行钞票的准备的。德国的国家银行，亦有一个拥有许多支店的机关，它除了曲尽其中央银行的任务以外，并还从事储蓄银行的活动。因此，法国德国的中央银行——这是其他大多数国家中央银行的典型——就要远较英格兰银行接近商业与工业了。中央银行的这种任务的扩张，自然不免要使它与国内其他银行直接发生极大的竞争。

大陆方面的银行业务 在大多数大陆国家，尤其是在美国，这所谓其他银行，并不完全像英国的合资银行。就银行的实务而论，直至近年，英国与其他大多数国家之间，还有一个尖锐的差别。英国合资银行的银行业者，原视自己为其顾客之贮款的管理者，且为一个用透支方式，对商工业作短期垫支的主持人。他确也从事某种限度的汇票贴现与认支的业务，而与国内专门作贴现认支活动的金融机关相竞争。并且，自经过英国银行业务大并合运动以后，它们在这些方面的业作的重要性，还颇有增加。因为，在那次并合运动的过程当中，许多营着各种不同业务的较小金融机关，都并合到它们“五大”合资银行里面了。这些较小金融机关的原来业务，却还保存着。于是英国合资银行就益发要着重贴现认支一类业作了。不过，这些银行的银行业者，仍旧继续把他自己看为是那些不顾一切破费，而必须使其随时可以应用的资金的保存者。在通常的场合，他只肯作极短期的垫支。在大陆方面的银行业者不然，他大抵都颇直接的对工业作短期乃至长期的放款。许多大陆银行，原本就带有工业的性质，并与特殊工业及大企业公司保有极密切的关系。所以，德国的贴现公司(Disconto-Gesellschaft)，本来就可看为是重工业银行；德列得纳银行(The Dresdne Bank)与克虏伯工厂(Krupp)保有极密切的关系；德国银行(The Deutscher Bank)，大体可以说是融通外国贸易的，而丹姆斯特与拉辛纳银行(The Darmstädter und National bank)则除了与国内工业颇有关系外，还以融通东欧贸易为其主要业务。法国银行的情形，也有许多与德国相似，但其主要的若干银行——其著者如里昂信用银行(The Crédit Lyonnais)，普通公司(The Société Générale)，工商业信用银行(The Crédit Industriel et Commercial)乃至巴黎国家扣算银行(The Comptoir National d’Escompte de Paris)——却在大多数方面，与英国的五大合资银行极相类似。大战以来，德国的银行业务，也有一种比较效法英国的显然趋势，对于长期贷款，渐形紧缩。但是，德国信用上的极端紧迫情形,以及德国银行资产因贸易衰落而大部分归于凝结的事实,使它们觉得,要使其资金像英国银行资金那样具有流动性,那是全不可能的。

银行业务在法国德国,甚至在全欧洲大陆,都远不及英国银行业务的集中,大陆银行的情形,比较与美国银行的情形相类似。许许多多纯粹地方性质的银行,大体只从事某种特殊业务,或与某特殊工业或企业团体保持极密切关系。在实际上,我们与其说许多大陆银行主要是储蓄性质的银行,却毋宁说它们是为了某特殊企业团体筹集资金的金融机关。因此,就其活动规模相对说来,它们就需要比较英国合资银行为多的资本。它们既与某特殊企业保有密切关系,则为满足这些企业的急需,而为其通融短期乃至长期的垫款,那就是再自然没有的事了。况且,此外还有一件使它们不能不从事此类垫款的事实存在,就是,在大多数大陆方面的国家中,都没有存在像英国那样广多的投资大众。英国企业公司一需要由其既得利润所能蓄积以上的新规资本时,照例是马上向大众募集。而对于这募集新资本的事项,通常是经由一个称为发行公司(Issuing House)的金融机关进行。它并且照例还要与该公司订定一种请其担保发行的条款——这就是说,它对一定额的资本发行,给予若干手续费,而担保发行者对于取得此手续费的酬报,就是它允许当大众因借款条件关系不肯踊跃应募时,它自己得全部接受下来。这样,某种企业在其股票未发出去以前,就能够获得它所需要的资本。而在担保发行者方面,如其有一部分股票必须它自己承受,它就会把这部分股票保留下来,以等待有了有利的机会,再抛售出去。

这种金融机关的恒久设定,显然是因为社会上存在有广多的投资大众,经常在等候着对于新发行股票的应募。但在大陆方面的许多国家中,却就不能说有这种对新股票应募的大众的存在。这原因,不是由于国内颇缺乏资本,因而必须直接间接向国外募得其资本的一大部分,就是由于国内尽管资本充足——例如法国——无奈投资大众不愿意接受普通工业股票,而极期望把他们的资本投用到一本万利的政府债券方面,在这种情形下,企业公司要想靠大众筹集其所需的资本,那是不可能了。就因此故,银行及其他金融机关,乃不能不购买新股票;对于这些股票,它们或者保留,或者依着一种便当的机会,转移于它们自己的存款主顾。在实际上,这种制度实行的结果,致一部分对工业的长期贷款,不是由大众贮蓄所积得的资本，而由是银行方面常常向海外融通的短期银行信用，这种短期银行信用，转移作长期的工业贷款，那是危险不过的。所以，大陆方面的这类银行业务，与英国合资银行所进行的业务比较起来，显然是要危险多了。但无奈它们这不同的业务，主要是由于实际需要不同，机会不同，投资大众的态度不同咧！

第七节　信用的统制

金融在它本身并不生产什么，而且货币只是对于物件的购买才发生价值。所以，为迁就货币状况而统制工业，或者使生产成为金融的奴隶，那显然都是错误的。货币的目的，原在便利物品与勤务的生产和消费，从而，所有的金融机关，就应当求其适于谋生产与消费的利益。在本章以前诸节中，我们已经考察过若干主要国家之金融机关的业作，并对将来世界货币的规制，作过诸般尝试性质的提示，但现在所待考察的，就是要看这类金融机关在其他方面，即在其对信用供给的方面，怎样才能使其适于供应生产的需要。

在现代世界中，信用根本要比货币为重要。无论在现代哪个社会，都不能不有充分的实币，以供应较小的日常交易事项的需要，那是无疑的。但是，为供这类用途所需的通货数量，终归是取决于商业活动的数量，从而，主要不外是由信用之充盈或稀少所决定。通货发行的规制，那诚然是一件重要事体，但与信用之数量与分配的规制较量起来，那却应当屈居次等的重要地位了。在今日的世界，我们却大都是用通货来支配信用，这是大错特错的。

现在许多金融改革论者之所以铸成大错，要不外由于此种原因。这些改革论者对于金融界之状况的改正，不自谋信用制度与工业需要调和入手，却自改革通货入手。通货发行数量，应当与信用发行数量保持相当比例，那诚然是非常重要，但通货发行究应取怎样的形式的问题，那却是比较无关轻重的事体，因此，我们对于以次“通货幻想家”(currency cranks)的驳斥，也许不用多所辞费了；那些“通货幻想家”，都希望世界的困厄可由通货的改革而中止，至通货的改革方法，就是采行一种价值会自动贬落——如其不使用的话——的新通货，或者发行两种通货，一种供日常小买卖之用，一种供商业大规模交易事项之用。各种通货改革者都是在这些论旨上翻弄出极其不同的计划，但没有一种计划实在触到了事物的本体。

至若那些对准现代信用制度而下攻击的金融改革论者的意见，那是要比较实在多了，他们企图依某种方法，以确保社会信用之比较充裕的分配，那种分配，他们以为与其以银行保有的存金或其他流动的资产为准，就毋宁以工业上的需要为准。他们知道，货币应当是工业的奴隶，生产力决不应因必需信用通融的见拒而受到妨止。因此，他们曾企图依可供使用的生产力的限量而发行信用，并且这种信用的供给，要足够使社会所保有的一切生产资源，都能得到充分的利用。

信用改革者的错误在哪里　我们承认上面这种主张是妥当的。但在这些信用改革者当中，有的人是过于为热情所驱策了，他们竟作这样的提示，以为信用如适当充裕的发行，那就不仅能按比例于可供利用的生产力的限量，而增加商品的供给，且能把物品与勤务的价格，缩减到当前价格一小部分的限度。自然哪，可用生产资源如都能使其充分利用，生产额数必定增大，而由一定额数费用摊分在更大产额上所获得的利益，当然会使生产费相当节省下来。在某种限度，这利益也许会为生产资源与人类劳动平均较现在略少效率的使用，而予以抵销。但我们却不妨说，如其平衡起来，可用生产资源的充分使用，究会引起生产费用的大大缩减。不过，我们即此就提示物价能由金融机关的倍增而半减或减到当前物价一小部分的限度，那就显然是一种幻想。至若有些信用改革者居然提示新货币尽管不绝大量的投入流通界，物价终不致因此抬高，那亦是不攻自破的谬说了。因为，我们知道，货币数量理论是一种大致不差的学说，货币（信用包括在内）的供给增加，如能与物品与勤务的供给增加成比例，那也许不致增高物品的价格，但困难之点，就在不能正确的予以规制，即不能由货币数量理论得到多少实际的帮助。

因此，银行制度的目的，固应当在能够确保一切可用生产资源之可能利用，而同时又能阻制人为的抬高物价的限内，供给适当数量的信用，但这如何能够做到呢？现在的银行业者，只要他们觉得放款有利可图，他们就要依着一种强烈的利欲要求，而不顾一切来放款。他们所怕的是借款者无力偿还，借款者偿还能力如不成问题，放款愈多，所获总利息额愈大。

在此种情形下,他们定然不愿意勉强紧缩其贷款总额:因为把钱死藏在自己手中,那是毫没有利得可言的。

信用为什么受到限制呢 然则银行业者不更加自由的放款,那是受到了什么阻碍呢?就其要者而言,可以说是由于两种顾虑。第一,他之所以不能从心所欲的放款,盖因有所限制,他要放款,必需在他未偿的贮金额数与其手头所能用以周转的"现金"(cash)供给之间,保持一种比例。这所谓"现金"(照我在本章前一部分讲过的),并不仅包含着实在通货,且还包含着银行业者在中央银行的存款,或者其他能够马上变换为通货的资产。因为像后面这种能够随意变换为通货的资产,在银行业者看来,那是与"现金"相等的。以上是信用受到限制的第一个顾虑。第二个顾虑就是,银行业者放款,只能贷与那些有能力偿还的借款者。当贷出一宗款项时,他总得合理的断定,这所贷出的款项以及由此所生的息金,都能按期的收回。大约在商业兴旺的当中,他贷款所受的限制,多半是第一个顾虑;但在不况的时候,这第二个顾虑就颇有力量。因为银行业者在这时候要找到他认为能够按期偿还其贷款的借户,那是不见得容易的。

普通银行在兴旺期内发行信用的限制,主要是由于中央银行。因为我们知道,中央银行是能由其公开买卖政策的活动,而增加或减少普通银行手头所能处分的现金额数的。但一到不况的时候,中央银行虽然还能继续在市场充积新的金融资源,使手头拥有更多更多"现金"的普通银行业者,感到有钱无用处的苦恼,但它这时对于信用额数控制的权力,却是比较要减少许多了。诚然,普通银行业者手头存款过多,且不能由这些存款得到丝毫利得,他们要放款的要求,是一定强烈的。但他们与其把款子贷与那些无力偿还的借款者,倒毋宁照样保留下来,因为求利虽不得,究还有本在咧。

著者撰著此书,正当着一般银行业者极不放心贷款的时候。美国联邦准备银行借着公开买卖政策的活动,努力增加流通货币额,以冀促使美国普通银行多作信用放款;但那些银行终于不肯踊跃尝试,甚且利用其手头的新货币,去偿还它们对于联邦准备银行所欠的债款。我们在这里应注意一点,就是,英国合资银行常保存有巨额存款在英格兰银行,并且,它们不向英格兰银行借款,而在美国属于联邦准备系统的会员银行,却定规要用贸易汇票乃至其他合格的票据,向联邦准备银行再贴现。因此,英国合资银行对英格兰银行尽管无债可偿，美国的这诸会员银行，却就能够利用联邦准备银行所发行的新币而抵偿其对联邦准备银行的债务。根据此种理由，英国要借公开买卖政策活动以增加货币的供给，那是要比美国容易多了。但是，就说在英国吧，如其合资银行对借款者的还债能力过于不肯信任，英格兰银行就是一味用此手段膨大它们的存款，那也不一定会诱使它们作较多的信用贷款。它们在此种情形下，势必致购买更多有利可图的证券，因而造成一种公债市场上的价格暴涨情形。自然，这种情形，在增大其存款与使金融较为宽松的作用上，确有中央银行用公开买卖政策活动所成就的同一效果。但可供利用的资金尽管再多，那终不会用之于生产事业，而会死藏于银行方面。因此，就增加信用供给的效能说来，公开买卖政策是碰着了严重的障碍。不错，就在美国，普通银行能够不受中央银行公开买卖政策活动的影响，都有一个限度，但在未超越此种限度以前，联邦准备银行的公开买卖活动，究不能对增加信用有多大的效果。如其联邦准备银行坚持其现行政策，到末了，我想也能强制增加其垫支，但普通银行是极度不相信其借款者的偿还能力的，非经强制，它们决不欲作此垫支的尝试。

在伦敦的情形，与这有多少不同；我们讲过，那里的合资银行并不向英格兰银行借款。但伦敦银行业者对于借款者的偿还能力不信任，亦能在贸易与工业上发生有力的挫折的影响。例如，它们一对贷款者不信任，势将缩减国际贸易一向赖以融通的认支信用，并会使一部分银行不肯对新工业经营行使垫支。不过，伦敦英格兰银行要对普通银行施以何项压力，那是比之纽约联邦准备银行要较为容易，较为有效了。英格兰银行如其逐渐推行其公开买卖政策，势将迅速招致信用贷款额数之实行扩张。

然则英格兰银行为什么不厉行这种政策，或在更大限度内厉行这种政策呢？从大体上说来，那是它恐怕在当前情势下，在流通界投下更多的货币，其结果将使英国的物价，抬高到其他国家抬高物价的限度以上。我们也许不妨作这种提示吧，假若美国肯继续厉行一种扩大其金融界之信用的政策，英国定然会十分愿意追随美国之后，而着手实行一种相当扩张其信用的政策。因为美国有此趋势，英国就不复再顾虑到伦敦纽约间之金融运动的缺欠调和，以致扰乱伦敦金融市场之平衡了。事实上，一国信用政策是否容易而确然有效的推行，几乎完全要看其他处于竞争地位的金融中心之实际情势的推移。

然而，中央银行对于货币资源供给的增加，即令没有任何阻碍，而在当前情形下的信用扩张政策，也许不免要遇到普通银行的极力反对。当前一般银行业者的心理，是异常胆怯的。在最近数年中，它们对国内生产与海外贸易所通融的短期信用，有颇大一部分已经“凝结”。英国有6000万镑的短期垫支，都在“停付”协定（The Standstill Agreement）之下，被凝结在德国了，此外还在世界每个不况的国家，同样“凝结”下去了巨大的金额。至若国际贸易贷款以外的普通工业透支，亦有极庞大的额数不能收回，因为它们一向企业公司索欠，企业公司就只有塌台了。因此，银行业者对于信用贷款活动，就只图缩手，而不欲扩张，并且为图抵补其过去“凝结”了的透支计，大家都极力把他们的财源，变换为极其流动的部分。在他们当前的心目中，损失的恐惧，要比利得的希望有力多了。他们宁愿对其一大部分的资源毫无利得，而不欲冒更大的损失，不欲因当心债务者的偿还能力，使自己陷于终夜不能成寐的苦境。

在这诸般情形之下，银行贷款扩张的阻碍，与其说是存于银行制度之规制或定则，倒毋宁说是存于那种支配金融责任者的惶恐心理。中央银行要用高压手段促使普通银行扩张信用贷款，那也许不难做到，但在这种活动当中，中央银行本身要能避免感染恐慌，且应采行一种鼓励的，甚且（照正统派的概念说来）是急进的冒险的政策，因为在实际上，银行业者的恐惧，大体都是应当的。在贸易深刻不况的今日，要找到有偿还能力的借款者固困难，要相信当前看似有能力还债的借款者，到了还债的时候还具有那种能力，那也困难。此种情形，在对于海外贷款的场合，就比在对于英国国内普通工业垫支的场合，还要使他们不能放心。因为对于海外贸易通融垫款，其困难更大：许多国家的政府，都实行汇兑限制，英国银行业者要收回其贷出海外的英国货币，往往全不可能。外国私人债务者，也许他们很够用盆戈（pengos），或马克，或值罗（zlotys）偿还其借款，但他们的政府，却会不允许他们把外国通货掉换为英国货币或美国货币。就因此故，无怪银行业者不肯贷款，无怪他们宁愿不图利息，而使其资金保存不用。

怎样能使信用扩张呢　然则要扩张信用，该怎么进行呢？信用不扩张，就令其他方面的情形都告恢复，工业是无法恢复的。在许多国家中，政府对于银行业者非取得政府保障不肯贷款的用途，主要如输出业的用途，曾经努力出面保证或担保。英国有她的输出信用组织(Export Credit Scheme)。德国的输出贸易，大体是靠着那种信用的资助——那即是政府为了资力薄弱的制造业者与贸易商人所设定的。各国政府通常都企图在自行供给的基础上，进行这种组织；至若自行供给的办法，就是对它们这种担保，抽取一项附加费(premium)，这附加费要恰够抵偿它们由担保会蒙到损失(即因倒债牵累的损失)的推定额数，不过，在若干场合，输出信用贷款会包含有一个实在津贴的成分，对于这津贴的成分，所课附加费往往是不够弥缝的。其实，政府在企图推行这种自行供给计划的限内，想单靠许与输出信用，而大大增加信用贷款的总额，它那权力，就极其有限了。因为，使普通银行业者避忌贷款的危险，那才是真的危险。政府为弥缝损失而抽取的附加费，那往往会高到妨碍有力借款者的程度。假若不避损失，对于有危险性的企业给以信用，那它无疑是能够增加信用总额的。但在今日这种不况局面下的政府，大多数都比较倾向于缩减支出，而不欲加担新的支出。并且，政府如其以包含有津贴的条件许与信用贷款，那又不免会由普通银行酿成一种不平竞争的困难，以致使那些无偿债能力的借款，对于比较有偿债能力的借款者，反处于一种特惠的地位。

因此，扶助输出贸易的政府信用制度，从某方面说，虽然有重要的用处，但那种用处究是有限的。就以往的情形看来，那应当更进一步的推行。可是无论推行到何种限度，依旧不能希望贸易会由此实行恢复。加之，这类的组织，通常只适用到输出企业方面，而于国内市场的生产事业无所助益。况在各国为求改善其贸易差额而极力缩减输入的当前场面下，哪能有借此种手段刺激输出的余地呢！

美国政府帮助企业的方法，略有不同；它于一九三一年年终，设立有一个复兴金融公司(Reconstruction Finance Corporation)；这个公司的企图，主要是给予那些资金“凝结”了的银行与同类团体以帮助，使它们能够再作新的放款。不过，在这公司本身，原来并不打算从事新的企业，或直接促进新的企业。但它既使那些资金“凝结”了的银行得到解放，遂间接有了促进新的贷款的效果。可是，它这间接实行扩张信用的效用，也不免要受我们前面已经讨论过的那种顾虑的限制；因为银行手头有了流动资金，并不一定用以从事新的贷款，在它们没有感到借款者的偿还能力更可信赖以前，它们是不会打算再作新的信用贷款的。

依据上面的讨论，我们知道，凡属企图由增加流动资金，以增加对工业的信用放款的方策，其效果在最后都是受决定于有效的借款者，这种借款者，一方面要自己折算利用资金，同时且要被银行方面看为是好的主顾——换言之，就是要他具有充分的偿还债务的能力。可是，借款者的偿债能力，与其说是系于借款公司本身的经营效率如何的问题，却倒不如说是系于一般企业活动的状况。因为，公司是否能够还债，就要看它是否能出卖产品，是否能由出卖产品获得利益。而这种产品销售情形，又系于购买者的支偿能力和各国政府允许对国外偿付的准备。有许多借款者的偿债能力，如其在一般企业活动向上的情形下，是绝无问题的，但银行方面对于他们的放款，仍不免踌躇，这原因，就是它们认定某一个公司的偿债能力，会产生其他公司的偿债能力，同时也是依存于其他公司的偿债能力。就因此故，对企业界增加信用供给的方策是否能够成功，就看为刺激那些由借款诸企业所生产的物品的需要，是否采行协作的方策。

发展经济的政策 由是，我们知道，在信用扩张政策的本身，于企业恢复上，只有非常有限的效果。因为，银行如其不论有无政府的援助，由降低借款的条件，和采行比较不顾危险的见地，而允许增加信用放款，那新借出的这种金额，也许容易因借款者到期的无力偿付，而“凝结”下去。这一来，新增的信用，就不会对工业恢复有何实在的刺激。那在结局上，不过是使银行方面因新贷款的“凝结”，而作进一步缩减垫支的努力罢了。充分的信用供给，于企业的繁荣诚然是绝对必要，但要单靠增加信用，使繁荣由不况恢复过来，那就非同时对于那些利用此信用所生产的物品，能保证其充分的销路不行。因此，假若政府真要为了刺激企业的恢复，而使用自己的财源，那就不仅要保障银行信用贷款的增加供给，且还要采行一种力图经济发展的积极政策，对那些扩增的货物安排销路。而且，要使扩张信用收到实效，政府还得为了刺激新资本的需要，而大兴公家的建设工程，如建筑房屋，修筑道路，浚修贫民陋巷，以及在国家统制下改造工业等等。

所以，信用政策并不是企业复兴的主动力，那不过是一种增加物品与勤务之实际政策的必需助手而已。信用的扩张，要与政府刺激需要的种种方策相辅而行；银行界的新财源的用途，必须予以严密注意；否则这新财源的大部分，也许不会用作新生产努力的刺激，而用以购买那些有固定利息的高价证券。真的，像这种证券的购买，如极其风行，那势必在利率上发生反动，因而使普通工业借款者得到低利的资金。但这种结果的产生（尤其是在美国），也许会需要一个相当的时期，同时信用扩张在工业活动的刺激上，就几乎没有效果。

因此，政府如必欲保证信用贷款之增加供给，它就似乎应当直接参与新财源的用途，它有两个可以实行的方法：第一是由一个谋经济大发展的计划组织，直接对信用创造需要；第二是由国家统制金融制度。

银行事业的社会化 如我们在前面讲过的，现在大多数国家的中央银行，在形式上都是私有的机关，不过它们多少都要受政府的统制。至若普通银行，则是纯粹私人团体，它们除了贷款总额要在不同的程度上受着中央银行的统制外，政府是无权对它们行使干涉的。许多金融改革者曾力言一切国家的中央银行，都应当像美国联邦准备银行那样，变为确定的国家统制之下的公共机关。不过，对于普通银行是否也应同样社会化的问题，那却参杂有极其不同的意见。中央银行的社会化，就是让政府直接统制通货的发行，直接统制其对普通银行融通信用的总额。因为，我们讲过，中央银行借着银行率与公开买卖政策，是可以限制普通银行所能创造的信用总额的。但是像这样的社会化，政府对于新增货币是否实行使用，既无把握，对于普通银行所能创造的信用的用途，亦无从统制；因为普通银行既不在国家监督之下，它们对于这信用在各种借款者间的分配，就得自行处理了。但是，如其一个社会要澈底施行一种谋经济改造与发展的确定计划，那它须得密切参与的，就显然不仅是要保证这计划所需的充分信用额数，且要保证这可供利用的信用之实行使用，和其在各种工业与各公司之间的适当分配。不过，要做到这点，势非把普通银行与中央银行同样置诸有效的国家统制之下不可。

一个社会，如其继续靠竞争的私人企业来提供货物与勤务之适当产额，那对于这种生产制度之逻辑上的补充，就是普通银行的私有。但当某种社会一由无统制的私人企业领域过渡到了协作的计划经济领域，那就无论是信用的分配，抑是信用的供给，都不免要受到统制。所以，凡属经过组织的计划经济制度，仿佛都含有中央银行与普通银行之连同统制的意味。英国英格兰银行与合资银行应当由国家统制的这种观念，已经在与国家经济计划的观念相并的发展，这是颇有意义的。在实际上，这两件事显然非一致的行动不可。一种国家经济计划，如其不伴随着可资利用的信用之分配的统制，那负此计划责任者与合资银行之间的见解和政策的分歧，就容易使这种计划完全破坏。

由是，把信用的分配和通货的规制，同样置于国家直接统制之下，就似乎是一种强有力的要求了。不过，为供给信用设定某种自动的定则，那并不比对于规制通货设定某种自动的定则容易，无论就这两者的哪一方面而论，其所需要的，都不是应用概算法则的自动体制，而是一种审慎周详的管理。这种管理要能在最大可能范围内，尽量利用可资利用的生产资源，同时并不致引起价格上之人为的膨胀。这就是说，由银行创造的信用额数，应当够保证这种生产资源的充分使用。并且信用的供给，应使其在分配上适于供应国家生产计划的需要。而通货的数量，则又当使其与这两件事体相适应：因为社会要求充分的通货，乃是为供给那种需要，那就是由创造的信用额，及由信用在各种用途上之分配所导来的需要。一种国家的银行制度，与其说是必须要建立在管理的通货政策上，倒还不如说是必须要建立在管理的信用政策上。但是各别的银行，如其没有在统一的统制之下保持密切的协作关系，这种管理的信用政策，亦是不能有何等成就的。而且，这些银行在统一的统制之下的协作，显然会造出一种非私人所能控制的极强而有力的独占局面。

第七章　失业与产业变动

第一节　失业的性质

在一九三二年一月，世界有记录可资参考的诸国之失业人口总数，就国际联合会所刊布的，计已达 1300 万以上。在这个数字当中，单是德国，就占有 600 余万。英国差不多有 300 万，意大利 100 余万，捷克斯洛伐克 50 万。其实，国际联合会所发表的这个数字，对于世界失业者的真正数字，还相差得远。因为第一，美国的失业人数，全未列入；第二，已经列入的大多数国家的记录，又极不完全。单就美国说吧，美国失业工人的数字，曾有极其不同的估计，有的说是 800 万，有的说是 1200 万；而据官方的报告，则制造业上的就业人数，还不及一九二六年之 2/3，并且总工资额仅及一九二六年之一半。法国官方报告的失业人数，虽仅只 25 万，但其实数至少有四五倍之多。至其他许多国家的失业登记数字大抵都不完全。在一九三二年之初，我们至少可以估计欧洲美洲的失业者，已经达到了 2500 万，而且这个总数，至少有 3 年前失业者总数的 4 倍。

战后世界各国的失业状况，那已经是产业衰退的一种最显明最透露的征候。不过，对于这种征候，我们须得认为那只是发生于经济组织上之失却和谐与不善整理。因为，如每个医生所知道的，由疾病所引起的痛苦，虽可以设法使其减轻甚或除去，但对于疾病未加诊断，病象是无法治愈的。要救济失业，不能单从失业上着想，而必须在经济制度本身上去发现造成失业的缺陷，而设法予以救治。因此，透过战后世界失业的程度与久暂的单纯表面事象，而从里面注意雇佣赖以维系之经济关系的错误，那是救济失业必须着手的工作。

世界失业人数的增加(由1929年到1932年)

国别	报告来源	1929年第一季之失业人数(单位千)	1932年第一季之失业人数(单位千)	1932年失业者与1929年之比较
德国	E.E.	2484	6128	2.5倍
英国	E.E.	1204	2809	$2\frac{1}{3}$倍
法国	E.E.	8.6	337	近40倍
意大利	Estd.	309	1174	近3倍
比利时	V.I.	27	333	12倍
荷兰	V.I.	52	191	3.5倍
丹麦	T.U.	60	106	增$\frac{2}{3}$
瑞典	T.U.	44	93	1倍
挪威	E.E.	24	38	0.5倍
芬兰	E.E.	3	21	7倍
波兰	E.E.	170	344	1倍
匈牙利	T.U.	17	34	1倍
奥地利	E.E.	225	362	将近增$\frac{2}{3}$
爱尔兰	E.E.	19	31	同上
罗马尼亚	E.E.	58	58	无变动
瑞士	V.I.	3.3%	25%	7倍以上
捷克	E.E.	50	626	12倍以上
南斯拉夫	E.E.	12	21	增$\frac{3}{4}$
澳洲	T.U.	39	119	3倍
加拿大	T.U.	12	41	3.5倍
日本	Estd.	269	471	增$\frac{3}{4}$
美国*				

E.E.=职业介绍统计(Employment Exchange Statistics)包含强制保险组织(Compulsory Insurance Schemes)

V.I.=志愿保险组织(Voluntary Insurance Schemes)不完全

T.U.=职工组合统计(Trade Union Statistics)不完全

Estd.=不十分确定的估计数字

* 就业指数以1926年为100,1929年3月为99%,1932年2月为66%。

但是，在从事此种工作以前，我们顶好打量一下，看我们究能在某种限度理解并估计这使战后一切产业国家都感到几分严重的失业事态之真正性质。任何特定时期之失业人数的粗疏记录，在不曾经过进一步的分析以前，那是不能告知我们一些什么的。我们必须知道失业人口总数是怎样分配于各种产业和职业上；就中，男子占多少，女子占多少；成年人占多少，未成年人占多少；各种年龄与各种不同技术的劳动者之间，失业者究占怎样的比例；在列入报告的国度中，其失业者之地域的分布情形如何；经常失业者或偶尔因懒惰歇业的短工，看在失业者总人数中，占有如何的成数。此外，在一般的与特殊的职业上，季节究于失业有多大影响，若干产业大规模使用时作时辍的间歇劳动，究在某种限度增大失业数字；最后，失业者究有多少能够说是产生于一般产业活动之“循环”变动；凡此种种，都是我们所要知道的。

这里有一件彰明较著的事实，就是，在战后受到失业问题严重打击的一切国家中，其劳动过剩现象，已在某些工业部门显出了不相称的程度。在造船业、在钢铁业、在机械工业，乃至在煤矿业上，劳动是显得异常过剩的；假如我们把定规的雇佣不足和短期失业与完全失业，通盘加以较量，就在纺织业上，亦同样发生劳动过剩现象。特在这种种业务中，其失业之趋向，一国与其他国家，一时期与其他时期，虽可大不相同，但它们随时随地总括起来，都可说明总失业人数中之不相均衡的部分。

这原因是不难知道的。让我们先就造船业来说吧。对于船舶的需要，显然因待航运的货物数量与搭客人数而不同，因在航运中之船舶的积载量而不同。并且，航行速率与船舶是否按照总吨数载重，又足以支配需要的大小。以现代船舶而论，如其当前的船舶能充分运用，那较之20年前的船舶，确能成就更多的工作。它的航行速率较快；它能较迅速的轮航到特定口岸；并且，在吨位的关系上，它还有较大的载重能力。这诸般事实，都会减少待运货物量对于船舶的需要，但却不是引起船业上之异常严重失业状态的主要原因。假定某种业务繁昌起来，海运的货物数量将突然增加，如其这兴旺景象有延续的希望，立即就会对于船舶发生强烈的需要。但是，现在如假定贸易总额因某种原因而减落，则已经加入航运的船舶，就足够应付一切待运的货物而有余，而完全没有新船舶的需要。所以，在贸易繁荣的时候，新船舶的需要异常之大，在贸易衰落的时候，则无此需要;不过像油槽船一类特种船的需要,却又当别论了。船舶需要既随贸易之兴衰为转移,故一般贸易活动额一发生增减的动摇倾向,对于船舶的需要,乃引起比较不寻常的动摇;由是,我们在兴旺时就发现船业工人的不足,在不兴旺时就发现船业工人的过剩。

英国若干主要工业在 1932 年 3 月之失业者百分数

超过 50%者	造船业、海上建筑业。
超过 40%者	钢铁业、麻织业。
超过 30%者	铁矿、建造工程、铁器业、公共工程、船业、修船业。
超过 25%者	煤矿、陶业、洋铁业、机械业、制铁业、房屋建筑业。
超过 20%者	渔业、砖业、玻璃业、铜业、车业、棉织业、染业、鞋业、木器业、橡皮业、道路运输业。
超过 15%者	化学工业、电器工程、羊毛业、丝业、麻业、皮业、药材业、饮食业、铁道、地方政府、旅馆。
超过 10%者	袜业、花边业、缝业、炕饼业、面粉业、纸业、印刷业、公共事业、政府。
不及 10%者	地毯业、成衣业、电车与马车业、商业与金融业、自由职业、洗衣业。

注意:在 260 万失业工人当中,矿业上就占有 31.2 万人,金属业、机械业、造船业上占有 58.2 万人,建筑业上占有 35 万人,纺织业上占有 26 万人。仅就这几项工业而论,其失业人数,已超过 150 万以上。上表在一方面极显然的表示了基本工业与纺织业上之失业的不同趋向,同时也极显易的表示了生产与分配消费者货财之诸般业务上之失业不同趋向。

资本设备的需要 这诸般情形,实在不仅造船业为然,所有一切从事工业上之诸般设备的业务,殆莫不在比较缓和的程度上,表现同一现象。当工业繁昌时,工业设备的定购者,自然极其踊跃。一旦工业衰落,则既有的设备就足够应付当前需求而有余。不过,这类工业就在一般工业不况时,亦不致完全没有顾客过问,因为在一般工业不况的时候,工厂中陈旧损坏的机具,仍不能不在某种限度内设法更新,而有力运用新资本的企业者,更欲趁此时期购买极低廉的新的机具。特此等设备一般工业的工业生产品,在一般工业不况时,虽不致如新船舶一样的毫无用处,但其需要总额,却究不能不大减特减了。近年钢铁工业机械工业上之失业情形格外严重,其原因当可由此得到一部分的说明。然此等工业因大战时期之军需工业需要强烈，致促成其过度扩张，大战以后，它们遂处在一种比较尖锐的困难地位，而不能不大大缩减人事，缩减生产力，以期与平时的需要相适应了。

对于煤的需要的大小，主要是依存于三件事体：这三件事体之一，是一般工业活动情形，因为一般工业活动，会引起铁道、轮船，乃至大量使用煤之重工业对于煤的需要；其次是煤与其他作为动力来源之燃料间的竞争；还有一项则是对于煤之消费的节约。这三件事体在近年缩减煤矿工业之产额的情形，我们是容易知道的。汽锅设备的改进，代替汽力之电力的比较大规模的使用，无疑会大大节省燃料的消费。燃料油与煤的竞争，是日甚一日的，在船舶方面，固然特别显得这种竞争的激烈，但生产工业上之油引擎的使用，道路运输的发展，电力发动上之油（或水）力的应用，在在皆足以促成油对于煤的竞争。最后，自世界贸易衰落景象发生以来，大量用煤之重工业，固已逐渐减少煤的需要，同时由海陆轮船铁道运输的商品数量，亦在不断缩减哩。

因此，在战后许多年间，世界煤工业尽管增大了生产力，但其产额需要，却颇没有弹性。加之，那些自己拥有煤矿的国家，差不多都为了维持其贸易平衡，而竭力在可能范围内阻止煤的输入。由《凡尔赛和约》割裂去了一大部分煤矿的德国，乃在其缩小的国境内，寻觅新的供给来源，且不绝增加木炭与沥青炭（bituminous coal）的使用。至波兰一类国家，则努力扩大其煤的输出。美国旧来的煤供给区域，已经不少，而与此等旧供给区相竞争的新煤矿的开采，致其国内煤工业之生产力，引起了可惊的过分的发展。因此，世界尽管不况，其超过需要以上之煤的生产力，则日有增加。然而，煤矿工是最不容易改就他业的。随着煤之市场的缩小，这种工业遂积极趋于机械化；特别是在德国，那里差不多有一大部分劳动，都为机械代替了。煤矿工大抵是住在无法觅得代替工作的穷乡僻壤，他们一旦没有需要，就要变为无所用之的废物。所以在所有欧美的煤矿区中，煤的问题，不但是一大严重的经济问题，且为一大严重的政治问题。

纺织业 若纺织业上的情形，则略有不同。纺织业方面的失业与雇佣不足，不是由于总消费的衰减，不是由于未按照世界购买增加的程度而扩张，而宁可说是由于远东方面之竞争的抬头，由于美国及欧洲许多国家之供给其较大部分国内市场之纺织业的发展，此外，且由于那种与既成纺织业相竞争的人造丝业的勃兴。特别是在欧洲诸国中,羊毛工业已经在不绝受着关税保护。这与远东方面逐渐工业化的事实联系起来,那在英国高度化的纺织业上所加的打击,是再严重不过的。英国历来的毛织品产额,有 1/2 以上输出外国,其棉织品则有 4/5 以上输出外国;近年其他国家在这两种工业方面的竞争活动,遂致英国成为主要的牺牲者。

建筑业 世界恐慌发生后,一切工业上的失业人数,几乎皆大有增加,但在此以前,大多数国家除了重工业及纺织业外,其余工业领域内的失业情形,都算是比较轻微的。不过,我们在此还须提到一种工业,那就是建筑业。建筑业之出品的需要,一部分包括着对于工业建筑、店铺、事务室以及学校一类公共机关的需求,一部分则包括着对于房屋装置设备的需求。工厂建筑的工业上的需要,自然颇容易随机械与其他工业设备之需要而发生变动,而店铺与事务室的需要,则视一般贸易活动水准为转移。至于在公共机关建造的场合,其需要每随各国中央与地方政府之常年预算情形而伸缩。如其它们认为经费充裕,一大些新学校、市厅以及其他公共建筑,将相继兴工;反之,则必力求撙节,力求缩减公共支出,结局,在这方面的需要上,必然会引起一极可怕的反动。近代社会之房屋设备,一部分成于私人,一部分乃成于公共机关。某一地方的房屋,如其是由国家由市府兴建,或者是由公共基金之补助而兴建,则所兴建的房屋,势必要如学校及其他公共机关一样,其椽数的多寡,一决于常年预算的状况。

至私人的房屋建筑,主要虽是取决于有关大众购买力之建筑工业上的费用水准,但已有房屋所课的租金水准,亦与有影响。在大战当时,欧洲各国的房屋建筑,几乎概行停止,由是,在大多数国家中,遂为阻止房屋所有者苟取独占租金,而相率制定了限制租金的特别方策。在房屋感到缺乏的限内,这种限制是非继续不可的;此外,她们并还设定一种与新建住宅费用不成比例的租金水准——特别是对于较小的住宅——以阻害私人建筑物的更新。这一来,国家与市府就必得直接或通过建筑房屋协作组合,而对建筑房屋作大规模的津贴。而全般建筑业活动,乃比较战前受国家或市府常年预算状况更大的拘束。因此,房屋设备尽管缺乏,各国自一九二九年恐慌发生以来的建筑房屋活动,却大形减落;因为工业商业与公共机关之建筑物需要的减退,已与公家建筑房屋支出的缩减相一致。

在少年与老年人之间的失业情形 失业在各种工业之间的情形不

同,在各种各式与各种年龄之劳动者间的分配,亦极不均衡。男子与妇女各别所受到的失业影响,大抵是看失业主要会影响到的诸般工业如何。建筑业上雇有极大多数的男人;所以,从全般看来,在产业极度不况的时候,其对在业男子所引起的恶劣影响,就比其对于在业女子要严重多了。但是,纺织业上雇有极大多数的妇女;比如在兰开夏(Lancashire)、约克夏(Yorkshire)一类纺织业区域,妇女的失业,已经成为当前产业衰落的一个极显著特征。然而各种工人之间的失业趋向,就年龄上考察,那比就性别上考察要更有意义。在普通场合,少年人之间,不大有失业现象,因为他们的工资比较低廉,从而,在不况的时候,甚且会略略增加其用途,但他们的工资如其接近成人工资的水准,雇主一临到不况时,显然就会革退他们。在实际,这是一件非常严重的事体,青年人在此种情况下,不啻是正当着他们一生万分紧要的关头,而剥夺其学习一门行业与获得规律的工业习惯的机会。不但此也,失业对于青年劳动者有异常的损害;如其不采行适当方策,借训练与教育以纠正其不检行为,那说不定还会断送其终身的生产能力。

然而在较年老劳动者间所表现的失业情况,却显得更其严酷咧!根据各国编纂的失业统计,其中年越 40 以上者所占失业百分数,一般都远较年轻者所占失业百分数为大。特别是一国如因实行合理化,或采用新机械而缩减劳动需要,则在这种场合首先被裁退的,照例都是一些较年老的劳动者。工业活动的步骤愈加迅速,企业家们就愈加乐用那些年轻的男子和妇女,因为他们比较容易支持猛烈的迅速活动,并且与长期习惯了传统的工业方法的年老者比较起来,他们又是更能适应新的工业方法的。年老的男子或妇人一旦失业,往往很难得找着新的工作。因此,他们的失业期间,就不免要比较那些年轻人的失业期间,延长许多。而在实际,确也有一大些因实行合理化或缩减工业范围而裁汰下来的老年劳动者,几乎终生不容易有找得新工作的希望。一切施行失业保险制度的国家,都发觉她们的失业基金,一大部分是用以救济这些较年老的劳动者。就在那些施行老年年金制度的国度,亦因这些劳动者在达到领取年金之年龄以前好久,已经没有职业。所以,所有现代的失业保险制度,都应当加以改革,务使维持这般年老者以及大都有失业可能者的负担,不要仰给于企业家劳动者所捐输的基金,而直接由国家负起责任。因为工业技术的发展，无疑要增大青年就业者的优越，使青年本身变为一种就业的资格；并且，失业保险制度如同时看作是对于有失业可能者的一种年金制度，那是不能期望有何等满意结果的。

往往有人作这样的提议，以为较年老的劳动者如由某种工业解雇出来，则维持他们的责任，不应当由国家负担，而应当由解雇他们的工业方面负担。把这种提议应用到工业繁盛和欣欣向荣的地方，那是极其允当的。但不幸要大大减缩劳动的地方，都必然无可避免的会裁汰那些较年老的劳动者；并且，实行减缩劳动的工业，又多半是已经在金融方面感受严重困难，从而，决无力支持格外负担的工业。我们想要求兰开夏的棉业，或其他任何国家的煤矿业，维持一大批已经由他们解雇了的劳动者，那显然是没有用处的。维持他们这般人的责任，必须以某种方式，责成社会全体负担。在著者看来，由一般赋税来分受此种负担，比较把此种负担非法课加到用作其他目的之失业保险基金上面，那是要好多了。

在近代一切国家中，除了这些较年老的劳动者，以及一些因生理或心理上的缺陷，致无法觅取职业者外，其余极大部分的失业群众，并不是由一些长期没有工作的男女所构成的一种凝固体，而却是由一些有就业可能者所构成的一种不绝变易其个体份子的集合体。在职业介绍所登记，或找寻工作的劳动者中，往往总有最大一部分是失业不久，而企图再找一种工作的。今日诚然达到了极度的不况；迄乎一九二九年，失业者诚然增加了许多。但是，这许多失业者中，虽有比较少的一部分人继续很久没有工作，但这并不是说，就业的工作机会，是很公平的配分于较大部分的产业劳动者之间。因为很多有了某种工作的人，其工作极其有限，恰如一种时作时辍的短工，但因他有了这种工作，他的名字就会有若干星期不列入职业介绍所登记簿中。在实际，有一大部分产业劳动者是完全不会失业的。永久不致失业的劳动者，包括有两种人，一是从事比较不受产业变动影响的业务——如邮政或其他公共业务——的人员，一是即令从事诸多变动的业务，但实际却持有永久工作的劳动中坚份子。像这些永久不解雇的劳动者，无疑有一大部分是由于他们的工作较有效率，并且解雇的失业者，又多半是比较没有工作效率的人。但我们决不宜过于强调这种概论。在大体上，失业也算是一个财力的问题，因职业而大异其趣。一个长期失业的劳动者很容易损及其体力上与技术上的效率；他那迫不得已而流于怠惰的结果，势将减弱其就业的能力。因此，失业保险制度的设计，并不仅只是一种认定这些不能找得工作的劳动者应由公家负责维持的认识，同时且是一种手段——一种维系长期失业者之生理上的生活水准，以期阻止其上述弊害的手段。假若产业一直不况，哪怕就是一向强烈反对公家救济的美国吧，为了避免这种种弊害，她也许不能不进行某种有组织的公共活动，以图维持一般不能找得工作的劳动者。

第二节 失业的负担

失业自然不是到战后才发生的一种新困难问题。在产业革命以前好久，这个问题即已存在着，并且自有资本主义制度，即有失业问题。自从职工组合为救济其组合员之失业者，而首先编订失业登记以来，在这个大集团中，殆没有一个时期不存在有颇多的失业者。哪怕就在繁荣的时期吧，失业者在全体劳动组合员中所占的比例，亦实在不曾降落到2%以下。不过，在大战期间，失业者对就业者的比率，是少过2%以下许多了。由一八五〇年到一九一四年，英国失业者的百分比率，时有变动：在异常繁荣时，约为2%；在极度不况时，约为12%；而其平均水准，则将近为5%。这些数字，有一大部分是完全根据职工组合的寥寥几种报告，自然不能说是完全可靠，但从全体看来，那却似乎受到了比较精密报告的证实，而此精密报告，则是搜集自一九一一年成立于比较窄狭范围内的失业保险机关。我们当然不能说英国的这种失业的百分数字，可以广泛的适用到其他无记录可资比较的国家。但无论如何，战后一般比率的失业变动，也许不妨说是限于2%与12%之间。

当劳动者失业的百分比率，已达到(或将接近)此最低限度时，在那些失业者当中，显然有一大部分是单纯发生于工业组织活动上之失却调和。即是说，由这种工作改换到那种工作，其间存有一个造成那些失业者的间隔期间。至若在这场合竟不免长期失业的人们，那不是由于他们从事的产业衰落，就是由于他们自己没有继续工作的能力。无论如何，失业者只达到2%的最低限度，失业还不算是一个严重的社会问题。但如失业的百分比率竟超过5%以上，那就不免要发生严重的结果。因为此种场合由失业到就业的期间，势将延长，劳动者想靠他们蓄积的财源，渡过此失业关头,那是难乎其难的。就因此故,他们这时乃有仰赖公共救济之必要。在失业保险制实施以前,职工组合确也对于其组合员尽过某种救济的任务,但能够作此种施与的,究只限于那些比较有技能,比较获有优裕报酬的劳动者,从而,那些简直没有能力救助其同侪的比较非技术的劳动者,就格外要为此失业的社会重负所磨折了。

失业保险 失业保险制度自经推行于英国、德国以及其他国家以后,凡属由产业不况而招致失业的群众,乃由此得到一极有价值的社会救济。但战后失业时期的延长与范围的扩大,致前此失业保险计划所由树立的财政预算,颇无法供应此救济的需求。因为此等失业保险计划设定的意旨,原在以战前失业形态为准则,以为失业变动的比率,最低约为 2%,最高约为 12%,而逐年平均水准,则不超过 5%或 6%以上。然至战后,失业的比率,大大超过此预定的限度了。由是,一向由劳动者、企业家以及国家连同提供的捐助基金,立即证示其不够维持一向允予接济的定率,而有另辟财源,以增益此救济基金之必要了。另辟财源有几种可能方法:第一是由企业家与劳动者增输捐款,国家可以按比增摊或不必按比增摊;第二是由国家以附加一般赋税的方式,预备一项特别财源;第三是当有特别急需时,由国家贷出失业保险基金,其意盖欲以好况时剩余的额数,偿还国家所贷出的基金部分。在实际上,所有这些方法,各国都曾在不同的程度上采行过。德国极力提高企业家与劳动者的捐输率。英国则主要是采行第三方法,即令国家借出的失业基金,显然没有多少取偿的机会,她有许久许久还是继续施行这种方法。但到最后,德英两国所推行的这两种方法,都告失败,以致她们不可避免的要由国家直接维持大部分的失业者,而不复假借任何保险的口实了。凡属短期失业的人,例皆领取他在保险制度下额定的救济费,若已经完全耗尽其额定救济费的长期失业者,则由国家维持。德英两国由此支出的费用,都非常浩大。于是其国人乃频发议论,以为此种计划错误,以为巨额救济费的支出,多半是豢养一些实在不肯找工作做的人们。这无疑也是必有的事实。但经过多方考察的结果,却无法证明其为普遍的滥费。而且,由那些看似无正当权利要求救济的劳动者,撤回其救济费的支出,那诚然是一种节省,但此节省的努力,究只能成就一点点贮蓄哩。

因此,为了施行有效的节省,各国乃诉诸其他方法。即把失业保险的基础，安置在以次的程序上，就是每个劳动者依照一定率——或如英国之全部一律，或如德国之因所得工资多少而异其比率——捐输，以后也依照一定率——英国一视同仁，德国则随其捐输多少而异其比率——取得救济费。当长期失业者已经领得其额定期限内的救济费，而尚不曾谋得职业时，则对于此种失业者的救济，通常虽承认按照其原来的同一定率支付，但这种关于"节省"的新方法，却在额定支付与非额定支付之间，设有显明的区别；就是，凡属未完全耗尽其额定救济费的失业者，可以继续按照标准率支取，而对于那些长期失业的人，则定有一种"生计调查"(means test)的新办法；换言之，就是他们不能按照标准率领取救济费，其所得仅系由地方委员会或裁判所判定他们维持生存所必需的津贴。并且，他们在自己挣积的贮蓄未完全耗尽以前，还没有取得此种津贴的资格哩。这种新方法实行的结果，国家为失业者支出的金额，诚然是削减不少了，但就实行此种制度的诸国而论，她们在一九二九年以后诸年度所支出的失业保险费用，依旧够形成她们预算来源上的一个重压。不过，像这些国家的舆论，虽认定这各种计划的活动不免有些滥费，但却依然坚决的主张维持失业保险制度。在他们看来，此种制度不但是社会应维持无业者的一种必要认识，同时且为对于革命的一种有价值的保险。

然而，失业保险计划之不能弥缝战后逐年的失业漏卮，且不能实实在在维持住保险的场面，那已是显而易见的。要维持现代经济制度无法位置的一大些劳动者，国家一定有采行某种措置的必要。这种必要，指示了战前失业与战后失业之根本不同：以战前而论，哪怕在异常不况的时候，其失业程度，仍不曾越出保险一类努力所能救济的范围；并且，其不况时期，从未一年继续一年，而其剥极复来的好况，且还在限于时候季节以外的一切业务上，大大的中止了失业的事态。

在战前临着好况的时期，虽亦不免于失业，但劳动绝没有永久过剩的性质。可是战后不同了，由一九二四年到一九二九年，那总算战后比较好况的时期，但各国在这时期的失业事态，终没有缓和多少，而英国则从没有使其失业数字低减到100万以下。

这种事实的形成，无疑有一大部分是由于工业发展所能提供的新工作，容纳不了工业机械化所驱逐的劳动。哪怕就在世界贸易惨况尚未增大生产力与消费力间之不平衡以前，现代经济制度已经显示它日复一日的没有运用其所能运用的生产资源的能力。大战以后,大多数人对于失业问题起了根本变化的议论,竭力反对。他们都继续希望着,以为工业发展,将不难再找到可以容纳这些曾由工业方面投出的劳动。至若合理化在一般大基本工业方面日益迅速的代替劳动驱逐劳动的影响,他们都是视若无睹的。

第三节 贸易循环

他们这种态度,就是当着一九二九年的世界贸易惨况,还是没有改变。他们相信这种贸易惨况,不过是贸易循环(trade cycle)之长久而习见的现象的一种反复。据说,由一九二四年到一九二九年为贸易向上期。而现在则临到了一种危机,这危机,是那些曾经分划过前世纪整个行程的周期危机之一。有如在以前诸场合一样,当前这种贸易不况的期限与深度,势将与其前此的发展规模相配合。并且,这种贸易不况,也正如以前的诸般贸易不况相同,经过相当期间,会自动的中止,会自动的由一种向上运动所代替。经济学者为要使此种不况与以前的诸般不况情形相对照,曾画出图样,表明这次不况该会延长多久,该会达到什么程度。因为他们非常相信贸易循环的理论,认定贸易不况是一种无可避免的事态,且是一种非让时间去救治不可的事态,所以对于任何防阻这种事态的人为努力,他们都表示反对。

但是过去三年的经验,却使许多极力主张贸易循环理论的人们亦不由得不怀疑这种见解的正确。因为,把这次贸易不况与以前历次不况的情形比照起来,现在理应显示向上的清明之象;而况此次不况的程度,及由此引起的反常事态,已经迥非历来不况的结果所能比拟哩。贸易循环理论虽被看作是现代企业经营上之一种自动的与无可矫正的副产物,但却在当前硬化了。著者是从来不相信这种理论的。像贸易循环这种事体,我不相信其会发生,我也不相信其曾经发生过。不过,最大一部分经济学者既仍把这种见解看作奇矫之论,我也觉得有把正统的经济学者所述及的这种贸易循环理论加以论列之必要。

从大体上说来,这种理论是说:贸易与产业在繁荣与不况之间所表示的规律变动,乃是基因于经济制度本身之内在活动。而这种论证的周期运动的解述，则可由其循环之任一点而开始。不过，最普通的说法，往往总是在贸易和产业经过不况期间，而渐趋向好转的场合开始。据说，这种好转，在现世界的经济组织里面，必然会导来某些无可避免的结果。特别是需要一经改进，价格随即昂腾，制造者乃得以较好的条件出售其货物。他们的制造费用，虽亦有所增加，但不与其售卖货价的昂腾成比例。因为生产费中的某些要素的腾贵，往往总会落在一般物价水准后面。这些要素包括有几项，第一是地租及以相当时期的贷借条件所借得的货币的利息；第二是工资。而在地租、利息及工资三项当中，又以工资为尤甚。在既定工资合同满期以前，在劳动者能够利用那种增加雇佣之改进的需要，使其工资与一般提高的物价水准成比例的昂腾以前，其间须经历相当时期。在此时期中，生产费与卖价之间的差额增加，雇佣者乃获有较大利润。此较大利润发生两种影响，其一是较高水准之利润的预期，会诱致那些有资本待处理的人们，投资于新的生产事业；其次是因为利润增加，工资还保持相对的低率，社会总收入比例较大，从而可资利用的资本较多。此两种影响造成一个投资活跃的时期，其结果致建造业大肆活动，而企业界之有效的生产力，乃大大增加。

但是这诸般的发展，都有赖于银行方面扩大信用的资助。因为企业规模扩大起来，那不但需要较大的长期信用供给，且需要较充裕的短期借款。在某一时期，银行家颇不难由其扩增的信用，以满足此种需求；但如物价继续提高，则情形会开始发生变动。工资劳动者将因需要迫切而要求较高报酬。效率较小的生产工具与劳动，亦会加入生产，资本原来是要找寻有利企业资助的；但一切比较有利可图的机会如全被攫去，自然只好以那些报酬极小的企业为满足；有时，哪怕对于不容易挣得报酬的企业，亦不能不看作是投资对象。这一来，生产费乃对货物售价相对的提高。同时，银行家因为融通的资本已经达到其现金准备与中央银行通货供给所规制的极限，已不愿甚或不能进一步创造信用。加之，他们逐渐顾虑将来了，对于融通其信用之事业的前途，乃开始作比较绵密的考究。

在银行家踊跃放款的当中，中央银行照例是大大提高贴现率，以为整个银行界之危险信号。特利率即使随贴现率而提高，如其企业界之信念坚强，犹不一定会直接阻止企业家之借款欲求。但在这种场合，合资银行必施行警戒；它们开始拒绝进一步融通信用，并逐渐缩减其已有的债务。

利率提高结果，生产费乃随之增加，生产费与卖价间之差额因而减少。此外，银行之垫款回收，势将迫使制造业者减缩生产，致劳动者失业增加，利润低落，购买力与购买意向立即受到损害。因为那些具有购买力的人们，他们亦会认定贸易已达到转回点，此后物价将更趋低落，而不欲急于从事购买。这一来，产业界将由银行信用收缩，而直接导来一不况时期。然在银行家说来，这种不况，不是由他们所促成，而是使前此繁荣过度深化与速化的不可避免的结果。

由繁荣到不况的转变，时或伴有一种严重的商业危机，但有时也不一定伴有此种危机。往往有人说：假如银行缩减信用，较其通常所行者为速，致使繁荣的发展，不达到物价暴腾的程度，那末，不况的限度，也许可以大大缩减，而由是导来的危机，也许会实行受到阻止。但在实际，银行家照例总是等待繁荣发展到极顶的时候，然后再突然猛烈的缩减其信用，致企业界突然失去其一向融通资金的机会，而预觉繁荣已达到尽头，至是，极度的信任，乃转变到极度不信任，大家清算，大家拒绝购买，而贸易衰落景象，遂不堪闻问；假使人们肯妥为调节，其衰落程度当不至此。所以由繁荣转到不况，可以伴随一种危机，也不一定伴有危机；在某一个时候，不况总是会继续深刻化的。

但根据经济学者的理论，这不况决不致无限的延长。因为在此不况期间，到处都会发生极度不愿意购买货物的现象；生产者会大大减缩其生产，批发者零售者会更急切的减少其存货——他们贬价卖出，希望以更低的价格买进。像这种影响生产的广泛滞销情形，结局必导来一种自动的矫正。就是，存货一抑减到要求增额以应付缩减的需要的限度，购买即将开始，生产即将增加。企业家眼看大势转换过来，马上又发生焦急，恐怕购买稍一延迟，将不免以较高价格购买其必需购买的货物。由是，贸易业者又开始积贮即时需要以上的存货，而由此增加的货物定单，遂在相当范围内给予生产复兴以有利的刺激。劳动者重又获有就职机会，银行方面亦恢复贷款。社会一般购买力增进，贸易循环之好转现象，又复呈现出来。

贸易循环论之心理上的解释 前面这种关于贸易循环之肤浅性质的广泛描述，大多数经济学者都是会予以同意的。但对于其现象的释明，他们却有极其不同的意见。例如，照某派的主张，贸易循环的基本原因，大体是属于心理的；企业界之发生循环现象，盖不外由于过于信任与过于不信任之交迭错误。企业家是夙称敏感的，他们的活动，有一大部分受支配于群集本能。在一部分企业界感到的信任，势将延展到整个企业界全体。并且由信任一步一步产生的信任，结局往往会使不绝增加的信任达到过分的程度。所以，每种循环圈上之向上运动，总不免推行太过，对事业预期的经济报酬过大，通常且在证券与实物的交易上作莫大的投机活动。但从反面讲来，亦属如此：一部分的悲观，会产生全部的悲观。并且，当过分信任已经造成贸易衰落的端绪时，企业界势将转向到极不信任。迨这种不信任的影响逐渐消失，信任及由信任所造成的繁荣，乃渐有恢复余地。

关于贸易循环的这种心理上的解释，在12年以前的经济学者们间，还颇占势力。但时至今日，我想再不会有人支持此种意见。企业界之极其敏感，以及过分信任与欢悲的错误，曾不绝发生，且不绝在企业活动上产生极其重要的影响，那自然是十分实在的事。但心理上之信任与悲观，究不外客观事实的反映。把产业上进步或退步的基本原因，归之于心理上的反应，而不归之于此等反应所由形成的客观事实，那是多么皮相的观察啊。

贸易循环论之货币上的解释　贸易循环理论过去受人欢迎的第二种解释，就是把贸易循环现象几乎完全归因于货币关系。前面讲过，由繁荣到不况的那种变动发生以前，几乎常有一般银行缩减信用与中央银行提高贴现率的事体出现。根据此种事实，有些经济学者遂主张金融吃紧为危机及不况的实在原因。我们如照此推论，似乎可以说，银行家如依照利用一切可供利用的生产资源的需要，而尽量创造信用，则繁荣理应没有止境。自然哪，假若生产资源业经充分使用，并且附增的资金只能用诸投机一途，那银行上的信用，是不会进一步扩张的。但这里似乎会有这样一种主张，就是，银行家如其能觅得（他们实在还不曾觅得）限制投机而同时不阻止生产事业的手段，他们就大可利用这种手段以防阻任何危机或产业不况的发生。

企业家在危险时期的困难，主要是发生于利率的提高和银行信用的缩减，他们采取这种见解，那是再自然不过的。在他们设想，有利可图的企业还多。所以，银行方面之拒绝借款，或对借款苛索较高利率，他们都认为是恣意阻止产业的进步。不错,在大多数国家之现行法律下,银行增加通货权力,都受有法律限制,并且这些限制,又会限制信用的供给——因为增加的银行信用,必然要相应的造出若干对于通货的需要。但纯由金融关系来解释贸易循环的人们,通常却有进一步的主张,以为要使信用扩张到足供生产用途之需要,理应取消这些关于增发通货的法定限制。

然而对于这诸般理论,这里存有两种严重的反对意见。第一,信用扩张到某种限度以外,势将抬高物价。固然,抬高物价只是在信用扩张没有成比例的使货物与勤务增加供给的场合,才会发生。但在繁荣臻于极顶时,所有大部分的人类与物质的生产资源,都会充分使用着;而继此增加的额外信用,就不一定会和以前一样的使用于生产用途。因此,物价不免提高。假如一国施行信用扩张政策,致使物价水准抬高,而同时其他国家又不施行此种政策,结果势必损害其世界贸易上之竞争能力,使输入受到奖励,输出受到阻害,那一来,如其当事国为金本位国家,其金货将大量流出,如非金本位国家,亦将减落其通货之对外价值,在此种情形下,一国想对其主要竞争诸国进一步扩张贸易,那就困难了。而且,我们即令把这种对国际上之困难抛开不讲,信用如扩张到严重抬高物价水准时,其影响所及,势必使社会收入,改成更坏的分配,说不定还会由此招致一种无从控制的膨胀哩。

但是,纯就金融关系来解释贸易循环不能令人首肯,实在还有一种更基本的理由在。银行家自己除了相信有某种理由非缩减信用不可以外,缩减信用在他们是没有利益的。他们能够多创造信用,就有多获取利润的可能。他们之所以缩减信用,乃因其对整个企业界有了促使其作此种打算的观察。他们因为相信企业家之过分乐观,将不免诱使其从事无经济利得可言的生产计划,于是乃缩减其货币供给。银行家是整个企业界之客观现象的释明者,但却不是那诸般现象的创造者。一种不贤明的银行政策,虽可以并确会大大增大那种变动,但我们如即此就主张产业上的诸般变动完全是由于银行家对生产者拒绝融通资金之恶意的与无可宽宥的行为所促成,那就有点说不通了。

然而,关于贸易循环论之货币上的解释,有时是采取另一种形态,就是,对于产业变动上的责任,责诸银行家者轻,而责诸银行家所盲目处理之银行制度者重。根据此种主张,贸易循环乃被视为物价变动的结果,而此物价变动，又是由于世界金供给之是否适合。据说，前世纪一般物价水准的向上运动，通常都与供世界货币用途之新金数量的增加相一致；当逐年金之供给量增加，落在世界物品与勤务生产上的相应增加以后，则物价水准趋于下落。凯塞尔教授(Professor Cassel)在其致国际联合会金融委员会之金代表团(The Gold Delegation of the Financial Committee of the League of Nations)的意见书中，曾坚决赞同此种见解。在金本位制度下，物价水准该是怎样受着通货供给——结局是受支配于金之供给——和需要借着通货周转的交易额之间的关系的，影响我们在前面已经讲过。我们并且知道，金供给增大会提高物价，金供给缩减会降低物价；同时，金总额以及可供利用的金的分配，又会影响到以金为基础的通货额；所有这些提示，诚然都是事实。但贸易不况，系与低落物价紧密关联；贸易繁荣，系与昂贵物价紧密关联。如其物价水准的变动主要是由于可用作货币之金供给的增减，那末，要主张这种增减变动是经济繁荣上之变动的基本原因，那不是振振有辞么？

这种见解是惹人注意的，但却不着边际。由前世纪七十年代中期到九十年代中期，世界物价水准几乎在逐渐低落。我们如其把这20年解作是世界贸易衰落期，那就远于事实了。不错，在这个时期当中，曾发生几度严重的贸易不况——如七十年代后期的不况、八十年代中期的不况、九十年代初期的不况。但全般看来，这在世界繁荣及世界生活水准上，却是一个发展异常迅速的时期，哪怕就在此后世界物价水准向上的20年中，其发展甚且还不及这时期的迅速。在产业不况时期，物价诚然是趋于下落；在繁荣时期，物价诚然是趋于昂腾。但要把物价上的这种短期动摇，证示其与世界金供给变动结果所生的物价水准上的长期上扬或下落的趋势相一致，那是不可能的。物价的低落，如其不比较生产力的增加更为迅速，则那种低落程度，并不会招致贸易的不况。而且，生产力假如进步迅速的话，低落的物价水准，甚且很可同工商业上之高度繁荣景象相并行。

因此，贸易循环之纯粹货币上的解释，简直与纯粹心理上的解释，同无是处——不过，我们得承认一点，在增大或缩小那些导因于更基本原因之诸种变动的限度上，货币现象是有极重大的影响的。

第四节 贸易变动的原因

关于贸易变动，还有一种最博人赞许的解释；这解释，虽然特别与荷柏生(J.A. Hobson)的名字相关联，但其借助于马克思《资本论》(*Das Kapital*)第二卷中之论断者颇多。荷柏生氏异常重视贸易由增大生产费与物价间之差额而改进的影响，即增加企业利润，而不相应增加劳动工资水准，或社会大多数消费者之购买力的影响。我们在前面讲过，此种企业利润的增加，势必刺激投资，并使建造业呈现一大活跃。但要由这种投资获得经济报偿，非有容纳新工厂所增产的消费财的充分市场存在不可。照荷柏生氏的提示，在现行制度下，充分市场却又是不会存在的，因为工资总是低落在利润后面，而那些获取利润的人们，又照例是将其利得用之于消费财方面者过少，用以购买新生产工具者过多。其结果遂酿成社会在繁荣期中的相对“过多蓄积”(Oversaving)，以此相对“过多蓄积”，供应减缩的消费需要，势必导来一不幸事态，致新设工厂非无利可图，即系凭其竞争能力，使原有的效率较少的工厂停止业作。由是，劳动者解雇，社会消费力进一步缩减。此种事态，将因新工厂之更高度机械化，即以较少量劳动产生同一数量货物，而益增大其严重。

消费需要一经感到缺乏，首先由竞争受到致命打击的，就是那些经营效率较少的公司，以次即会影响到效率较好的公司的生产费，使它们不得不停止其一部分的工厂设备。这一来，企业规模因之减缩，在此减缩过程中，许多破产与亏折现象，随之发生，直至生产力规模达到足够供应缩减的消费需要为止。当生产力与消费力之新均衡，由此等工厂设备之停止与废弃而形成时，企业活动乃再有缓慢恢复的可能；此后，新的繁荣景象出现，而同一不况事态，又将紧随此新繁荣景象而重复光临。

在我想，在一切关于贸易循环的解释中，这算最接近于真实。其认识全根据客观事实，其中心议论，实亦无可非难。工厂与各种生产工具之用途或价值，只有在它们所生产出的货品能找到有效需要的限内，才可表现出来。把消费财之购买力，转用以从事生产工具的创造，在超过适当限度以外，是定然不免发生危害的。荷柏生氏且曾指示我们，在现代社会中，把消费财的购买力转用以创造生产工具的努力，又有趋于超过此适当限度之理由在。那理由就是在企业繁荣增加时，工资照例是落在利润以后。

贸易不况何以会中止呢？ 不过，像荷柏生氏的这种解释，亦并不能说是完全适当。因为，我们如其回顾一下前世纪的繁荣与不况，而不在心目中预存着某种理论，我们将发现一种事实，就是所有这些变动，都可有其各别的特别原因。无论在哪种场合，这诸般特别原因的活动，都无疑曾由心理上与货币上的要素，以及由消费与投资之失却适当平衡关系，而增大其作用。但荷柏生氏的理论也好，其他的理论也好，对于贸易不况既经发生，何以复又终止的理由，在我想，都不曾有过满意的解释。然而在承认贸易循环理论健全的限内，却又必须把贸易不况之所以终止的理由解说明白。

况且物质繁荣上之进步与增长，还不应说是人类经济活动之自然产物么？在一切的时代，人类对于自然的支配力，以及其生产物质财富的权力，在较大一部分世界上，其增加的程度，总要远较人口的增加为迅速。我们一定可以这样说，贸易不况终止的解释，不外就是那些造成贸易不况的动因，已逐渐消失其作用，致经济活动之正常进步，得以毫无阻碍的恢复。

这种见解亦有其是处。但我们决不要忘记一点，就是，经济生活之正常趋势，哪怕是不断进步的，然贸易不况景象一经发生，势将不免引起其他愈益加深不况之人为原因发生作用。物价愈因需要缩减而低落，需要即愈会缩减，以致更进一步促成物价运动的向下。人们愈感到悲观，他们就愈有悲观的理由。银行对于垫款愈加神经过敏，其垫款就会愈不可靠。不况是会演成不况的。照普通的说法，存货如其出清，一定会在相当时期导来复兴机运，可是这对于大多数不况终止的原由，完全不能予以说明。在现代情形之下，现行生产即令经过最残酷的缩减，存货能有出清的希望么？以过去数年间的数字而论，在不况开始时蓄积的许多原产物的存货，慢说出清，就连减少的数字，也不易发现哩。到末了，世界诚然要开始消耗其存积的小麦，但那对于使原产物存货缩减到允许恢复原初价格水准的企图，依旧没有何等成就。

像这种现象，也许可以说是因为世界在经济的方面，现在比以前要更有组织：惟其如此，联合组织保藏存货的力量较大；而这些离开市场之存货的保藏，乃有使现行生产水准提高的可能，因为保藏的存货如都投积市场，那生产规模是非缩减不可的。根据这种事实看来，有人就主张借着有组织的保藏存货的手段，来阻止不况，其结果实足以延长并加强不况，且使一切必需救治的活动，受到妨碍。但这种提示即令有其是处，然不论不况延长多久，存货逐渐出清这件事本身，究竟是否会达到足以刺激贸易复兴的限度，则似乎颇是疑问。此外，比这更使人津津乐道的见解，就是把贸易不况终止的原因，归之于银行政策的转换。因为银行家当贸易不况时，既把信用放款缩减到极低水准，他们的手中，遂存有大量闲散的游资。因一般企业家的惧怕损失，不肯投资，且因大家愿意不论利率高低，把资金安全保存在银行中，以待好况的到来，于是这些游资大形膨胀；游资膨胀的压迫，结局乃使银行家改变其紧缩政策，而允许较自由的垫款。由银行增加垫款方式而加入流通界的新货币，自然够使物价抬高，而给予贸易复兴以必需的刺激。

银行家能干什么呢 实在讲来，银行家在不况时期，由垫款创造新货币的权力，是极其有限的。企业家不找到有利可图的企业，以使用其借得的款项，银行家决无法强迫他们向其借贷。银行方面尽管采行低利政策，无奈企业界对此低利资金，不能发现有利用途咧！如就中央银行来说，中央银行即令用购买证券的方式，努力使流通界的货币增多，但这些由购买证券付出的货币，也许只会贮存在银行方面；货币像这样由银行发出去，重又返回，那于实际流通的货币额，无任何影响。所以，要想在贸易深刻不况的情形下，借创造信用以复兴贸易，究非银行单独所能为力。银行只能利用——或不能利用——摆在它面前的有利机会。当机会到来时，银行如不能利用，不借此扩张信用，那也许不免要无限迁延贸易的复兴。但它们的活动，究只能把握着客观环境所提供的机会，而不能离开客观环境有所成就。

荷柏生氏也许会作这种提示，以为贸易不况之所以终止，照他的理论解释起来，就是由于不况时期的工资与利润，恰好与繁荣时期表示相反的趋势。工资率的缩减，通常皆比较物价低落缓慢，同时利润的跌落，则最为严重，因为，我们在前面讲过，利润的取得者，为生产过程上之余产领有者(the residuary legatee)。所以，在繁荣时期，现代社会会作过多的投资与过少的消费；在不况时期，则投资之抑制，又会较甚于消费。而且，生产资源既因投资抑制而莫由扩张，势将开始给予那些准备冒险投资者以种种实在的有利机会。这种见解，无疑含有若干真理，但却毫未注意到以次两种重要动因。第一，社会在不况的时候，就令没有新的投资，实亦不难继续运行；并且，在一个长时期内，它还可觅取那些因过去投资过多，以致超过其现行消费力的生产资源。世界今日对于创造其能够即时购买的一切货物，并没有缺乏生产资源的征候。假若我们要等着"不足的投资"(under-investment)导来一种贸易的复兴，那我们就实在非等待一个极长的时期不可。

第二，不况时期工资率的低减，照例虽较物价的跌落为缓慢，但工资率的低减，究不足充分显示总工资额的减缩。总工资额除了受工资率变动的影响外，同时还会因解雇与雇佣不足而大大缩减；并且，决定劳动阶级之消费力的，不是工资率的水准，而是总工资额的大小。如在当前贸易极度不况的美国，其劳动所得总数的数字，就比较劳动者就业人数，或标准工资率所显示的惨落情形要严重得多。在英国以及其他实行失业保险制的国家，劳动者总购买力低减的这种趋势，曾由国家以赋税转移贫富收入的方式，在某种限度得到抵销；并且，在此种情势下，消费与投资间的差额，还会因以矫正。但在美国不同，美国之消费与投资间之差额的矫正，其发因于国家用以救济劳动阶级之现行收入增加者少，而发因于投资者积极停止业作，以致富者一大部分收入，既不用以投资，亦不用以消费者多。但不论招致此差额矫正的原因如何，此种差额矫正本身，无疑为促成贸易不况终止之一原因。可是要完全借此解释不况之所以终止，那却颇嫌不够。

论到这里，我可以作这种提示：不况的终止与繁荣的恢复，一部分是因为经济进步，为现代企业世界之正常状况；但一部分也因为利用某种侥幸事件，或采行足以改正不况趋势和导来复兴的某种精密政策。换言之，不况无论延长好久，复兴究不是自动招来的。人们期望复兴，要就是不用积极努力，坐待足以招致复兴的某种事件或某些事件的到来，不然的话，就要诉之于妥为配布的确定计划。

过去所有的大复兴工作，殆莫不与若干足以克服其累积不况趋势的侥幸事件相关联。如黄金的新发现，如处女地带的开发，如若干特别市场——例如一八七〇年的德国市场——上之需要的突然扩张，如若干曾对捷足先登者给予高利润鼓励的划时期新发现之迅速探索——所有这些以及与此类似的原因，都曾使过去因经济制度活动而招致的接二连三的不况，次第得到解救。因此，处在当前不况的情势下，我们所待考虑的问题，就是看我们是否能依赖振敝起衰的某种相类似的幸运，或者还是必须以有创意的复兴计划来代替坐待幸运光临的观望政策。

第五节 当前的不况

当前的不况，实较以前任何时期的不况严重，就不况所引起的工业衰落的深度，或其延及世界各国的范围说是如此，就其在各国财政上及国际关系上惹起的搅乱程度说，亦是如此。正常的企业不况，无疑要使许多生产者贸易业者陷于破产，但过去所曾经历过的不况，却从没有像现在这样严重的，世界一大些国家的政府，都感受着国家破产与整个政治经济解体的威胁。这种事实，使当前的不况，具有一种异乎前此任何不况的性质，从而，现在要单靠机会，甚且要在单独一国之内采行有计划的行动，使世界走上复兴之路，那是比较困难多了。

像当前不况的这种政治性质，即使政府与私人资本家同样受到影响的政治性质，在大体上，显然是基于以次三种事实。第一，因为由世界大战剩下了国家与国际间的战债遗产；第二，因为借外资复兴欧洲的努力之难期确定；第三，因为物价崩落到了不够支持战时及战后债务的程度。战时及战后累积的莫大债务，哪怕其重压不因物价暴落而大增，要支持亦颇不易；今其物品价值既随物价跌落而增加起来，那显然超出了世界支偿能力之外。因此，世界走向复兴之路的第一步骤，就分明是在使许多国家的政府由此债务负担解脱出来；为要重新确立国家经济体系上之健全偿付能力，从而对再建国家产业安排一稳固基础，这些国家都希望履行其债务，但它们要求债权国把这债务大大的缩减或勾销。假若这点不能由国际协定而达到，势必使各债务国采取赖债的方式。如其债权国多方阻止赖债事态的出现，其结果也许竟不免由此导来世界的革命。

不过，我们就假定说世界各国政府都充分理解此种事态，并且债务负担已经缩减到了有办法的限度吧；由此造成的相互信赖情势，虽然容易使世界走上复兴之路，但世界的复兴，却并不能由此得到实现。然则解决债务问题以后应行的积极步骤是什么呢？大体上说来，那些步骤在某种限度是偏于国家的，在某种限度是偏于国际的。国际方面最关重要的努力，就是关税障碍的减除，自由贸易领域在可能范围内的扩张，以及使各国间的生产物，得依某种协定而相互交换。而与此撤除贸易障碍应当同时进行的，就是大量裁减军备；军备裁减，一方面可使资金用之于建设的经济工作，一方面可以对于较自由的国际经济关系的更生，与投资的复活，造成一种良好的空气。不过，诸如此类的国际政策，都当与每个国家在国内刺激雇佣和生产的国家政策，相辅而行。我们讲过，当前不况的最黯淡的特征之一，就是工业投资意向的潜消。凡在私人投资者不肯投资的地方，政府都起而努力。要在改善的国际关系之下促成世界的复兴，最好莫过于世界主要各国政府直接计划并资助国际间大规模的系统的公共事业的发展。特要实施这种国际建设政策，势须推行比较自由的信用政策，如有可能的话，且须推行一种国际信用协定；在此协定中，每个国家都同意解除其现行通货制度的桎梏，而在一种改革的金本位制的基础上，或借着一种在管理上不关涉到任何金属本位的各国相关的通货体制，而扩大其信用。

由国家准备的工事　在大战以后的若干年间，许多国家对于其失业的人民，都曾由发展公共事业的政策为他们准备工作，但她们当时的努力，大都近似敷衍。迨失业逐渐成为严重问题，她们才开始加紧进行那些打算在最近将来始进行的种种工事，以图缓和。她们实行这种方策，是预计不况不久可以终止；并且只有不况是暂时的性质，这种方策才能显示其效果。因为加紧进行种种公共工事的结果，势必至缩减此后诸年度所需举办的工程。况政府通常采行的方法，不外是督促地方当局即时进行其属内的工事，并为此目的，给予他们以特别津贴，或轻易的借款机会。在某种限度内，这种政策是不难收到一时的效果的。但不况如其一直延长下来，地方当局就愈加不愿因这些工事，而增加其支出，因为，在他们看来，这些工事都含有救济失业的性质，其负担应加在国税项下，而不应加在地方税项下。因此，凡属努力施行此种政策的政府，就令其对地方当局给予以鼓励的津贴，它们都发觉其效用会很快的归于消灭。

况当前世界的不况，早伴有一种主要发因于债务负担的财政危机，这危机，使各国政府都企图把支出削减到绝对的最低限度。但就眼前破费的支出上着想，雇佣一个工人，往往是比用失业救济费豢养一个闲人，要多费许多；因为工人由工作所得的工资，一定要较其由闲着所得的失业救济费为高，况且工作还要材料，工事完成后还要组织和监督哩。把这些都加以考虑，在企图减缩支出的政府看来，当然把工人闲着，要比较为他们安排工作便宜。在这种种条件上计算费用，不但完全忽视了使用失业劳动者所能创造的产品的价值，且完全忽视了劳动者长期失业在其将来生产能力上发生的破坏影响。但终日为财政所苦的各国政府，她们只关怀眼前开支的缩减，而不大能注意到健全的经济学；所以，当世界不况袭来后，各国对于其曾在进行的公共工事，或则抛弃，或则猛烈的缩减。

假节省的危险 但这种缩减政策，是自杀的政策。正当着私人投资极其不振的时候，政府又停止其对于公共事业的投资，其结果，当然会加大不况与失业，且进一步使私人投资者，不肯以金钱作冒险的尝试。其实，政府在长期不况时所须努力的，就是要勇于投资；其投资政策，一方面在用货币代替私人投资者不肯投下的货币，同时且在由此创造间接需要，以便敦促那些私人投资者，重新参加投资活动。不过，像这种政策如幸而得到赞许，其所取的规模，必须远较不况以前业经实行过的规模为大；过去此种政策的大缺点，就是政府所担当的工事，几乎完全限于那些不能直接再生产，和以为其不会直接再生产的事业。国家小心谨慎的不与私人作牟利的竞争；为达成此种目的，凡属于育成工业复兴有极大影响的诸般工作，她都不肯担当。一种由国家提供雇佣机会的更新政策，决不要只限定其工作范围于道路建设和市政工事。那除了大大发展房屋建筑事业外，尤须集中其全力于国民生产力之实际改进，以期有助于旧基本工业的改造与重装，且赖以促进那些应大众变动的消费需要而新设的工业及其他事业的发展。在此种政策努力的范围内，像使全国铁路干线电气化的一类事业，本可列入；但除非国家有充分的资本，能直接使既有的工业合理化，使新设的工业发展，那是无法求其完全和有效的。在当前世界一切国家中，美国算最宜于采行此种政策的国家，她的赋税比较轻微，她还拥有待开发的广大天然财富。此外，她并还有一种利益，就是，她可增加通货与信用的发行，而不用丝毫改变其货币制度的基础。在过去一年中，美国虽然有大批黄金的流出，但她如能觅得有效扩张信用的手段，她仍是拥有可为扩张信用而自由处置的大量黄金的。

特扩张信用，必与信用的有效利用相辅而行；政府如没有借发展公共事业的政策以增加信用的需要，则银行方面仅仅扩张信用的效果，就实在颇是疑问了，在市场上没有需要的限内，由银行方面发出的新货币，不是马上就要回到银行来么？但如在美国那样的国家，实行国家统制的信用扩张与公共事业发展政策，那颇不难招致产业复兴——不过，这是仅就她自己的权力说，其实复兴产业，同时还待国际债务问题与国际关税问题的澈底解决。特在世界各国中，究还只有美国能由国家扩张信用，发展公共事业，而不致引起何等危险。因为，美国即令试行这种政策完全失败，她由是引起的顶坏的结果，也不致使其较现在更坏。但如其他国家试行此种政策失败，则恐不免要惹起严重得多的破局。例如就德国说吧，德国不但由《杨格计划》缚着在金本位制上，且还负担有莫大的赔款与其他外债利息的重担，她要试行这种政策，实不可能。即如英国，她要不确然断定美国与她采行同一步骤，那她对于这种政策的推行，也只能适可而止，超过某种限度，恐亦不免发生危险。

假如世界要从它现在的困境走上一种再造的资本主义的途径，我看，没有比这更不可靠的事。许许多多造成当前不况的动因，似乎还会一仍旧贯的创造将来更大规模的反常状态。因为，由现行收入在消费与投资间之不当分配所引起的不况，乃系资本主义的内在趋势，此种趋势，决不致因任何使资本主义重新创始的方策的采行，而受到何等影响。繁荣即令由当前不况中恢复过来，此后仍将不断为一次严重一次的不况所威胁。如其我们假定说，经济的国家主义的诸般动因，一旦予以澈底的铲除，当再度不况袭来时，也许不致再有增大其严重性和延长其时间的政治纠纷，这是过于理想了哩。在实际，资本主义社会收入在消费与投资间之不当分配趋势，在将来的繁荣景况中，与其说它会减弱，却毋宁说它会加强。因为，除了那些在以前业经存在过的诸动因之外，现在又加上了一种会不断代替劳动的合理化的动因；在技术进步最速的时候，劳动由机械代替的程度亦最利害。此种代替，会进一步阻止消费力的扩张，且会阻止消费意向与生产力增加成比例的扩张。当一九二九年以前的几年间，此种趋势曾在美国有害的作用着，而其他国家在将来的繁荣中，亦殆不免蹈其覆辙。因为，我在前面讲过，现代技术的进步，并不会以使用那些使劳动更能生产的机械为满足。它的倾向，还逐渐在使人类的生产力直接由机械来代替。如其各国打算当其全国劳动者一达到中年时，即以年金供养着，这种技术进步的影响，无疑能够予以阻止。但是，除了美国外，任何国家要致力于此，都非与其余各国采取同一步调不可。因为，施行这种政策，势不能不由较高赋税增加生产费，生产费增加，当事国之输出工业即将蒙到阻害。英国是社会立法方面的先进国家，她曾经发现，她在这方面垫支的费用，其限界不是由国家财富总量所设定，而是由国际竞争之紧急要求所设定。如其我们作这种提示，说世界各国可以把豢养较年老劳动者，当作一种合理化的垫支，而成立一国际协定，那似乎失之幻想。但是，不从这方面努力，各国究将如何妨阻机械化发展所不绝低减消费力的影响呢？即使世界资本主义最后显出一种新力量，能把握客观事实，并协同致力于够使当前不况告一结束——一个极大的假定——的复兴，但这种复兴，并不算是世界资本主义困难的终结。因为，在世界现行经济制度中，存有种种为卡尔·马克思所称为矛盾的内在缺陷，并且，在此经济制度之基本构造未经澈底变革以前，这些内在缺陷是无从消除的。

第八章　对外贸易与财政制度

第一节　一般的观察

一切发达的国家,都多少要依赖对外贸易。她们必须输入某些为她们缺少的原料或无力制造的商品,并且她们还得输出货物,以抵偿其输入。而在那些经济进步尚未脱却初期阶段的国家,通常还要对资本——主要如铁道材料以及供产业发展所需的机械一类资本财——的输入,行使支付。对外贸易原不外是货物与货物的交换。但各国间的这种看似简单的关系,却为以次两种事实弄复杂了:那第一是一国借款于他国,要求偿付元本与利息的资本移动;其次则是勤务的购买。勤务购买系发生于这样的场合:比如一国的输出输入,主要由他国的轮船或铁道运输;又如一国国民借游乐或对家族汇款的方法,在他国耗费其金钱。

至若在那些较人与较发展的国家的场合,其情形更特别要因以次的事实,而益增其复杂。那种事实就是,那些较小与较不发展的国家,大抵是靠着世界大金融中心——特别如伦敦——而周转其对外贸易。世界一大部分的外国贸易,都是借伦敦所开的支票周转;并且许多船舶与货物的保险,亦是集注在伦敦市场。

因此,世界各国的交易关系的任何账务,就不仅只包括着由一国到他国的货物移动,同时且包括有事实上于货物移动无关的支付。各国间的贸易差额,通常是由她们彼此间实行输出输入的货物总额的比较,而加以推算。但是,对于许多用途比较更重要的支付差额,却包括有"有形的"(visible)与"无形的"(invisible)项目,并且,其列入计算的,不仅是关于货物与勤务的现行支付,凡属由过去投资,及由新投资或短期借贷而移动的资本金额,都在计量之列。

一切发达的国家,虽然都在某种限度依赖外国贸易。但她们彼此之间的依赖程度，却极不相同。有些国家能消费其国内所生产的物品的大部分，她们对于生活资料，不一定要怎样仰赖输出或输入；同时，其他国家所生产的物品，却有一大部是为了供应外国市场，从而，这种国家就非靠输出以换回其不在国内生产的种种货物不可。这些大体上要仰赖外国贸易的国家，可分为两组：第一组包括有欧洲进步诸制造业国家，如英国、比利时、德国乃至次于英、比、德的法国；第二组所包括的国家，主要是输出食品与原料，并由这类原产品的输出，以换回其所需的大量制造品。

1929 年度主要各国在世界贸易上之百分比

单位：%

国别	输出	输入	总数	输出对输入之百分比
英国	15.3	10.8	13.2	69
美国	12.2	15.8	13.9	114
德国	9.1	9.2	9.1	97
法国	6.5	6.0	6.2	75
加拿大	3.5	3.4	3.5	92
印度	2.6	3.6	3.1	117
日本	2.8	3.0	2.9	97
荷兰	3.1	2.4	2.8	74
意大利	3.2	2.4	2.8	69
比利时	2.8	2.7	2.8	91
阿根廷	2.4	2.8	2.6	127
中国	2.3	1.9	2.1	76
澳洲	1.9	2.1	2.0	101
捷克	1.7	1.9	1.8	103
荷属东印度	1.3	1.8	1.5	127
英属马莱	1.4	1.6	1.5	103
瑞典	1.3	1.5	1.4	102
西班牙	1.5	1.2	1.4	77
瑞士	1.5	1.2	1.4	77

续表

国别	输出	输入	总数	输出对输入之百分比
苏俄	1.2	1.4	1.3	106
丹麦	1.3	1.3	1.3	95
巴西	1.2	1.4	1.3	109
南非联邦	1.1	1.4	1.2	109
奥地利	1.3	0.9	1.1	67
波兰	1.0	1.0	1.0	90
爱尔兰	0.8	0.7	0.8	78
埃及	0.8	0.8	0.8	95
新西兰	0.7	0.8	0.7	114

至各国相互间之对外贸易的地位,很可由下表而征知。这个表所表明的,是主要各国每个国民对外贸易的价值(以美金计算)。至表中选定1929年度的原因,盖以同年度可以代表输出输入价值未深受物价大变动影响以前的情况。

1929年度世界主要各国每个国民之输出输入价值

单位:金元

国别	输入	输出	总数
新西兰	158	176	334
丹麦	129	123	252
荷兰	141	102	243
加拿大	127	114	242
比利时	119	108	227
瑞士	127	99	226
澳洲	106	107	213
英国	118	78	196
瑞典	78	80	157
阿根廷	75	81	156
法国	55	47	101
德国	50	47	97

续表

国别	输入	输出	总数
南非联邦	44	52	96
美国	35	42	77
意大利	27	19	46
日本	16	15	31
波兰	11	10	21
印度	3	4	6
苏俄	3	3	6
中国	2	1	3

新西兰与丹麦 从上表的数字,我们将发现,其中每个国民之输出输入价值特大的国家,不是我们料想的欧洲任何大制造业国,而是新西兰。新西兰主要是为世界市场,特别为英国市场生产食品;她输出肉类、牛油、鸡蛋以及其他许多比较昂贵的食品,同时则多半由英国换回其因地狭人稀,致不能依其简陋设备而自行生产的制造品。表中立于第二位的,是丹麦。丹麦与新西兰的情形相类似。其国小,其制造生产设备简陋,从而,她宁愿集中其全力以从事集约的农业经营,由是提供其他国家以比较贵重的各种食品。在大体上,丹麦也十分之八九是依赖英国市场。因为,在世界一切国度中,英国是这类食品的最大输入国。至在表中居第三位的荷兰,亦是大量输出肉类、牛乳制品和其他在容积上具有相当价值的食品。不过,与丹麦或新西兰相较量起来,荷兰还不失为一个制造业国家。

加拿大 表中居第四位的是被称为现在世界主要仓库的加拿大。加拿大有最大量的剩余小麦,输供世界市场。自一九一四年以来,她曾大大扩增其小麦耕地面积,并使她自己极度依靠世界小麦市场的空想。不过,在同一时期,她还大大增加其主要供国内日益扩大的市场的工业生产。实际上,加拿大现正经历着美国50年前经历过的阶段。她的广大地域与丰富的天然物产,显然还有容受更多人口的大涵容力。当其人口密度增加时,她对其自己原产物的消费将更多,而其原产物对于世界市场的依赖将更少。但她现在却正遭逢着若干困难情形:她的人口,尚不曾增加到够为国内市场而促进各方面制造生产的程度；同时，农业上的种种困难，又使其继续为输出的小麦增加耕地太不上算。特当前加拿大的农业，已经有一种由草原状况下之小麦大量生产，移向比较杂植的农作——比较少受某一特殊商品之世界价格的影响——的趋势。并且近几年来，她还有一种为刺激国内制造工业发达，而逐渐增高其输入制造品关税的趋势。加拿大是以唯一输出物——小麦——系其繁昌运命于世界市场的一个显著适例，但她同时却在借着制造产额的扩增，而迅速向着工业与农业间之比较均衡的关系迈进。

比利时与瑞士　表中次于加拿大的国家是比利时。比利时是欧洲人口最密的工业区域。在百余年前，她已经在专门为世界市场从事低廉工业品的生产。其工资与生产费都低。这种条件，使比利时制造业者与其他较大工业国相竞争时，获有一种利益。大战以后，比利时的关税领域，因卢森堡加入而顿形扩大。这种关税领域的扩大，使她在钢业生产的诸国中，占有重要的地位。她的主要输入品为食品原料，其输出者为制造品，就因此故，她一直是一个低关税国家。她的较大得多的利益，显然是在扩充她在世界贸易中的分额，而不在使其在褊狭的领域内，努力求其更进一步的自足自给。就极端依赖世界市场之消费力而论，她与丹麦相似；但丹麦主要是输出食品，输入制造品，而比利时则恰好是正相反对的输出制造品，输入食品。

表上更次于比利时的瑞士，也是一个输出制造品的国家，如钟，如表，如丝及人造丝，如若干种类的机械，乃至如罐头牛奶和巧格力糖，都是她的主要输出品。至其所输入的品类，则主要为食品以及大部分应用于制造业上的原料。不过瑞士对外贸易的性质，特别使我们容易误认其国际地位。她是一个多半要靠国际旅行者生活的国度；她由海外购买其所需物品的手段，大部分是由世界各国旅行者所支出。在瑞士的支付平衡上，此无形收入所占额数极大。假若我们把这些无形收入通通列入，则她在上表中所占的地位，甚且比她现在的地位还高。

澳洲　过了瑞士，就是澳洲。澳洲也是一个输出食品原料，并主要输入制造品的国家。不过，她努力用高率关税保育其制造业，维持其人口之高的生活水准，在这点上，她甚至比加拿大还要利害。澳洲不像加拿大那样依赖独一商品的输出。她最重要的输出品，是原产羊毛，其次是颇不及羊毛重要的小麦，其小麦的输出数量，因年成的变异，而逐年大不相同。至其输入的制造品，则包括许多项目，就中以机械与其他金属制品以及纺织物为最重要。其国内工业生产费高昂，其国内市场亦因人口稀少而相对窄狭。就因此故，她就只能借着极高关税的手段，以发展庞杂的制造业。她的最低限度工资法，颇有助于其生产费的抬高。以短视的眼光看来，她仿佛是以更大的努力，集注在农业生产方面，较有利益。可是，这种见解的正确性，大抵要视其将来吸收人口的涵容力而定；而且这是一件极有疑问的事体。澳洲内地多半干燥，即令能有有效的灌溉设备，亦只适于集约的开发。其现有人口，多半住在边海地域；而在此地域内，要为杂多的大量廉价制造品发展充分广阔的内地市场，实在颇不容易做到。有些人曾主张：如其澳洲经济的发展能使其与十九世纪的美国以及今日的加拿大相比较，则其为有效的经济发展而开拓内地的问题，将不难解决。但这似乎是难令人相信的；并且，除非她能做到这种地步，她仍将不免要继续依靠世界贸易——输出食品与农业原料；其关税即令再高，亦还要输入制造品。

英国 在表中数到第八位，就是英国。对于英国，我们极容易把她看为一个特别要由世界贸易维持其繁荣的国家，以致乍看到她每个国民之对外贸易价值，只当新西兰每个国民的对外贸易价值的 2/3，及其每个国民所占输出价值，还不及后者 1/2，我们一定感到惊异。此外，我们还得注意一点，英国也和荷兰与瑞士的情形相同，其每个国民的输入价值，远较大于其输出价值。此种情形，在瑞士是因为靠着国际旅行者支出上之大量“无形输出”(invisible export)支持。而在英国与荷兰，则主要因为她们都是大债权国，她们在国际贸易上，还作着大规模的金融活动。而且，英国除此以外，并还有船舶服务所得的报酬，抵偿其一大部分输入差额。

然而，就在输入方面，英国亦只占在表中列入诸国中的第七位。就制造品的输出者资格说，她不若比利时或瑞士的高度专门化；同时，她也不像那些专门为世界市场从事原产食品与原料生产诸国之依赖输入。她的输入，自然主要是食品与原料；她是世界最大的食品输入者——她由海外购买食品的价值，还较多于德美两国(她们是次于英国的最大输入者)所购入食品价值之合计。在一九二八年，英国输入食品值 4.69 亿镑，同时德国值 2.05 亿镑，美国值 2.02 亿镑。法国值 10.1 亿镑。至英国所输入的原料，则没有如是之重要。其输入价值远不及美国之大，只约与德国相当。但是，英国对于原料输入，纵因输入贸易减退而缩减其需要，在世界最大市场上，却常是占着第二把交椅。在一九二八年，英国输入原料所值为 3.63 亿镑，同时美国值 4.18 亿镑。德国值 3.54 亿镑。

英国不但输入食品、原料，且还是一大制造品输入国；她所输入的制造品额，除了足与其相伯仲的美国以外。实较其他任何国家为大。但就其输入的制造品与原料或食品比较，那却少得多了。在一九二八年，她输入的制造品（包含半制造品）值 2.25 亿镑，而美国所输入则值 2.16 亿镑，德国值 1.2 亿镑。

当我们从另一方面考核，我们将发觉英国是一个极不关重要的食品输出者，在原料方面，亦只有煤是重要的大量输出品。她的主要输出品，包括有各种制造品，就中，纺织品仍占着优越地位，其次是铁、铜以及各种建造机具。英国除了主要〔依〕赖远东市场输出其棉织物，且颇依赖煤的贸易外，她在大体上，是一个高度完成品与比较昂贵制品的输出者，其中包括有船舶、铁道材料与机械一类资本财。因此，英国的繁荣，乃极度依赖世界其他部分的繁荣；她的资本财在海外市场的销售力，因全世界，特别因大英帝国领内的经济发展步骤，而颇不相同。并且，其高度消费财的需要，亦要取决于全世界之生活水准的维持与改进。在这种意义上（非因其每个国民之输出输入额数较大于前述各国每个国民所输出入的额数）英国乃为一最要依赖对外贸易与世界市场之涵容力的国家。

阿根廷　此外，我们没有再按表一国一国数述下去的必要。我们只要合理的选定若干国来较量一下就行。表中居第十位的阿根廷，主要是依靠输出食品；在其输出的食品中，以肉类、小麦及玉蜀黍为最关重要。至亚麻、生皮、原产羊毛，亦有大宗的输出。她的输入品，以制造品及石油为大宗；为助成其经济发展计，她的输入品中还包含有铁道材料一类的大量资本财。在老早以前，英国就是以资本供阿根廷发展公共事业的主要供给者。阿根廷且靠英国为其一大市场。这两国经济关系之过于密切，以致往往有人从经济观点上（非从政治观上）把阿根廷看为是大英帝国的属领。这种事实（如我们后面要说及的），在英国财政制度上，特别是在对于保育帝国诸领地间贸易，或借特惠关税乃至“帝国自由贸易”（Empire

Free Trade),使大英帝国形成一更密切体系的任何努力关系上,会引起重要的问题。

法国与德国 就每个国民之对外贸易额说,法国占第 11 位,德国占第 12 位;但德国因为人口颇较稠密,她全国总合的对外贸易,自然要比法国大多了。法国的海外贸易,因大战结束时所获有的领域,而大增其重要;因为战前德国工业区的重要部分——特别是其中包括有洛林产钢区——都由此转移到法国了。与前表所列各国比较起来,她算是一个自给的国家,她远不若英国或德国那样的仰赖食品的输入,但对于其国内缺乏的原料,她究非极大量的输入不可。在一九二八年,法国输入的原料,所值有其输入制造品 3 倍之多,而输入的食品,则约值其输入制造品 2.5 倍之多。在另一方面,她的输出,主要为制造品,特别是如丝和精制棉织品毛织品一类奢侈品。但至现在,她又是一个钢铁、药材、化学用品以及若干种用具与机械的重要输出者。她因曾获得有新领域的工业机构,已不复能如战前那样不需要外国市场。不过,在她的新国境之内,她究比较英国德国具有使自己自给自足的较大能力。

经过战时破坏与战争结束时丧失领土的德国,其经济体制根本引起混乱。新国境完全是由其极重要的工业区分划出来;洛林之铁,与鲁尔之煤,截成两半;而德国与波兰的新国境,则又是穿过她比较次要的工业区域中心。这些损失,迫着她不能不澈底改造其整个经济组织。她再已不能重新获得其战前在世界市场上之输出者的地位。然而,借着美国资本推行的合理化手段,她已由英勇的努力,把她坠落万丈的地位,重新抬高起来。特别是在过去数年间,她曾聚精会神的扩增其输出,同时,为要抵偿《和平条约》课加的赔款重担,及战后迫而拉借的大量债款的利息,她更拼命减缩其输入。德国如同英国一样的不是重要的食品输出者。在最近不况以前,她输入食品价值,计超过其输出食品价值 6 倍以上。至其输出,系以制造品为大宗,在此次不况以前,其输出制造品额数,约与美国相等,但仍远不及英国。不过,假如她要输入大量的原料,如铁及其他矿物,如铜,如原产羊毛、棉花、木材以及热带物品等等,她对于输出,亦只能达到这种程度。除以上诸种输入品外,她还须输入大量食品,其中包括有小麦、大麦、玉蜀黍、水果、咖啡。在过去若干年间,她曾努力借出超额支偿赔款与外债利息,这种种努力,要不外是拼命压低人民生活水准,以缩减其输入。在当前情况之下，德国只能借着极端缩减输入的方策，和在国内抬高制造品价格，使制造品向外人廉价投销，以刺激输出贸易的方策，使其国际支付(包括着外债利息与赔款)维持平衡，但是，由这种种方法维持的平衡，亦还只能行于短的期间。要使其支持相当长的时期，那自始就能预知其没有可能。并且，在推行这些人为方策当中，当然不免要破弃信义，以及在德国一般人民间造成极不安定的或异常失望的心情。

美国　在表上再数下去，数到第 14 位就是美国。美国除了黑人及南部少数贫穷白人外，其全国各阶级人民的生活水准，几乎皆在世界上立于最高地位；在现在乃至在此次世界不况以前，这尽管都是事实，但美国的输出输入价值，却比较其国内生产价值为小。她有广土众民，大可自己供给。她能由自己的富源，生产其所需的大部分食品与原料。同时，其辽阔的国内市场，又使其供国内用途的大量生产，几乎能有效的应用到制造品的全领域。在世界贸易上，美国自然具有极大的重要性。她是世界最大的原料输出者。并且，尽管她自国人民的消费力在迅速增加，其食品的输出，仍颇有可观。在另一方面，她国内的资源尽管丰富，她却又是世界最大的原料输入者。她吸收有大量的生丝、原产橡皮、制纸软木、苎麻、铜、锡、皮革、咖啡、原糖，以及其他特种食品。她输入的原料，足与其输入的制品与食物两者相当。因此，美国对于那些专门生产美国国内缺少的物品的国家，为一极其重要的市场。日本的丝，马来及荷属东印度的橡皮，都是以美国为其主要市场。以食品输出者的资格而论，美国诚然是减少其重要性了，但对于原料的输出与输入，仍都是极关重要。棉花是她最重要一种输出品，在一九二八年，几占其总输出价值的 1/5。次于棉花的最重要输出品，为摩托车、提炼汽油等等。在同一年度，原料占总输出 38.5%，制造品则占 37.5%。两者的价值，合计达 20 亿金元以上。就每个国民之输出入概数立论，美国的对外贸易，虽然是相对的少额，但她并非可以放弃世界市场，其国内经济体制，并非不受世界不况的影响。她诚然不像世界其他主要各国一样的依赖外国贸易，但如说到经济孤立，或建立国内繁荣，而不关怀世界其余各地状况，那就简直无异一种危险的胡说。

就前表所列各国的顺序言，次于美国的是意大利，再次是日本，又再次是波兰。此后我不想一一数述。因为我那个表，并不曾包括一切国家，而只是包括着那些在贸易情形上表现有某种值得评述之特点的国家。最后三个国家,如印度、苏俄和中国之列入,盖取其可与他国相对照,并非因为要按照顺序排列起来。

远东 就中国与印度的庞大人口而论,其对外贸易是颇不足观的。中国每个国民之输出入贸易总额,不够新西兰同贸易总额的 1%,在印度,则不够后者 1/50。这原因,一部分是由于这两个国家仍有最大一部分是未发达的农民社会,其居民皆系依靠衣食所资的农业,过着低水准的生活。她们的人口稠密,其土地则碎分为小的租地,全国有最大多数的人民,是由此勉强维持其生存。在上海与孟买,听说制造业方面的工厂制度,近来颇称发达;并且西方诸国的贸易方法及交通设备,亦在远东大有进步。但这诸般事体,仅只触着印度及中国经济制度的边缘。设就人口数量的比例上立论,在远东方面,只有 4 个国家对于世界市场的生产,有了相当的发达。那 4 个国家是:专门生产橡皮的马来与荷属东印度,大规模植茶的锡兰,以及最称发达的日本。但,哪怕就是日本罢,无论其怎样努力采行西方的技术,和使其国内的机械生产普遍化,她仍要依赖生丝的输出,并且大体上她仍是像中国与印度一样从事小农经营的农业国,其国内一般人民,则靠着这种农产物及当作其副业之缫丝业的收获,以度其极低水准的生活。

波兰与中欧 波兰之重要性及其在表中所占的地位,主要是由于她在大战结束时,由德国取得了已经发达的工业区域。她的特别重要输出品为农产物及西勒西亚煤区(Silesian coal field)出产之煤。至于其他工业,那都在世界市场上比较无关重要。

除煤与锌而外,其主要的输出品为木材、猪、鸡蛋、糖以及其他的食品与半制品。至她的主要输入品,则是棉花一类的原料、制造品,特别是机械。她在世界贸易上的重要性,就因其为德国、捷克斯洛伐克、奥国乃至英国工业的市场。假如东欧南欧的贸易情形够使波兰及其邻国得专门从事彼此最适宜的生产物的生产,而不相互以高率关税使彼此的生产费抬高到不必要的高度,那波兰将来的发展,显然是大有可观的。当前的不况,使农产品输出国的波兰蒙受了难堪的打击。她要发展工业,又极度缺乏资本。而她在政治上的地位,复又动摇不定;假如她对于苏俄,乃至对于其邻近小国,仍继续维持其不愉快的关系,她这种地位,一定是要照样延续下去的。

苏俄 最后，我要述及苏俄。在一九二八年，苏俄每个国民之对外贸易额，与印度每个国民之对外贸易额不相上下。自这时以后，苏俄之国内生产与输出贸易，实均有显著增加；而这后者的增加，又开始使俄国得重新确立其旧来所保持的欧洲仓库的权益。今日的俄国(亦如战前的俄国)是食物与原料，尤其是小麦、木材、煤油以及苎麻的输出者。她在五年计划下发展其制造业生产的强烈努力，必然要使其由海外购买大量农业上的工业上的机械和运输材料。不过，当前的俄国，却在以惊人的努力，使其国家在可能范围内达到自足自给；就是对于那些需要最高度生产技术的工业亦是如此。假如她在国内能找到必需的有管理效率与工厂训练的人材，以她那样繁多而且在不绝迅速增加的人口，更益以她境内那样丰富的天然富源，她要做到比美国还能自给自足的地步，那显然大有可能；因为她的气候，她的原料生产力，较之美国还要庞杂哩。苏俄的市场如能发展起来，其阔大的程度，几乎够使其制造业的每个部门，极顶的专门化。而且，在某一个时期内，她为了偿付其必需的输入，虽然要努力扩张其小麦、木材及油的输出的剩余，但我们敢断言，她此后定会使其生产的任何限度的小麦与油，有更大部分供国内消费，并且，在不久的将来，她的制造品输出者的地位，将比其原料输出者的地位更为重要。不过，她这种景况是否能够达到，主要要看世界其余一切国家对于她的态度如何。现在任何形式的抵制，或充分信用供给的拒绝，都将加强其尽可能的谋国内自给自足的倾向，并使其由缩减制造品的输入，以缩减其为偿付输入而必须成就的输出。在后面，我们将把这与世界其余各国相关联的苏俄的全般景象，加以比较详细的观察。我们在这里所要注意的，只是苏俄眼前在世界贸易中所占的地位，显然与其所拥有的自然资源与生产力不成比例。她的孤立，系由世界大战与革命所造成。她这种孤立状况将继续下去，抑是为了彼此两方的利益，在她与其他诸国之间进行大规模的商品交换，那是取决于她，同时也取决于其他各国。我们不妨这样说，世界其余各国需要苏俄的市场，远较——或者苏俄的孤立在最近将来还继续的话——苏俄需要她们的市场为利害。最近还协同联合抵制苏俄贸易的人，试对这种有重大意义的事实，加以注意、考究和体验吧！

第二节 世界贸易概况

上面是关于世界主要各国对外贸易地位的一般观察,由此考察,我们发觉了若干显著的对照的事实。各国依赖输出输入的程度,不但非常相异,即此依赖的性质,亦显有差别。有些国家专门从事输出的制品的生产,有些国家专门从事输出的食品与原料的生产,还有些国家则同时兼为原产物与制造品的重要输出者。至关于输出制造业上所需的原料,有的国家有一大部分是由自国境内取得供给,同时其他国家则须大量输入。此外,有的国家将接近所谓"平衡的"经济(balanced economy)——就是,其人民在工业与农业之间的分配,差不多达到了自给自足的程度——而其他的国家,则或须输入极大量的食品,或则十分之八九要仰赖海外生产的制造品。一般的说来,在从事输出制造品生产的诸国中,有的国家生产有种类繁多的商品,她们并非主要的或完全的要仰赖某几种商品的市场。同时,在主要为食品与原料生产者的诸国中,有的国家则要大大仰赖某一种商品(如小麦,或橡皮,或茶)的市场,从而,她们所须输出的某一商品及其需要购买的诸多商品的相对价格水准如有所动摇,她们的经济制度,就特别容易受到搅扰。不过,在其他许多国家,虽亦专为原产物的生产者,但她们并不以同一程度依赖某一两种商品的市场。像这样的国家,即令在世界全般贸易不况的当中,要与其他一切国家蒙受其影响,可是,对于与她们有关的特别市场发生变动,她们却是处在比较容易应付的地位。

我们这种考察所显示我们的世界,是在分工在若干场合已达到极限的各国之间,对于相互交换货品,已颇有组织的世界。但我们如把战前贸易与战后贸易一加比较,我们立即就会感到,自一九一四年以来,世界经济关系上已经发生了若干变动,海外贸易的货物总量,乃至那些货物的总价值,此后确曾有所增加,或许说,曾一直增加到世界不况为止。但这种增加,显然不曾与世界经济生产力上的进步保持一致。我们很可这样说,在大战以后,世界各国至少都有变成更自给自足的趋势;她们不像从前那样仰赖海外商品的输入,从而,也不像从前那样要为偿付输入而仰赖商品的输出。

各国输出输入价值在世界不况中跌落的百分率

输入——价值跌落的百分率(1929—1931年)

超过70%	澳洲。
超过50%	美国、加拿大、德国、西班牙(金价值)、芬兰、拉特维亚、爱沙尼亚、波兰、土耳其、智利。
超过40%	意、匈、奥、罗、保、捷克、希腊、阿根廷、巴西、埃及、印度、锡兰、日本、马来、新西兰。
超过30%	荷、比、葡、南斯拉夫、南非。
超过25%	英国、法国。
超过20%	挪威。
超过15%	瑞典、丹麦、瑞士、爱尔兰。
不及15%	立陶宛。

注意:其在苏俄,则曾有27%(金卢布)的增加。

输出——价值跌落的百分率(1929—1931年)

超过60%	智利。
超过50%	美国、西班牙(金价值)、马来、南非。
超过40%	英国、加拿大、澳洲、印度、锡兰、日本、匈牙利、奥国、希腊、爱沙尼亚、拉特维亚、埃及。
超过30%	法、意、瑞典、挪威、芬兰、荷兰、波兰、南斯拉夫、瑞士、捷克、阿根廷、新西兰。
超过25%	德、比、葡。
超过20%	丹麦、罗马尼亚、爱尔兰。
超过15%	立陶宛、土耳其。
不及15%	俄国、比利时、巴西。

世界主要各国输出输入吨数在世界不况中减缩的百分率(1929—1931)

国别	输入	输出
德国	39	5
法国	2	24
比利时	14	5
荷兰	3	(+)3
意大利	23	12
瑞士	(+)4	33
捷克	17	44
奥国	22	38
匈牙利	50	32
南斯拉夫	32	38
罗马尼亚	48	(…)42
土耳其	51	(+)32
希腊	8	21
波兰	42	11
芬兰	22	26
爱沙尼亚	26	8
拉特尼亚	33	42
立陶宛	5	35
阿根廷	32	(+)11
巴西	42	(+)2
日本	14	15
新西兰	33	20

国家自给自足趋势　各国都要求自给自足的趋势，是怎样发生的呢？那有一部分很可看作是由于自然，同时在其他方面，则又确系由于人为；从世界生产力的观点看来，且是由于浪费与不经济。按照前一种解释，那是以前未开发，或未充分开发诸国度之经济资源发达的结果。在时间的推移上，像印度与中国一类国家之不欲依赖西方诸国输入的大宗制造品，而努力在国内采行西方的生产方法，那宁可说是十分自然的事。加尔各答、孟买、上海，乃至日本的中心工业区域，自然会为了供给远东诸国市场，而在某种限度发展其纺织工厂工业。至欧洲在战时对于远东市场供给的中断，那无疑加速促进了远东的工业化。不过，远东工业发展的程

序，系开始于大战以前，在任何场合，差不多都显示其突飞猛进。现代更有自动机能的动力机械，极适于那些远较欧美劳动——已长久娴习于工业生产方法——缺乏技能的劳动。在某一个时候，兰开夏纺织工业，定然要丧失其在远东市场的实质独占，早前曾开始于加尔各答之制麻工厂的竞争，定然要一样延及纺纱与比较低廉和比较容易制造的布匹方面。至亚洲一向弃置不用的铁和煤的资源之将进行开采，及远东金属工业之将起而与西方既成的同一工业竞争，那都是必然无可避免的事。不错，金属品的制造，包含有一大部分不能由机械代替的技术工作，从而，远东在金属业上的竞争，就不免要比在纺纱业和织布业上遭遇着更大的困难。但在铁路材料与重钢铁业方面，她们显然有为供给扩大的地方市场，而发展地方工业的机会。

这种情形，自然不一定就是说，她们的输入需要，会怎样积极的缩减。因为，我们很可这样假定，远东进行工业化，势将提高生活水准，扩增远东市场的总消费力。即使远东诸国能为她们自己生产较多的货品，进一步采行现代的动力生产方法，她们消费总量的增加，也许会维持甚至相当增加其输入需要。但在此种情形下，她们对于西方货品的需要的性质，是不免有所改变的。她们此后会少购买较廉价的消费财，和较容易制造的资本财，而在另一方面，则将增加其对于比较复杂的机械和工业固定设备的需要；并且，生活水准提高，那些比较精良的制品——即西方社会在相当时期内还维持着其生产上之优越性的诸般制品——的需要，亦或可以增大。远东财富如其已经增加到了相当满意的程度，西方诸国只须使其输出贸易组织适于新种类的生产品的供给，但决不用担心远东对于西方货品总需要的缩减。

远东的市场　远东的消费力，无疑是有所增加的。但其工业化的程度，却还不够在远东诸国——日本除外，刚在世界大战后若干年间，日本人民的生活程度，无疑有相当的增进——一般人民的经济地位上，引起何等的影响。加之，远东诸国既然依旧是主要靠输出原产物，以购买西方的货品，故深刻打击这诸般原产物价格的世界不况，遂使她们逢到意外难堪的困难。其在中国，则更因银价的惨落，使其购买力进一步低减。因此，对于远东市场逐渐扩张的合理期望，莫由实现，而在较精良制品与生产工具上之需要的增加，尚不够抵补其在较低廉较简单产品上之需要的减退。

欧美诸国视为最关重要的事体，莫过于亚洲生活水准的提高。她们的利益，不在为维系其现有市场，使东方的生活水准降低，却在为扩张其较精良的高级产品的需要，而极力助成远东经济的发展。远东诸国经济发展，虽然不免要减少其对于现在输入制品的依赖性，但她们的总需要的增加，却够使比较进步的工业国家从另一方面得到利益。

至当前进一步压缩远东诸国需要的原因，自然是她们近年政治情形的动摇不定。中国曾继续为内战所蹂躏。印度的民族主义运动，更使西方资本家怀疑亚洲投资的安定，因而阻滞其工业的发展。不过，至少就印度而论，其政治的原因，究没有其经济的原因重要。

经济的国家主义之限界 因此，远东诸国制造业的发展，盖为一颇自然与必然的事体——亦正犹如今日苏俄迅速工业化之出于自然与必然一样。至由《和平条约》造出的若干新国家——例如波兰——之企图创建新工业以发展其国内的经济资源，那亦不能谓非自然的要求。在相当限度内，这种经济的国家主义，宁为我们所期望，实用不着忧虑；因为政治境界既在《和平条约》下重新区划，则依此新政治境界所形成的经济领域，自然不免有所更张。不论在什么地方，凡属努力求其设立或发展的新工业，都自然而然的期望其在进行上合乎经济的条件。这是一个极关重要的限制；因为世界不同的地域，显然对不同的制造业具有极其不同的适合性，今日许多工业上的生产，只有极大规模的进行才能谈到经济。一个小国要为其窄狭的国内市场发展广泛的制造业生产，那显然无经济之可言；要在小国发展工业，须得那种工业具有两个条件，其一是能够小规模的有效的进行，其一是极有效率，使其能在输出市场上争取一个贸易分额。若果一种工业的创立，仅为保持住国内市场，还要靠经常的关税保护，或其他限制外国货品的方策，那就显然是徒劳无功。在一切其他情形不变的限内，一国愈小，她所能发展的工业范围愈狭。欧洲有许多较小的国家，无疑都创设了远较其力能有效支持以上的许多工业。其结果是极力抬高关税，与采行一切可以限制输入的方策，由是，诸邻国间的贸易，惨遭限制，而其制造品的生产费，乃引起毫不必要的提高。

此种情形，并不限于由《和平条约》创出的新国家，就是其他的小国家，亦是如此。因为当大战的时候，大多数国家之制造品输入的正常供给，都因诸大制造国之军需生产的优先关系与实际的战争行动，而严重的受到了阻害。在此种情形下，她们乃迫而在自己国内建立那些在平时不会有建立机会的工业。但无论在任何国家，其工业一经建立，就会成为一种既定的利益；大多数工人的生活，以及一些投资者的资本，都会赖以维系。因此，假如有人提议，说这种工业不经济，说这种工业应当在海外正常供给恢复时，即行停止，那一定会惹起那些与此工业有关的人们的反对，他们并会狂呼大叫的要求保护。在此情形下，利害与共的全体工业家们将由团结一致的要求，取得新形式的保护，或增强其既有的保护。多方保护的结果，这些国家的人民，势必要对于那些非多方保护不能图存的工业的产品，支付较大于其必需支付的代价。也许说，在避免这些工业停止所惹起的经济搅扰的限内，这所支付的代价，并不算顶大；但是，本来为保存不经济工业而设定的关税，在世界贸易不况的时候，特别要成为危险的工具。不况愈形增加，那些向来供给较小国家市场的较大国家，将愈会感到处置其产品的困难。她们为要突破那种防阻其侵入的关税壁垒，使其产品得重复冲进保护的市场，乃极力削减其价格；这时，较小国家更抬高其关税以资报复，而较大国家则进一步诉之于“输出的倾销”(export dumping)。这一来，在开始看似一种适当程度的保护，当其一用作阻止世界贸易不况的结果时，马上就要变为不适当了。欧洲关税水准之所以尖锐提高，以及其近年之所以为救关税之穷而采行一切限制输入的手段，这是主要原因之一。然其终局结果，不外是使全欧几十万几百万的消费者，竟要为某些制造品支付一种大大超过其生产费用——即那些制造品在全欧组成一个经济单位的状况下所需支出的生产费用——的价格。

国际竞争的增长　由是，我们知道，一方面有远东诸国之工业化，另一方面则有欧洲诸小国之进行过广泛的制造工业的努力。在此两极端之间，还有许多比较多滋论辩的变动，出现于世界之国际的经济构造中。我们讲过，在十九世纪大部分时期中，英国对于她所专门生产的各种各类的高级制造品，差不多是独占世界市场。十九世纪的经济学者，把这种情形解作是英国对于纺织物、钢铁、机械、船舶以及其他大宗输出的物品的生产享有一种特别利益。他们不知道这种利益，仅仅是由于英国在这些生产领域的捷足先登，由于其一时具有较高的专门的与制造的技能，且由于其因此享有高利润——供其工业发展以充分新资本的高利润的利益。当新的国家，一部分利用自有资源，一部分借用外资，而加紧模仿英国这种生产技术时，英国向所独享的这诸般利益，乃逐渐消失；而这诸般利益，大体上不是基因于英国自然条件之优越，而是基因于其首先成就产业革命的事实，亦遂昭然若揭。加之，我们已经讲过，机械技术改进，专门的技巧，愈益由人类活动移转到了机械；由是，现代最生产的方法，就愈容易学习，愈容易适应于任何特定国家的环境。而现代机械技术的结果，乃渐知其非如十九世纪经济学者曾经相信的那样，即不是在每个国家的不同工业范围内，发展其效率，而宁是在经济资源增加的一切国家，发展那种大体同一型的生产。每个新国家的工业一有进步，她就不但会依现代工厂制度从事纺织物——特别是毛织物的生产，同时且会从事钢铁的制造，从事机械工业、造船业，乃至生产电气及其他依赖钢铁生产进步的诸般物品。

这些发展，迟早都不免要给予英国独占以致命打击。不但如此，那并且还会使那些比英国有较大市场的国家，获有若干积极的利益。美国重工业在十九世纪与二十世纪最初十年之惊人的发展，那是极显而易见的事；德国的发展情形，亦可在某种限度说明此点；而更使我们清楚此种事实的，则是现在正在进行过程中的苏俄的工业化。

在世界诸大制造国中，这无疑是说明其在制造品——包括有生产财与消费财——生产上之更大程度的自给自足。但在那些企图发展自己制造工业，同时对于特种制造业又不曾具有特别优点的较小国家，则情形极不相同。这些国家除了在某几种工业上还能有利的进行小规模的生产而外，她们在全工业领域内，实处于不利的地位。不错，她们可以借提高关税的手段保护其工业，但工业纵由此得到保护，本国消费者却要大受牺牲。而在那些大国则不然，她们所要发展的，不是补助工业，而是每个国家在其国境内所企图发展的同一工业，她们为要确保其最低可能的生产费，都在可能范围内作最大规模的生产。因此，她们相互间争取那些尚维持着门户开放市场中之分额的竞争，乃愈演愈烈。而经济的帝国主义之产生，差不多就是她们在这些市场上之利益冲突的必然结果。

大经济单位之必需 然而，较大国家在生产费的关系上，显明占有颇大利益；以现代生产方法而论，诸小国在其国境四周设起高的关税壁垒，那显然不仅自身蒙受不利，且将形成世界的妨碍。假若较大诸国之利益所在，就是存于现代生产技术所提供的实惠，那经济单位诚有形成极大之必要。但世界还不曾发现一种方法，由更大规模交易之自由领域的维持，以融和其区划极小的政治单位。欧洲如其要获得其潜在生产力所能提供的充分利益,要就是把现存的诸小国冶合为较大的政治单位,否则就须她们自己在货物自由通过国境的贸易基础上,结成较大的经济单位。如谓这些较大经济单位的结成,将予健全的政治国家主义以妨碍,并以为这种妨碍的程度会较甚于美国联邦制度下,或苏俄联邦制度下诸邦之干涉其广大领域的工业发展自由,那是没有理由的。

经济单位较大,世界对于其控有的丰富生产资源之充分利用,将远较今日为自由。但这些较大生产单位之间的经济关系的调整,仍将成为问题。在世界诸大制造国家之间,将来似乎不免要在总生产额的比例上,减少其货物交易——这是相对的,而非绝对的。每个大经济单位,势必要在相对意义上,更较以前为自给自足。并且,这些大单位间的交易,将以专精的制品与勤务为较多,以任何集体都能同样制造的标准工业品为较少。我的意思,不是说在诸大制造国间大宗商品相互交换将会中止,而只是说将相对的变为更不重要了。

但是,那些主要非输出制品而是输出食品与原料的国家,该会怎样呢?在这种情形下,她们对于那些大制造国的关系,又该会怎样呢?大体上,这类国家会变成两组,一组是在不久的将来能发展她自己的大规模的制造业,另一组则似乎仍要在一个长期内继续从事原生物的生产。加拿大显然是属于前者,马来与荷属东印度则显然是属于后者。至若澳洲或阿根廷与巴西将来的经济,却颇难预为断定。澳洲要求各方面工业的高度发展,其所备条件实相对的贫弱。她所处的地位过于僻远,其国内市场过于窄狭。她要发展其工业,只有借着那种会严重增加其人民生活费的高关税壁垒的保障。至于南美,她却显然有更大经济发展的可能。但她毕竟缺乏欧洲与美国赖以建立其制造业优势之煤与铁的来源。以纺织物生产者的资格而论,南美也许会变为更重要与更能自给自足,且将输出更多的半制的原产物。但是,对于煤与铁,乃至对于需要煤铁之地方供给的那类生产上的许多资本财,她仍非继续依赖世界其他部分不可。

世界的公开市场 这事实,指示了美国输出者与欧洲特别是英国输出者,有在南美市场上发生更严重竞争的可能。因为南美是一个最富有潜力的市场,那对于各国重工业制品的输出,仍是门户开放。至于在长期内,大体还会保持着热带原产品输出者地位的非洲,那在过去半世纪中,曾为欧洲诸国之帝国主义抗争的舞台，她们在那里的冲突，曾经达于极点。在一八八〇年，欧洲人在非洲经略的土地，除南部外，其余都不过只是在环海岸一带，作成其居留地域；但在一八八〇年至一九一四年的当中，整个非洲，实际都为欧洲诸国所瓜分。这种瓜分的经济结果，大抵都很令人感到不能满意。非洲在世界对外贸易的总额中，只占有极小的部分——在一九一三年还不到5%，同时其生产额，则只占有世界食品与原料总生产额的3%。不过，非洲显然具有经济发展的极大可能性。世界生活水准一经抬高，热带产物的需要，当然会极迅速的增加。在今后数十年间，非洲说不定要成为世界发展诸国之消费财与生产财之更重要市场。那在当前虽然不曾剩下可资吞并的土地，帝国主义者们的抗争，似乎还会继续；并且，同洲各不同部分之发展，与其说是顺应她们自己的需要与能力，却毋宁说是为了统治她们的各帝国主义国家的利益。

因此，世界主要诸大发展的经济单位——她们每个单位都大体具有同一广泛范围的制造工业，且都渴望在她们体系之外，找得处分其剩余生产品与消费品的市场——的成长，势将不免以更大的威胁，使那导来一九一四年战争之帝国主义抗争永久化。在这诸般情势之下，诸大帝国主义集团必须互相缔结条约，或永久感着战争的威胁，又或改变其地位，不复为威胁世界和平的帝国主义者。在世界这几种前途命运的决定上，英、美、苏俄三国最有发言权。把苏俄除外的欧洲大陆，假如能化除内部的冲突，实现白里安（Briand）的欧洲联邦之梦，她实在不弱于这三个国家；但经济上的理由，无论怎样要求统一，而欧洲统一的局面，一时尚没有端绪。自相分裂火并的欧洲，自然不会成为促进世界问题解决的势力，反之，她却会使世界永久陷入纷扰状态，致世界问题莫由解决。

第三节　大英帝国

在世界问题中，拥有世界各地殖民地的英国，占有举足轻重的地位。近年英国各方议论纷纭，以为在大英帝国领内，当组成一个经济单位，由是使英国在经济上，离世界其余部分而独立，那一来，欧洲的扰乱与灾难，或帝国以外市场之丧失的威胁，英国都可处在漠不关怀的地位。但是这种经济的统一的见解，实际是最没有实现之可能的，即令实现，其成功将给予世界以破坏的影响。

在统一可能性的考察上，大英帝国除了大不列颠本土以外，会分为三个主要集体，即大自治领（the great self governing dominions）、印度及殖民领地（the crown colonies）与附属地。关于帝国经济统一的讨论，通常多半是集中于大不列颠与大自治领之间的关系上，但有时也把大不列颠与大殖民地及附属地之间的关系加以考虑。至对于印度的地位，则殊少论及。我们现在试把经济统一对于这几个部分的影响，略加讨论。

大不列颠与大自治领间之经济密切统一的基本见解，大体是基于帝国自由贸易；而对于这种见解的鼓吹，则是出自大不列颠方面，自治领几乎毫无表示。大不列颠方面的鼓吹者，曾预先见到自治领市场之极大发展的可能性，他们以为那种市场发展起来，将来可为其全部待输出的剩余制品提供充分的销路。他们曾把欧洲人口最稠密的国家的地域，与自治领的地域比较，由是作出帝国诸邦之可能人口的幻想之图，并由是断定加拿大与澳洲的人口，将来亦可增加到欧洲最稠密人口诸国的限度。此种广大的与稠密人口的地域，他们以为将来仍会继续专门生产大不列颠所需的原产物，并甘愿由大不列颠取得其大部分制品的供给。然而，我们可以预作断言的，却是这样：假若自治领的人口真能繁殖到这里所提示的限度，它们同时也就能在相应的规模上，发展它们自己的制造工业。在一切自治领中，加拿大最有能力支持大量增加的人口，无奈它的制造工业已发展到了相当程度。我们如其假定，像加拿大这样一个企图依高关税发展其像美国一样的平衡经济制度的国家，竟愿意抛弃其关税，以便让英国货自由输入，那实是一种幻想。不错，假若英国能提供她一种满意的等价物（quid pro quo），她也许愿意予英国货以较大于现在关税特惠，甚或在若干特定场合参加大批购买英国煤乃至英国钢的协定。但像这样增加的特惠，与其说是得自减低英国输入品关税，却毋宁说是得自进一步提高外国输入品关税；并且，凡属足以阻碍加拿大工业之可能迅速发展的条件，加拿大都会不肯予以同意的。若在澳洲，英国也许可以期望其有略减现行特高关税的可能，因为澳洲对于增加其人口，扩大其工业生产范围，乃处在比较不利的地位。但哪怕就在澳洲方面吧，若希望其让英国货自由输入，或希望其为给予英国货以较大特惠，而使她自己的工业发展受到阻害，那也是幻想哩。

英国美国在1929年的输入输出

（其来源及其目的地之分类）

英国（单位：百万镑）

输入	金额	输出	金额
来自欧洲	437.5	输往欧洲	211.3
来自亚洲	50.2	输往亚洲	48.0
来自非洲	34.5	输往非洲	26.4
来自美洲	336.7	输往美洲	29.0
来自自治领	221.1	输往自治领	180.1
来自印度	62.8	输往印度	78.2
来自帝国其余部分	74.9	输往帝国其余部分	30.0
由帝国各地输入者	29.5%	输往帝国各地者	44.5%
由外国输入者	70.5%	输往外国者	55.5%

美国（单位：百万金元）

输入	金额	输出	金额
来自欧洲	1433	输往欧洲	2341
来自亚洲	1280	输往亚洲	643
来自非洲	109	输往非洲	131
来自美洲	1621	输往美洲	1934
来自澳斯脱雷雪亚	57	输往澳斯脱雷雪亚	192
由美洲诸国输入者	36.8%	输往美洲诸国者	36.9%
由欧洲诸国输入者	32.6%	输往欧洲诸国者	44.6%

帝国能否形成一个经济单位　自治领无疑要发展它们自己的工业，在达成这个目的的必要限内，它们将不惜像排斥外国货一样的排斥英国货。英国决无法对它们提供任何足以改变它们这种意向的条件。这里有一件显然表示帝国自给自足决行不通的简单事例。英国现在每年约输入550万吨小麦。她的小麦需要，不但不会增加，似乎还有减落趋势，因为

在比较进步的国家中，每个人民的小麦消费，照例是有减无增的。英国即使不向自治领以外的一切国家——即不从其现在小麦之主要供给者阿根廷或俄国——输入小麦，她也不能吸收其自治领在歉收年度所能输出的剩余小麦。若当丰年，恐怕连加拿大与澳洲两个地方的小麦输出量，她还不够消容一半。因此，帝国诸邦即使取得了大不列颠之小麦供给的独占，她们犹须向那些吸收阿根廷、俄国乃至其他为大不列颠拒绝购买的诸国之小麦的海外市场，处分其大部分的产品。假若大不列颠是以一种合理的市场价格——即是世界价格——向其自治领购买小麦，我们就无从发现其自治领的生产者，究由此种交易得到了何等利益。他们诚然在若干市场上取得有一部分优先供给的好处，但他们对于其余待处分的产品，至少仍须在外国市场上作同一强烈程度的竞争。显然的，我们没有理由作这种假定，说大不列颠市场的独占，能使其自治领的生产者得有利的生产较现在为多的小麦；或者说，自治领政府如打算允许大不列颠工业家以一大特惠，他们就能由大不列颠获得何等利益。

不错，大不列颠如其除同意由自治领购买其全部小麦外，且允许以较大于世界价格的价格购买，由是给予自治领生产者一种类似现在大不列颠小麦生产者所获得的补助金，那自治领也许会给予大不列颠工业家一种等价物。但不论哪种形式的等价物，结局都会由大不列颠的消费者支出。补助大不列颠的小麦生产者，因为国内生产的小麦，只占其总供给额的一小部分，故在一般生活费上不致有何等大的影响；但这种补助金一推行到大不列颠所消费的全部小麦，其结果就完全两样。并且大不列颠的选民，对于这件事会怎样热心，我们也难于逆睹。

证示帝国自给自足观念的荒谬，小麦无疑是一个极端的例。但其实还有判定此种观念荒谬的其他理由在。在世界不况以前数年间，英国自治领之对外贸易总价值曾大大增加。自治领在极窄狭范围内之主要商品生产增加起来，她们将在外国市场上出卖其产额多，在大不列颠市场上出卖其产额少，那是极其自然的事。大不列颠的输出者在战后是比较其战前要更依赖帝国市场的。但自治领的输出者却在逐渐增加其对于外国消费者的贩卖。因此，凡属阻碍自治领购买外国货物，由是危及其扩充外国市场贸易的计划，她们都是很难赞许的。

自然，英国诸自治领与大不列颠的经济的密切关联，今日颇有不同。

澳洲由大不列颠输入的比例，远较加拿大为高，加拿大因邻近美国，与美国结有极密切的经济关系。新西兰在食品输出上，多半是依赖英国市场，她所购买的货物，亦实在是由英国供给极大的部分，在新西兰的这种情形下，所谓帝国自由贸易，也许可能，但这大体是既成事实哩！若谓行于新西兰者亦能同样行于加拿大，那显然是错误，因为加拿大不仅有进一步发展其工业的必然要求，同时且与美国结有密切的经济关系。

印度 然则在大英帝国中占着第二集团地位，拥有远多于帝国其他一切地方人口之合计的广大人口的印度，该是怎样呢？在通常的年度，大不列颠所买印度货物，还不到印度总输出的 1/4。英国的输出，诚然形成了印度输入的较高得多的比例，但大不列颠显然不能为印度必须输出的大部分货物提供市场。印度现在乃至将来的市场，仍将逐渐移向远东方面。她与大不列颠结成排外的贸易关系，以致危害其与中国、日本乃至其他亚洲诸国的贸易发展，那显然非她的利益。在相当时期之内，大不列颠诚然还会控制着印度政府，但即使如此，印度政府决不能冒险强行一种基于帝国孤立的经济政策。不论兰开夏的纺织工业怎样反对，印度政府还不能不对英国棉织物课加一种关税，并且，印度今日之依赖英国输出的程度，还不及其过去哩。在此种情形下，想把印度看作是自我供给的大英帝国的一个部分的观念，那就较之把同一观念适用到自治领方面，还要近于幻想。

诸殖民领地 最后，我们要述及诸殖民领地与附属地了。在相当期间之内，这些地带大都没有大大发展其地方制造工业之可能。它们在现在乃至在今后若干时期，主要还是原产物生产者。无疑的，在大英帝国非自治领的诸地域中，有的地方——例如奈机立亚(Nigeria)——确还存在着广大的未开发的原料经济资源，同时且有增加其热带农产物的可能。因此，像这些地方的发展，自能对于英国工业提供有价值的制造生产上的原料。它们于对世界市场的原料生产一有增加，且还有大大扩增其消费力的余地。大不列颠自己要努力独占这些利益，本有可能，并且那种政策，还与其过去扩张殖民地的历史，颇为一致；但这样的政策，于世界将来有极大危险；幸而它在实现的过程上遭遇了许多障碍。

在《和平条约》下，以委任统治形式付与英国代管的诸地域，英国不能应用其殖民地排外政策。因为这些地域的“门户开放”(door open)政策，曾为条约本身所保证，而签约列强间之相互猜忌，更可在相当限度内，保障这种条款的遵守。因此，大不列颠如其沿着帝国主义者贸易独占的路线以发展其非洲的属领，她就不能把坦干伊喀(Tanganyika)或其他在大战终结时由德国获取的殖民地，包括在她任何这类计划中。并且，在南非联邦，或直接间接受其支配的地域，她亦不能强迫推行其政策。这种困难情形——特别是在坦干伊喀的场合——曾经在统一英属东非管理的计划中发生过，且不曾发现克服这困难的方法。不错，英国要把排外贸易政策施行于其非委任统治，且不曾享有自治权的属地，也许不致遭逢这大的障碍；但在某一地域，实施“门户开放”政策，同时在其邻近的其他地域，实施“门户封锁”政策，那却又难免发生困难哩。

即令这种政策能行，其实行的结果，于非洲，于世界全体，都会蒙其不利。因为一个帝国主义国家致力于此，其他帝国主义国家亦必起而效尤；而非洲之真正需要，则是为求统一的发展，而在可能范围内撤去贸易自由上之一切内部障碍。

第四节　战后欧洲的关税

我在前面讲过，大战的最重要遗产之一，就是国境关税的提高与加紧。这一部分是由于战后欧洲许多新国的出现，一部分则是由于全世界对于经济的国家主义的厉行。至于诱致各国采行关税政策或其他限制货物自由移动的诸种方法的理由，以及这种政策在战后欧洲及全世界发生的影响，我们现在是可加以比较绵密的考察的。

有些关税，单是为了收入目的，而非为了保护国内工业。像这类关税，是会迅速撤消的。当一种关税课加于课税国不能制造，或因其破费太大以致不肯自行制造的商品时，其目的就不能说是含有何等直接的保护意味。像这样的关税，必然要增加此种商品消费者的负担，由是阻碍消费；但阻碍消费的程度，可因被课商品之性质而极不相同。如茶在英伦三岛为必需品，咖啡则为奢侈品。因此，茶之需要，比较没有弹性。其价格上因关税课加所生的变动，乃比较有益于国库收入，而不致大减其用途。若咖啡课税，势必诱致人民消费代替饮料，而大减咖啡之消费。对咖啡所课之税，主要会加担于奢侈的支出，加担于社会富有阶级，若茶税则特别要出自较贫苦的人民。因此,以收入为目的的关税,就大可分成两类,一是课担在奢侈品上,大体由较富有者负担,其结果会阻止消费;一是课担在必需品上,大体由较贫穷的人民负担,除了有更廉价的代替品可资利用外,于其消费无大影响。

欧洲关税的提高(1925—1929)

国别	1925 年估计的关税水准货物价值的百分率	1929 年估计的关税水准货物价值的百分率	由 1925 年至 1929 年提高的百分率
奥国	12	14	17
比利时	8	12	50
捷克	19	18	—5
丹麦	6	10	67
法国	12	161.5	38
德国	12	151.5	29
荷兰	4	81.5	112
匈牙利	23	181.5	—20
意大利	17	16	—6
波兰	23	21	—9
西班牙	44	25	—43
瑞典	13	131.5	4
瑞士	11	12	9
大不列颠	4	81.5	112
南斯拉夫	23	19	—17

注意:上表没有指示 1929 年以来的关税的大增加,因为那种增加,是还不能借指数表达出来的。要显示输入之禁止与限制的影响,自然非借助关税不可。在过去两年间,税影响之重要,实际且超过其阻碍国际贸易以上(特别是加于外国汇兑上之限制)。

收入关税与保护　如非对必需品像对奢侈品一样的课税,收入关税对于国家筹款目的,是不会有多大帮助的。因为税收缩减消费愈多,其所收自然愈少；而在酒税的场合，往往容易使抬高的税率，依其缩减消费的程度，积极低减其总的税收。因此，收入关税的结果，势必至差参不齐，假若由此征得有巨额货币，那定有一大部分会重压在贫民身上。

不过，“收入关税”(revenue tariff)这个名目，有时会联系到其他极不同种类的税收上，如对许许多多的商品——包括有国内能生产的那些货物——所课的低率税，亦往往使用这个名色。在这种场合，常有人主张关税过低，不能给予国内制造业者多大的保护。但当其被认为定有若干保护效果时，则又以为这可置诸脑后，完全把关税看作一种公家征取收入的手段。许多比较落后的国家，大抵是依赖那些主要以收入为目的的关税。因为比较进步国家主要采行的直接税或所得税，在比较落后国家，是难得行通的。即如英国，在拿破仑战争以前，尚不曾有所得税，而在拿破仑战争当时行过的所得税，亦随即在一九一五年以后不久予以撤消。但主要为收入目的而征收的关税，其保护的效果，并不能忽视。事实上，每个国家的关税政策，殆莫不同时具有收入与保护两种动机。然而，为收入目的而征收的关税愈多，为保护目的而征收的关税愈少，而在各种商品上所课加的税率，乃愈趋于平衡。在各种不同商品上课加各种不同税率的关税，实际除收入目的以外，常具有保护的目的。真的，有时对种种商品课加同等税的目的，既不为收入，亦不为保护任何特种工业，而宁可说是为了缩减输入消费，以调整不利的贸易差额。在一九三一年危机以前，克赖士(Mr. J. M. Keynes)及其他英国经济学者所鼓吹的一种“收入关税”，就是这种关税。实在说来，克赖士君虽称此为“收入关税”，其真正目的，却是提示国家不应由此取得任何纯收入，而应以此种收入所得，用以奖励输出，调整英国由金本位制恢复(一九二五)，镑价过高所致招的不利效果。但把这种计划，解作收入关税，显然是文不对题。这种关税的目的，虽不在保护特种工业，但其本质是保护的，是期望由此调整全部输出输入的平衡。实际上，这是一种最不科学的低等保护，全未注意到每种特定税的经济后果。并且，当英国决定停止金本位制时，此种关税所由产生的实况，实已完全消除，因为此系一种基于镑价过高的金融政策，金镑随金本位停止而低落，此种政策自应失其存在价值。

战后世界关税壁垒的提高，在某种限度，可以说是由于各国有较大收入的要求。参战诸国都负有庞大的国债，为要供应国债利息与减债基金的支出,势不能不希求增加税收。至于在战时维持中立的国家,其情形诚有不同,但因政府规模的增大,社会事业的增繁,她们国家支出水准,几乎全都提高。而普通由间接税增加税收,又似较由直接税增加容易。世界大多数国家都是惯于施用关税政策的。因关税能被视为保护工业的一种必要手段,故提高关税,就比之增加直接税,要颇不容易惹起有力的反对。其实这里还有两种原因:其一是在大多数国家中,富有者总比贫穷者明敏而有势力,又其一则是因为付直接税显然比付间接税要更容易使人知道。因此,当一国需要增加收入时,往往总会因着一种强烈的诱惑,驱使其诉之于保护政策,并且,其课税范围,特别会加担于那些课有高率关税还能继续大量输入的品目。

保护功能的增进 但是,各国政府虽然在增加收入的关系上,颇容易倾听保护主义者的议论,但如谓世界关税水准一般的提高,主要都是为了增加收入,那却是一种错误。世界关税增加的原来动机,大体可以说是由于阻止输入,保护本国生产,并使本国生产者,能在本国市场上销售其生产物之最大可能的部分。

世界大战结束以来,世界的关税政策,曾有几种变动推移。在战争刚刚终结的期间,关税政策上是受着两种动机的支配:一是对仇国可能货品输入的差别待遇,一是阻止那些在战时成立并扩大的工业之消灭与衰落。在一九一九年与一九二〇年,这两种要求曾导来了新紧急关税的课加,以及对战时确立的大部分输出输入之广泛限制制度的采取。这两者大体都算是暂时性质。大家都希望世界经济状况一经恢复常态,这诸般禁止与限制的规定,即将迅速撤除,此后的关税,且将稳定在一种不会过高率的水准之上。但世界不特不曾稳定,且进而陷在货币极不安定的状态中。在一方面,由一九一九年到一九二〇年的大通货收缩,致世界依金计算的物价,和那些金本位国或准金本位国的物价水准,都尖锐下落;同时,其他许多国家,又经历一大通货膨胀时期,使其国内物价尖锐提高,但其提高程度,还不若其通货对外价值之惨然下落。因此,这些国家的输出品,就比较那些通货收缩诸国的输出品,能以更低的金价购买;而对此通货对外价值大跌的诸国输出品,不啻给予以一种额外奖金。为阻止所谓“汇兑倾销”(exchange dumping),此额外奖金,遂激起对手国的报复手段,如加拿大一类国家,曾赋予政府一种权力,使政府得权宜课加那些货币价值跌落国家之货品的差别特税。除此以外，一般还为阻止外国汇兑上的动摇而抬高其关税率。由此看来，动摇不定的货币行为，曾大大促进经济的国家主义；全世界的关税率，不但不随世界物价水准降低而变动，且还继续维持高率，在若干场合，竟逐渐日益增高。

世界经济会议　上述种种，正是一九二七年在日内瓦召集世界经济会议当时的情形。在实际，一切主要国家都派有代表参加这次会议，并且所有的代表，对现行关税率过高，实际都赞同应当大加减缩的主要原则。但是，每个国家都渴望敦促他国低减其关税，而都不肯使自己受到低减关税的拘束。这一来，世界经济会议的成就，就不过是各国同意减低关税的一般宣言，和关税政策上若干重要的但非根本变更的调停罢了。例如，为了要使制造业者至少知道其货品在每个不同国境所应支付的税率，这次会议曾力言全世界，特别是欧洲，有施行比较统一的关税分类制度之必要；各国关税分类上之凌杂与冲突的减除，确为这次会议之一项结果。此外，世界经济会议还协定有一种草约，目的系在可能范围内撤除关税以外的一切禁止输入限制输入的规定。这种草约，包括有各国提出的一大些例外与保留条件。不过，草约的主旨，是尽可能的撤除那些用禁制、额定，或允许制度，以规制输入的诸般方法，至关于国家关税政策的设定，那就一听各国自由。这样的草约，虽为大多数国家所承认，但最后却不曾取得一大部分主要列强的批准。自世界不况开始以来，各种输入的禁阻与限制，重又向着复活之途迈进。

在世界经济会议召集的当时，世界的关税水准，确曾显示了若干缩减的合理期待。因为，在一九二七年，大多数人都以为战后世界经济的困难，都在迅速被克服的过程中。许多国家已经恢复金本位制，还有更多国家准备恢复金本位制；一般人以为在短时期内，世界大部分通货的汇兑价值，定有恢复稳定的希望。由是，为阻止“汇兑倾销”而采行特别保护手段的理由，将不复存在。而当时集聚在日内瓦的专家们，且以为世界各国政府定然会感知她们把关税提高到阻碍国际总贸易扩展的严重程度的愚笨。

关税休战的建议　由国际经济会议产生了一个委员会，这个委员会的任务，在监督其建议的推行，和定期报告实际进行的事项。但在此后两年间，世界繁荣尽管维持着，减缩关税的进步，却几乎迟缓到毫无进展可言,至多不过是与世界物价的缓慢跌落,保持同一步骤罢了。在一九二九年,由英国劳动党政府发起的关税休战谈判,无非是要发现一种继续日内瓦会议之工作的新途径。这种新建议在使各国至少在一定期间之内,不增加既定关税率,不增设新关税。此种消极建议的目的,盖欲为低减关税率之多边协定的谈判,提供充裕的时间和造成顺利的环境。然而,判谈甫经开始,许多国家——包括有法国与意大利在内——即表示其极难接受不提高税率的拘束,而其他大多数国家,则附以其余国家同意,她们始肯予以承认的条件。至每个国家由国家关税制度受到保护利益的人们,显然会拼命阻止政府,不让政府同意减缩那些影响其利益的关税。而且,要发现一种开始缩减关税谈判的满意方法,亦颇不容易。如想由考虑特定商品(如煤或铁)之现行税开始,那立即就会遇着反对,因为在每种国定关税上,要想把对于某类商品所课之税与对于其他商品所课之税孤立的区别出来,实所难能;如对于钢工业所加的保护利益予以缩减,同时对于其他输入品所课之关税,则一仍旧贯,殊未免失却公平。当我们在另一方面致力于一般关税政策之论究时,我们又会遇着许许多多的困难,特别是那些与所谓"最惠国"(most favoured nation)条款有关的困难。

最惠国条款 所谓最惠国条款,就是以种种不同形式,表现于各国极大多数商约中的条款。在实际,这种条款对于每个签约国所保证的,即是其他签约国将允许其制造品——受有特例拘束——在她们市场上,至少与任何其他国家的制造品,获有同一的便利。因此,假若在商约上加入此最特惠条款的任一国家,与其他单一国或多数国进行对于任何商品或一切商品缩减关税的双方或多边条约的谈判,则此最惠国条款,将对一切其他参加此条款的国家许予以同一的特惠待遇。就英国的情形说吧,英国在过去曾把最惠国条款当作其商业政策的主要工具之一,她现在还常与帝国各邦结成特惠关系,她给予帝国各邦生产者的特惠,没有扩张到其他任何国家。但是,如其她已把此特惠扩张到帝国以外的国家——例如阿根廷——则最惠国条款的效果,将使最大多数国家同时自动的享有此特惠的全部利益。至在美国所设定的最惠国条款形式,远不若欧洲此种最惠国条款之广泛。并且,美国虽常常准备向其他国家要求最惠国条款下的全部利益,但对于要加担在她自己方面之相互义务的解释,总比较窄狭。

最惠国条款创立之始,原期其能为一种促进较自由贸易的手段。当两国间成立有自由贸易协定时,此种条款的效果,就会扩大自由贸易协定的势力于较大的领域。但此条款在今日是否真能发生贸易自由化的作用,却颇是疑问。因为,依特别理由,给予某一国的权利,要使其自动的扩充到其他许多国家,那势必会使一切国家都不愿意许予她们所能许予的任何特别权利。这一来,最惠国条款就不但不能使自由贸易的区域扩大,且势必要阻碍各邻国间之互减关税的双方协定或多边协定的进行。并且这在中欧与东欧诸新国之关税政策上,还引起了极其严重的后果。

就因此故,一九二七年的世界经济会议,与一九二九年和一九三〇年的关税休战会议,就不得不注意这种最惠国条款政策,看它对于特殊国家之间的互减关税协定,究否由同政策的修正及由何种限度的修正,而使其较为容易。而特别应当注意的,则是看最惠国条款在两国或多数国家间成立完全自由贸易的关税同盟方面,究会发生怎样的影响。当德奥关税同盟计划在一九三一年进行时,有人主张两个关税领域的完全统一,并不牵带有以类此待遇许予他国的任何义务。实在说来,任何其他的见解,都不免要使此计划变为毫无意义;因为那将是说,那种完全自由贸易的权利,是没有其他国家相互许与的。但德奥关税同盟,终于受到法国的反对;法国恐怕德奥两国的经济统一,将导来政治的统一。此种关税同盟问题,既颇有影响于最惠国条款,故当时竟无所决定。然自近来多瑙河诸国间与全东欧各国间之完全的或部分的关税同盟计划产生,波罗的海诸国的关税协同努力,乃至世界其他地域之双方或多边条约计议设定以来,此种问题,复又相因提起。最惠国条款即令不是欧洲关税率低减的积极障碍,但在它尚完全保持原型的限内,现在是显非大大修正不可的。

欧洲与美国　特别是,美国对于制造品的关税,尽管维持着极高水准,欧洲诸国却都反对把最惠国待遇许予美国。美国大多数的通商条约,都包含有最惠国条款。凡属有关低减关税的双方协定或多边协定,美国都不患无利益可图。这实在构成了修改最惠国条款的最有力的论据。至于同样由此受到大利益的英国,直至最近以前,还坚决的维持最惠国条款的原型。但此最惠国条款在各国相互低减关税途径上所生的障碍,现在已颇为一般人所认识,由是英国关于这方面的政策,乃继续有所更张。

关税的种类　关税休战的谈判,系开始于世界不况袭来以前。迨世界不况袭来，所有谈判的些许成功机会，都被破坏无余了。随不况而发生的物价暴落，诚然会使那些从量的税率，有相应缩减的可能——因为这虽不致低减从价税的比例的负担，但却实在缩减了额数。像从量税从价税这一类语辞，也许有略加解释之必要。所谓从价税（ad valorem duty），就是依货物之估计的价值，而值百抽几之税，如英国麦克肯那税（The McKenna duties）之定为33％者。是若从量税（specific duty），则是对于每件输入货物，或每磅每吨货物，课加一定的货币额。物价跌落，从价税亦随之跌落；但从量税却会因以加重，正犹如当战时战后物价飞涨，这种税却反因而大大减轻一样。有些国家征税是采行从价制度，有些国家采行从量制度，还有些国家，更采行从价从量的混合制度。在一九一四年以后的价格迅速变动的诸年度，这种政策的差异，曾增大了关税的复杂性。法国、德国、意大利、瑞典、巴西及美国，主要系采行从量制；同时，英国、印度、新西兰及加拿大，则大抵采行从价制。近年以来，采行前一制度的国家，即令其税率没有变更，亦确曾大大增加其国内工业的实质保护；而那些曾经减缩其名目税的国家，就货物价值而论，实在并没有减少什么。在另一方面，那些采行从价制的国家，如要增加其对于工业的实质保护，则惟有实行提高税率。

我们讲过，假若保护的程度仍旧维持不变，那物价的跌落，至少应当引起关税水准的相应缩减。但事实上，当物价一因世界不况而引起跌落现象时，各国的生产者都会因外国需要的衰落与外货倾销的威胁，而加倍努力的要求增加保护，以便进一步确保其本国市场。因此，自世界不况发生以来，全世界的关税率——哪怕就是依货币计算的关税率——都有增加；若与货物价值相对而论，则其真实的增加，犹远大于此种限度。事实上，关税真实水准的提高，并不限于制造品方面。特别是最近几年来的欧洲，其对农业增加保护的趋势，甚且比其对于工业增加保护的趋势，尤为显著。比如在德国一类国家，皆企图增加本国农产物生产，以期在可能范围内减少其对于输入食品的依赖。而在东欧比较专务农业的国家，更为确保其本国市场，而极力阻止欧洲以外的大农业区域之廉价食品的输入。其结果，农产品关税水准固然提高，对于输入农产品所课加的新限制，更是普遍采用。此种趋势，往往且引起输入制造品方面之保护关税的增高。因为农业家与工业家曾成立契约，一方许予他方以权利，由是使自己得到更大的保护。这一来,世界的不况,已经在猛烈的促进。经济的国家主义,并由食品与制造品关税的相并提高,而保育每个国家之国家自给自足政策。

关税同盟 然而,至少就那些较小国家的情形讲来,这种政策只够引人发笑,并破坏大规模生产的经济利益。现在高的关税壁垒虽然在各国国境周围维持着,但扩大货物自由移动之区域的要求,却已逐渐为人们所认识。于是而有促进关税同盟,和促进互减关税之双方协议或多边协定的运动。但是,我们讲过,这诸般运动的实际进步,实在是过于缓慢了;在每个国家中,要求增加保护者的迫胁,照例比那些要求较大限度之国际合作的广大民众的呼请要强有力多了。哪怕增大自由贸易市场能够明明白白的显示缩减生产费用,那是完全不会使一个特定国家的生产者相信的;因为他所留意的事体,不是他的绝对生产费,而是这生产费与其所能售得的价格之间的差额。他时常累心的,就是,国家如同一邻国结成关税同盟或双方协定,则此对手国的生产物与他的生产物发生竞争的结果,势将不免使其生产物价格低落到市场扩大所能减缩的生产费以上。制造业者的这种自私自利主义,往往又益以劳动者对于失业的恐惧,遂致那些似有不能解答的经济事件,隐伏在他们背后的诸般自由贸易的计划,都严重的受到了妨阻。

其实,对欧洲大多数国家的政府,都显然不能期望她们采行任何缩减关税的有效手段。哪怕是不况临头吧,在她们尚能勉强支持的限内,她们不但不会减低关税障碍,且会增高关税障碍;不但不会撤消输入限制,且会课加输入限制。因为,每次关税抬高,与每种新的限制,不仅是可以看为保护国内生产者的必要手段,且可看为是恢复贸易平衡之一不可缺少的条件。所以,要各国政府衷心赞助较广大领域内之经济统一计划,只有到了她们已经相信以次事实的时候,才有可能;那就是,尽管她们能够课加一切限制,在当前的现状下,终归是不能放手做去的。在目前,多瑙河诸国以及东欧南欧若干国家,看看已经达到了这个地步,而那些以她们为债务国的列强,亦因为她们的缘故,简直达到了此种限度以上。但虽然如此,在这些领域之经济统一上,仍存在颇大的障碍。因此,经济是不能与政治分开考虑的,哪些国家应与哪些国家联合,以怎样的条件联合,应受何等较大强国的领导,所有这些问题,都是容易惹起极其参差的意见的。

因为政治的理由，法国尽管竭力反对德奥两国的联合，但她却企图在她自己的有效影响之下，把东欧南欧诸国形成一个集团。而在另一方面，无论是英国，是德国，抑是奥国，都不愿意看着法国在政治上制霸欧洲。所以，当列强开会讨论经济问题时，往往总要牵涉到她们相互对抗的政治野心。但这种种困难，迟早总是非克服不可的，欧洲迟早总会由其现在的束缚，即由那些窄狭到不够维持自给生产制度诸国的经济国家主义的束缚，解放出来。不过，仅有的问题，是看这种联合，究是在欧洲经济事体未经过一种积极崩溃状况以前达到，抑是完全的崩溃与混乱，会发生在一种新的秩序创建出来以前。

第五节　英国的关税政策

近年经济的国家主义的进展，当以一向极力鼓吹自由贸易，且在生活资料上最要仰赖外国输入的英国为最骇然可惊。自然，在大战以前好久，英国已经存在有热心拥护保护政策的人，当时称此保护政策为“关税改正”(Tariff Reform)；此种“关税改正”主张，往往与扩张帝国特惠制度，以期在帝国领内创建一有效经济单位的要求相一致。但是，这种政策虽为最大部分的保守党所宣扬鼓吹，然在一九一四年以前，却从没有遇到采行的机会。因为，英国毕竟仍是过于适合自由贸易制度了，要她在经济构造上从事一大冒险的更张，实颇不容易。她当时的输出，仍在迅速扩张；在某一地域丧失的市场，有时可由其他地方的新市场的扩张而得到损失以上的弥补。然而世界战争却大有助于人类观感的改变。英国自由贸易制度的首先破坏，主要是当战时反对与敌国交易所采行的差别待遇方法。而在战争刚刚结束以后，英国亦同其他国家一样，一方面想维持其在一九一四年以来所增设扩充的新工业，一方面则想阻止那些币价狂跌国家之货物的“汇兑倾销”。这两种要求，大抵都是出自“主要工业”(key industry)，由是“防御的”(safeguarding)以及其他保护的关税，乃相续在战后几年中课加起来。然照当时英国的政治意见，这类新的保护方式，还须限定施行于比较少数的货物，且须看作是暂时的应急方策。英国的社会舆论，并不曾改变到足以容许采行一般保护政策的程度。对于输入的食品征税，固悬为厉禁，就是英国钢业、毛织物业者所不绝强要的钢输入税、毛织物输入税,亦在政治上没有施行的可能。

英国舆论对于一般保护政策,是彼此对立的,这种继续对立的现象,曾显然的反映在一九二三年的总选举中;这次选举的结果,英国历史上出现了第一任劳动党内阁。劳动党政府在当时虽显然没有绝大多数人民的拥护,使它不能不仰赖自由党的帮助,但保守党之所以在这次选举中丧失其多数选民,那却分明是由于它对关税问题要求自由处置。就在劳动党政府失败,保守党重复出组内阁的一九二四年之末,这个接替的政府,仍不能不作反对采行一般保护政策的誓言。在此次保守党当政的期间,无论是对于食品输入的税,抑是对于钢与毛织物的输入税,都是一再遭受反对。保守党的一般关税政策梦想,只是临到一九二九年之世界危机发生,才有使其实现的可能;并且,就在此种场合,它对于这种政策,仍须逐步推行,且还要借着国家财政紧急,需要采行调整贸易平衡之特别方策的口实。总之,没有一九三一年突发的恐慌危惧的支助,就在保守党亦是不敢遽然采行一般保护政策的。

英国的新关税 在事势的推移上,由拉姆塞·麦克唐纳君(Mr. Ramsay MacDonald)领班的所谓"国民"政府("national"government)竟由选民取得"医生的命令"(doctor's mandate)——换言之,就是完全的自由处置。而参组在此联合政府里面的自由党,亦只好跟在保守党的关税改正论者后面拖。这个联合国民政府的保护制度,是以两种方策开始,其一是在名义上以限制制造品之"反常"输入为目的的方策,又其一则是限制园艺品输入的方策。这些方策都经制定法案,赋予贸易局(The Board of Trade)以课加极高保护税——最高得提高从价税到100%,实际则课加到50%——的权力。然而,这还不过新政策的第一章;在一九三二年初,"国民"政府切实设定一种包括的保护政策。根据当时通过的新法案,则所有输入的制造品,乃至原料与食品的相当数量,均须征收输入税,此输入税开始定为一律10%,但依同法案下所设置的特别委员会的劝告,得继续无限增加。该委员会现正准备提出一般的关税,国会亦打算接受此种关税;此关税对大多数制造的输入品,征20%或20%以上,对奢侈品则征30%。此外,政府还用另一种法案,课加丝与人造丝的新保护税。至于那些被认为有"倾销"之嫌的国家的货品,或对英国货课加差别税的国家的货品,贸易局还有权课加其差别待遇税。但贸易局最后的这种权力，与其说它会实际行使，却毋宁说是用以预作谈判的基础，这，我们是不难理解的。“国民”政府为保护英国小麦生产者，又曾制定一种《小麦定额案》(Wheat Quota Bill)，此案的内容，不在对输入的小麦课税，而在对本国农业生产者的全部产品，许予以相当超过输入品价格以上的价格。不仅此也，一九三二年七月在渥大华(Ottawa)所开的帝国经济会议，且还要考虑到一种关于领地小麦额定制的计划；换言之，就是大不列颠农业者在大不列颠市场上所获得的特别利益，将同样许予全帝国领内的农业生产者。此种《小麦额定制》即令只行于大不列颠，而不扩大到大英帝国的全领地，其效果亦等于高的保护关税，并且，英国一般人由此受到的耗费，比较对输入小麦课10%输入税所蒙到的耗费还高。我们由此知道，英国在一九三二年最初几个月所通过的一些保护方案，那并不仅只涉及输入的制造品，且曾涉及其最主要的食品。在英国输入的主要商品中，除了像棉花那样必不可缺的原料外，只有肉类免税。照当前的情形看来，在今后不久，某种额定制也许会应用到肉类和其他农业输入品方面。

自然，在新法案下的关税水准未决定前，从而，在顾问委员会(The Advisory Committee)——即依此法案所设立的顾问委员会——尚未完成其对政府的报告以前，要对英国的新保护制度加以批判，实有所未能。但这种保护制度，想直接由法案本身，课加颇较高于10%的保护税率——就最大多数的场合言，定然不低于20%——那却似乎毫无疑问。英国课加高率的输入税，还是一九三一年的事，并且那时课加的范围，只限于极少数货物。然照一九三一年与一九三二年的诸种新政策，它却似突然变成了一个澈底的保护主义国家。

贸易平衡 在此变动演进的当中，对此表示赞成与反对的议论，都为淆惑于贸易平衡及镑价稳定一类即时问题的英国舆论所隐蔽了。“国民”政府再度把握政权，支持这种政权的选民，大抵是那些相信——不管对与不对——金镑有丧失其大部分价值之严重危险的人们。并且，保守主义者在选举次日所强调的，不是他们传统的那一套保护主义议论，却是力言调整贸易平衡之必要。但英国直接的金融危机，显然在一九三一年年终已经予以克服，不过，那种克服，与其说是由于英国景况的改善，倒不如说是由于其他国家经济情形之更趋恶劣。在一九三二年最初几个月中，再也没有人能故意装着说镑价有再大跌的危险。而当时的危惧，其实，倒毋宁说是怕镑价因他国币价失其国民信任，而相对的过于昂腾。因此，保护主义者的论旨，只好更置重那些习见的理由了。但在“国民”政府里面，已经有深信保护主义的保守党的极大势力存在着，保护主义者的议论，并不会发生多大的作用。国会中的最大多数人，显然都立意在各方面厉行保护政策。但对于全般保护英国农业的计划，仍必须出以慎重。在小麦的场合，政府宁采行额定制与补助办法，而避免施行直接保护税。但有一点，英国在一九三二年设定的保护制度，那显然不能说是基于金融紧迫的理由，而是根据那些在金融危机尚未发生以前就已经流行着的议论。

英国保护主义者的议论，系根据一种信念，那就是说，保护能看作是扩大利润与增加雇佣机会的手段。他们力言英国能自己生产她现在输入的极大一部分的货品。制造品如此，食品如此，不过原料只能自行生产一极小部分，故他们认为大部分的原料，还显然有继续仰赖外国输入之必要。他们一贯的主张是说，假若外国制造品征税，英国制造业者就能利用他在本国市场上的特权地位，由扩增产额而减低其生产费，由是，英国的消费者，将获有其能由外国输入品所获有的便利。同时，英国这般由缩减生产费获利的制造业者，遂能改进其在输出市场上的地位；假若制造业者肯采行现在已经通行于德国及其他国家的“输出倾销”政策——即在任何竞争较烈的市场上，以较低于其在本国市场上的价格贩卖——则尤有此种效果。至他们关于农业的仅有提示，则以为对输入农产品征税，英国农业生产者将能提供本国消费者以输入品一样低廉的货物，且还能获得适当的利润。但英国不能让她特别乡区的大生产资源弃而不用，并且，由较高价格增加于消费者身上的负担，那是不够由农业上增加雇佣机会与农业社会增加对工业品的需要而得到补偿的。

半制品与完成品　在另一方面，我们还得记忆一件事，就是那些在关税分类上被称为制造品的货物中，实在有一大部分不是拿来即时应用，而是要由英国制造业者加工制作的，并且，这经过加工制作的完成品，往往打算再行输出。比如，由比利时输入的钢的半制品，照例是由英国制造业者制成涂锡的薄钢片，再输往美国及南美各地。英国称为制造的输入品中，有更大一部分是油，除非英国对于煤油的生产，并且必待英国对于煤油的生产能够安排在一种满意的商业基础上，这种物品对于提供低廉的运输，仍是继续必要的。英国输入的真正完成的制造品的数量，远不若贸易局报告中所列入的总制造品额之多。对半制的输入品征税，势将大不利于完成品的输出。并且，为保护英国农业，许其产品在本国市场上享有较高价格，或对输入农产品征税，那都不免抬高生活费；从而，使工资劳动者有较高工资的要求。在当前不况继续的限内，这种要求是不会收到效果的。但社会情形一旦变到更有利于劳动阶级的行动时，他们定然会强迫求其实现。况且，英国如严厉限制其由世界各地输来之食品与制造品的需要，实难保不在其输出需要上发生反动。英国一向是世界最大市场之一。如其英国由其他国家购入较少，其他国家自不能不减少其对英国的购买。因此，如谓英国采行保护政策，其输出将因此受到刺激，实属荒谬。在此种情势下，英国定然要减缩其输出贸易。假如保护主义者要对保护政策加以辩解，极其能事，只有一个理由，那就是说，由保护政策刺激的国内需要，会较大于其对输出贸易所低减的需要。

但在实际，英国如采行一般的保护政策，势将处在极其不利的地位。英国曾在自由贸易基础上，建立起一种极高度专门化的工业组织。此种组织，使她要依赖世界市场出卖其货物的程度，较之其他任何国家为利害。由这种基于自由贸易的经济状况，一旦改变为基于保护本国市场的较大限度的自给自足，那即使不会引起何等结局的损失，亦将在英国经济制度的机构上，发生一极大的变动。那些主要为输出而建立的旧工业，必须切实改造，切实缩减其规模。它们的地位，将为那些专为国内市场或主要为国内市场创立的新工业所代替。在此种变动过程上，英国一大部分现有的工业资本设备，将丧失其价值，许许多多的劳动者，将因对外贸易衰落，使他们既经习得的技术不复有何等用处。加之，保护政策施行的结果，货物将由原产国，直接交付其消费国，而一向由英国商人经营，且获有颇大利润的货栈业（the entrepôt trade），势必致损失其大部分利益。因此，要从经济上辩解英国脱离自由贸易地位的正当，那是非有极强而有力的论据不可的。

自由贸易消灭了么？ 然而，也许有人这样主张，说英国经济政策的变革，完全是由于她企图销售其货物之世界市场有了改变。一九一四年以来即已普行于世界的经济的国家主义，无疑在英国经济体制上发生过异常严重的影响。但这影响，不是因为英国货一般的比较他国货物受有更高的关税负担；英国在极大部分的世界市场上，都因其采行自由贸易政策享有最惠国的待遇;世界市场变动对于英国的影响,是由于英国要非常依赖输出,并且,她的大宗输出品,恰好是其他国家极力想借本国制造业发展来代替的货品。

远东的工业发展,英国较低廉的棉织物输出市场,将因以减落,那是毫无疑问的事实;各国逐渐要求不仰赖外国钢铁与毛织品的趋势,无法改变,英国钢铁工业及兰开夏之主要工业,在今后将不能在海外市场销售以前同多量的货品,那亦是事实。世界市场上的这种种改变,必然无可避免的要强迫英国大大改变其工业机构。但如谓英国今后工业输出品的总量,将不复能达到战前那大的额数,则殊难令人置信;问题是看她愿意采取关税政策以加强加速那种变动,抑是宁愿继续支持自由贸易政策,徐图予以调整。

非关税的保护 英国一般舆论虽然很容易设想除了自由贸易与关税保护以外,没有第三方法存在的可能,但这两者实非唯一之路。关税保护者与自由贸易者历来争论不休,以致习惯了他们的议论的英国舆论,颇不容易想到其他的形式。但我们讲过,近年与保护关税相并发展的,还有其他的保护形式,比如以允许制、额定制以及其他国家统制形式规制输入的方法,皆属此类。在使英国经济制度适应战后世界变革机构的精审计划中,把这些方法运用进去,究竟是否会引起较少于保护关税那样的不利益,那是值得考虑的。

英国限制输入的方法,业经存在于染料的场合,其目的盖欲依此维持并保育其在战时设立的染料工业。依照此种方法,染料的输入,须取得那种代表染料生产者与消费者之特别委员会的允许通告。不论在什么时候,消费者得根据英国国内精良品不足的理由,或根据英国生产者索价过高的理由,要求特别产品的输入。这时,生产者方面须得表示其能以合理价格满足消费者的要求,如他不能作此种表示,则允许输入。像这种制度,本不易圆滑的或毫无抵抗的进行,但在运用上,究比关税有更大的伸缩余地,且更能用为刺激生产与规制价格的有效工具。假若这种制度妥为管理,一方面使生产者受到适当保护,同时使消费者得有反对国内独占者剥削的充分保障,那末,像这样一种制度,显然能够扩张到更广泛得多的领域。

额定输入与输入局 限制输入的另一种代替制度,就是额定制——

这与英国近年对小麦所采行的那种“额定”(quota)方法,颇不相同,那简直谈不上是一种额定制,单纯是对于英国小麦生产者所给予的一种变相的补助金。在真正顾名思义的额定制度之下,国家对于特定商品的输入额,只限定于补充国内供给所必需的限度;若国内生产者利用其特殊权利地位,把价格抬高到合理的水准以外,则国家将随时听其自由输入。像这种制度,也远较关税有伸缩性,并且对于国内生产者还似能提供更多的保护。

除允许输入制与额定输入制以外,还有第三种制度,那就是由英国劳动党所鼓吹的输入局制(Import Boards)。输入局在国家直接管理之下购买全国需要由海外输入的全部商品,并把这所购得的商品,投置于批发市场。它们通常由此规制国内生产物的贩卖。也如额定制一样,其目的似在对本国生产者保证充分市场,并限制在补充国内供给的必需限度内向海外购买。自然,对于所有由海外购买的商品,国家不免要施行批发贸易的独占;并且,至少在开始的时候,这种制度是否能适用到极度标准化与大批输入的商品以外,还是疑问。适用此种制度的物品,主要为小麦、肉类及其他食物,但不时也适用于像钢与原产羊毛一类半制的商品。至此种制度之目的,大体在以英国同意购买某帝国属领或外国市场之全部或大部分待输出的剩余物——如小麦、肉类或羊毛——的整批契约,以代替个人对输入品的零碎的购买。据说,用这种方法购买,要比较在竞争条件下所支付的价格低廉,并且,对大宗输入商品加以统制,那会使英国用在中间人方面的费用大大节省。但是,赞成输入局制度之更有力的论据,却是说,这制度对于各国在一种实质的物物交换基础上行使大规模的交互契约,可提供一个初步基础。比如,英国如向加拿大或澳洲购买其可以提供的某种原产食品或原料的一大部分,加拿大或澳洲也许会由英国购买一定量的制造的钢或其他大宗输出品,甚或以她们出卖原产商品所得金额,以信用形式贮置伦敦,以便购买英国其他任何商品。我们讲过,巴西已经在与美国行使咖啡与煤的交换。英国与俄国之间的合作组织,早在实行大规模的物物交易。然则这在原先行于大英帝国各邦,以后且行于英国与阿根廷及英国与俄国之间的物物交易原则,为什么不适用于更广大的领域呢?

由是,我们知道,假若保护政策事在必行,那末,除了素朴的关税保护形态以外，还有三种代替的保护方法值得考虑。并且这三种方法的任何一种，都比较关税有较大的缩伸性，且较容易采用为有联络性的经济计划的一个部分。所以，假若英国一定要放弃其传统的自由贸易政策，切不要只把保护关税看作是唯一可行的方法。

但是，自由贸易的放弃，我们仅看为是对于暂时急需的一种退让么？看为是为恐慌所打击的英国舆论的一种非非幻想么？抑或看为是英国在经济态度上的最后一种改变么？其实，关于这种事体，在在要看他国所采行的政策如何。全世界的经济国家主义每推进一步，英国要维持自由主义制度就愈加困难。因为，阻止英国输出的关税及其他障碍一经建立，英国向海外出卖其货物的可能性，虽因之受到限制，同时，世界自由贸易领域的窄狭，又会使那些尚保持自由贸易制度的国家，在国内受到外国货物的剧烈倾销。外货倾销，无疑有利于其国内的消费者，使他们能购买那些往往低于真实生产费的货品。但那却会在阻止输出的场合，使这些国家的输入，激增到非其经济地位所能长久维持，并使其国内制造业者不能不从事他们难于支持的竞争。因此，假若世界其余地方的国家，都在比现今还要扩展的统一关税领域的基础上实行经济的国家主义，那英国无疑会依关税或其他手段以维持某种形式的保护。但是，全世界如其能翻然倾向比较自由的经济政策，英国在维持其大输出国的地位上颇有利益，从而，她理应愿作此种自由运动的先驱。但这并不是说，她在这种场合将返到完全的自由贸易，而只是说，她对于其输入局制一类手段，与其用以限制输入，就宁不如用以促进帝国与其属领及与海外各国间之大规模的国际物物交易。

第六节　美国的经济国家主义

我们已经讲过，欧洲大陆对于打破关税壁垒与发展较大领域之经济交易，实有其极有力的经济理由存在。至欧洲反对贸易自由之倾向的形成，主要是由于政治的理由，或由于各别国家已经在高关税保护下建立的工业的利益。然而，此种分离主义，却无疑使欧洲全体人民受到了莫大的经济损失。

若美国的情形，则与此多少不同，北美洲即令把加拿大除去，其土地之广大，其人民之富庶，其经济资源与生产力之广博而繁杂，亦颇够其大体不仰赖外国供给，不仰赖外国市场，而造成一个充分发达的经济生活的基础。但这并不是说，美国现存的经济制度，已经达到了这样不仰赖外国的程度，也不是说，她即令离外国的输入供给与输出市场而独立，亦不会有严重损失，或不会于其经济生活有猛烈的变动。我所提示的，只是自给自足或与自给自足接近的主张，在欧洲分立的诸国，虽没有实行之可能，而且实行起来不免流于荒谬，但在美国却恰好是一个可能的理想。在美国国境之内，一切大规模的生产，一切专门的设备——这即是依现代技术，谋最大可能经济实现所必需的设备——都有实施余地。就她现在的需要而论，她国境内仅只有几项原料，不能有充分的供给。在这种种情形下，无怪美国在十九世纪中叶即已成为一高关税国，更无怪她今日尚维持着高的关税水准。在过去七八十年的发展过程中，美国就视其自己国内市场，较之外国市场为重要。她常自觉其拥有等待经济开发的庞大资源，所以，至少在过去数年以前，她还自谓其拥有足够销容其全部资本的出路。即如现在，美国庞大的对外贸易，虽然在世界贸易上占着数一数二的地位，但若以其输出输入数字与国内生产的与消费的数字比较起来，那就颇不足观了。

美国在她高关税壁垒之下，已经使其全国大部分人民的生活水准，抬高到高于世界任何地方。美国南部诚然还有黑人劳动者与农耕者的低率报酬问题，且还有被雇于南部诸邦之纺织工厂的贫穷白人问题，但除此一部分人口外，她直至大不况时期到来时为止，尚无疑能保障其国内最大多数人民的极高——与世界其他地方相对待而言——生活水准。这种生活水准，诚然没有由货币所表现的那样高昂，因为美国的物价水准，也大体因其高率关税政策，而较高于欧洲其他国家。但美国较高的生活费，即使要在物价上加以斟酌，亦还不难维持其优越的标准。美国农民的生活诚然是比不上都市居民的生活，但与欧洲任何国家的小农比较，他们仍要优裕多了。

在美国大多数人看来，凡属干预关税的事体，仿佛就不免要危及他们这种既经形成的高生活水准。不错，一般从事农业者，都愿意以较低价格购买其所需的制造品，他们并还觉得自己太没有由世界原产食物和棉花一类原料的狂落价格受到保护。但无奈在近年以来，他们与农业有关的这般人，从未取得控制美国经济政策的地位。企业界之保护主义者的态度，无疑在华盛顿，在大总统与国会选举上，占有举足轻重的势力。美国的劳动者为了抵制外国劳动者及其低生活水准的竞争，亦竭力支持高关税，想借此高关税以保障其高水准的生活。因此，美国虽然常有由农民领导的减低关税运动发生，但其成功极暂，并且，在一九三〇年之哈勒伊·斯摩特关税（The Hawley-Smoot Tariff）以前的一般关税行程，都显然保持着向上的运动趋势。

美国关税与欧洲债务　美国在她为国内发展所需的资本还继续要多过其能由自己财源供给的限内，她是容易维持其高关税政策的。但当她在战时及战后对欧洲及南美投出了大宗借款，因而变成了一个大债权国，她的地位乃有所变更。在某种工业上，乃至在原料的供给上，她的生产能力，已大大超过其国内市场所需的限度。假若她还是一个资本的输入者，她就很可以她这些超过其需要的产品，支偿其借款利息及偿债基金。但她已经不输入资本，且反而输出资本了，世界各国借了她巨额的资金；在这种场合，如其她要求支付平衡的话，她就显然需要输入他国的剩余物，以代替输出其自己的剩余物了。剩余物的输入，只能采取两种方式：要就是减低关税，以便接收欧洲诸债务国之较大量的制造品的偿付；或者是增加其主要由落后国家所提供的外国原料的输入。她如采行后一方式，欧洲诸债务国家便可对那些提供原料的落后国家，输出制造品，以便间接偿付美国的债务。自然，美国能同时采行这两个方式，那是无所不可的。然无奈前面那种方式，要横受左右美国舆论界之保护主义者的有力排斥，而后者在结局又要取决于美国对于消费财市场之扩张力——因为制造业者所能购买的原料，只限于他们在完成品生产上所需要的数量。但我在前章讲过，美国生活水准的抬高，从而一般大众对于消费需要的增加，并不与其生产力上的增进，或与其国际经济地位之变动的程度相一致。所以，美国的输出物品，仍继续多过其输入物品，仍继续增大其对海外各国的债权。各国对美国所欠之债，如不由货物偿付，那就只能由金偿付或由美国输出资本；美国输出资本，必然要采取两种方式：或者是输出黄金，或者是让外国应支付美国的差额，再用以投资于海外。

在世界不况发生以前数年间，美国一部分借金的输入，一部分借海外的投资，虽尚能应付裕如，但以一个大债权国，而又拥有有形输出超过其有形输入的剩余，其情势已颇不自然。在大体上，她的债权国地位，早与那种继续支配其财政政策的经济自给自足观念相抵触。更与其生产者一方面阻绝外国输入，同时并进一步利用其大量生产经济以扩增其对外输出的那种企图相抵触。

美国所当选择者 美国一小部分有识人士，有时亦承认其经济政策上的这种矛盾的存在，于是在比较进步的美国人士之间，曾掀起一种缩减关税的运动。但这种运动的成功阻力是太大了。而当前的不况，更对于较高保护关税需要，频添了不少刺激。美国现正努力在高的关税壁垒里面，在纯粹国家的基础上——疏忽或轻视其与世界其他国家的经济关系——改造其纷乱的经济生活。她对于债款问题，仍不以为那与其经济生活改造有不可分离的联锁，却只看作是不必过问那与美国整个经济问题的关系，亦可解决的个别事件。但照此下去，债款问题就不但不能解决，且定然会阻止比这更广泛的问题的解决。我们必须知道，所有世界各国所欠美国的债务，即令完全勾销，美国与其他世界各国之经济关系的问题，并不能说是完全解决。她的输出超过输入的问题，依旧是残留着的。不过，债务问题解决，其他的事体就比较容易处理了。

自然，外国人以他们自己的立场，不以美国一般人的观点来考察美国之经济地位问题，那定然是容易多了。欧洲因为不能发现偿债的可能方法，显然想对美国赖债；欧洲制造业者因为万分需要扩充其货品市场，自然想美国低减关税。但在美国，她决计不肯单为欧洲诸国的便利而放弃其债权，而低减其关税。并且，当她看着欧洲各国在忙于抛弃其自己的经济机会，并使其自救的工作胡乱的弄到极困难的地步时，她更自不乐意给予她们这种便利。在美国人看来，欧洲各国的关税境界，比较围绕在美国广大领域四周的高关税壁垒，还要可笑多了——事实确是如此。加之，欧洲诸国对于军费的庞大支出，以及其小规模国家主义在经济上的损失，已使美国人深深感到欧洲不配接受其宽大的待遇。在事实上，欧洲如想美国采行比较宽大的经济政策，她有一个实现此种愿望的最可靠的方法，那就是，她首先调整自己内部，俾其向美国谈判时，不表示自己是一个相互分离且常相仇视的杂合体，而是一个在财富上、在人口上、在内部自由贸易上，都足与北美洲并驾齐驱的经济的统一领域。

第七节　外国贸易的理论

本章以前诸节，都在讨论世界贸易及各国关税政策的现状，至关于学理方面，则殊少论及。我们讲过，战后倾向经济的国家主义——在战前已经存在——的趋势，渐形强烈，且逐渐扩展到较广阔的领域。哪怕是那些在过去极力拥护自由贸易的国家——特别是英国——亦相因改变其政策，并为报复其他各地的保护主义，而采行某种方式的保护。在此种现状下，我们就得考察一下，看那冒称为科学(a would-be science)的经济学，究能在哪种限度，说明这两种对立制度——即保护制度(或经济的国家主义)，与自由贸易制度(或在资本主义制基础上之竞争的国际主义)——的利弊。

然而，一陈述经济学者的见解，马上就会使我感到困难。因为一切经济学派，都是没有一致的见解的。诚然，在经济学说史上，曾有一个划然各别的分野：一派主张经济学原是关于交换制度的体系，与政治学判然各别。并且，那还要在可能范围内避免政治的干涉；另一派则认定经济学与政治学结有不解之缘。这两派中的前一派，在英国有许久许久就完全支配其国家的经济政策，支配其普通学校与大学的经济学的讲义，以致英国一般舆论，几乎都把自由贸易的经济学说，看作是由诸般根本法则所归纳出来的毫无疑问的结论。自亚当·斯密(Adam Smith)时代以来，英国一切经济教科书，差不多都把自由贸易论理解作是现代社会之国际分工的理论，而分工则由此论定为经济交换的基础。英国人一向对于这种理论，不但容易看为是适乎英国国情的通则，且看为是能同样适用于一切时代一切地方之普遍经济理论的根本法规。但是，英国这种定型的教义，虽然时时或多或少的影响欧洲大陆的或美国的经济学者，但他们却都不赞成英国此种学说。在英国经济学者之间，保护主义是常常不能得到赞许的，无论如何，那总不免要被他们解作是对于自由贸易正论的一种矫揉的歪曲。但如加雷(Carey)一类美国人，如历史学派一类德国人，他们却在完全与亚当·斯密不同的基础上建立一种经济理论，且从来不肯承认亚当·斯密的根本假定。特别是德国的经济学者，他们往往一开始就把政治经济或国民经济，看作是国家政务(state craft)的一个部门，并指明一切经济思考，都在以谋国家社会福利为目的，而不在以创造最多的总财富为目的。

自由放任学说 为要理解这两种对立的意见，我们必需把这两派经济学者形成其学说所根据的基础与假定弄个明白。亚当·斯密及其英国后继者的根本假定，乃是一个企业社会的私人经营，在此社会中，个人企业者努力为获取利润而生产货物。他并依此目的，使用一切的生产要素。此种企业组织的存在及其活动，都被认为是与国家的任何行动不相关涉。国家在某些方面，诚然是不能不干涉企业经营，且对企业经营提示其活动的条件。但其假定却是主张国家的这类干涉，应当缩减到最少限度；并以为国家干涉即令有其他的原因存在，亦往往不免有缩减创造的总财富额的趋势。所以，亚当·斯密虽以政治的理由辩护英国《航海条例》(The British Navigation Laws)，但却以为这条例会缩减英国财富总额。现代英国经济学者亦同样的，一方面辩护《工厂法》(Factory Acts)、《最低工资法》(Minimum Wage Laws)以及其他保护方式，以为这于促进人类幸福为必需，但同时却又把这等等保护方式，解作是必然要在某种限度干涉财富生产企业之无可避免的损害。干涉的限度，尽管有逐渐扩增的需要，但他们仍以为每种干涉行动都须根据特别的社会理由，因为干涉是必然要抵触经济的个人主义之根本假定的。

因此，我们知道，英国经济学之基本概念，就是一种根本离国家独立之企业组织的概念。但是，假如企业组织的性质是如此，她就显然没有理由局限于任何国家的束缚，或更注意国家的限界，而比较不注意各国强加于其自由活动的干涉。当经济关系实行变成了世界的关系，这种经济理论亦相因而变为世界经济理论。这时，根本的经济目的，就要视为是无关国界的世界总财富的增加；并且，那些超越国界而活动的企业者的行动，将与纯粹国内的交换行为，在概念上没有根本的差别。就正统的英国经济学说而言，在对外贸易论与国际经济关系论之间，实没有何等差别存在。国外汇兑理论诚然是存在的，因为，在通货继续以国为基础的限内，要作超越国境的支付，势不能不把一国的货币，换为他国货币。但英国经济学说的理想，却是这样一个世界，就是，在这个世界中，政治的境界即使继续存在，亦必在可能范围内避免干涉企业组织之世界的统一。

因此，亚当·斯密及其后继者的根本理论，与其说是国际的，就宁不如说是世界的。他们所设想的，不是在各国之间组成经济关联，而是在经济事实上完全超越国家的束缚，或者至少是承认这些国家束缚，只存在于国家行动必然会因“非经济”理由，与经济活动发生冲突的场合。凡属由这些假定出发的理论，必然要视自由贸易制度为根本正当的制度。但是，哪怕就在这种理论结构中，国家也许还不难在特殊的情形下觅得一种采行关税政策的口实。特这口实根本要是非经济的。

李士特的国家经济学　与这种世界经济学说尖锐对立的，就是从国家观点考察企业活动，且视企业原为国家政务之一部门的经济学说。这种国学经济学(national economics)的典型拥护者，通常是推斐特烈·李士特(Friedrich List)。不过，在理论上，这位学者实在受了英国古典学派经济学的极大影响。他虽然是经济学上之“国家体系”(national system)的辩护人，他仍视自由贸易为一个经济发达国家最后必须采行的政策。他希望德国或美国采行一种保护关税制度，以便保育其国家的工业与商业，使其国家臻于更富更强之境。但当保护主义一成就其普遍发展国家经济制度的工作时，则关税障碍撤除，自由贸易时代开始。李士特认定英国的经济优越，是在其十九世纪上半期撤除的关税壁垒下造成的。在他看来，英国的经济状况，已经发达到了最适于施行自由贸易政策的阶段。而德国与美国，则须借着保护方法，经历类似演化行程，以便完成那种看作是国家最后发达阶段的自由贸易。

至关于工业商业通由私人进行的根本假定，李士特与亚当·斯密并无出入。自由贸易——即一国允许他国货物自由输入本国市场——在李士特心目中是一种理想，因为他与亚当·斯密一样，把企业组织与政治组织看为是判然各别的东西，特对企业组织完全不受政治组织干涉的亚当·斯密的主张，则非李士特所能同意。李士特要求一种支配经济政策的政治政策——即求国家健全的观念。不过，他亦认定经济学与政治体制在某些方面不能混同，并以为经济学的目的，在创造一国境内的最大可能的总财富。他与亚当·斯密不同之点，就是，亚当·斯密所考虑的主要是全世界的财富，而李士特所考虑的，则是某一个特定国家的财富。

李士特如以国家主义为其立论根据，他就不复能设想自由贸易定为一种正当制度。诚然，他是视此制度在结局将为一切国家的正当制度，但沿着他这种议论的线索，是定然不会引出这样的结论的。即令说，普遍自由贸易的效果，一定可以保证世界最大可能之总财富的增加，但我们并不能即此就说，这将是对于每个各别国家的成果。一国采用保护政策，即令会使世界财富较其不采行此种政策要趋于减少，她本国的财富却说不定会由此增多。所以，对于由国家观点出发的经济学者，根本无从预知自由贸易（或保护政策）是好是坏，那在他们是一个方策的问题，此种问题的解决，一视每个国家之经济发展阶段的特殊情形而定。

不过，对于经济学之国家的概念，是能够较之李士特更推进一步的。李士特认财富上的最大限度生产，为根本的经济目的。但在澈底的国家主义，却不能同意此种见解。因为，在此种国家主义看来，财富只是国家许多要求目的物之一，从而，一国最大限度的财富生产，将不免要从属于其他视为较重要的国家活动。此种见解，殆为黑格尔主义（Hegelianism）之广泛体系的一部分，据此严格讲来，经济学并没有它自己的目的。经济学的任务是在服务，在谋国家的福利（不论这种福利的成果如何）。在根本原则上，与黑格尔主义有密切关联的现代意大利的法西主义，对于企业界与全国民生活相关联的这种概念，大概是会接受的。可是，就在这种见解上，亦同样不会预言其究系倾向自由贸易抑是倾向保护政策。正如在李士特心目中一样，在强调此种见解的人看来，这是一个纯粹方策的问题，特他们没有作李士特那种假定，说自由贸易将是一切最发达国家所当采行的政策罢了。

国家社会主义与国际社会主义 我们大体算考察过了这两大经济学派——一派是国家的，一派是世界的；一派使创造财富的企业从属于其他国家活动，一派则努力使国家对于企业的干涉，限制于依非经济理由所必需的最低限度。但是，它们对于国家应否规制企业的意见虽不同，而对于企业系进行于竞争的私人事业制度之下的主张，则无二致。自由贸易者认定私人事业是超越国界的普及于世界的事体；保护主义者则以为那只是进行于国家政治制度的限界之内。但无论如何，两者都视私人经营为经济活动所取的主要形态。现在，我们将进而考察其他非从此基本假定出发的思想派别。约在十九世纪初期，社会主义者与个人主义者之间，乃至在世界主义者与国际主义者之间，曾经发生过经济学说的冲突。社会主义也如同经济的个人主义一样，能够采取国家的形态，也能采行世界的形态。罗伯特·奥文（Robert Owen）的社会主义是世界的，他心目中的世界，是由一种根据合作原则造成的自治村落社会所组织的世界。卡尔·马克思的社会主义亦是世界的，他批判资本主义制度，谓其分枝普被于全世界，结局乃由内在的矛盾，激起世界革命。然在拉塞尔(Lassalle)的社会主义，则大体是国家的——他是通常称为国家社会主义(State Socialism)的真正建立者。国家社会主义的实际发展，乃借助于各国社会民主党(The Social Democratic Parties)，社会民主党在理论上虽是遵奉马克思主义，但它们所信仰的马克思主义，却不属于马克思，而比较接近拉塞尔。因为，每个社会主义者的政党，首先不能不从事一种以国家为基础的初步斗争，并不能不大体限定其政策于国家的范围；所以，它的社会主义的表现，是要求产业国有化，要求依赋税方式使国民财富有较适当的分配，而至较近，则借国家经济计划，以达成其目的。在其促进各国民间的友爱，与促进各国家单位间的更密切合作的意义上，这种社会主义也可以说是国家的，也可以说是国际的。但一究其本质，那在一方面固不像奥文或马克思所主张的世界主义，另一方面也不像由亚当·斯密及其后进者在古典经济学说上所表现的世界主义。这是自始就在共产主义者与社会民主党之间存在着的根本不同的分野。依二十世纪的情形重行陈述，共产主义就是马克思的世界主义，其目的在世界革命。而与此根本不同的国家社会民主主义，则是企图在每个国家机构中，由议会取得政权，由是在每个国家中建立一种能为国际合作基础之社会主义的国家制度。

然而无论哪派社会主义者，对于欧美正统派经济学者中之世界主义者与国家主义者赖以建立其学说之经济个人主义的根本假定，都不能接受。在他们无论哪派看来，自由贸易与保护政策之间的争论，简直没有多大意义，充其量亦不过是表面的吵闹。国家社会主义者要求使每个国家的经济生活形成为政治制度的一个部门，并且，这显然含有以次的意义，就是，在此种制度下的超越国境的交易，不是发生于个人企业者之间，而是发生于各国国家本身之间，或者是由国家直接指导监督的机关进行。自由贸易没有含着国家干涉的意味。但一个国家则非干预她自己的事体不可。因此，国家社会主义要求在当作经济单位看待的诸国之间，施行有组织的交易，她这种交易政策，根本与正统学派所理解的保护政策或自由贸易政策，绝不相符。

俄国对外贸易的现状 以世界的马克思的社会主义出发的俄国，现在居然在世界创造成一个国家社会主义的大典型，这是有些使人感到眩惑的。俄国共产主义者之向着这方面努力，那无疑不是出乎他们的本意。他们因世界革命不能按照计划完成，乃迫而采行这种途径。在他们看来，当作一个国家看的社会主义苏维埃联邦共和国的观念，或其当前的政治国界，都不是什么神圣不可侵犯的东西。他们乐意把那些愿意接受苏维埃制度的其他地域，甚至全世界，都包括进来，使其变为经济计划之统一领域的诸部分。俄国人已经迫而建立起了一种国家社会主义。但他们这种国家社会主义，没有参杂着国家主义者的企图在里面。他们在意志上，仍是支持卡尔·马克思的世界主义，不过，他们的领袖们，现在觉得走向社会主义世界之路，比较他们笼罩在一九一七年革命成功空气中所相信的，要辽远得多，要曲折得多了。

当前的俄国政策，在事实上是国家的，在观念上是世界的。不过，她这种世界主义，与亚当·斯密及其后继者的自由贸易世界主义，没有共同之点。因为她根本是建立在计划经济的观念上，而不是建立在自由放任的观念上。苏维埃社会设有各种适当的经济机关，她由这些机关决定各种生产部门应在何处，并在何种限度进行生产；应如何交易，应以怎样的价格买卖。所有这些经济事项，统依精密而审慎的方策进行，毫不依赖古典经济学者们所乐于假定的那种基本经济和谐。俄国实在没有关税壁垒存在，因为她能控制货物的移动，无须多此一举。不过，她的贸易正如同其生产一样，都要社会化、组织化，不听其自由找寻销路。在世界的社会主义之下，所有保护主义与自由贸易之间的争论，将都为普遍的世界经济计划所克服。

但在国家社会主义，却不能完全做到这个地步。处在今日这种地位的俄国，她不能不与其他尚由个人主义原则支配的世界进行货物的交易。她在她自己国境内施行对外贸易的独占，那是苏维埃计划经济制度之一必然的与必需的部分。但在她的国境之上，她所遇着的，不是与她自己一样的国家，而是一大些私人卖买者——即她必须出售的物品的私人购买者及她所须输入的物品的私人贩卖者。这一来，苏俄在她对外贸易的关系上，就好像必然要与其他国家之普通资本主义贸易商人，处在极其相同的地位。但实际是决非如此的。从大体上说来，资本主义国家的输出，只能发生于一种场合，在那场合，个人输出品生产者，期望由其生产特定输出品，多少获得一项利润；资本主义国家的输入，亦只能发生于一种场合，在那场合，个人输入者,期望由其输入品再卖,多少获得一些赢利。若在苏维埃社会,则根本与此不同。她是为了要满足其经济计划的要求,才需要由海外购买若干货品。并且,她为了要购买这些货品,才必须为求此费用之得到填补,而建立充分的信用。对于此种信用,她除了暂时由借款融通周转外,其唯一取得的方法,就是输出自己的货品。但是,生产这些输出品的国内的费用,几乎完全不成为决定其在外国市场售价的要素。其货品在外国市场的售价,不是看她生产费的多少,再加上利润,而是看她所能获得的价格。那价格,也许或多或少于其生产费,其多少一听他国同类物品之普通世界价格水准而决定。她把出卖输出品所能获得的外国通货额,用以购买其必需的输入品。这些输入品,或是直接用以充当苏维埃工厂中、矿山中或铁道上的生产工具,或是用以贩卖于苏维埃联邦共和国内的消费者。其卖价与其由外国货币计算之买价,并不一定持有必要的关系。苏维埃联邦共和国在其外国贸易支付的平衡上,如其不用补助其对外贸易,或由对外贸易获取一种利润,则她对于其输入品的售价,只要按照其为偿付此输入品而输出的货物之国内生产费计算就行。因此,在每个私人方面输出输入的利润或损失的全部问题,在苏俄则成为毫无意义。苏俄所待考虑的,只是她究须为购买必需的输入品,输出多少。她所能购买的输入品的数量,势将取决于其所能输入的剩余物品的数量。资本家制造业者要在外国市场"倾销"其货物,必定要受其进行业作所要求的平均利润的限制,但苏俄"倾销",却无此限制;因为,她如廉价投卖其输出品,其仅有的影响,就是缩减其所能输入的数量,且提高那种输入品对于她的生产费。

在社会主义国家与资本主义国家之间的贸易,定然要趋向这种途径;社会主义国家的对外贸易,总是企图在多少有利的条件下,进行实质的物物交换。假如有两个都拥有国家社会主义体系的国家相互交易,则其交易中之物物交换要素,将要显明确著多了。哪怕"计算上的货币"仍用作计算的基础,其交易方式,将不是以货币分别支付,而是直接以物易物。假若社会主义通行于世界,则在对外贸易上,会有以次两种现象之一发生:其一是一切对外贸易,因一切政治境界消失与全世界变为一计划经济组织,而不复存在;其一则是世界区分为多数社会主义社会,这些社会将主要在有组织的通有于无的体制下,进行物物交换。但无论哪种现象实现,都是用不着自由贸易政策与保护政策的。

第九章　财政与赋税

第一节　国家支出的增加

关于关税的尖锐提高，我在前章已讨论过了许许多多的促进原因，这些原因之一，就是各国对于收入需要的增大。依普通情形而论，关税诚然有一种强有力的保护的目的存在，但从国家课税的观点说来，其开发财源的作用，却亦不庸忽视。关税壁垒虽再高，许多货物依旧会突破此壁垒而冲入，而税率高到实行禁止输入那种限度的货品，那究是极其有限的。但保护关税不论高到怎样的田地，设一旦予以取消，大多数国家将不免要丧失其巨额的收入。就因此故，这种关税乃迫于工业的与财政的有力牵制，而存续下来。但我们并不能即此就说，现在课加极高关税的国家，将因其关税的减低，而丧失收入；因为现行税率低减，则通过此较低关税壁垒而输入的货物数量，也许会大大增加。不过税率的变动在输入数量上的可能影响，通常是极难估定的，并且，那些惯于依一定率关税以平衡其财政预算的国家，总会因财政上的理由，不愿意低减关税，而倒非常容易接受那些进一步抬高关税的计划。

此种情形，以大战后尤为显著，因为在大战后的那个时期，有两种促成此种情势的理由存在：第一，自一九一四年以降，各国国家支出水准，皆大大提高，支出提高的原因，大体固由于政府对于通常政务及社会事业上的支出增加，但也由于——在那些参加战争国家，则有极大一部分是由于——债务负担的加重。第二，在过去数年间，即自世界不况发生以来，各国愈益感到她们的收支预算，难于维持平衡。其赋税收入尽管因不况而低减，同时，其支出中有许多项目，却无法紧缩，且有些项目还随不况以前的人口增加与新事业扩增，而自动的增加起来。迄乎今日，大多数国家都难于找到平衡其预算所需的收入。同时，所得税付纳者方面、工业方面，又强烈要求减轻赋税负担。在此种情形下，国家乃不得不竭尽所能，提高那些纳税者不能完全意识到的负担，由是使她在可能范围内，力求增加那种出自商品间接税方面的收入。消费者在最大多数的场合，尽管非支出这种间接税不可，但他们无法组织起来，且其纳税方法，又不像付所得税付营业税那样显而易见。加之，世界物价是曾有尖锐跌落的；物价跌落，关税的影响乃比较不为消费者所注意，从而，他们对于加担于其购买力上的较高关税，亦遂比较不会引起怎样严重的不平喧嚷。

我们讲过，自战前以来，全世界的赋税水准，皆曾尖锐提高。以货币计算，英国在一九二八——九二九年这一财政年度的国税，竟超过其一九一三年度国税 4 倍以上。德国国税则约为其战前 5 倍。不过，德国的此种比较，多少要因其国家与各别联邦间之关系的变迁而有所更改。美国国税实超越其战前 5 倍。若法国，则不过增大 2 倍罢了。各国的地方税如连同国税一起比较，其情形多少不同。法国税收依旧为战前 2 倍，英国则还不到 3.5 倍，美国略多于 4 倍。这些国家赋税负担的增加，主要虽由于债务的膨胀，但同时也由于中央政府对于大大扩展的社会事业之直接创设或间接补助，此外，更还由于以前由地方团体负担的若干支出，现在都改由国库开销了。

主要各国之战前战后收入

	英国（百万镑）		德国（百万马克）		法国（百万佛郎）		美国（百万金元）	
	1913—1914	1928—1929	1913—1914	1928—1929	1913—1914	1928—1929	1913—1914	1928—1929
国家收入	163	685	1960	9357	4134	45706	661	3542
邦收入	—	—	1140	—	—	—	304	1507
地方收入	94	191	1378	—	943	7938	1155	4641
总数	257	876	4478	9357	5077	53644	2120	9690
国家收入增加百分率		321	—	377	—	121	—	436
总收入增加百分率		241	—	—	—	111	—	344

战前战后赋税所占国民收入之百分率

国别	1913	1924—1925	每人所纳之税（1913＝100）
英国	11.50	25	345
德国	10.50	29	—
法国	14.00	20	180
意大利	8.50	20	—
瑞士	7.00	15	—
美国	6.67	11	274

英美两国除债款利息以外之国民收入

国别	国民收入（10 亿金元）		每个人民收入（金元）	
	年度 1914	1924	1914	1924
英国	10.7	17.2	248	384
美国	37.1	79.1	375	697

主要各国包括债款利息之国民收入

国别	年度	国民收入（10 亿金元）	每个人民收入（金元）	与英国每个人民之百分比
英国	1924	19.4	435	100
美国	1927	76.4	652	150
德国	1928	15.5	231	53
法国	1927	8.9	218	50
意大利	1925	5.6	140	32
比利时	1926	1.8	223	51

战前主要各国每个国民以镑计算之国富

超过 400 镑	美国。
超过 300 镑	英国、法国、阿根廷、加拿大、澳洲。
超过 200 镑	德国、瑞士。
超过 150 镑	荷兰、瑞典、丹麦、比利时。
超过 100 镑	西班牙、意大利、奥匈。
超过 75 镑	俄国、挪威。
超过 40 镑	日本。
不足 30 镑	印度。

主要各国之国债

国别	单位	1913—1914	1930	增加的百分率
英国	百万金镑	668	7596	1037
美国	百万金元	1028	16185	1475
法国	百万佛郎	34188	482179	182*
德国	百万马克	4926	10375	111**
意大利	百万里尔	15281	89876	60*
日本	百万圆	2506	5959	139

*酌量通货的贬价情形。

**不包括赔款。

在 1913—1914 年度及 1930 年度每个国民依当时金镑金元市价分担的国债

国别	1913—1914（金镑）	1930（金镑）	1913—1914（金元）	1930（金元）
英国	15	166	73	808
美国	2.5	27	12.25	131
法国	32	95	157	466
德国	—	8	—	39
意大利	18	23	88	113

国民收入 这些表示各国赋税相对增加的数字,须得就负担赋税能力上之相对变动的若干考察,加以补充。因为赋税最好是就其对于国民收入及分配的关系来考察的。事实上,国民收入大的国家,其负担赋税的能力,固显然比较国民收入小的国家为大,同时,负担赋税的能力,还会以较大于收入增加的比例而增加。因为,除了那些须由政府或地方当局以不取报酬的形式施设的必需事业,应由一般人民担负以外,赋税显然应当课加于超过必需支出的剩余收入之上。因此,国民的总收入额及其分配,会大大影响一国负担赋税的能力,至所课赋税的性质,亦有加以连带考察之必要:赋税之种类不同,其对于社会各阶层人民,乃至对于各收入形态,都有极其不同的影响。

关于世界主要各国之国民收入与赋税间之关系,现还没有一种可靠的估计,但参加世界大战的若干国家之财政支出,现在显然要吞没其国民总收入的一大部分。就英国说吧,一九一三——一九一四年度之国税与地方税总计,约占其国民总收入之12.5%;至一九二四——一九二五年度,据某种估计,其比例增大至22%;据其他估计,竟增大至25%。目前的赋税,因为是由财政紧急的一九三一——一九三二年所课加,同时,世界不况以来的国民收入又颇形减退,故此赋税在国民总收入中所占比例,一定更高许多。英国赋税对国民总收入的比例,已经算够高了,但比英国更高的,还有德国。在大战以前,德国的这种比例,一般估计是10.5%,至一九二四——一九二五年竟已抬高到29%,而此后且还进一步提高。法国战前的国税地方税,约占其国民收入之14%,至一九二四——一九二五年,则约为20%。美国在战前的此种比例,不过7%,在一九二四——一九二五年,亦只11%。世界不况发生以来,美国的数字,自大有增加,但那种增加,由于国民收入减少者多,由于赋税增课者少。设略略改变上列数字的配列,我们就会达出以次的结论,就是在一九一四年与一九二四年的这10年中,每个国民的赋税,英国约增至245%,法国约增至80%,美国约增至174%。不过,关于德国,我们还不能引出可资比较的估计。

支出增大的诸种原因 试一览各国的国家收支数字,我们就很可了然于其赋税之所以大增特增的大体情形。前面讲过,赋税大增,一部分是由于政府费用的增多,和社会公共事业的加大,而一部分则是由于附息债额的扩增。英国现在的国债,竟超过其战前国债的11倍,美国则超过其战前15倍。法国因为佛郎价值贬低到其战前价值的1/5，故其以金计算的国债实额，还未增到其战前国债的3倍。德国的战前马克，实已在膨胀时期丧失其价值，故现在国债，仅及其战前国债2倍。不过，她这种国债数字，没有包括协约诸国对她要求的赔款。无论是绝对的，抑是就其对于国民收入之相对关系言，英国现在的国债负担，比世界任何国家为特重，这是最容易用一种共同通货比较出来的。试以美国金元为共同通货，把各国一九三〇年的通货换作金元计算，则同年度英国每个国民所负担之国债为808金元，法国每个国民所负担之国债为466金元，美国每个国民负担之国债为131金元，意大利为113金元，德国如除去赔款，其每个国民所欠国债，仅及39金元，据估计，美国国债约为其资财(非收入)之8.5%，同时英国国债，则竟超过其总资财之1/3以上。

有了这诸般考察，我们现在乃可进而研究世界主要各国使用其收入(主要得自赋税，有一小部分得自其他财源)的方法，以及如何进行筹款弥补其支出所需的方法。特因各国政治机构不同，各国政府所从事的事业的性质不同，以及各国国家会计核算上的方法不同，要在她们之间作一种确实比较，殊不容易。下面所列之表，系就四个主要国家——美、英、德、法——加以大体一般的比较。此表对于支出，分为三大部门，即债务、军事与警察，以及包括政府一般费用的内务。在此四国中，以德国用在军事上及国债上(虽然把赔款包括在内)的支出为最少；其军事支出之少，主要系由于《凡尔赛条约》限定其军备的设施。英美两国总收入之用在一般内务方面者，其比例大约相同。不过，此种比较，须受以次事实的影响，就是，美国关于教育一类社会事业的支出，有一大部分是出自地方收入。假若要制定一个包括地方支出的总支出表，则美国用在社会事业方面——尽管美国对于失业，没有有效的救济设施——的比例，就似乎要比英国的同一比例高多了。美国国家收入的最大部分，皆费在军事及警察上，同时法国国家收入的最大部分，则是费在国债上，其国债方面所费过多，故其用在社会事业方面者乃极少极少。英国在军事方面所费，较法国略少，在社会事业方面所费，则远较法国为多。至国债吸收其较大部分总国家收入情形，英法却相类似。法国对国债耗用者，占其总国家收入一半以上，而英国则占45%。

世界主要各国耗用其国家收入的情形

国别	单位	1928 年债务	军务与警察	内务与一般事业	总数
英国	百万镑	369	122	327	818
美国联邦	百万金元	1639	1551	783	3973
美国(中央与各邦)	百万金元	1778	1721	2311	5810
法国	百万佛郎	30.2	8.5	13.1	51.8
德国(仅属中央)	百万马克	1704	190	7463*	9357

* 包括融通于诸邦政府的 3218 百万马克。

上表之百分率配列

英国	45	15	40	100
美国(联邦与各邦)	30.50	29.50	40	100
法国	58.25	16.50	25.25	100
德国	18	2	80	100

英国的国家支出 我现在试就两个社会政治组织极不相同的国家,比较详细的探究其赋税所得巨额收入实行使用的究竟。这两个国家,一是英国,一是美国。英国在一九三二——九三三年度,其总支出的估计是 7.66 亿镑。就中,有 3.08 亿镑用之于国债方面——虽然偿债基金已因金融危机半减,且对美债款未作偿付准备。至国债以外的最大支出项目,就是在国家保护管理下的社会事业,这项事业由国库直接支出的金额,估计有 1.7 亿镑之多。就中,失业保险占 6500 万镑,战争年金约达 4800 万镑,老人及寡妇年金合计将近 5100 万镑。对于这几项金额,凡属由雇主雇工捐助者未经列入,其所列入的,仅系由国库支出的部分。但为要计出英国对这类社会事业所支出的总额,其他若干方式的支出,还须加上,因为,英国有许多重要事业,都系责成地方当局办理,由国库予以补助,国库对这类大抵可以称为社会事业的项目所支出的补助费用总额,将近达到了 1.46 亿镑。设把这两大宗费用合计起来,则英国对各种社会事业由国家收入项下支出的,就约为 3.16 亿镑,其额数较其现在希望对缩减的债务(偿债基金已经减落)所支出的,还要略多一些。但是,当年度对于美国的债务,如实行支

付，则国债上的支出，仍然超过社会事业上的支出。

把军备负担与国债及社会事业对照起来，那似乎比较轻多了。在一九三二——九三三年度，其额数计为1.06亿镑，与前述两项费用分别比较，都只略多于其1/3。但是，现在军费在国家总收入中所占比例，虽较战前缩减许多，但1.06亿镑仍不失为一极大的金额，况在国家债务增加，和对必需的经济发展计划感到财源短缺的当前现状之下，这种金额，亦颇不易支持哩！

现在且把同年度的估计的支出，与战争爆发的前一年度——一九一三——九一四年——的实在的支出，一加比较吧：在一九一三——九一四年度，英国国债项下支出的金额为2460万镑，而今年度则为3.085亿镑。国家对社会事业的负担，前此仅为1400万镑，现在则将近达到1.7亿镑。对地方的补助费，前此为2700万镑，现在为1.46亿镑。此外，军费则由7800万镑，增至1.06亿镑。在大战以前，英国除去那些在目前移转到爱尔兰自由邦的种种负担外，其总支出为1.67亿镑，而今日则竟达到7.66亿镑。

要作一完全表式，颇有把地方支出包括网罗之必要。但在一九二八——九二九年度以后，殆难获得任何年度的满意的数字。一九一三——九一四年度，此种地方支出额为8240万镑；一九二八——九二九年度，则为1.906亿镑。设把此种额数，加入国家支出数字之中，并对爱尔兰自由邦除外的情形加以斟酌，则英国与北爱尔兰在一九一三——九一四年度的总支出为2.47亿镑，现在为9.56亿镑。

英国的财政支出

单位：百万镑

	支出 1931—1932	估计的支出 1932—1933	支出* 1913—1914
国债	(332.0)	(308.5)	(24.6)
利息	289.4	276.0	16.9
偿债基金	32.6	32.5	7.7
年金与保险	(163.9)	(169.7)	(14.4)
老年年金	38.2	39.7	9.8

续表

	支出 1931—1932	估计的支出 1932—1933	支出* 1913—1914
战争年金	50.4	47.6	—
寡妇等年金(国库捐助)	10.0	11.0	—
健康保险(同上)	6.5	6.4	4.0
失业保险(同上)	58.8	65.0	0.6
补助事项	(156.6)	(145.8)	(26.8)
对地方收入补助	46.2	45.7	7.9
教育	56.8	50.5	16.5
房屋建筑	14.5	15.3	—
道路基金	7.0	2.8	0.9
农业	5.7	5.0	0.4
卫生	0.2	0.2	0.2
警察	12.0	11.2	0.4
失业	3.6	4.2	—
北爱尔兰	9.7	10.2	—
其他	0.9	0.7	0.5
国防	(111.4)	(106.1)	(78.1)
海军	52.2	51.1	49.1
陆军	40.8	37.3	29.0
空军	18.4	17.7	—
其他事项	(38.0)	(35.9)	(15.7)
赋税征收	11.9	12.8	4.3
在海外与在帝国方面者	2.9	2.7	1.5
帝国市场与殖民事业发展	1.4	1.0	—
监狱	1.0	1.0	0.9
科学研究等	1.3	1.2	0.5
失业者训练等	0.6	0.4	—
工事建筑等	5.6	5.1	2.9

续表

	支出 1931—1932	估计的支出 1932—1933	支出* 1913—1914
退职恩给	1.9	1.9	0.8
贸易上之便利设施	0.5	1.0	—
其他	11.0	8.8	4.9
总支出	791.9	766.0	159.6
些许节约	8.7		加上爱尔兰的部分 10.7
	783.2		170.3

* 根据 1913 年国家支出委员会的报告数字。

美国的支出　试把英国国家支出，与美国国家支出加以比较观察吧！在一九一三年，美国由联邦、各邦及地方收入中支出之金额，计达 29.2 亿金元，至一九二八年，竟增至 126.1 亿金元。照下表所指示，美国总支出中由地方支出比例，实远较英国同一支出比例为大；目前美国联邦国债的增加，虽然使其对于此项支出的比例，颇较大于战前，但今日地方的支出，犹大大超过联邦与各邦支出之合计。这原因，主要是由于社会事业，特别是教育事业的费用，有较大一部分是由地方的收入开支。另一个表，是把美国一九二八年的各种各样的支出，尽可能分作几个主要项目。从此，我们会知道，关于教育费用，美国与英国显示出了极显明的对照；美国的教育费用一项，几与其国债项下支出者相当，那在其国家总支出中，占有极大极大的比例。不过，关于其他社会事业，美国的支出，却远不及英国支出额数之大。

美国国家财政支出

单位：百万金元

	1913	1928	1930	1913(百分率)	1928(百分率)
联邦	692	3970	—	23.7	31.5
各邦	383	1826	—	13.1	14.5
地方	1844	6813	—	63.2	54.0
	2919	12609	—	100	100

美国 1928 年的国家支出

单位:百万金元

	联邦	各邦	地方	总计
教育	15.2	512.0	1942.9	2470.1
公路	92.7	580.9	1127.9	1801.5
政务	358.0	107.0	2.698.9	5.529.5
检验	1551.4	170.0		
经济发展	178.1	61.4		
社会安宁	58.8	238.9		
公共设施	77.3	20.3		
杂项	□	6.9		
	(2333.9)	(1697.5)	(5.769.7)	(9801.1)
债务偿还	905.9	52.4	403.5	1361.8
债务利息	733.1	86.9	640.3	1460.3
	3972.9	1836.8	6813.5	12623.2

第二节　收入的筹措

以次,我们要看主要各国是如何筹获其收入。特我们待考察的,只限于比较其国税,若地方税以及地方公共团体的其他收入财源,则暂置不论。我已作成一个关于四〔个〕主要国家筹措收入方法的显明比较表,为要使这种比较简单化,我并在可能范围内,把各种税收加以广泛的类别。但因各国税制不同,万难使这四国的收入项目绝对一致。这四国虽通有某种形式的所得税、遗产税以及关税与国产税收入,但法国德国由贩卖税或营业税及财产税(与所得税不同)获有大量收入,英美两国却没有此种税收。因此,我遂勉强把财产税与所得税及遗产税包括在一个项目下,大体代表直接税的负担;把营业税与关税及国产税包括在一个项目下,大体代表间接税的负担。但法国的间接税负担,又曾进一步由登记费、印花税及其他类似税收,征取巨额资金,由是,我在这种场合,只好把它单独分别表明。

由次表所示,我们将知道,在英国总国税中,所得税占 51%,遗产税占9%，合计起来，此种直接税占其全部税收的60%。美国直接税所占比例还大，其总税收之66.5%，皆加担在团体及个人的所得方面。不过，美国的遗产税，却要比较英国的遗产税轻微。至关于间接税的征收，尽管美国一向采行高率关税，但其间接税在总税收中所占比例，比之英国间接税在其总税收中所占比例还小，就在英国新保护关税课加以前，亦系如此。我们如由税制大抵相似的英美两国转述到德国法国，则情形略有不同。法国总收入几有一半——若把登记税及印花税包括在内，则几及64%——是由间接税征收，其由所得税、财产税（包括遗产税）征收部分，则尚不及35%。其在德国，因她存在有许许多多难于类别的较小税目，我们殆不易加以确实比较。但如其把这大部的税目，类分在间接税项下，其间接税就要大大超过其总税收的50%以上；同时，英美两国的间接税，则都只占其总税收的1/3。

英美法德四国国家收入中之赋税来源

英国（1931—1932）

	百万镑	在总税收中所占百分率
所得税项下		
所得税	287.5	40
附加税	76.7	11
	364.2	51
遗产税	65.5	9
货物税		
关税	136.2	19
国产税	119.9	17
	256.1	36
其他税收	25.5	4
总计	711.3	100

美国(1930)

	百万金元	在总税收中所占百分率
所得税项下		
（个人方面）	1147	31.6
（公司方面）	1263	34.9
	2410	66.5
遗产税	65	1.8
关税	585	16
国产税等	462	15.5
	1047	31.5
其他税收	3	0.2
总计	3525	100

法国(1927)

	百万佛郎	在总税收中所占百分率
所得税	9693	21
保证税	3385	7.5
其他财产税	903	2
遗产税	1942	4.25
	15923	34.75
营业税	8605	19
关税	2617	5.75
国产税等	11542	25
	22764	49.75
登记税、印花税及转移税等	6411	14
其他	620	1.5
总计	45718	100

德国(1928—1929)

	百万马克	在总税收中所占百分率
所得税	2900	33.4
公司税	550	6.3
其他财产税	520	6.0
遗产税	100	1.1
	4070	46.8
贩卖税	1050	12.1
关税	1050	12.1
国产税等	1592	18.2
	3692	42.4
其他税收	940	10.8
总计	8702	100

间接税　乍看上列数字,不免多少使我们感到惊异。因为,照自然的趋势,一个拥有高关税制度的国家,其依赖商品税收入,理应较一个自由贸易国家——如最近不久以前的英国——要利害得多;但上列数字显示我们的,却是英国的关税收入,在其总税收中所占比例,较之任何其他国家为大。如美国关税收入为其总税收之16%,德国关税收入为其总税收之12%,法国关税收入为其总税收之6%,而英国关税收入,则为其总税收入之19%。这种反乎我们预期的情形,乃因英国征取巨额金资的关税,主要并非为了保护,而是因其伴有一种课加于国内生产货品的国产税。英国一九三二年对输入的挥发油、烟草、酒精及葡萄酒所课之税,在其总关税收入中,比较保护的关税,要占有大得多的比例。当年度由"国民"政府课加的新税,估计至少能增收3500万镑,此保护的新关税实施,自然要使这种情形有所改变,但即令如此,它们在总关税收入中,仍只占有小小的比例。一切较大的国家——哪怕拥有高率的保护关税制度——都不能挣得一大宗收入来源,够使其他税收作相当限度的轻减。若较小国家的情形,则略有不同;她们的支出较少,且比较要大大仰赖商品税收入。例如就丹麦说罢,在丹麦地方税与国税合计的总税收中,将近有

39%是由关税及国产税征收,并且,由这个来源所征收的税额,实际比所得税与资本税之合计额数还大。为要使这个较小国家的赋税制度,与前述四主要国家之赋税制度作一比较,我在这里把丹麦的国税来源表列出来。

丹麦的国税来源(包括地方税)(1929—1930)

	百万克郎	在总税收中所占百分率
所得税与资本税	104	15.5
土地税与财产税	257.5	38.25
遗产税	13	2.0
关税与国产税	260	38.5
印花税	17	2.5
杂税	21.5	3.25
总计	673	100

在这种比较上,我们自然要牢记一点,就是,我们所考察的,只是主要各国总税收中的各种赋税的相对的规模,而不要以为美国遗产税、所得税在其总税收中占68%,英国占60%,德国占47%,法国占35%,遂遽谓美国所得税负担,较大于其他诸国。事实恰恰相反,美国因为其全部赋税远较他国轻微,故其所得税亦定然要比较他国轻多了。

上面的比较,都只限于赋税收入,而没有包含赋税以外的其他国家收入来源。所以上面列举的数字,与散见于其他方面的总收入数字,不相一致。各国是差不多都有赋税以外的收入来源的。如英国、法国、美国,通会在利息偿付与国内偿债基金的偿付上,获有大量的金额。法国与英国还曾由德国领受赔款。在前述四主要国家中,只有德国没有这类重要的收入。此外,一切国家都拥有某种形式的财产;这类财产,可以获取利润,也可以赔补损失。例如,英国每年有6000万镑以上的非赋税收入,这项大收入中,有1500万镑是得自邮政上除去一切国家经营费所剩下的净利。但在另一方面,美国却为了提供其国民以极低廉的交通手段,每年竟为邮政蒙到损失。凡由国家直接拥有直接经营的工业及其他事业,如有利可图,并且其利润得列入预算会计中,则国家收入将随这类事业的增加而增加，反之，如像美国邮政那样，则国有国营事业每有增加，国家支出上就不免要增加其负担。德国在战前曾拥有这类重要的公共事业，铁道即其一端，迄乎今日，她仍存有若干。但在《道斯计划》下的德国铁道，已经剥削其民有性质了；由铁道获有的赢余，要提供国家，由国家支付协约各国的赔款。

负担赋税的能力 有了前面这种种概念，我们现在乃可进而简单考察各种形式的国税及地方税，以及这类税收对于工业，对于收入分配和社会购买力的影响了。常有人作这种提示，以为任何国家的负担赋税能力，皆有一个绝对限度，因为赋税一课加到那种绝对限度，此后进一步增担的赋税，不是在企业经营上发生不利影响，以致减少其总税收，就是在一般较贫穷大众身上，增加其必需支出，使他们不能支持。但我们要把任何课税限度确定出来，却显然是极不容易。因为，这不但关系课加多少的问题，且要看所课金额究有多少归国家使用。像亚当·斯密一流的旧经济学者，每以为国家的一切支出，都不可避免的带有浪费的与不生产的性质，且视赋税的负担，单纯是糟蹋国民收入，而这国民收入，则是可用以消费，或用以扩大生产能力的。但是，我们对于现代国家的赋税制度，究不能看得这样简单。今日的赋税，大体可视为一种有利于贫苦社会阶层，或增进全社会效率的收入再分配的手段。使用在教育、房屋建筑、公共卫生、社会保险以及各种救济与年金方面的金额，如其使用得法，那都不能单纯看为是耗费国民收入的无益浪费。像使用在这些方面的金额，不过是把国民收入换一个用法，使消费者失之于赋税方面者，得取偿于其他方面。社会事业愈发达，这种借国税、地方税再分配收入的方法，就愈值得奖励。这样，整个赋税制度的性质，将因此有所改变。而旧来负担赋税能力的概念，更会由这些使用赋税的新方式，而根本予以修正。显然的，一个社会的支出，如用之于有用的生产的用途，就定然比较用之于非有用的不生产的用途者，更能大大普及于一般大众。

国债利息 再者，今日大多数国家的国家支出，有一大部分是用以偿付国债利息及偿债基金。这种用途所需的金额，都是由赋税形式征收。不过，由赋税征来的这项金额，随即要返还国债所有者，成为其手中能够使用或能够投资的收入。但若国债是由海外募集，其情形自然两样，因为在这种场合，此种可供使用的收入，将偿还于他国人民或政府，而增益他国的国民收入。但在国内公债的限内,这由赋税征取来的金额,往往一经收得,马上就会重新分配。

根据这种理由,不时遂有人主张:国债如由国内募集,则不算是一国的真正负担。但这种主张忽略了一个要点,就是,由利息及偿债基金获有金额的人,并不定是以赋税形式付出那种金额的人。并且,这种依利息偿付获有的金额,并不一定会有更妥当的重新分配。比如,由年金与保险支付的金额,有最大一部分入了社会贫苦人民的荷包,以增加其对于消费品——大部分是对于其生活必需品——的支销;但是,由国债利息形式支付的金额,则大抵是由个人方面的富有者阶级,由企业商店,由银行以及其他拥有大部分债券的社团(corporate bodies)所获得。社团得到的这种金额,自然会有一部分用之于慈善、教育以及诸如此类的用途——因为普通学校、专门学校以及其他由捐资设立的文化机关,往往持有许多的政府债券。但政府由利息偿付个人方面者,要比较其偿付社团方面者多多了;个人方面由此获得的金额,虽显然有一大部分是由于国民收入依赋税而重新分配,但这种重新分配,不但不能使收入平等化,且更将增加其不平。所以,利息所由偿付的大量国债的存在,势将大大抵消社会事业扩张所引起的收入平等化的效果。我们讲过,英国对国债——包括对外债务——支出的金额,现仍较大于其对一切社会事业支出金额的总计,设换一个说法,就是英国在国债方面支出的额数,比较其所得税的总额要多多了,比较其所得税与附加税的合计额,只小得有限。由此,我们知道,英国由直接税征取的最大部分,立即就以债务利息及偿债基金的形式,大体再分配于社会富有阶级与其他各种社团了。

收入与支出的关系 由上面的讨论,我们知道收入的筹措与收入的支出,不能分开考察。一个拥有并经营有大多数公共事业的国家,其收入和支出预算,自然与一个让此类基本事业由私人私有私营的国家,极不相同。一个负有大量国债的国家所当设想的国民收入与其负担赋税能力之间的关系,自然与一个没有多少国债负担的国家的想法,不会一样。最后,一个大体要依赖社会事业的国家,她不但要考虑各种社会事业方面的支出,依消费者需要所及于国民收入的影响,且要考虑其对于全部能够课税的收入的关系。因为,对于社会事业方面的开支一经取消,势将不免大大缩减消费者需要,以致严重的影响工业利得,从而,影响那些主要加担于较富有阶级之赋税所由征取的金额。

在过去，经济学者通常都赞成国家收入的最大可能部分，不取之于间接税，而取之于直接税。这有几种理由：第一，测定直接税的结果，一般都远较测定间接税的结果容易——对于征税当局容易，对于纳税者亦容易。就因此故，直接税似乎较之间接税适当而明显，而间接税则不能按照社会正义的考量，予以确当的分配。第二，今日普通的直接税，大体都是课加于所得方面，另有一较小部分，则是依累进制度课加于遗产方面。照通常的办法，所得税设有一个定限，过此定限，即完全豁免。因此，社会最贫困的阶层，都无须付纳直接税；他们的一点点所得，与其身后残余的一点点财产，皆得免税。确定免税限度的原则，自然是认定此种税收应当加担在生活必需限度以上的剩余所得方面，至若生活所需的最低限度的所得，则不应课担。实际上，除了极有限的奢侈品外，其余所有课加在商品上的间接税，都破坏了这种原则。对商品所课之税，不可避免的要在某种限度直接间接的加担于社会最贫困的阶层。凡属由商品税或营业税征取的金额，决不能不课加在必需品上，因为在总消费量中，必需品占有最大的数量。加之，通常最容易课税的商品，就是有最广泛销场的商品。所以，课加在商品上营业上的税收，结果都是会转嫁到消费者大众身上的。富有者所消费的许多商品，与贫穷人所消费的商品，并没有怎样大的差别，无论如何，其差别决没有他们的收入差别之大。因此，间接税如其用作敛取巨额国家收入的场合，那必然要在贫苦民众身上加一重压。此种事实，就其他形式的间接税说是如此，就保护关税说亦是如此。

近年在比较进步的诸国家中，曾有一种趋势，这趋势，就是想借加高直接税或所得税率，以便由富有者能负担赋税的剩余中，征收较多的金额。遗产税亦经增大了，其累进率则比较增高。不过，就各国已经实施的遗产税看来，那都没有达到足以严重妨害私人蓄积大量财富的程度。在英国，对于主要靠地产所得的少数地主阶级，也许实在苛重一点，但这确实只限于极其有限的土地所有者。至关于企业上以及由成功的投资与投机，以从事大量财富蓄积的活动，则极少受到遗产税增加的妨阻。假若按照利格拿洛教授(Prof. Rignano)及其他学者所提示的，把遗产税用作一种使大部分国富社会化和使大私有资产渐归消灭的手段，则从来所征取的规模，将要完全改变过来。现在许多国家，都还是把她们由遗产税得来的金额,看为其正常收入的部分,而不看作资本。但是,这种税如其要用作财富社会化的手段,则由此得来的金额,就显然要视为资本,而不要用以平衡其普通的支出。关于此点,我将在后面从长讨论,这里只能在直接税项下,合理的把现行遗产税看为与所得税相类似。

直接税与间接税 所得税与遗产税这两个税收项目,都是现代赋税制度中之主要进步的要素;因为它们大体都是加担于社会较富有的阶级,且几乎是依赋税制度,对社会收入作有利于较贫穷人民之再分配的唯一手段。在另一方面,商品税或营业税会转嫁于一般消费者大众的情形,我已在前讲过了。从征税者的立场看来,这类税的主要价值,就是它们通常比较直接税要容易处理多了。对进口货课加关税,那固然容易,对国内制造的商品征收国产税,那亦不怎么困难。但一国要确实调查其人民实际所得的额数,以为其课加所得税的基础,或者是为逐年抽税,或当所有者死后抽税,而评价其财产,那都是再困难不过的事体。

在此两种税中,所得税的征收,特别不易;要求所得税有效的实施,那只能期诸经济发展已达到极高度的国家。英国曾于拿破仑战争当时,开始试行一种所得税。但因舆情汹汹反对,和征收上的极度困难,以致战争甫告结束,这种税即实行撤除,直至一八四二年,才又重新征收。美国联邦政府的所得税,系开始于美国宪法实施修正的一九一三年。若法国的所得税,则是因为欧战中的支出负担增大,而于一九一六年实施。即在今日,法美两国所得税征收的效率,犹远不若英国。因为,要完成这种税收所需的机关,实非短时间所能做到,而美国纳税者,尤其法国纳税者之间,迄今对于私人所得的必需调查,仍表示强烈的反对。法国所得税在征收上无疑有颇大的偷漏。即如比英国更严厉的强迫财源公开,且其公开程度确比英国还大的美国,其征收的手段,仍是极不完全。英国纳税者也许会因所得税的过高而鸣不平;但他们虽鸣不平;税还是纳,逃税额极其有限。法国纳税者亦还是嚷叫不平,但他们却仍在相当限度内避免纳税。

英国国家财政收入

单位:百万镑

	1931—1932年度实收金额	对1932—1933年估计的收入金额	1913—1914年度实收金额
国内收入			
所得税	287.4	260.0	43.9
附加税	76.7	66.0	3.3
财产税	65.0	76.0	27.4
印花税	17.1	23.0	10.0
其他	3.4	2.0	3.4
	449.6	427.0	88.0
关税与国产税			
关税	136.2	174.6	35.5
国产税	119.9	125.4	39.5
	256.1	300.0	75.0
其他税收			
摩托车税(属国库方面者)	5.0	5.0	—
总税收	710.7	732.0	163.0
其他收入			
邮政剩余	11.5	11.7	6.2
其他收入	49.0	23.1	4.4
普通总收入	771.2	766.8	173.6
收支品抵项目			
邮务	58.0	59.2	24.6
道路基金	22.5	22.9	—
总收入	851.7	848.9	198.2

赋税对于工业的影响 关于所得税在企业活动上的影响,从来是议论纷纷的。比如就英国说吧,英国工业联合会(The Federation of British Industries)以及其他代表制造业与贸易业利益的团体,曾经不断的诉说

所得税水准过高，并声言那对于工业大有妨害。在另一方面，加尔文国债国税委员会（The Colwyn Committee on National Debt and Taxation）却在其一九二七年的报告中，采取反对的立场，它坚决表示：所得税即令再高，亦不一定会在企业上与雇佣机会上发生有害影响。这两方面的争点，是极不容易解决的。照加尔文委员会的主张，所得税仅仅是课加在已经实现的利润上面，而这利润的最大部分，且还实行配分于个人领受者而成为其所得。根据此种事实，所得税并不能影响企业者对于生产货品的刺激，因为他们所期望的利润额，并没有由此缩减。况且，一个创造利润的公司，并无须为其挣得的利润支付所得税；所得税是课加在那些以红利形式领受此利润的个人股份所有者，并且，他们这班人的各别总所得，如其在免税定限以下，亦且无须缴纳。

这种说明，诚然不一定适用于那一部分利润——即不以红利配分于股东，却以积存金形式保留于公司方面的利润。在英国，这种积存金是依标准率课税。企业家动辄主张未配分的利润课税，将阻碍资本蓄积，从而，大不利于企业经营。但我们须得指明：英国公积金是按照标率课税，这一来，那些总所得颇大的股东，将在这种课税方式上，讨得便宜，因为他们由此支出的标准税，比较其由红利所得应支出的所得税，要少多了。利润经公司方面积贮起来，个人所有者就可在资本增加的形式上，避免所得税的征收。结局，这种对公积金只课标准率税的现行制度，就大有利于富有股东，而于较贫的股东为不利。因为对于公积金的标准率税，大家都是一律平均负担，若把这留作公积金的金额配分为各股东的个人所得，则有些人所付的所得税，将较其依标准率付出的为多，另有些人所付的所得税，将其较依标准率付出的为少，还有一些人则完全无须纳税。但企业公积金如统通免税，那企业家将强烈要求少配分其利润为红利，而多截留利润为公积金，这无疑是事实，并且这也一定会鼓励资本的扩增，但此种结果的形成，主要却是由于牺牲较贫穷的股东；因为富有者依此方法逃脱的赋税额，势将比较贫穷人所得的救济金要多多了。

废弃陈旧设备 工业家为要拥护其减免或完全废除企业积存金的要求，遂提出以次的主张，就是，今日的资本准备，必需大大的多于历来为机具损耗陈旧所须准备的额数。今日企业上的技术变动，较之以前迅速；往往一件机具因为效率关系，在其损毁以前许久，就须置诸不用。这无疑都是事实。但此种事体的正当救济，与其求之于公积资金税的完全免除，就毋宁依各国现行所得税法律，要求对各种机具设备的贬落价值，多予以核减，因为在一个逃避公积金税的公司，既未负有为新机具作适当准备的义务，而对于陈旧机具之适当准备与企业公积利润额之间，又不复有一种必需的关系存在。

高税会限制企业经营么？　我们已经知道，在加尔文委员会看来，所得税所课加的利润，主要是那一部分依摊分红利形式变形为个人股东之所得的利润，从而，这种税收，并不致影响每种企业希图获得的利润的限界。照该委员会的意见，在这种方式下加担于利润的所得税，并不得视为一种外加于生产费上的附额，因此之故，高所得税就不一定会予生产以何等妨碍。然而此种见解，是不能完全令人赞同的。当该委员会的报告一经披露时，许多经济学者都立即起而攻击。据那些经济学者所说：企业家从事生产的动机，并非存于其对生产的总利润的期待，而是存于其对生产的纯利润的期待。这种纯利润的期待，乃是依存于个人股东或投资者，希望当作其投资结果所获得的纯所得。任何减缩其所得的赋税，显然会缩减其这种意义上纯利润的期待，从而，受此赋税侵蚀的企业，就难免不使企业家不乐意投资。根据此种理由，他们所加于加尔文委员会的批判就是说：高率所得税虽不致影响生产费，但却会在企业经营上阻止新投资本，以致相对缩减生产规模。在此种场合，现有生产资源所有者，即使不致因课税而停止其生产资源的使用，但要为改进企业或新创企业而扩增资本，那却就不免发生妨阻作用了。其实，加尔文委员会考察这个问题，是由经投用在企业上的资本的视角出发，而经济学者们对于同委员会的批判，则是由其影响于蓄积及新投资本的不同视角出发。

设从这两个不同的视角各别的看去，两者的见解，无疑都是允当的。以现正使用的资本而论，所得税率的提高，当然不致影响这种资本所有者从事生产的意向；但投资者在决定其是否投资于生产事业的打算上，却就要为纯利润的期待所左右，从而，较高的利润税，就难免在某种限度阻碍其投资的动机。自然哪，投资者无论以怎样的形式获有所得，所得税总是不免要课加到的。纵令他不把资本投用于生产事业，而用以出贷于政府，他所得的利息，仍要纳税。不过，在企业萧条的时候，却有一种危险，就是，他这时将不投资，不出贷，而把他所有的资金都贮存在银行中，以期待较有利的投资机会的回复。高率所得税无疑是会促使投资者采行这个途径的。但这究竟是否为促其出此的决定原因，却还难于说定；因为投资者所最为忌惮的，与其说是他惧怕其利润蒙受赋税负担，甚或蒙受颇高的赋税负担，就宁不如说是他惧怕投资无利可图甚或不免受到损失。这是对加尔文委员会批判所提出的见解，理论上是健全的；但在当前经济状况下，究有怎样实际的重要性，那却是疑问。因为像在目前这样严重不况的时期，除所得税外，实还有更有力的妨害投资利润的障碍存在着哩！

地方税 国家的收入，大体是征取自所得税或商品税或营业税。但一切国家，都须为其地方行政当局安排某种形式的收入，而这收入，是与那种要解交国库的地方收入，判然各别的。通常的办法，是地方当局得征收某几种非中央政府所课之税。但要发现一项中央政府打算让地方政府征收的满意的财源，那却是一件非常困难的事体。在大多数国家中，地方税都是采行一种方式，就是各别地方当局在其所属的领域内，对居民的财产课加一定的赋税。如在英国，其地方税的最大部分(除了由中央政府领得的补助金)，乃是对各该地方的地产、房产或产业，征收定额的地方税。有些国家的地方团体，亦由地价税特别是城区地价税，取得其收入的重要部分。她们有的还得征收地方所得税，以为中央所得税的附加。但就一般而论，地方收入的主要来源，仍是对于财产所课之税。

关于所得税在生产费上，乃至在从事生产活动的企业者的意向上发生的影响，无论怎样难于决定；但地方税如加担在生产事业之上，其弊害是决无可疑的。地方税加担在企业方面，企业本身要负担这项费用，其经营无论有无利润，税是非纳不可的。这种税显然要构成生产费的一部分，这种税增加，生产费也直接随之增加。就因此故，企业家常强烈反对地方税制度，并常联合起来，迫使地方当局把这种税降低到最低可能限度，且使其把那项由地方税维持的社会事业费用的较大部分转嫁到国库方面。此外，当一个企业家打算建立新工厂的时候，他往往要考较各不同地区现行的不同税率。在其他事情相同的限内，他总宁愿把他的工厂建立在地方税较低的地区。某些企业之所以要由人烟稠密的市区转移到交通称便的乡村地域，这是一个重要原因。

工业的迁移 但为了种种理由，许多企业都不得不残留在大市集中。例如，有些企业必须与其附近市场保持密切联系，一经迁徙到僻远乡区，难免不有丧失其市场的危险。有些企业,在生产一件完成品的作业活动上,须与其他企业保持密切关联,而构成一大串企业中之一个别环纽,从而,相关联的其他企业没有移动,这个别企业亦无法迁徙。此外,在另一些企业的场合,企业家为图应付企业活动上的变动,颇需要就近随时有技术劳动供其适应调节(这在一切阻碍企业迁徙的要素中,也许是最关重要的)。而此劳动存在的地方,又只能求之于其他许多公司亦作同一企业活动的都市。加之,一种企业由市区移往乡村地域,往往要颇大的费用,这费用也许会大于其由节省地方税所得的金额。它得建设工厂,设备房屋,安排雇佣劳动者的种种娱乐场所,修筑道路,甚或要对新工业社会备置自来水、瓦斯或电气一类公共事业。所有这些,往往都是迁徙的有力障碍。现在工业由都市迁到乡区的活动,其所以仍不怎样踊跃和显著,这都是主要的原因。

但困难自困难,英美两国却曾有大规模的移动。全般的讲来,工业由都市移向乡区,无疑是一件好事。都市是过大了,过于拥挤了,要想有较好的场所,要实行较好的工厂计划,要有较好的娱乐,只能求之于人口较为稀少的地域。但是,新工业尽管可以向人口较少的地域发展,而大部分已经设立的旧工业,却都难于迁动;特别是当不况的时期,这事实简直要在旧工业区域造成一种异常严重的事态。我们讲过,过去数年的不况,曾对旧的基本工业及纺织业给予非常的打击,使它们简直无法移动。它们不能移动,它们由利润减落而削弱的支持地方税的能力,就与那种因不况而大增特增的地方支出,同时并存于旧的工业区域,而在大部分失业救济负担须由地方基金开支的地方,这种事态,就要特别显得严重了。

失业费 英国因有一般的失业保险制度存在,地方当局由失业所受的直接负担,诚然是大大缩减了。但英国的失业保险组织,究没有把全部失业者都包括进去,换言之,就是对于一切失业者,并不是都给予以最低的生活维持费。因为某种理由,有些劳动者是无法取得救济权利的。还有些劳动者只能领受一部分救济费,其余须由救贫当局以地方基金补助。此外,凡属对失业者提供工作的任何公共事业上的努力,通常至少要由地方当局担负一部分费用。国家照例是会分担此类工事的费用的,但她却难于全部担任。旧工业区域尽管有最大多数的失业者存在着,但同时却最没有对失业者预备工作或直接救济的财源。若在一向没有失业保险制度的美国，其地方的负担，更远较英国为繁重，而在那些受到不况最大打击的工业，则尤不免要挨受更苛重的压迫。像芝加哥与华盛顿一类都市，在可供私人布施之用的财源已迅速告竭的境况下，即使对失业者只给予以最低最低的生活维持费，他们亦感到这种重压的需求，使其实在陷入了破产的绝地。

英国的地方税 英国制造业者，特别是那些衰落工业上的制造业者，曾竭力要求减除地方税的负担，由是，《新地方政府法案》乃于一九二八年通过。依照这法案，以前的地方税负担，对工业大大缩减，对农业则全部免除。在此新的情状下，前此按照工业财产评价应纳的地方税额，现在减少75%了。地方税项下的这种漏洞，由国税项下增加补助费弥缝。这一来，全国一切生产事业——无论是否衰落——都叨了国库莫大的实惠。因为此次法案不但对于衰落的工业减轻负担，即对大大有利可图的兴盛工业，亦同样的减轻其负担。结果，前此由地方税征收的总金额，现在有最大一部分要加担在每个地方的住户身上了。不错，到今日为止，政府还是用国税弥补地方，并不曾增加地方居民的负担；但我的意思是说：凡属要增进地方事业的地方当局，他们定然是会把较大一部分费用加担于住户身上的。

这实是一件非同小可的事体；因为，地方税不加担于生产事业，而加担于住户与职工，那不但是倒行逆施，且也无从适合各种参差不齐的纳税能力。照新制度的用意：凡属为较贫穷居民利益而发展的新地方事业，其费用的负担，当然不能照从前一样，而必定要他们担当远较以前为多的部分。至对那些衰落工业，在税率上减轻其负担，那亦无疑是振振有辞。但在我个人想来，此种用意固无不当，其所采方法则殊多弊害。工业由当地地方当局设备的种种事业，受到了莫大利益，或者，地方当局之所以设施种种事业，大部分是为了工业经营建立在其所辖地域之内，这都是我们不能否认的事实。工业诚然会因地方税课加而增加其生产费，但我们不要即此就断言地方税之不宜课加。生产货品的真实费用，应当包括其生产所需的一切施设的费用，因此，各种生产事业对其所在地之地方政府费用负担一个适当分额，那是十分允当的。政府即令要予衰落的工业以救济，其办法应当是对此等工业的负担特予减轻，而不当把一切生产事业的地方税负担，统行大大核减。

对住户所课之税　我们还不应忘记一点，就是，对生产事业所课之税，即令在结果上不得其平，对地方住户与职工所课之税，在结果上亦是不得其平。一个商人或一个专业者，他可在仅有几间房的办事室中，经营一项企业，获有相当多的纯收入，由是，其地方税的负担，极为有限；若在一个职工，通常须按照其纯所得的比例，付纳高率租金，从而，就其收入比例讲，他的负担是非常苛重的。加之，工人们付纳的房金，与社会较高阶层的人们所付纳的房金比较起来，一定要在其总收入中占有更大得多的比例；由是，他所支付的地方税，乃比较社会中层阶级或上层阶级，往往要苛重得多。

事实是这样：以前课加于地方财产方面的各种赋税，全不公平，全都充满着弊害。其起源远在中世纪时代，那时几乎把有形财产看为是唯一容易课税的对象，并以为对地方财产课以维持穷人的负担，那是颇为公平的。迨地方政府的任务扩展，地方税亦逐渐随之增加。层层因袭下来，从未努力探求一种比较公平的地方税来予以代替。讫乎今日，每个人虽然几乎都知道地方税的弊害，但要探求一种代替这些税的税收，却又感到万分困难；因为任何他种形式之税，中央政府都是不打算让地方政府去征收的。往往有人作这样的提示：就是中央政府于国家所得税外，更让地方政府征收一项地方所得税。这种赋税制度，已经有若干国家见诸实行，但要推行于地狭人稠的英国，却就非常困难。在若干地区拥有产业的个人，或在若干地区分布有工厂的企业，那显然不能分别向每个地区课加其全部的利得；若要派定其每个地域的所得额，那就真是谈何容易了。

地方所得税不能征收么？　因此，这里又常有人提出这样一种提议：就是地方的负担，应有较大一部分由国家税收开支，而不由地方税收开支，国家所得税项下，应增附一项准备再配分于各地方的附加额。这种制度，法国曾在所谓“生丁附加税”(centime additionnels)中略具端倪，同时德国的各属邦，则皆在国家新宪法规定下，得由国税总额之中，分取其大部分的收入。像这类的税制，似乎是英国解决地方财政问题的唯一途径。在过去，英国地方总支出由国库担负的比例，已经渐有增加；今后能在最早可能范围内，进一步由国库增加对地方的补助费，并使此补助费随地方事业的发展而扩增，那显然是再好不过的，那一来，地方税庶有解除的希望。

但是，我们并不希望地方事业的全部费用都由国库负担，或都由国家依照一种定额摊分制配分于各地方的那种金额支出。因为在地方自由与地方效率的关系上，地方事业费用的若干部分，必需直接由地方选民负担。地方当局在地方事业的建树上，必得于中央政府设定的最低限度以外，自己筹资进行，对于其手中支配的金钱，更当力求节省。因此，我们知道，地方税负担，虽能因国库增加对地方的补助费用而大大减少，但在没有找到其他收入来源代替的限内，显然是无法完全废除的。

在这所谓其他收入来源中，有一种收入，似乎完全能够指拨于地方政府，那就是地方的地价税。德国较大的都市，已经把这看为其一大部分收入来源。一种有效的地价税制度如能在英国确立起来，我看由此所得的收入，无论如何应当拨交地方，而不应提供国库。然而，这里颇有理由作这种主张，就是，地价税课加的地域，应当较现在地方当局所在地为大。并且，一种最公平的地价税制度，必得其课税范围不以地方为基础，而以地区为基础；其课税所得，与其划归现在都市与乡村的各别地方政府，就毋宁划归区政府。不过，这是关于地方政府区域再建的大问题，要进而加以考察，那未免离我们本章的论旨太远。

第三节 资本与遗产

现在让我把本章所讨论的种种问题，共总作一考察的结论。我们开始就讲过，一国负担赋税的能力，如不考量赋税对国民收入的比例，不考量税收的用途，那是无从确定其限界的；因为税收用之于生产方面者愈多，其国民所能提供的税额就愈大。在实际，赋税往往会产生一种购买力转移的结果。国家由纳税的个人与公司所得中征取税金，然后这税金再由中央政府或摊分此金额的地方政府支配用途。获有收入的个人，他能把此收入善用或滥用，同样，由赋税获有收入的政府，她亦能把此收入的一部分善用或滥用；个人方面耗费多则蓄积少，蓄积多则耗费少，政府亦然，政府可把税收供应当前的需要，亦可把一部分税收用以培殖将来的生产力。不过，在个人与社会的场合，其耗费与蓄积之间的关系，究非完全一样，或者至少不是显而易见的一样。对于个人，我们通常总是把他购买消费财或消费劳务所使用的金额看为是耗费了，把他投资放债或储放于银行的金额看为是蓄积着。其实，就在个人方面，我们亦不宜常常这样判定其收入用途。比如，一个父亲如其为了给予儿子一种良好教育，和有用的生产技能而耗费金钱，则他所耗费的金钱，实在等于把它蓄积在他种投资事业方面。国家方面的支出，更是如此。不论何时，国家如以其税收所得用之于改进社会之卫生或教育，由是增加其将来的生产力量，那我们很可以说这是储蓄而不是耗费。自然，国家也如同个人一样，她在卫生或教育上使用的金钱，有时也不免流于浪费，但金钱使用在这些事业方面，如其能出以合理的审慎，那就简直算是储蓄，而非较狭义的耗费。因此，近年国家在社会事业方面迅速增加支出，一般人都以为这种支出为不生产性质，且以为在这些方面支出多少，则可供社会生产用途的金额就要减少多少，这显然是一种错误；他们不知道，把金钱使用在教育、房屋建筑以及卫生等事业上，使国家将来的生产力有所增加，那比较把同一金额残留在那些领受所得的人手中，听他们处置，其效果也许还大哩！

事实上，当我们考虑国家为支出增加而增加赋税的问题时，那根本就是考虑这样一个问题：即金钱是由国家方面使用较好，还是由个人方面使用较好。对于这个问题的答案，乃取决于以次两点：第一，看国家使用金钱的计划如何；第二，看金钱的来源如何。若由仅够维持最低文化生活水准的人们课征其所得，那是决不可行的。赋税必须在可能范围内，加担于剩余的所得——即是无须用以维持生活必需水准的所得。但是，即令向此种所得方面征税，亦须国家能表示她由此征收的金额，会比纳税者使用得更有利益；能这样，征税才算合乎道理。

投资的活动　然而在当前经济制度状态下，这是要发生一些极困难问题的。当前经济制度要顺利继续，势非有充分的新资本，源源流向图利的企业上去不可。在一切进步的国家中，这种新投资本，多半是出自较富有阶级的剩余所得。假若依照累进税原则，国家逐渐增加这种剩余所得的税额，则将不免发生两层影响：第一，对于投资之纯利润期待减少；第二，富有者预作投资之用的纯所得额减少。因之，不论在什么地方，国家如采行苛重的累进税率，征收其所得税，那富有者的蓄积，富有者会投用于生产事业上的新资本额，均将大大减缩。在当前的经济制度下，这种性质的减缩，会给予工业生产力以严重的有害影响。不错，国家所得税收，可用以增进社会健康与教育的标准，因而使社会的生产力提高。但社会没有充分的新资本投用于工业，以便引起雇佣机会，则这所增加的生产力，是无法转用到实际生产之上的。劳动者更健康了，更智慧了，他们个人的生产能力增加了，那无疑会促进雇主雇佣他们的意向，并且，有此利益，也许够抵消那些阻碍雇主向这方面活动的原因。但是，国家的累进税率如其过高，致使较大的所得受到牺牲，使投资额大形缩减，那就不论社会生产能力如何增进，投资阶级对于为劳动者提供雇佣机会的事体，总是不会踊跃的。

设使国家把她大部分的税收不用之于增进健康与教育一类生产用途，而用之于没有生产价值的扩张军备和偿还大量国债的支出上，那尤不免要发生这种现象。不错，使用在军备上的金额，是绝对浪费掉了，支偿国债利息与偿债基金的金额，却会再配分于国债的保有者。但这里的问题，要看国债保有者对于其由国家取得的金额的使用，比那些为了供应国家债务需要，而对其所得付纳所得税者使用金钱的方法，究是好些还是坏些。大量国债的存在，定然会造出一个懒惰的"收入者"(rentier)阶级，他们不靠投资生活，但靠不劳而获生活，这一来，社会的财源，自不免要留下一个严重的漏洞。但我不是说，由国家支偿债务利息金额的全部，甚或最大一部分，实际都是由这个不劳而获的"收入者"阶级消耗去了；不过我敢作这样的断言，就是像这种懒惰的"收入者"，近年却大有增加，因为战时幸运的光临，哪怕是极顶的大傻瓜，亦不由得不大发其财哩！

社会主义与赋税 国家课加的高税，既不免要依课税的程度缩减工业上的私人投资，那末，假如国家还要继续维持这种税率，那她就显然有自己处于私人投资者的地位，自行准备发展经济所必需的金资之必要。她由赋税所得金额，必须留下一部分，不作为即时开支——哪怕是促进教育与健康一类最生产的开支——而用以投资于工业及其他事业上，以便提供雇佣机会，增加国民之货物的生产。许多人都以为依照这种方法，资本主义制度可以逐渐转换到社会主义制度。他们以为国家逐渐由私人投资者取得其为工业准备新资本的任务，正同其已经为个人担当一大部分设备教育及其他必需社会事业费用一样。就理论上讲，这种转换实在是大有可能的。但在此转换的过程上，却有极大的实际困难在。国家要借赋税准备充分的工业资本，同时就难得不使私人投资源泉因担心将来较苛重的赋税，而涸竭到代替的社会主义制度未充分实现以前，即使资本主义制度完全解体。假若社会主义者真想利用国家为达成这种转换的手段，他们似乎更要探求现行诸税以外的他种赋税，并得准备一种比他们一向想像的还要迅速得多的转换——由资本主义经济到社会主义经济的转换。

遗产税　至若促进此种转换的他种赋税，显然只有求之于遗产税的大大扩张。我们知道，各国现行的遗产税，都没有达到颇够影响大财富的蓄积或转授的程度。但如谓遗产税即使大加特加，亦不致如高率所得税那样妨害企业经营，那亦没有理由。例如，利格拿洛(Rignano)计划或修正的利格拿洛计划如其见诸实行；并且，国家对于遗产税的收入，如其明确的用为资本而不用为供应当前支出的收入，那在一个相当期间之内，社会较大部分的生产资源的所有，将会由私人手中转移到国家手中。过去由学者们提出的许多计划，都曾怀抱有这种目的；我在这里没有详细讨论这种种计划的余裕。我只选定一种可能计划，借作例证。假定国家决定把私人超过极小定额以上的全部财产，当其死去时移归国有，但同时规定，其承继者终身得享有这财产价值百分之几——比如说 50%——的年金；那一来，富有者即令无意残留下一点财产，但他却可自由为其子嗣作取得年金的准备，这样，国家获有他的财产；当他的儿子或他的继承者死去时，年金即行取消，国家即完全免除这种年金的负担。有此遗下年金的权力，富有者自乐意在他一生中蓄积财富，因为年金的额数，乃取决于其临死时所遗下的总财产价值。依着这种方法，社会大部分的财富，确能很迅速的成就其社会化。自然，不采行这种猛烈方式的遗产税，也是有达成此种社会化目的的可能的。比如，国家不取得死者财产的全部，而只取得其中之一半；或者对于继承者所给予的年金，不以财产价值之一半为准，而以财产价值之全部为准。诸如此类的可能方法，不一而足。但我在这里只求解明其原理。

俄国的赋税　假若要以渐进的方法，实现一种转换到社会主义的目的，那在财政方面，就似乎不能不以某种猛烈的遗产税为其主要的转换手段。设使像在俄国所行的那样，这种转换是突然达成，而非行之以渐，则对于经济发展所需新资本的准备的任务，自然马上要由国家担当起来。不错，苏俄今日也还用内债募集的方法向其人民筹借小宗款项，但其所需最大部分的资本，究还是国家直接由国有的——由过去私有转化为国有的——工业经营利得中筹措出来。这在实际就是说——我们在后面从长讨论苏俄经济时，将会知道——苏俄由生产手段的国有，澈底统制着分配与社会所得，她允许私人保留在手中的，只是打算耗费在消费财与消费勤务上面的那一部分。经济发展所需的资本,系在个人所得分配以前就由工业实有报酬扣除下来。若在资本主义国家,全部工业实有报酬,除了留下一部分作为私有企业的公积金外,其余都依个人所得的形式配分于股东。因此,必需新资本额的准备,全看这些收受所得者对于蓄积和投资的意向如何。一个社会由资本主义制度逐渐转换到社会主义制度过程中的主要困难,就是在社会主义发达到够取私人投资者地位而代之以前,须得在赋税逐渐增加的场面下,好好维持住他们较高水准的投资意向。

在当前经济危机之下的赋税 这里还剩有一个待考察的比较直接的问题,就是各国在当前经济危机之下,她们该是如何决定其赋税政策与支出政策。在过去数年间,世界一切国家殆莫不拥有一个不平衡的预算——因其收入缩减,而同时政府在各方面的维持费用,则不曾相应缩减。物价迅速跌落,又益以工业繁荣的减退,致使赋税收入大减特减;但在会计的支出方面,维持现有事业的费用,虽可减少若干,但有些固定项目的真正负担,却反因物价跌落而大有增加。在此等固定项目中,以国债为顶关重要。物价跌落,由国债利息所获得的一定额数的货币,实具有远较以前为大的购买力。比如以较低利率收回一部分陈债的自动改正计划,又如对流动公债所需金额,愿以较低利率再借出短期债款的办法,那诚于国家支出负担多少有所节省,但这诸般的节省,在减轻总债务负担上,结果至微,而此债务的实在负担,且随物价逐渐跌落,而益形苛重。在这种固定债务负担重压之下的各国政府,当其预算无法平衡时,都力图大大减缩其社会事业费用。至关于军费,他们亦略略设法减少;但在大多数场合,其所减仅够抵消物价的跌落,从而在军费方面,通常实亦无所缩减。因此,一国预算如竟达到收支平衡,则平衡此预算的主要负担,必然是加担在社会事业方面。对教职员及其他公务人员薪水的大大缩减;对教育、房屋建筑、卫生乃至其他主要事业的极度紧缩;对失业者救助金额的猛烈减少;乃至对劳动者实施英国所行的“生计调查”一类新调查,以减少领取救济费的人数,这都是各国平衡其预算的方法。此外,在那些力图兴建公共工事,以期提供失业者以工作机会的国家,她们自然而然的会竭力减缩这类工事,不予失业者以工作机会,而仅予以救济费;因为,就其结局讲,予劳动者以工作,虽然比白养着他们经济许多,但从立即支付直接费用的观点看来,白白养着一个人,究比使他从事工作要节省多了。

“节省”的祸害 当世界急需增加消费力,以便利用那些可资利用的丰富生产资源的时候,这种不利益的削减,已曾在缩减雇佣机会与缩减社会消费力上产生了有害的结果。假若各国不削减社会事业费,不削减对劳动者提供雇佣机会的费用,而利用此世界不况所导来的低利借款的大好机会,那也许会要好多了。当前不况的延续与深化,经济学者们都认为是由于富有者不肯把他们的资财投用于生产事业方面,以致社会应当投用于工业上借以刺激雇佣机会增加消费力的大量资金,不是死藏于银行,就是用之于非生产的用途,甚或以通货保藏下来。假若国家勇往的利用此游资过剩机会,在短期资本市场上,以低利借入巨额资金,然后再把这资金妥当的用之于经济发展计划方面,其结果,一定会大大减缩当前世界的不况。如其各国都向这方面努力,则每个国家的这种活动,就要容易进行许多。国际劳动局(The International Labour Office)曾鼓励世界各国一致采行这种政策,这颇值得注意。资本主义世界如想逃脱当前威胁其生存的困厄,显然非采取一种必需的步骤不行。这步骤,就是要由主要各国直接起而担当一种关于经济发展的一致的国际政策。此种政策,不但是要为国内发展计划准备资本,同时且要为刺激落后国家之经济发展,而向海外贷出资本,俄国须借外资开发国内财源,那是世所周知的。即令资本主义各国不欲予俄国以便利,其他许多地域在开发其财源上,正还有待于大量资本的支出哩。例如波兰,乃至东欧全部,现在在铁道方面、电力方面,以及在当前经济制度发展利赖正多的主要公共事业上,都显有缺陷。先进诸国正多着世界落后诸地域设备这诸般事业的资源。而这些资源,现正因缺乏市场,找不到用处。显然的,假若资本主义要辩护其生存,或希望延续其生命,就必须把这些闲着不用的资源,用以促进世界落后诸国之经济的发展,但要做到这点,非重新扩张海外的投资不行。而在当前世界经济不安定的情形下,期望私人投资者把金钱拿到海外作冒险尝试,那又似乎没有希望。由是,在大工业国中,须有一种进步的政策,以便其财源在国内得有贤明的生产的使用,更须那些债权国家,对世界经济落后地域的经济组织的扩张,作大规模放款。世界当前的困厄,不是由于生产资源缺乏,却是可笑的由于不能利用其可资利用的丰富生产资源,在这种情形下,各国居然缩减国家资本的支出,缩减国家机关所准备的雇佣机会以资应付,那可说是再坏没有的方法了。

第十章 经济组织

第一节 股票市场

在一切经济发展已达到进步阶段的国家中，其工业上的组织，都具有许多相同的特点。自然，每种特定制度都有其国民的特性，和影响各国经济机构之法规上的重要差异之点。即各种组织的名称，亦有差异，例如，在一国称为合资公司（joint stock company）的，在他国也许称为社团（corporation）；这种名称上的差异，往往甚至难于把现代工业制度详细描述出来，使一切讲英语的国民都能同样了解。但是，名称上、法制上尽管互有差异，在各国工业机构中，终隐伏有一种根本的类似性质；关于这点，我们是无所用其惊异的。现代工业制度的机构，直接是发端于工业的连续性，及物品买卖与对经济发展筹措资本的方法。这种性质与方法，在各国都显出极其相同的问题，且唤起极其相同的答案。工业组织在各国之间的差别，与其说是关联于其基本的特征，毋宁说是关联于其副次的特征。这些差别诚然重要，并且在若干方面颇有影响；但比这更重要的，却仍是加强世界经济发展领域之较大部分的工业构造的统一性。

现代大规模生产之基本条件，就是要把大量的资本，在统一支配之下蓄积起来。在最大多数的场合，这就是指着直接拥有大规模企业的，决不只是一个人，而是多数人。诚然，就在今日，单一个人也还能拥有一大企业经营，但这种情形究属稀罕，而且今后更要稀罕。如其一个人对于经营一大企业，除自己的资本外，单靠借债，那就尤其罕见。现代社会的典型大规模企业，照例是为一大些股东所拥有，他们多半不直接参加管理活动，就是对于其一般经营活动，亦几乎无从控制。

这种股份企业，早为现代生产诸力——即由市场扩展以及前世纪各种发现发明所付与人类支配的生产诸力——之适当使用的必然要求。在工业制度的初期，对社会新生产力有效使用的最大障碍之一，就是在那些具有利用新生产技术之必要知识与能力的人们手中，缺乏资本。因为在现代式的合资组织尚未取得法律上的承认以前，雇主纵令急欲扩展其企业，纵令他自信能为其扩增的产品找得有利市场，但往往因为缺少资本，致无法实现其愿望。不错，他在当时也还有几种筹款的途径。他能以他自身或其企业作担保——假使有贷款者愿意依这些条件贷款的话——向有钱者通挪。他能纠集合伙者，这些合伙者中，也许有人只提供资金，而不参加企业之管理活动。有时，他甚且能够邀请一大些参加企业的股东，组成一个大体接近现代式的合资公司。但揆诸实际，这些途径在进行上都颇有困难。当时是没有有组织的通融款项的资本市场存在的；假若他企图通融款项，他就无从使用发行证券或社债一类方式，而必得找一个银行业者、一个商人，或者一个愿意对他贷款的富人。他不能在资本市场上流通债券，他就无法得到一般大众的资助。再说到纠集合伙者的办法吧，如其他努力组成一种合伙经营，应用许多仅仅出资而不担当责任的合伙者的资本，他马上就会逢到一种困难，即一切合伙者——甚至那些不直接参加企业活动者——须对损失负无限责任的困难。人人都知道瓦尔特·斯喀忒氏(Sir Walter Scott)关涉于其发行者的牵连故事，并且人人也知道他后半生为偿清其牵连的巨大责任所从事的斗争。在十九世纪初期，这类事件是数见不鲜的。这对于仅仅出资而不担负责任的合伙者的投资，且曾为一有力的妨碍。最后，假若十九世纪初期的资本家要组成一个拥有一大些股东的合资公司，他首先说不定要借助于一个地方银行业者或法官，以找得接受其股份的群众；这一来，凡属投资于此种公司的人们，不论投资额的大小，皆一律视为合伙者，由法律课以同样无限的责任。然而当时合资组织的困难尚不只此。法律对于合资公司，既不肯承认其为社团的组织，而只看为是合伙经营的扩大，故公司一有对簿公庭之必要——例如为索还债项——时，将不免发生荒谬百出的事态。一切的股东，都得以企业上合伙者的资格，被传到案。由是在法律上引起错综复杂的无限纠纷，致使负公司责任者万难应付。

这都是直接关系英国当时的情形。但与此极相类似的困难，亦曾在现代工业制度初期，散见于其他国家。但法国及欧洲其他若干国家，则幸托《拿破仑法》(Code Napoléon)之庇荫，获有一种“有限合伙经营”

(limited partnership)——被称为合伙公司(compagnie en commandite)——的特别规定。有此规定,其国内一般不参加企业管理活动的合伙者,乃得以有限责任的条件,提供资本。直至今日,大陆各国还广泛的应用这种方法。特合伙公司的用意,无论其在现在抑在过去,都是指着比较少数个人的一种合伙经营,而非指着包含一大些股东的公司。对于极小规模的企业的管理,这诚不失为一有用的方法,但对于现代式大规模的工业组织,却无何等助益。

合资组织的发展 因此,要设立大规模的企业组织,就必须另有一种规定。在十九世纪上半期的过程中,这种规定已在英国逐渐形成,且还取得了法律上的许可。其实,就在产业革命的当时,已早有形成今日所谓合资公司——即其股东只负有限责任——的途径;因为,不论在任何时代,关于设立一种公司,或社团,或托辣斯的法案,乃至赋予这类组织以任何权利的法案,都是由国会通过。在十八世纪中,英国已适用此方法,准许隧道托辣斯修筑道路;在铁道未出现以前,运河在运输系统上,占有极最重的地位。英国诸运河的开凿,亦是在着手修筑道路以后,继续依同一方法进行的。不但如此,远在这时期以前,更还有对外贸易的特权的合资公司存在,如英国的东印度公司(系创设于一六〇〇年),以及法国、荷兰乃至其他国家与此相类似的贸易公司,皆其适例。此外,如英格兰银行及阿姆斯特丹银行(The Bank of Amsterdam)一类机关,亦直接由国家赋予特权。我们由此知道,过去并非没有合资的组织存在,特公司组织与有限责任这类特典,只能看为是由国王或立法当局赋予的一种特殊的十分破格的权利。

有限责任 这里无须追述现代合资组织在英国或在其他国家发展的阶段。我们最多只要指出一点,就是英国对于各种合资公司给予有限责任之特权,系始于一八五五年;自此以后,合资制度乃迅速扩展到全般大规模企业组织的领域。随着此有限责任合资制度的展布,现代意义的资本市场乃因以产生。在此以前,除了铁道股票外,只有极其有限的证券得在市场上买卖,其余则概没有有组织的买卖市场。当时股票交易所所经营的,主要是政府公债,以及像大贸易公司一类拥有特权的极少数公司的股票。现代意义的股票市场,系成立于工业投资一般通行,和典型大企业非由少数合伙者所拥有,而由一大些投资者——他们大多数只关心于红利及资本价值之可能的增加——所拥有的那个时候。

现代合资组织制度的便利，是显而易见的。把一个公司的所有权，区分为许多小的股份，这些小的股份，又有有组织的股票市场，供其买卖；于是，这里就有一大利益存在，就是，个人所有股份能以一定价格买卖，企业上所投资本，就能够在社会流动。此外，企业所有权依股份形式而分散，又大可便利遗产在许多承继者间的划分，因为在必需的场合，股份是比较容易向市场投售的，并且，假若这些股份能够在承继者间零碎拆分，那也许用不着将其全部变卖。至有限责任的利益，则较此尤为彰明较著。此种有限责任的特权如不能获得，任何精密的股份制度，都将毫无用处。假如一个人在某种企业上一投下资本，比如说，这所投资本为 5 镑或 100 镑吧——他的全部财产，就要当企业失败的场合，担负偿还其债务的责任，那一来，他肯冒险投资的企业，显然是要他对那企业各方面的情形都充分明了，且对其稳妥性质确有把握。但是投资上的这种小心翼翼的要求，万难使大众手中的储蓄，使用在发展工业方面。特事实虽然如此，国家却有一个长时期不肯爽快给予各种企业以有限责任的特权；好像这种特权一经给予，就无异允许企业所有者放弃其契约的义务。国会与法律，是经过了许久许久才承认有限责任不但要许与铁道一类特殊公司，且不可避免的要许与一切大规模企业经营的。因为要利用发展工业所需的大量资本，一定非许与那些企业以有限责任的权利不行。

股票市场的用途及其弊害　现代合资组织既使企业公司资本分划为小的股份与债券，那在一方面对于提供发展工业的充分资本，曾为一最重要手段，对于资本所有者，又曾为使其蓄积更容易分划且更容易转化为货币的一大便利，但它在另一方面，却也含有大大的不利益与危险。因为股票市场不但极便于那些希望把物权变换为现金的人们，同时且还能使资本价值在一种空前未有的规模上，作投机的活动。全世界的股票市场，决不会且也决不能单单变为股票证券所有者转换其所有权的机关。因为，它们如其限定其业务于这个范围，势必要常常遇着以次的事体，就是正当某个人投资者想抛售其股票的特定日期，没有人买；正当某个人投资者想购买股票的特定日期，没有人卖。这种困难，曾由一切有组织的股票市场上之专门作此买卖者——普通称为股票经营者（stock jobbers）——的存在，而完全解除。不论在什么时候，不论哪种开盘交易的股票，他们都打算买卖。凡属为他们所经营的特种股票与债券，他们往往打算以一种价格购买，以一种价格发卖。这一来，普通持有股票或债券的投资者，就不愁他们这种物权没有市场投售。在任何时候，大批的股票与证券，都在不绝变换其所有者，并且大批的股票与证券，不是由原来的投资者所保有，而是由那些专门做投机买卖的股票经营者所保有。道地的股票经纪人(stock-broker)，仅只处理委托的事务，他买他卖，不是为他自己买卖，而只是代表其委托者买卖。股票经营者则不同，他是为他自己作买卖的活动，他的活动，不啻为经纪人及其委托者提供买卖的市场。

就一个道地的投资者说吧，他购买股票或债券，他所关怀的，是这股票或债券会给予他的所得。他在原来的情况下购买此种物权，系因他设想，在数年之内他将由此获得一种所得，有此期待，他就以为值得作此投资。无论就原先讲，抑就结局讲，股票与证券的资本价值，不外建立在人们对于其将来产生所得能力的期待上。但股票经营者与道地投资者不同，他通常购买股票，并不是要保存它们，而宁可说是打算不久由一种有利价格再把它们变卖出去。他是一种股票商人；在他看来，股票不算是期望由此提供所得的投资，而是购买进来，希望有利变卖出去的商品。因此，他异常重视股票在最近将来股票市场上变卖的资本价值，而比较不大关怀其结局的产生所得的能力；如他对于一种股票，以为那在几天或几星期之中，说不定会因大家的错误判断，或其他同业者对于他的错误判断，致使其资本价值提高，哪怕他不相信那有结局的产生所得的能力，他亦将认为颇值得购买。

自然，这种态度并不限于股票交易场中的专门经营者，就是那些站在交易所外面，但同样是专以投机为事，而非专以投资为事的许多人们，亦殆十九是采取这种态度。至若在投机热高涨的时候，不以结局的投资为目的，而以即时有利抛售为目的，而购买股票，而保有资本的一般大众，他们也还是采取这种态度呢。

局外投机者 假若投机的股票交易活动，专由股票场中的专门经营者进行，那也许害少而利多；因为我们讲过，专门经营股票业者的存在，那是对于股票所有者得随时处分其市场的必要条件。但自局外专做股票生意者以及一般大众相率参加此种投机活动后，其效果乃发生激烈变动。他们这班人的参加，极有间歇浮动性，在物价高涨的时候，他们非常容易为投机热狂所吸引。所以，在一九二九年纽约股票市场暴涨的当中，就是有利的工业股票，亦因资本价值上的投机昂腾，致其报酬在此种繁荣景象显示破绽以前，即压低到2%。同时，就在纽约股票市场上，却尽可买到报酬5%的高级债券。由此一件事实，显然表示工业股票的购买，不在计较其真正产生所得的能力，而在计较其在投机热狂继续中会增大的资本价值。每个购买者，实际都在赌取其他购买者的狂乱心理。大量纸上财富的造成，不是由于工业股票的真正产生所得的能力有所增加，而只是由于资本价值因投机者的活动，致形成过分的昂腾。这种情形，根本就无法稳定。而在大多数人民都有闲钱作投机活动的美国，其弊害乃远较其他任何国家为利害。在一九二九年物价昂腾的当时，美国曾有几百万人侵入纽约股票市场，他们这些人的侵入，其影响乃相因而增大。

况且，股票经营者或局外人在股票市场上作投机活动所能利用的金额，并不限于他们手中实际所有的闲钱。第一，他们能够把已有的证券，向银行抵押得投机所能使用的银行信用。不但如此，在一切主要的股票市场上，大抵都允许实行"限界"交易（transactions "on margin"）方法。这就是说，一个购买股票者，并无须完全付足其所买股票的价格，甚且不必要购买任何股票。他仅只要储下一项足够抵付股票资本价值上估计的可能变动的金额，同时给予其经纪人以这样一种通告，即当股票跌落到有使这种"抵付金额"（cover）受到涸竭的威胁时，则将其出卖。他能托经纪人依当前价值为其购买这些股票；不论何时，这股票的资本价值一由x提升到y，即请其投售出去，并由此交易取得一种利润；如其此股票的资本价值由x跌落到y，他亦请其投售出去，并使用他原来存储应付损失的"抵付金额"。依这种方式交易的股票市场，纯粹是在股票价格的预期变动上作赌博的活动。这种活动，并不曾包含有股票所有权由一个人到另一个人的实在的移转。从而，这种交易活动的对象，就没有理由限于那些实在能投卖于市场的股票。假若专作此种经营者与局外偶作此种投机者能由银行或其他方面获有必要的信用，则此种投机交易的规模，就可无限的扩张。在一九二九年纽约股票市价暴腾的当中，联邦准备银行方面虽曾竭尽所能，阻止为这种目的的大量投机信用的创造，但国外非联邦准备组织所能控制的机关，既把大量资金投进股票市场，它们的努力，自然不能收到何等效果。一切的金融公司、企业公司，一切的私人投机者，都拼命为了投机用途，使用其自己的财源和其所能弄得的一切金额。这一来，联邦准备银行方面阻止这种信用膨胀的结果，与其说是真正阻止住了投机的活动，却远不如说是限制了工业发展，以致造成不况的局面。

投机能够阻止么？ 不幸，任何有组织的股票市场，都不能避免这种带有投机性的危机。因为，股票市场如要履行其对原有投资者手中的股票提供一种市场的适当任务，它就必须对于那些专作股票经营者乃至一般大众开放。一般大众如有意以投机代替投资，那是谁都无法阻止的。不过，这种说法，并非要为那些专作股票经营者减除其对投机活动应付的大部分责任。专门经营者在其业务进行的过程中，必然会养成一种习惯，就是，他不从股票之结局的所得期待考量其价值，而是就暂时的资本评价考量其价值。在这种情况下，他自己会不知不觉的形成一种极好投机的心境。就因此故，他这种人就异常容易达观，也异常容易惊惶。我们每天所见到的，大部分由他们的影响致使其价格或昂或跌的股票，其昂跌并非按照他们对于股票所得之正当期待的任何实在变动，而是按照他们对于大金融中心传来的关于政治经济上之达观悲观消息——哪怕这消息于工业上的荣枯命运漠不相关——所引起的变易心情。我们已经知道，在物价昂腾的时候，该有多少新投机者投进股票市场，他们买卖股票，都不是从股票的结局能力着想，而只是注意其当前的资本价值。所以，股票市场无论因任何理由发生破绽，势必引起可惊的清理破产现象。在此情况下，那些非惯作股票经营活动的人们——他们只是当物价昂腾，资本价值有异常增大可能时，被吸引到股票市场中来——将立即因情势的改变，脱出此投机的漩涡，如其他们收手得快，没有蒙到极大损失，那就算幸运了。至若那些作“限界”投机交易，或以证券向银行抵借信用来购买证券的人们，一则耗尽其为作“限界”交易所储留的“抵付金额”，一则将因其抵押于银行的证券价格的跌落，须进一步提供抵押品或清偿其债务。投机者要获得清偿债务的金额，计惟有投售其股票。这一来，股票市场上就有大批的股票发售，股票价格由是大跌特跌，而投机者乃蒙到极严重的损失。他们无论破产不破产，都由大大损失离开股票市场，股票市场上由是呈现一种与其先前极相反对的活动。在以前，购买者争先恐后的抬高股票价格，现在哪怕是就其产生所得能力划算起来，其价格颇为有利的股票，亦殆无人愿买。因为，某种股票的所得即令看着不错，仍没有人肯相信其资本价值不进一步跌落。这种情形,大体是由于以次的事实:即是跟随着繁荣告终而导来的任何清理时期,都会在银行及其他金融机关手中,残留下一大部分证券,这证券,有的是它们当作垫款担保接受进来,但借款者无力偿还债款,故此担保品无法收回;另有些证券,则是由它们自己由投机购买进来。它们为要使其财源重复以流动的形式保持,故急欲投售这些证券。但它们企图把这些证券即时完全投售出去,自不免引起有害的结果,因此,繁荣崩溃以后的清理运动,往往总要因证券的源源投向市场——有的是由于或种有利机会的实现,有的则是由于某银行或某金融公司,迟早有不顾损失,迫而清理的金融上的需求——而继续一个长的时期。在一九二九年繁荣崩溃以后的美国,其清理运动直延至一九三〇年与一九三一年。甚至在一九三二年,政府还得为阻止这种运动引起银行界更广泛的崩溃,而采行特别的方策。在一九三一年之末,胡佛大总统曾设立金融复兴公司(Finance Reconstruction Corporation),其用途在使大部分证券仍保留于银行手中,不令其投向市场,致引起股票价格进一步的跌落。

由上述种种情形看来,现代合资形式的企业组织,盖亦不免有极大的弊害;此种组织容易导来大规模的投机活动,使资金由工业经营离开,且使工业组织之金融基础颠覆。真的,在现代工业制度形成以前,早已有大规模的投机运动存在,在法国始于《约翰法》(John Law)的当时,英国始于有名的南海泡沫公司(South Sea Bubble)的当时,而苏格兰《达利恩计划》(The Scottish Darien Project),则是进行于十八世纪初期。人们确是在产业革命后才开始成为投机的动物的。但在较早的期间,投机赖以进行的股票,为数不多,并且,当时社会上有闲钱投机的人,亦远不若今日社会之普遍。所以,法国《约翰法》的冒险与英国南海泡沫公司的投机,结局虽都致其事业发生可惊的惨败,但它们在各该国整个工业生活上,并不曾引起怎样的变动。许多人民是由此破产了,但主要城市以外的工商业,却并没有大受巴黎或伦敦方面的行动的影响。若现代的投机狂热,则不可同日而语了。这种投机狂热所引起的比较极有害与极普遍的后果,实不仅累及其本国,且更因现代金融的国际性,而牵连到整个世界。

然而,弊害尽管再多,某种形式的合资经营,仍为现代资本主义之一必要条件。在工业所需资本仍继续有一大部分把握在私人手中的限内,工业就必须由拥有一大些零碎股东——他们多半只出资本,不参加管理活动——的大合资组织进行。诚然,工业资本是应当由私有改为国家自己所有的;我在后面须对此加以考察。但我们此刻还是在作资本主义制度的假定,在这种制度之下,合资显然是对于大规模企业经营的唯一可能的方式。

第二节 合资制度

合资公司以及与此类似的组织,自然有许许多多的形态。当合资制度开始采行,甚至当有限责任特权推行到广泛的范围时,一般人都以为这种合资的方法,只适用于那些非纠集广大的股东,即不能筹得充分资本的极大规模的经营。至对于小的企业,他们不但无意主张其应当改为合资组织,却宁主张其应当一仍旧贯的保持着合伙的形态,不用持有有限责任特权,不必把其所有权分划为能够转移、能够公开买卖的股份。然而,有限责任与资本分划为股份两者,均有其显而易见的利益,以致在极短期间之内,合资制度竟普及于原来打算推行到的范围以外了。例如,就亲属企业(family businesses)的情形来说吧。假若一个亲属企业,以合资公司的形式组成,则该企业的主脑者,要把其身后财产以股份配分于其所属意的承继者,那是比较以前容易多了;不但如此,财产以股份配分,企业方面的资本,乃不至因析产清理,而引起短绌的危险。至获有有限责任权利之利益,在任何人都是清楚明白的。除了法国合伙公司(the compagnie en commandite)那种特殊形态而外,各国的合伙经营,都承担有无限责任。因为在法律的视线中,合伙经营单只是一些伙员,而没有离开伙员的社团存在。公司则不同,公司因其为社团组织,早已成为一个个别的"法人"(legal person),它能离开持有其股票的个人而作种种活动,它得向外借款,它得拥有财产。现代企业愈变为非个人的——这就是说,单独个人的控制活动的表现少,许多人在一个组织下之集体活动的表现多——合伙经营的条件,就似乎对于其管理愈不适宜,且愈宜于变为合资组织的形态。所以,在十九世纪下半期中,合资事业乃继续不断的扩大其范围。法律在先对于"个人"(one-man)公司,对于备有公司形态的亲属企业,虽还另眼相觑,但结局,终于迫而完全承认既成的事实。

私人公司 英国在一九〇七年的《公司法案》(Companies Act)中,私人公司(the private company)是被看为另一种形态。私人公司的定义,就是说,这种公司没有50个以上的股东,它不以发起书的方式向大众募集股份,其股票的转移,须受公司所定规条的限制。关于最后这点的规定,自然是要防止股东超过了法案限定的最多50人的名额。假若因为某种缘故,股东名额竟超过此限以上,此种公司就自动的不复成为私人公司,而为一另受旧来条款拘束的公众公司(the public company)。

在一九〇七年的法案之下,私人公司的发展,是采取两个主要形态:第一是一大些比较小的私人企业与亲属企业,转变为合资组织。许多小工厂以及包括有一大些尚在扩张中的普通零售店的贸易经营,都僭取着合资构造的形态。但第二,却是因为该法案发生了一种原来提案人始料不及的结果,就是,大规模的合资公司——即是十足的公众公司——立即就开始发觉它们以采取以次的经营形态为便利,即,它们对于其一部分的经营活动,不由自己直接管理,而创设一些照法案以私人公司资格登记的辅助公司去管理。这样,一个公布贷借对照表向大众募股的公众公司甲,就得使用其募股所得的大部分资本,投资于公司乙、公司丙、公司丁等等。这些辅助的部门,或则是对于主脑公司提供其主要企业所需某种货物的制造公司,或则是为主脑公司所出货品在特别市场或一般市场上作推销活动的贸易公司。有时候,这种扩张方式发展到极高的程度,致使主脑公司除了分配红利于股东,或将其由辅助公司以红利形式收得的利润加以处分外,实无所事事;它的全部企业活动,都由各辅助公司分途担任管理了。

现代大规模企业上的分门别类情形,是在不绝增进的;企业活动的程序,务期其极端完全。大的生产公司,都企图发展自己的买卖机关,以消灭居间图利的中间人,在这诸般趋势存在的场面下,上面这种组织形态,实在是非常便利。因此,一个钢铁公司也许会经由其辅助机关获有煤矿,获有铁矿乃至其主要生产企业所需的其他物质资源。一个皮鞋公司,也许可以借助于若干辅助机关,张起一条贩卖店的链索。一个主要作国际贸易活动的公司,它会觉得在各国设立一种分途受各国法律限制的辅助机关,那于其事业活动诸多便利。此外,往往有两个大公司联合起来,获有第三者的联合辅助公司,而这第三公司,也许又会持有若干其他公司的股份。这一来,整个公司制度,就愈加呈现一种相互联锁的所有权与统制权的异常迷离的现象;依着这些权力,某大企业的半打首脑人物所支配的资本与生产资源,就远较大于其直接管理企业所属的资本与生产资源。

在合资机构内这种相互关联的辅助机关的建立,本来是未可厚非的;但正如合资制度本身一样,它亦不免有许多严重的弊害。合资制度系自然发生于十九世纪中叶之企业世界的需求,这种交互联锁的企业经营,同样是自然发生于晚近企业组织上之技术的需求。为要依垂直的与平面的联合达成经济的效果,因而把一大些生产公司配置在统一的金融支配之下,从技术上讲来,那往往是值得赞许的。制钢事业拥有自己的煤矿,生产公司不经由中间人,自己直接出卖其产品于大众,都会收得经济的效果。因为这种种理由,创立辅助公司与交互联锁的企业组织的运动,就似乎没有阻止的余地了。

"大企业"的弊害 但至近年以来,这种制度的弊害,已经极其显而易见了。在现代情形之下,一个大企业要募集资本,或由银行通挪借款,通常总比一个小企业容易得多。由是,当繁荣与企业信用过大时大企业向一般大众募集的资本,往往总要大大超过它自己生产事业所必需的限度;而它使用这剩余资本向四方八面购置其他企业经营时,又往往会因过于达观,而增高其价格。它所购置的这些企业,如都能有效的置诸统一的管理与支配之下,那除了出价过高之外,也许不会有其他的大害处。但大企业的主脑人物,最容易流于夸大狂,把一些在管理上需要极不相同的知识与技术的企业买收着,致令其不能有效的与主脑企业相联合。像这种差异企业的大凑合,在管理上是罕有或者是决不会获得经济的效果的。由一个共同中心统制它们的努力,简直会弄得手忙足乱。当主脑公司的主脑人物正注意到其他方面的时候,某种辅助企业忽竟损失数百万之多,前此洛尔德·勒费胡尔麦(Lord Leverhulme)的事例,是彰彰在人耳目的。优果·斯丁勒斯(Hugo Stinnes)为这种夸大狂的杂集的企业统制之一最显著例证。当其统制手腕一经撇开,他那个大公司就简直无法支持了。

但我们应当认清一点,就是,斯丁勒斯(The Stinnes)及其类似公司的失败,其主因不是由于它们的规模太大,而是由于它们的品类太杂。我们并无须反对极大的企业单位;单位如其是合理的一致,其所需的技术与知识,如其是同样的性质,那末,管理大的单位,甚且不会比管理较小的单位更难。企业单位规模上的增大,那是现代经济制度的必要结果之一。

若像斯丁勒斯公司那样，把一大些漠不相关的企业杂凑起来，那则是其投机弊害之一。这两种现代大规模公司之间的尖锐差异，是必需加以区别的。我们决不要把帝国化学工业有限公司（Imperial Chemical Industries Limited）与斯丁勒斯公司混为一谈，因为前者是企图依合理的方法，在极相类的工业上面建立起一种统一的统制。

现代企业组织上的这种范围的扩张，显然与托辣斯和联合组织的勃兴，乃至与所谓"合理化"运动，保有极密切的关联。但我们在进行讨论这诸般事体以前，须得弄清一点，就是在十九世纪初期，企业的单位与生产的单位，经常通为一体，而现代的工业制度，就是在当时那种情形下发展起来的。那时被视为生产单位的实在工厂或作业设备，同时就是企业组织的单位。同一个人或同一群合伙者，很少拥有许多工厂，并使这些工厂当作一个单独统一企业的各部分活动的。在产业革命的当时，诚然有一个人拥有多数工厂，或分途参与多数工厂之所有权的实例。如利查尔德·亚克莱特（Richard Arkwright）其人，他就曾在不同的地域，拥有许多纺织工厂，不过，这每个工厂，常是看作各别的企业公司，与另一个合伙者的团体联同活动；他迄未企图在这各地的生产机关上面，建立起一种统一的财政的支配。就在十九世纪上半期的三四十年代，财政的单位与生产的单位，还照例是彼此不分。直至同世纪最后数十年间，这两者的分离，才随着联合运动的发展，而趋于普遍。

第三节 托辣斯与卡特尔

各别生产组织之所以逐渐结成较大的企业单位，那有三个主要理由。有时候，那是由于一个制造业者或合资公司想把自己所需用的原料的供给，概由自己支配，这样，除了其原料能得到定规供给，原料价格亦有所节省外，更会在次一生产阶段上提供以利润。像这种运动，一般称为垂直的联合（vertical combination）——即是把生产物品程序上的两个或两个以上的连续阶段，置于统一的支配之下的联合。此种垂直的联合，可适用于任何阶段；一个公司可向后统制其原料的供给，也可向前统制其出品投售的最后市场。

通常与垂直的联合相对照的，有平面的联合（horizontal combination)——这就是把同一阶段同一生产形体的许多公司,结成单一的企业单位,或结成多少有密切关联的结合。像这种形式的联合的动机,与前一联合的动机极不相同。在过去,此种联合通常是基于一种欲求,即限制市场竞争,规制货物出卖于消费者的价格,货物上市的数量,或者规制货物出卖的条件。由是,平面联合与垂直联合不同之处,就是它逐渐具有一种直接行使独占的性质。若在垂直的联合,普通总会相并的造出一些竞争的企业,而这每种企业,都包含有生产行程上的几个阶段,它不但与其余的企业竞争,且与每个阶段的其他生产者竞争。像这种联合如其具有独占性,那就只是说,一切凑集的大资本的独占。但平面联合不然,平面联合如果不是把相当多数的同式生产者结合起来,使每个属于这种结合的分子,都多少在货物价格与产量的规制上受到有效的统制,那它这种联合,就毫无目的。真的,一个联合如其规定价格,规定再低即不得发卖的价格水准,那同时亦会自动的限制产额,因为价格一有昂腾,有些购买者即不得继续购买。在另一方面,一个联合如限制产额,同时亦渐会自动的规制价格,因为照通常的情形而论,生产愈少,其所能售得的价格将愈高。要之,产额规制与价格规制,仅仅是完成同一目的的两个不同的方法,那目的,就是想借货物上市条件的规制,而增加利润。

联合会提高价格么?　然而,特别是近几年来,往往有人这样主张,说平面联合除了规制货物价格与产额外,还有其他目的;那目的就是缩减生产费,并因生产费的缩减,而实行降低价格——即把价格减到低于这联合存在以前的限度。自然,在现代的生产条件下,工厂的一切设备能充分使用,其生产费即会最低最低;工厂如生产大量的同式标准品,其制造程序上亦常有所节省,这两者通是尽人皆知的事实。特这两种节省形式,他们以为都能由平面联合的形成而促进。因为,第一,整个市场的需要,如其不够充分使用一切工厂,那与其使一切工厂都从事供应此有效需要的生产活动,就不如完全关闭一些工厂,只充分利用其余的工厂,能这样,那是更有经济的利益的。一个平面的联合,有权完全封闭若干工厂,而把供应市场的必需生产,集中于其余工厂方面,这一来,生产费减低,货物售价低廉,此低廉的售价,说不定会刺激需要,使其余停闭着的工厂,重新开始生产。不但此也,由一个有组织的平面联合来安排产品的标准化,那比之在竞争的生产状况下,是更有实行的可能了。假若一大些各别的生产者从事漫无统制的生产，他们通常就会生产品类极其不齐的种种色色的货物——其货物的庞杂，说不定竟会大大超越消费者真正需要的限度以上。一个联合组织就能够削除一些庞杂货品，从而低减生产费，使消费者由低廉价格所得到的利益，要远大于其由选择范围内所受到的若干限制的损失。自然，在这种标准化的统制上，殆不免有破坏有价值的庞杂品的危险。但现代生产上的许多庞杂制品，显然于消费者无何等价值，且反而会使他们蒙到莫大的弊害。螺旋钉之样式大小的标准化，以前制造的各种各色的螺旋钉，就大大削除，生产费由是低减，消费者就由是获有利益；这是一个显而易见的例子。至英国各式摩托车小制作者的繁多，从消费者方面的观点看来，那无疑是这种工业之有效发展的严重障碍。联合一切对立的制造业者的一切专利机关，或联合它们中间最优的专利机关，所出产的廉价摩托车，那对于消费者所提供的利益，比之现在各种各样的摩托车对于消费者提供的利益，定然是要大得多的。

特一个平面联合组织所能成就的节省效果，并不单是靠着产品的标准化与简单化。因为，产品庞杂的种类即令一仍旧贯，设每个工厂单只选定一种产品作大量的生产，而不令所有各别的工厂都分途生产各种各样的产品的总额之一部分，那也会有颇大的节省效果。近年以来，凡属大平面联合组织存在的地方，这种工厂生产的专门化，已经成为其比较重要的特征之一；但在实际，标准化与专门化，通常都是相辅而行的。

标准化的发展 自然，标准化的利益，甚至专门化的许多利益，并不是一定要企业进行联合才能够成就的。像英国特许标准馆（The Chartered Standard Institution）那种机关，那就曾使生产的若干标准，极广泛的应用到那些甚至没有财政上的统制的诸般企业。因此，英国之钢制品的种类与样式，都颇受了标准专门化的影响，至那些标准，则是曾经规定下来，作为钢生产者与其顾客间订定合同的条款的。以前曾经大规模制造过的某种样式的钢制品，主要因为载在一切重要合同中之标准规定，以致现在不复出现于一般倾向优良样式的市场。然而，在财政上没有某种程度的划一统制，对于标准化或专门化的运动，究是难于怎样强制推行的。拥有庞大生产领域的美国，曾经借着各独立制造业者间的知识交换，中央技术机关之生产标准的推荐，而作过一些努力；但结局，总会发觉以次的事实，就是，至少关于专门化方面的节省效果，非有高度的财政统一，则不易有所成就；而一些各别企业之获有专利，那更会有效的妨阻任何高度的标准化，使其曾经应用的这些方法，难于奏效。因此，近年除了想借规制价格，限制产额，以统制市场的要求外，更愈益倾向于这种要求，这就是依标准化与专门化方法，以成就其生产上之节省效果的要求；这两种要求，已经在相并的促进工业上的联合。

联合之组成，其形态，其强度，会有许多差异。当联合诸企业在完全统一的财政支配之下组成单一企业时，其结合最为紧密。各种不同的工厂，可以继续活动于各别的经营之下，而这诸般经营在管理上，又可获有极广泛的自治权，但关于规制价格、产额，乃至制造品样式的事体，乃属于联合的一般企业政策的范围，这种政策，必取决于各别工厂仅构成其一个部门的中央组织的统一支配。因此，其工厂尽管颇多，企业却只一个。这种组织形态，普通称之为托辣斯，托辣斯得依种种方法而形成。一切各别企业，可以并合为一个单一企业；或者，它们无妨各别维持其生存，但得服从一个发纵指示和保有其最大部分股份的主脑公司的统制。无论在这两者中的哪一场合，其目的都在企业政策的完全统一，但同时得依特殊工业的环境要求，允许其在生产管理上的某种限度的分有权力。

卡特尔　与这种统一的企业组织形态相对照的，就是卡特尔(cartel)式的结合。在卡特尔的结合中，各别企业不但保持着个别的存在，且保持着终局的独立。它们的联合行动，只限于那些于它们有共同重要性的事体；例如，它们可以加入一种规制价格或产额的协定，甚或可以加入一种对有效总购订合同行使适当配分——即依照一种方法，使每种特殊企业都得高度专门化的配分——的协定。为要缩减庞杂货色的种数，它们可以同意生产上的标准专门化，并且，它们对于以国家或国际为基础的市场，还可签订某种地理限制上的协定。此外，就一个比较有力的卡特尔说来，它们且可进一步设立一个共同贩卖组织，凡属参加的各别企业，都同意依此组织以贩卖其若干部分或全部分的产品。在某种情形下，这种贩卖组织对于工业的活动，简直取得有极大的统制权力；其权力之大，与一个完全统一的托辣斯所实行的一切权力，差不多不相上下。此种场合的卡特尔，实无异一个托辣斯，特其重要不同之点，就是前者并非基于不可变的协定。在大多数场合，凡属参组于卡特尔中的企业，至少都可依一种详载在卡特尔协定中的通告手续，或者付纳若干罚金而退出。并且，卡特尔本身，亦随时能由其参组企业会员的同意而解散，或因其继续存立不能得大多数企业会员之投票拥护而解散。

卡特尔协定的订立，通常都是以若干年为期，或在满期以前，再行考虑续订。在这种关系上，它与托辣斯根本不同，托辣斯是在单一的财政组织之下，把各别企业形成一种决定的不可分解的混合。

其实，卡特尔如按照法律的成案组织，则颇非如此。德国有所谓强制的卡特尔，凡属某种企业上的生产者，都被强制加入。一九三〇年的《英国煤矿法案》(The British Coal Mines Act)，对于英国煤炭生产者间的价格与产额的规制，亦带有强制卡特尔的性质。特此《煤矿法案》是一种暂定的方策——虽然那无妨继续更新；并且，以通常情形而论，哪怕就是这种具有强迫性质的卡特尔组织，殆亦不能像一大些各别企业资本，完全融合为一个新单位那样持久。国家诚然不会允许一个强制的卡特尔分散，从而，这种性质的卡特尔，也许可以在一国国境之内，保证其永久的存立。但一个卡特尔如参组有若干不同国家的制造业者，那就无法加以强制了。世界上尚没有一个能强迫参组会员或确立其存续性的“超国家组织”(super-state)。一切国际的卡特尔，通是在一定期间之内的自动的有限界的协定。

一九二七年在日内瓦召集的国际经济会议，曾经考虑到各国对于国家的或国际的卡特尔和其他工业联合组织的发展所应取的态度。因为，自大战以来，工业联合上的卡特尔形态，已经表现有一种极显然的趋势，那就是扩展其范围于国境以外，并在各国有组织的工业之间，成立一种对于规制产额、分限市场的协定。其实在大战以前，已经存在有这种组织的实例，国际钢轨制作者协会(The International Rail Makers' Association)即其著者，此种协会在战后曾经恢复起来，因美国人没有参加，故为一欧洲钢轨制作者协会，对于欧洲大部分市场之钢轨的供给，此协会尚能作有效之支配。

钢卡特尔 但是战后国际卡特尔组织最显著的实例，则为欧洲大陆钢卡特尔(The Continental Steel Cartel)，此卡特尔包括有英国以外之欧洲一切重要钢生产国家之有组织的钢工业代表。其主旨在依照一种额定制度，规制各国钢工业的产额，一国产额超过额定限度以上，科以罚金，不及额定之数，则予以补助。此卡特尔创自一九二六年，其进行颇欠圆滑。

但此后曾经一度更新；各国对此组织的一般观感，虽都不很满意，然当生产力远较大于市场涵容力的现况下，它们实亦没有打算取消此种组织，以致引起更不好的结果。关于摊分于各国的定额问题，关于超过定额的罚款制度，它们曾惹起大大的争论；它们闹到使卡特尔本身受到完全消灭的威胁的程度，实不止一次，有时候，它简直没有一点实行规制产额的权能。

至若英国应否加入这个卡特尔的问题，那是常被提起的。大陆诸国都渴望英国和衷共济的加入。但它们打算许与英国生产者的定额，较之英国钢工业方面自觉其应当获有的定额，相差太远，而英国工业在帝国各市场上之特惠要求，那亦多感困难。加之，大陆诸国的钢生产者，业经组成了以国家为基础的卡特尔，英国生产者却还没有。真的，英国生产者已有了强有力的钢铁制造业者联合会(Iron and Steel Manufacturers' Association)；并且它们之间还成立有许多规制特别产品之贩卖条件的专门协定。但它们没有一种能统制原钢总产额，或对各生产者配分产额的一般卡特尔或联合。不过，英国钢工业如其满意大陆钢卡特尔对它所提出的参加条件，那在不久期间之内，它当不难创立一个够资格为国际卡特尔之一会员的国家卡特尔组织。英国参加此国际组织之真正困难之点，还在其对总市场所要求的分额，较大于大陆诸国生产者所打算派分给它的份额。

卡特尔与关税 当国际卡特尔运动开始发展于战后数年间的时候，许多人都以为这种组织如强化起来，其结果必会使关税障碍变为没有需要，以前国家以关税规制输入的方法，将代以不用国家干涉的各生产团体之间的直接配分市场的协定。但在实际，事体是不曾按照这种途径展开的。规制产额与摊分市场的国际卡特尔组织，大体是以已经存在的关税为基础，假若把现行关税政策大大修改到取消各国工业所受保护的程度，则以此关税为基础的组织，或将无法支持。加之，国际卡特尔制度只合适用于高度标准化产品——如原钢或钢轨，或某化学品，或某种原料——的比较窄狭的范围；若以其现在的形态推行于较大部分的制造工业方面，则定难通行。根据这诸般理由，卡特尔组织就似乎不会招致人们所预期的效果，即使关税变为无须或无效。大体上，这种组织的活动，还会保持着，并发展而为一国际经济组织之永久的特征，但它决不会代替各国赖以规制其对外贸易所采行的国家的方策。

就全般讲来，一九二七年的国际经济会议，并打算赞助国家的与国际的卡特尔，以及其他的联合形态，因为在同会议看来，这般结合，都不失为促进经济制度之比较有效组织——即利用专门化与大量生产机会，并缩减工业变动之多面性的组织——的手段。据一般人所说，卡特尔得阻止竞争的制造业者们之判断错误所引起的生产过剩。它们能使供给适应需要，并能在必需场合保持存货，低减生产，以便暂时渡过衰减的需要的难关。以需要上的小小变动而论，这也许是可能的事；但卡特尔制度除了临着世界不况而竞作生产活动以外，迄未显示出更多的证明。其实，在某些场合进行的阻止需要上小小变动的努力，结局且会使大需要变动更加弄到不可收拾。因为，当需要开始转向尖锐的低落时，卡特尔仅有的动向，要就是不把其能够预为积存的商品提供市场，不然的话，就是不顾需要进一步受到限制的损失，还支持其价格。它们保留存货，是因其设想不况不会延长许久，因之，这存货终于要投向市场，以增加一般的过剩。因为，总需要额愈减，一定额存货所能供应一切需要的时间就愈长；所以当贮积的存货一旦投向市场的时候，它们由此促成价格低落的影响，就比之甫经生产出来即径行提供市场所促成的价格低落的影响还大。

存货即令不贮存起来，如其不问需要的减退，还努力支持原有价格，则这种努力会进一步降低需要，且最后会在若干场合，使价格低落到原来不加规制，一听其自然跌落的程度以上。我们作这种说明，并非对卡特尔制度表示轻侮；在促成工业变动的诸般原因能够加以制驭的限内，卡特尔制度大体是具有缩减工业变动限度的权力的。并且，遇事须得诉之于经验；假若卡特尔制度要遇到类于一九二九——九三〇年这种不况的其他不况，它将会知道其错误，而不致再度过于着重以次两种方法：即当着需要惨落时，多方维持极高价格，或大量蓄积存货，而不明白这存货蓄积起来的后果。

不论在哪种场合，我们对于这类政策，不能单独归咎那些参组于私人卡特尔中的雇主。在政府方面，实曾做了一些比私人卡特尔还要无见识的同类事体。就美国联邦农业局（The Federal Farm Board）的情形来说吧，该局积存的巨额小麦，有许久许久不曾向市场投销，但因任谁都料不到这巨额小麦几时会投上市场，于是价格乃渐趋低落；其低落的程度，实比这些小麦早些时投进市场的跌落程度还有过之而无不及。总之，这问题的论点，不是说卡特尔组织不好，也不是说此种组织比无规制的竞争还坏，而是说，无论规制的资本主义抑是无规制的资本主义，都不曾觅得足以阻制过去三年那种不况情形的任何手段。

有组织的资本主义 资本主义这种制度如图存续，它就不能不在国家的方面、国际的方面，求其更有组织，这实在是显而易见的事体。世界经济的将来，无论会变成怎样，我们敢断言其决不会返还旧式竞争的自由放任制度。假若世界经济的前途仍是资本主义的，则在今后的资本主义制度之下，各国企业为了规制生产与交易的条件，将在国家与国际方面，作一种比战前更密切得多的结合，它们在工业进行上，将与其政府保持一种比战前更密切得多的关系，并且，它们的这类活动，还会进行在一种比战前更透澈得多的国家规制的制度之下。经济制度无论怎样变更，世界对于这种必由之路，终无法逃脱。俄国的工业——甚且比资本主义国家的工业更要遵循此种途径——被组织于巨大的密结的生产者托辣斯之中，而在苏维埃联合共和国经济机关之直接监督下进行。俄国工业与其他资本主义国家工业的区别，与其说是存于其组织，毋宁说是存于其目的和其经济事业之生产物的分配方法。由资本主义到社会主义的转换，自然要包含一种远较资本主义制度有更高度发展的经济组织。在社会主义制度下的每种工业，不但会有更高度的组织，且会依照一般的经济计划，与其他所有一切工业保持更密切的关联。不过，社会主义工业在较初期的阶段，仿佛总会沿着国家的组织的路线进行，而不是沿着国际的组织的路线进行——在国际的组织之下，每种工业第一要视为有助于一特定民族国家所统制的国民经济计划，并且国际的活动，主要是进行于各国家之间，而非如在当前资本主义制度下这样，直接进行于各工业之间——社会主义的最后目的尽管是国际的，但它出现之始，必然不可避免的要在特定国家之中，作种种争取政治权力与经济权力的国民运动。若在资本主义，它则依照每种事业的不同环境，而自由成为国际的或世界的。有些资本主义组织的联合——如拥有许许多多辅助机关的荷兰汽油公司，其结构根本就具有世界的性质。而在另一方面，如以国民团体，乃至国家主义者团体为基础而建立的国际钢卡特尔一类资本主义组织，其范围亦是国际的。

世界主义的这种国际的倾向，曾不时被人们力言是有利于世界的倾向;因为,照这班人所说,那将逐渐超越政治境界,使世界结束到更难于发动战争的程度。但我们对于这种见解,实无话可说。因为,哪怕是最有世界性的冒险行为,首先就要连系到若干强大的帝国主义国家;至把油料看为是国际和平方面的一种势力,那是定然要使我们大费思索的。

第四节 股东 技术家 劳动者

现代的工业制度,在不绝随大联合的发展、大量生产范围的扩张、合理化运动的抬头,以及依人为方法所加于市场的统制,而改变其结构;至这种改变在各关系阶级方面所发生的影响,我们是须得加以考察的。前面讲过,在典型的现代企业中,即在具有合资组织,且其资本所有广为分布的企业中,其极大部分的股份所有者,都毫不过问企业的政策。他们把资金投进工业经营,经营得手,他们即由此领受红利。他们对于企业方面的关系,尽在乎此。至他们所投资的企业上的各种经营的管理方法,他们概不知道,且也无从知道。因为,现代世界的投资者,照例是采行两个途径:或者是把他的蓄积零细分成小额,直接冒险投向各种不同的企业公司方面;或者是间接委托某种投资托辣斯或其他类似机关,由其代为履行此种任务。即令他是投资者而非投机者,即令他购买股票,是为保存而非为了再行投卖,他通常对于其所投资的,甚且企图实际参加管理活动的企业,并不视为他自己的企业。自然,这种情形不适用于极大的股东,或小私人公司的股东——其实就在这诸般场合,今日亦大率如此。但大规模的现代企业的实在支配权,不是把握在资本所有者手中,而是把握在极其少数的行动的企业家手中,他们或为其管理的事业的大股东,但有时不必是大股东,甚或全非股东。他们是"工业上的统率者"(captains of industry),大抵都有薪水报酬;经营得利,还有分红,其薪水之大小,时或视其经营成功的情形而定。他们是介乎金融家与技术家之间,前者偶然或与某特殊生产部门或生产诸部门有关,而后者则主要是凭其实际生产活动上的知识,以管理大规模的企业。英国对于企业指导者的选择,曾有一种主要根据金融理由,而不根据技术理由的显明趋势。德国不同,德国企业上的技术者,简直占有异常重要的实行统治的地位。美国在这方面的情形至为参差,我们殆不能作一概括定论。但从大体上说来,现代企业组织上的支配势力，不外是金融的势力。至那些应用技术知识的人们，原来都是支取薪金者——企业上的雇工，在这种关系上，他们就比较近似工资劳动者与书记，而与工业的实际指导者或靠不劳而获的股东们不同。

技术家的态度 不过，这些技术家纵令是靠薪金生活，而不是靠事业利润的红利生活，他们主要仍视为是站在管理支配方面。并且，依照阶级的缘分与教育，与其说他们会同意任何根本改变经济制度的势力，却毋宁说他们会倾向资本主义。不过，他们的向背，亦往往有变动的可能。他们是技术家，关于工业上的效率，他们不能不有专门家的关心。他们想把事情弄好；凡属看着有促进工业上之更有效组织的任何力量，在直接不威胁他们自身物质利益的限内，他们亦是有意参加的。特他们既怕社会主义采行革命手段，危及其中间阶层的社会地位，那末，当他们认定资本主义还继续为一种相当有效的工业组织形态时，他们就不会倾向反对资本主义的势力。但有一个时候，如其他们感觉资本主义崩溃在即，并以为那是对于更有效组织的实在妨碍，他们又会重新考虑其地位，并更加郑重的探问在社会主义基础上建立一种更稳定更进步的工业制度，是否可能。他们以前即令对自己提出过这种问题，但多半为以次的意念所打消，那意念就是，社会主义缺乏经济的妥当性。他们总以为社会主义者比较关心于改变工业生产物之分配，而不大关心于促进生产的效率。但现在人们渐渐明白了，分配的问题不解决，生产亦不能有效的进行。而且，经过当前苏俄五年计划在增进并组织生产与分配方面的大努力，社会主义已开始在人们心目中表现一种新的观感了。假若俄国成功，她由此成功以促起技术家转向社会主义，那就比用任何有力的宣传还要有效得多。

特关于这种转变，究还有一种障碍，即技术家在工业上的地位，往往容易反对手工劳动者的职工组合，且容易视职工组合这类团体为其促进更大工业效率的努力的妨碍。因为，职工组合在其保护组合员之生活水准与劳动条件的努力上，往往总不免要反对技术家所进行的低减生产费一类活动。而在那些确立已久的技术劳动者的职工组合，尤属如此；他们常常看着生产技术一有改变，其辛苦习得的技能，即将无所用之，而其日常生活亦因而受到威胁，因此，工业上的种种无可避免的变革，总容易碰到他们组合方面的拼命反对。但他们这种反对，纵令在没有达到预期效果的场合，亦会发生种种有利于劳动阶级的作用，即经过他们反对之后，技术家对于低减生产费的努力,乃不致毫无顾忌的做去,从而,劳动阶级由此所受到的损害,自会减轻许多。因为,技术家站在他自己的地位上,总容易把工业看为单是技术的问题,其实,工业同时当根本的看为是人类的问题,其目的不仅在创造最大限度的财富,且得在创造最大限度的财富的当中,力求把人类的痛苦与不便减少到最小限度,力求财富最妥当的分配。低廉的生产,并不算是绝对有利;这种生产,如其会趋向正当分配,如其是为劳动者对于适当的人类劳动条件的要求所限制,那才能谈到绝对的利益。

职工组合制度的功能 就因此故,职工组合即令有时像是采取阻害的态度,往往亦会成就有用的目的。但近几年来,工业上的技术发展过于迅速,各种技能的职业间之传统分野,亦在各方面很快的弄到不能支持,由是,职工组合的妨阻的权力,乃受到非常严重的限制;加之,职工组合之强弱,往往是与劳动需要——与供给相对待而言的需要——之大小成比例,劳动需要减少,职工组合的势力当然要进一步受到挫折。在近几年中,无论哪种职业,几乎都感到劳动的过剩。这种对于职工组合行动的不利情势,又恰好与技术上之加速变动相一致。这一来,职工组合的权力是惨遭挫折了,但却不致因此完全瓦解。哪怕是在兰开夏纺织工业那种极度不况的产业方面,他们的团结一致的程度,还足令具在那种异常不利的情况下发挥臭大的权力。

但近年工业技术的发展,无疑要逐渐增加其对于职工组合制度权力的妨碍;因为职工组合运动的力量,在各种职业上配分得极不均衡,其过去的主要权力,很久都是集注在矿工组合一类大职工组合,和机械造船一类有高等技能与专门知识的职业的组合上面。煤矿业与其他重工业之极度的不况,益以够代替凿矿工与冶矿工之传统技术的机械方法的采用,致矿工与制钢者的职工组合的权力,大形削弱。至于在战争当中尽量膨胀,以致大大越出其常规以外的机械工业,已经是不能不极度减缩了,同时,它还得对付那些方法——即曾使半技术工人或无技术工人得在各种传统的生产方式上,代替技术工人的方法——之迅速标准化哩!

以前极强的职工组合,都因这些变动变为脆弱了,由是各国的职工组合运动,乃大大失其推进的能力。就令世界的繁荣完全恢复过来罢,职工组合在不改变其组织与战略的限内,它是决没有再获得其旧来地位的可能的。

职工组合制度及其运动策略 假如职工组合要恢复其十年前那样的好局面，它就显然非在一种新的基础上自行改造不可。这新的基础，就是少依赖少数技术劳动者团体，多依赖全劳动阶级的整个组织。在当前的情势下，不但技业与技业间的界域无法维持，就是技术劳动者与非技术劳动者，乃至这种工业与那种工业间的界线，亦在逐渐破除，使劳动由某种工业转到其他工业，或由某种职业转到其他职业，远较从前容易。除了极少数劳动团体而外，前此由一部分劳动者对某一特殊技业，甚至对某一整个工业的劳动者维持其特权地位的劳动独占时代，确已成为过去了。由是，新的组合主义必然要成为一种建立在共同工业政策（超越各别技业与工业的限界）上的大众运动。在改变的情形之下，职工组合主义已是渐渐带有更浓厚的政治色彩的。各别技业与各别工业的目的，虽然常像极容易单由部分的行动而达到，但整个劳动阶级之共同要求，却非采行更有政治性质的活动不行。国家在规制工业条件上的帮助，今后将更值得恳求；劳动条件的改善要求，与看作一个生产机关的工业组织的改良要求，将愈加不能分开。因为，今日职工组合一要求改善工资与劳动状况，或者一想保持常规，反对权益侵害，他们通常总要碰到工业支付能力的拒绝。他们对于这种支付能力的缺乏，通常总会予以反驳，说那是由于雇主们所主持的工业组织有种种缺陷，并说他们没有过问那种组织的权力，当然不能挨受其缺陷所生的恶果。近年各地不绝发生的关于工资与其他劳动条件的争议，曾经极错综的参杂着工业效率的论争。英国在煤矿方面、在纺织工业方面，乃至在钢工业方面，都曾经验到这种事实；并且，在所有这些场合，职工组合都照例要求采行工业再造计划，以保证其工资与劳动条件，并要求国会对这种计划强制实施。一九二四年英国劳动党内阁的树立，以及同党内阁在一九二九年与一九三一年间之再建，自然大大加强了职工组合借政治改善其劳动状况的倾向；不过，职工组合的这种运动，是必然要发生的；劳动党内阁再建这件事本身，与其说是工业问题逐渐增加其政治性的原因，却不如说是其一部分的结果。

第五节 集团劳动契约的将来

近年工业技术的发展，欧美技术劳动者之既成的职工组合的权力虽曾逐渐削减，并还逐渐破毁其辛苦树立的劳动独占，但在过去二十年中，全世界劳动阶级的状况，却无疑有大大的改进。这种改进，主要是由于战时世界各国都极度感到劳动缺乏；在劳动缺乏的情势下，国家尽管借强制仲裁与禁止罢工的手段以阻止工资的过度提高，但当时的工资与劳动状况，是自然而然的会有所增加，有所改进的。加之，当世界大战告终之顷，各国劳动者在政治上、在工业上所占的地位，似乎都远较一九一四年为强而有力。在大多数国家中，雇主因要避免有组织的劳动阶级的发动纷扰，都对其要求予以快诺。劳动时间的缩减，差不多是普行于欧洲乃至美国一大部分地域；工资抬高的水准，简直与战争结束后数年的飞涨的物价水准相适应。在此后世界不况中，因物价跌落，工资复又缩减，劳动状况复又趋于恶劣。但此系就少数国家而言，大多数国家的劳动者，却还继续保持着他们由战争结束后数年所获得的若干利益。在已经取得了八小时劳动利益的劳动者，对于此点特别坚持；他们反对工资缩减的气势非常猛烈，以致全工业上的工资缩减程度，还大大的落在批发物价与生活费跌落程度的后面。欧洲在某些工业，特别是像煤矿业、机械业一类受外国竞争的工业方面，其工资诚然有严重的跌落，但跌落更利害的，还是那些为国内市场生产而受有更大保护的工业方面的工资。劳动阶级状况显然变到比战前更坏的国家，就只是欧洲那些实施过极度通货膨胀的国家。一九二三年的德国劳动阶级所获得的工资，差不多只够维持半饱的生活。法国的工资水准，亦没有按照佛郎购买价值跌落的比例增高。因此，当技术上的变动，正在缩减英国劳动阶级之传统优越技术之商业上的价值的时候，法德两国的通货膨胀，就势必要增大德法劳动者与英国劳动者之真实工资的差率。这种真实工资的差异，就在英国恢复金本位制的一九二五年以前，亦颇有影响于其工业在国外市场上的竞争能力。

德法两国通货相继趋于稳定以后，其劳动阶级的状况，重又渐趋改善。特别是在德国，在一九二九年，德国劳动时间尽管缩短，其工资却挣到战前水准，有的且超过此水准以上。法国的进步，是较为缓慢的；其劳动阶级的状况，依旧恶劣，这原因，主要是由于法国职工组合运动上的弱点和其尖锐的分化。他们阵营内分有两个对立的派别——一是共产主义者，一是温和主义者——以致不能采取一致的有效的行动。由是，法国劳动者的生活水准的改进，就只好等待着伴随不况而到来的物价的惨落。特不况在法国劳动者虽蒙到利益，德国劳动者却正相反对的受其祸害；因为，德国在财政困难的重压之下，一方面尽管极力维持国内物价，同时为要获取一种应付外债的输出剩余，又极力压低工资水准。欧洲诸国这种相对的真实工资的变动，大大增加了国际贸易情形的复杂性，且为全欧的经济的国家主义增一促进的动力。

工资与生产力 在这一切时期，全欧的工业生产力与劳动生产力，都在极迅速的增加。至工资与劳动状况，是否与生产力同样增进，则属疑问。美国生产力增加最大，但美国在世界不况以前的繁荣期间，其工资却显然是严重的落在生产力后面。不错，与欧洲诸国工资相较量，美国工资还算能维持其高昂——甚至极高昂——的水准。但她这种工资的高昂程度，究还不够对于其人民的广大的不断增加的生产能力，在消费力方面提供充分的出路。

世界每个国家都有她的工资水准与劳动生活水准，实在说来，每个国家对于其国内不同部分的人民，也许同时有几种的水准存在。但在现世界状况下，许多种类的货品的竞争，是偏及于全世界的。各国工资水准既有参差，各国货物的生产费用自极不均衡。就理论上讲来，一国工资水准，应当反映其工业生产力的水准；在一国与他国对待的关系上，一国的工资率较高，她就理应有较优越的生产力以资抵补。但事实上是不一定如此的，因为，工资不仅是取决于工业生产力，且取决于有组织的劳动阶级之购买力；高度生产力与低度购买力，是很可以同时存在的。若高度生产力的促成，主要是由于依合理化方法节省劳动，并以机械代替劳动，则尤会发生此种现象。某种工业实行合理化，实行以机械代替劳动，其劳动的需要，将容易随生产力的增加而严重缩减；并且，这些工业之生产物的需要，亦不会扩张到那种程度——即够使进步组织驱逐的全部劳动，都再得到雇佣机会的程度。凡属发生这种现象的国家，其工资的增加，势将退落在生产力增大的后面。生产费上的工资低落，在国际竞争上当可获得一种利益；但她们同时亦会经验到一种事实，就是，其国内的市场不能与其生产力以同一比例增加。因之，她们除了在国外市场大大扩增其销路外，势将感到自己不能充分利用其扩张的生产力。但她们向世界市场推销较大量商品的努力，不可避免的要引起他国的报复。因为，其他国家的国内市场，如由这些高度生产国家的输出受到威胁，她们定然会提高关税，限制输入，以图自卫。同时，在那些感觉其输出品遭受世界市场排斥的国家，她们为了平衡其竞争能力，必然迫而降低工资，这一来，其国内市场将又因而缩小。因此，一国生产力迅速增大，其工资的增加若不能与其生产力的增大为比例，那将成为全世界的一种祸害。其国内固会因此发生不利的反动，同时且会搅乱他国的经济组织，增大经济的国家主义倾向，更不必要的压低全世界的工资水准。美国不能把她的工资水准抬高到其生产能力扩张所要求的限度，其结果，不但美国的不况强半由此造成，即欧洲诸国，亦都蒙其不利影响。

货币工资的变动(1914—1931)

货币工资抬高的百分率	实得	工资率
160	丹麦(每小时)	
140	瑞典(每日)	
110	瑞士(每日)	
90		加拿大(每小时)
80	美国(每周)	
70		澳洲*(每周)
70		英国(每周)
55		新西兰*(每周)
50		德国(每周)
35		法国(每日)
30		南非(每周)

* 单就男子而言。

1930 年的比较的真实工资

（根据国际劳动局之工资率与生活费的计算）

以英国为 100

190	美国。
160	加拿大。
150	澳洲。
110	丹麦*、瑞典*。
90	爱尔兰。
80	荷兰、瑞士。
70	德国、捷克、俄国。
60	法国、波兰。
50	比利时、奥国。
40	意国、西班牙、爱沙尼亚、南斯拉夫。

* 根据所得计算，非根据工资率计算。

真实工资的比较的增加(1914—1930)

以战前为 100

145	瑞典。
135	美国。
130	瑞士。
120	捷克。
110	德国*、英国。
105	南非、新西兰。

* 1929 年。

需要之变动的性质　现代工业技术进步，除了由机械代替手工技能以减弱职工组合运动的力量外，更还有另一种减弱那种力量的方法。我们讲过，职工组合的力量，向来多半是集中在重工业与纺织工业方面。但随着工业生产力的增进，其生产品的性质，乃逐渐趋于繁杂。人们生活水准的提高，那并不会大大增加其原产物的消费，而宁可说是增进其日益繁杂的新的需求。他们购买无线电机，购买留声机、摩托车，乃至购买许许多多的其他奢侈品——即低廉的生产，使他们得有能力购买的奢侈品。此外，他们还会逐渐增加购买勤务，而不一定购买实物的趋势。他们将在输运方面，在娱乐业方面，乃至在茶馆酒店方面，有更大的需求。他们会提高其所购货物输送上的效率标准，从而，在配分业务上为劳动增辟一个雇佣部门。例如，商店须包好送往购买者家中的货物，在其总售出品中所占比例，今日是比战前大多了。消费标准上的这诸般变动，必然要使劳动由旧来的基本工业，转向生产奢侈品的新而较小的工业，由比较狭义的生产方面，转向运输、分配以及其他役使劳动的勤务方面。但在这些尚在发展中的诸般业务上所雇用的劳动，就远不如旧来那些工业方面的劳动容易组织，因为后者是有集团劳动契约与经济利害结合的长期历史的。在适当的时候，职工组合无疑会使其组织适应新的要求，但其势力却不可避免的要在此适应新要求的当中日形减弱。

第十一章　俄罗斯之挑战

第一节　计划开始以前

苏俄拥有16100万人民，与超过3000万方哩之广大土地，在世界上，她是唯一的非资本主义经济组织体系的模范。自然，就在资本主义的国家中，也有非资本主义的许多服务组织——如国有的邮政局、铁道，及其他的公共企业，为群众谋福利的各种服务机关，半公共性质的特种会社如大英广播合作社，以及许多国有及国家统制之中央银行，还有，如生产者与消费者的合作运动，与其相连系之广布的零售部、批发社、生产部，以及许多信用、售卖之合作会社——从农民信用的小规模会社以至于加拿大小麦联合公司(Canadian Wheat Pool)。但是所有在资本主义国家中的这一类会社，虽然不是完全采取资本主义的企业方式，但至少在工作中是要受资本主义的影响，因为她们是从这资本主义环境成长起来的。国有铁路、国有邮政，及其他公共事业，即或不是为私有股份的利益而工作，但多数事业是借助于私人的借款，因此必得为这些借来的资本去赚取利息与偿债基金。并且，在她们与雇员的关系中，及对于消费者的价格政策中，不可避免地要受环绕她们的资本主义世界企业方法的影响。

在实际，她们往往且力图这些事业尽可能地变成和私有的资本主义社会一样的东西，并尽可能地除去其政治影响。

合作运动略有不同。生产合作社，自身即使不常是牟利的机关，但无论如何，它是牟利的人们的集合。虽然加拿大麦业联合公司的社员不是大资本家也不是联合股份公司，而仅是单个的农民们，大部分工作是由这些单个的农民自己动手；但是在主要的结构上，与工作的方法上，它与资本主义的联合组织并无区别。总而言之，生产者合作是一种手段，凭借这种手段把前资本主义形态的小规模生产者组织起来，成为大而有力的团体，使

苏俄经济状况表

	1913	1923至1924	1924至1925	1925至1926	1926至1927	1927至1928	1928至1929	1929至1930	1930末季	1931	1932估计
生产											
煤(百万吨)	28.9	16.1	16.2	24.4	31.9	36.3	40.6	46.7	13.1	58.6	90
油(百万吨)	9.3	6.1	7.1	8.3	10.2	11.8	13.5	17.2	5.3	22.3	31.1
电(百万启罗瓦特小时)	1945	1562	2274	3517	4060	5050	6600	8800	2950	10600	17000
生铁(百万吨)	4.2	0.7	1.3	2.2	3.0	3.3	4.0	5.0	1.2	4.9	9.0
钢(百万吨)	—	1.0	1.9	2.9	3.6	4.2	4.7	5.6	1.5	5.4	9.5
棉织品(百万米突)	2300	832	1485	1981	—	2742	2825	2410	595	2470	3061
机器(百万卢布价值)	—	—	—	—	—	—	1413	2120	713	4700	6800
曳引机(千)	—	—	—	—	—	—	4.5	13.4	—	41.7	82.0
小麦(百万吨)	20.6	—	18.0	21.3	24.9	21.1	21.6	20.1	—	—	—
裸麦(百万吨)	18.9	—	20.8	23.0	23.9	24.4	19.1	20.2	—	—	—
生产指数											
农业	100	80	84	101	107	106	109	113	—	—	—
工业	100	48	67	90	103	122	143	180	—	—	—
总计	100	67	77	97	105	116	121	—	—	—	—
	—	—	—	—	80	100	124	153	—	—	—
工资与价格											
金钱工资	—	—	100	125	140	155	170	—	—	—	—
真实工资	100	—	90	103	115	125	129	—	—	170	—
批发价格	100	170	179	186	176	172	178	188	187	—	—
零售价格	100	198	212	232	203	204	207	216	205	—	—
社会化农业	—	—	—	—	—	—	—	—	—	—	—
国家农场与集体农场	—	—	—	—	—	—	5.4	32.6	—	51.3	75%
完全开垦区之百分数	—	—	—	—	—	—	—	—	—	—	—
机械曳引机场											
(数目)	—	—	—	—	—	—	—	160	—	1400	3100

足以生存于现代资本主义世界。它在资本主义构造中还没变到半资本主义组织那种程度。它和资本主义的主要差异，是它对于不同于一般企业组织的形式，具有较大的适应性。正如其历来适合于资本主义的环境一样，它可成为非资本主义社会之一成分，且也适合于社会主义的方法。

至若消费合作社则不然，消费合作在其有限的范围内，对于资本主义系统实不相容。消费合作社由社员提供的一部分资本诚然要支付利息；但它们并不废除利息(interest)而只是废除资本主义意义上的利润(profit)，因此，它们对于超过费用的卖价剩余，不是以红利形式按照所投资本来处分，而是按照消费者的购买量来处分——换言之，就是减轻一部分卖价。消费合作社的管理是用民主投票的方式，并且不论一个社员有若干张股票，每人只能投一张票，就这一方面说来，它们也是非资本主义性的。但是，这点差异实际也不怎样大，就像私有股东对于他所投资的合股公司只有很小的支配权一样，实际上消费者对于合作运动的工作的支配，也是非常有限的。假使他要求此支配权，并且知道怎样去使用它，他无疑会有更大的支配权力；但就整个说来，合作运动的进行，大体是由于受俸给的办事员与经理委员会，不是由于通常的社员。就是这些委员会的民主选举，亦很少引起政策上的重大差异。

社会主义与合作 但就消费合作社允许社员支配的性质而论，消费合作运动总算是一种民主运动。在实际上消费合作不能成为更有效的民主化的真正障碍，乃因它的日常事务，对于普通社员没有多大兴趣，所以他们不甚热心去行使更大的支配权。但这是一个严重的弱点；这说明了普通社员对于合作社不十分忠心，社员不忠心社务，遂使合作社发展其生产支社的运动力量，大受限制。有一个时候，热心的合作运动者，曾幻想把合作运动逐渐的和平的推行到产业的全部，并以为不必有剧烈的变更，不必有国家的干涉，可以用合作的手段，逐渐代替资本主义。但是现在没有谁肯十分相信这个意见了。合作运动还在继续成长，不过它的成长，并不会对于资本主义统治作有力的挑战。

又有一个时候，热心的集产主义者，都相信私有的产业能逐渐的零碎的国有化或市有化，社会主义可以由此实现。他们以为社会民主党取得政权，通过此政权，每个国家中的主要产业可逐个国有化；由此，不必要剧烈破坏，资本主义就可经过若干阶段达到社会主义。但是社会主义者虽还继续提倡基础工业与公务之逐渐国有化，我却不相信他们现在仍主张能专靠这些手段以实现社会主义。在现在看来，这样的过程显然过于迟缓；并且，把产业一种一种的零碎获得，视为到社会主义之路，显然远不如将资本主义的枢纽制度，如银行及对发达经济准备新资本机关等等，迅速归于社会统制之为可靠。在当前资本主义的难局下，社会主义者们乃觉得将要到来的社会主义的实现，会远较其过去的宣传假定为迅速。照他们过去的假定，社会主义没有一点一滴的把世界的经济制度完全拿到手以前，资本主义还可以被容许其存在与继续。

俄国的冒险　因此，在现代世界各国中，大家都集中注意来考察俄国的经验，考察这非资本主义的经济组织方法中的空前尝试。俄国共产主义者一击而取得政权，并且在他的权威之下，使用他的政权以图于广大土地上建立经济政治生活的完全统制。但是他们的成绩不止于此；因为他们不但设法用广博的组织计划去统一全俄的经济生活，并且他们的计划包含着全国经济生活的澈底与急速的转变。就在一个完全工业化了的国家，一个惯于行使大规模的生产与交换的国家，要用广大的计划来统一一国的经济，也还是够不容易的事。而俄国却成就了更艰难的工作，几年之间，将一广大落后的农民占优势的区域转变为一个全世界中最完全最前进的工业国家。他们的努力不止于工业生产方式的革命化，如使俄国在工业上有大量生产之纯现代组织；他们并努力于农业之工业化。俄国的农民一向都是惯于以最低水准的效率从事于小规模的生产。他们努力改变这些农民，在浩大的农场及机械力的广大应用的基础上，统一工业化的农业组织，现在快结束的五年计划，与五年计划下的农业集体化运动，那是这个勇敢的经济发展政策的两个姿容。显然的，在这两个方面，共产主义新精神的策动力，很够使这转变成功，但当这转变方式由苏维埃政府提出之始，外国人都漠然不加重视。五年计划或者不到100%的胜利，或许集体生产的路上还有多少的困难，但无论是苏俄的敌人与朋友，都不得不承认苏俄已有几乎不能使人相信的惊人的进步。

俄国与世界　试观察过去几年世界对俄国实验的态度吧，那是非常有趣的，她们的态度，在跟着五年计划的进步而变更。在最初资本主义国家的意见，不仅是怀疑的，而且是嘲笑的。她们讥笑俄国是荒唐的幻梦，并以为所定的计划是聊以解嘲的幻想。她们坚决的预言俄国的工业生产必然会完全破产，并以为任何努力去干涉农民管理他自己的土地，或去强制农民采用组织的集体方式，是会造成群众饥饿的。但是这种态度，由事实迫而逐渐改变了。《泰晤士报》的通信员李嘉(Riga)及其他在俄国国外的所谓"权威"者继续发出闭门造车的消息，宣播俄国组织是在危难地崩溃；但相信这些预言的人一天一天的少了。在资本主义的国家中，很多人期望共产主义经验之失败；到计划进行着的时候，他们相信真正崩溃的可能渐渐的变小了，却转而在计划的最初的成功上对于俄国人民为生产的努力加以更求全的责难。在资本主义国家的意见，不是友谊的；但却显然变得更关切了，并且在从前仅以俄国的阴谋故事为满足，或者对于计划的某某部分的失败之类的显然偏见的记述为满足，现在却远不似从前那样容易满足了。他们更殷切地想得到真事实，想知道五年计划是什么，他们怎样干法，新俄政府及经济生活组织的关系是什么，俄国人民在"计划"的可怕的纪律之下真正的思想与感觉是什么？实际上，共产主义真是极少数人对心怀敌意的群众作残暴的独裁呢，抑或是那些久与群众在一起工作而又深知他们的心意的人们团结来对心悦诚服而热诚的服从者的领导？欧美报纸对俄国的政治消息，仍然和从前一样的含着敌意，和从前一样的发疯；但在经济消息方面，为了要求知道真相的读者的愿望继长增高而开始改变了。

在某些地域，因为共产主义及五年计划的胜利，及苏俄地位的更加巩固，对苏俄的反对反而加强。因为这是显而易见的，假使资本主义对手方的经济制度可以安全建立，并且在大部分的欧洲，在提高经济生活、防止失业上获得成功的话，这个教训，决不会在那些对于经济问题挣扎失败的各国舆论上丧失其力量的。五年计划的成功，不仅说明社会主义政治在世界上的一个大而重要的区域得到安全的胜利，并且在各国的不满意于资本主义制度人们的心中是一种酵母。但是，逐渐感觉苏俄终于会成功的意识，虽不免要加强某些地域的敌意，它却特别着重但同时却也会促进其作别的打算，因为苏联已经在世界经济的前途上成为一个重要的力量，各国自不复能像前一样的对她持那样不负责任的疯狂态度。并且，苏俄为了集中力量于使五年计划及农业集体化成功，所以远不如从前那样乐意参加她以外的世界的危险纠纷。他们对于帮助外国革命运动的宣传活动已经放松了。当着他们有机会的时候，他们愿意和资本主义列强结成较好的关系，然后他们能够较自由地从事内部的建设。他们要取得工业货品的入口以再建俄国的工业;因为要买入口货,就必得要卖出口货于他国。因此,他们需要与资本主义列强订立通商条约与贸易协定。他们的基本计划虽仍和从前一样认为共产主义的外廓是以全世界为范围,但实际上他们的直接态度更明显地变为民族主义化了。他们不再因误信世界革命可在任何动因之下爆发而感受痛苦。他们了解,在目前,他们所能有的贡献是考虑他们自己的地位。这使他们可以与资本主义国家暂时共同生存,而没有不必要的倾轧。在这些国家的政府,不管他们在政治上怎样憎恶共产主义,但不能轻视俄国市场前途的可能性,不然,她们自己就要陷于诉诸战争的经济困难中。共产主义下的俄国的存在,成了世界上其他部分的一个公认的事实;即在俄国的一方面,她暂时也有与资本主义国家和协的必要。

共产主义的政策 假使从五年计划经验的结果来设想俄国共产主义在意识形态上有真的变更,或者在基础的展望上有任何国家主义的意义(像有些人所曾经那样想的),那无论如何是完全错误。共产主义的世界革命哲学,是深根固蒂的建立于马克思主义的学说之上。现在在苏维埃领土内集中国家事业的形态是纯粹为着便利起见,不是从根本信心的改变出发的。共产主义者们是在等待资本主义世界的崩溃,他们坚确地相信资本主义这副遗产是由他们承受的。资本主义也许迟早要崩溃的;但共产主义者们坚信资本主义这种内在矛盾的最后结果,是毫无疑问要到来的。他们不以为苏联是一种大的民族性的国家,她把现在的政治疆界来明显的和世界其余部分分开;他们以为这仅是社会主义苏维埃共和国的一个联邦,这共和国是可以无限发展,将包括那些将待成熟了的共产主义的新区域。共产主义者的这个理想,意在一个联盟的"世界国"(a federal world state),根据一个统一的世界经济计划去治理。他们自己的计划其所以是国家的,只是因为他们现在的统治,是在显然很宽阔的但毕竟是有限的政治区域。

俄国革命及革命以后 现在要谈到五年计划是什么,产生五年计划的经济制度是什么了。俄国的共产革命是在15年以前——一九一七年的十一月;但是在共产主义者掌握政权后一些时,没有听见过什么经济计划。因为经济制度在俄国完全破产的结果(这破产的确主要的是遭逢在革命以前),共产主义者们只算是承袭了一副完全经济解体的遗产。农民获得了土地,把大的地产分得很零碎,因为没有城市的供应,回复到自给农业的最原始形态。那些工厂，在旧统治下主要是由外国专家管理，在撤退这些专家管理的许多场合，都退步到无组织、无效能状态。因为机器破坏了，无法修理，原料供给、产品输送的交通系统异常紊乱，于是更加退步。国内是饥饿，国外是封锁，在许多重要的生产及土地肥美的区域，都有内战。在那时候，任何有组织的努力，都不能希望把这个国家里面的经济系统再组织起来。俄国只有以死坚持，假若困难不致弄到完全破产的绝地，她总要等待解决经济问题的机会。

在这样情形之下，没有，也不能有真的经济组织计划；他们所做的主要的是由于本能——由于一种本能使共产主义多少适用于直接问题的解决。这个时期，俄国人自己叫做“战时共产主义”(War Communism)时期。它的特点是在努力把散布于全俄的产业中工厂中的群众建立一共产主义制度，这制度在那时并不曾事前充分的想出，且在应用上，无论在何种情形下亦不能充分受政府的统制。在这个时代，“工厂苏维埃”尽可能的作大批的财产的没收，而不计及其将来的进行；有阶级意识的无产阶级把技术专家及经理们驱逐，打算把一切东西都握在自己的手里。生产像这样全无效能——就在任何比俄国更高度工业化的国家也注定要失败的；即使俄国在共产运动后面有紧张的意志及策动力也自然逃不了失败的命运。

列宁的政策 在很早的时期，列宁就认清了以次的事实：就是依俄国的情形，要她一步就进到经济的完全社会主义统制，那是不可能的。她必须为了以后的前进，先退后一点；并且须在共产主义者没有充分时间来组织，来充分用集体化的手段以前，允许私营商人及农民在广大的范围内用个人的生产方式及贸易方式。由是接着“战时共产主义”就继以“新经济政策”(New Economic Policy)。私营商又出现了，政府容忍他们，并且暂时允许他们去赚取很高的利润。努力于强制农民使在农业上增加生产，并鼓励农民任意开垦土地，允许他们从售卖剩余产品上获得利润。当着新经济政策开始实行的时候，国外的新闻界差不多到处都认为是共产主义政权结束的开始，和俄国承袭资本主义制度的初步。他们说：俄国终归是一个农民占优势的国家；在俄国政制之下，农民终于要走他自己的路。假使俄国政府要干涉他的自由与垦植方式，这样政府的生命是不能延续下去的。伴着这农业生产的现象而起的，必然会是私营贸易逐渐废弃对纯正共产主义——乃至于在工业上——的努力。

虽然俄国在作暂时的大让步，并允许私有企业的再建，并且这些私有企业对于他们正要建立的整个结构具有威吓的性质，但他们在心里很明白他们在做些什么。整个政权仍然在共产党手里，通过苏维埃制度来工作。共产党以其密切的结合与有训练的组织很如意的来运用苏维埃。共产党允许私营商恢复他们的经营，允许其再获得他们的利润，那很简单的是因为他们自信无论在什么时候要再压制他们，都是有力量做得到的。他们甚至觉得可以允许富农有任意出卖其产品的自由，因为他们自信只要时机一到，他们有权力来解决农业问题。于是共产党利用新经济政策所给与的余暇，来建立集体制度，先期完成一个新的进展。一到共产主义国家，在广大的规模上，真是建立了她自己的集体化的制度来供给全国经济需要时，就轮到私有商及农业生产者的头上了。

组织苏俄整个经济生活的思想与大经济计划，是在新经济政策之下成长起来的。其发源却远在此以前，列宁在最初出发的时候，就确实蓄有此意。现在俄国完成的第一个五年计划的萌芽，可以在一九二〇年找到，那时列宁有这样的认识：假使俄国要发展一个进步的工业制度，必得要奠基于一个巨大的精密考虑的计划，使电力的供给遍于全国。只有这样，才使大规模的工业成长，及农业之工业化成为可能，而不致使运输系统作不可能的过度用力。俄国的计划是从始就奠基于电气化。这最现代的机械化的力之源泉的采用，就是俄国新工业制度的基础，使之在最初就成了她的特质，并在一切产业中形成最现代技术的、最高度合理化的倾向。

然而俄国是直到一九二八年才以完全计划经济的观念，来作实际的试验。因为在数年以前，他们所曾积极努力的，是发展大计划活动基础所需的制度与技术"统制数字"的制度——就是说，先将所希望于工业、农业每部门的出产记下来，然后按时把这些估计和所得的实际结果比较的一种制度——系在一九二五年开始，那在现在成了苏联经济结构的主要部分。

这种"统制"制度，确是"组织计划"所凭依的基础。同样地，当新经济政策在实行着的时候，为各种形式的生产及为整个工农业的各种技术的统制组织的建立都已经成功了；俄国人能自信其执行"计划"的主要制度已经安全建立以后，他们才发动他们的计划。自然，自"计划"开始以来，他们根据经验对于这些制度有很多变更；但在计划制度实行以前所奠下的一般的途径是一直支持着，没有根本的改变。

第二节 五年计划

全俄经济组织的最高机关是劳动国防会议（Council of Labour and Defence），它只向苏维埃大会（Soviet Congress）及其中央执行委员会负责。在最初，劳动国防会议主要是一个关于防御对苏维埃制度的外来侵略的军事团体，把必要的关于自卫的经济事务附属于它。内战一终了，全国经济生活的统制就成了它的主要任务，它被保存为关于工、商、农及为社会服务的粮食等特殊组织所属的最后同列代理机关。实际上，它是一个在苏维埃经济生活各主要场合中的统制权威代表机关，就在政府本身的经济生活也非例外。但是，它不管详细的办法，只是主要的定下政策的广泛路线，只是解决各种困难与论争——这是指着也许会发生于各种直接负管理责任的代理机关之间的论争。

劳动国防会议是创设于一九二〇年，当作走向计划经济制度的第一步。它是人民委员会（Council of People's Commissars）——即苏联的"内阁"——中的一个委员会的形式。事实上俄国"内阁"是像一个经济团体似的，所以它自己没有行政的机关。它发出命令，而这些命令的执行就是一切行政代理机关的任务。直接在它底下的就是曾经在其权威下负责进行五年计划的机关。"各司普兰"（Gosplan），就是国家经济计划委员会（State Economic Planning Commission 照俄文英译应为 State Planning Committee 即国家计划委员会，Gosplan 系节俄文"国家"与"计划"前三字母而成。——译者）。它是由列宁在一九二〇年召集经济专家所组成的一个会议，当时是他为了要考虑他的发展俄国工业中电气化的计划。国家计划委员会与劳动国防会议的性质不同，国家计划委员会是一个纯粹专家的团体，在它下面有许多特别的门类，每一门类都从事于生产系统的特别方面，并且每门类都规划国家经济落在它的范围部分的计划。国家计划委员会的功用是在调节这些部分计划，并使他们归属于劳动国防会议。但"专家团体"性的国家计划委员会本身没有行政或实施的权力。她只规定计划，至于接受、拒绝，或修改其建议之权，则在劳动国防会议。

俄国五年计划表

五年计划最后一年所增加超过计划开始前一年的预计(即1932—1933年超过1927—1928年)

	计划中增加的百分数
A　人口	12
工资收入的工人数	18
制造工业的工人数	25
B　资本与收入	
国家收入	101
投资于产业的总资本	200
投资于电力厂的总资本	430
投资于铁路的总资本	67
投资于农业的总资本	35
投资于都市住宅的总资本	41
C　机械力	
在工业中	143
在铁路中	40
在农业中	356
D　生产	
工业的总生产	181
重工业	255
轻工业	144
农业	151
煤	112
煤油(未提炼的)	85
电	253

苏联为 1932 年预定的程序表

	为 1932 年预定的程序	计划中的增加超过	
		1927—1928 年	1928—1929 年
投资(百万卢布)	21000	—	—
工业生产(计划增加的百分率)	36	—	—
生产			
煤(百万吨)	90	148	—
煤油(百万吨)	31	164	—
生铁(百万吨)	9	173	—
钢铁(百万吨)	9.5	126	—
铁管(百万吨)	6.7	—	72
电(百万启罗瓦特小时)	17000	237	
生产			
机器(百万卢布价值)	6800	—	381
曳引机(千)(在 1928—1929 年从 3.2 起)	82	—	—
汽车(千)(在 1928—1929 年从1.1起)	7.3	—	—
火车头(千)	1.3	—	—
货车(千)	50	—	—
棉织物(百万米突)	3061	12	—
鞋袜类(百万双)	91.5	—	—
罐头食品(百万罐)	1000	—	—
工资			
计划中增加之百分数	11	—	—
农业			
垦植区(百万公顷)	144	29	—
新曳引机站(千)	1.7	—	—
货物运输量(百万吨)	502	235	—
生产费用			
计划中减低之百分数	7	—	—
运输费用	10	—	—

这些代表机关——劳动国防会议与国家计划委员会——从事苏联经济活动的全部包括商业、农业与工业运输;包括整个公共财政计划乃至较狭义的经济事业的财政。因为在共产主义俄国状况之下,公共的财政和业务的财政不能分开,它们是一事之两面;并且在一个要直接组织全国的经济生活的国家不能像其他国家一样,把生产事业和预算分开。国家自己公开管理工业,她决不能自己又向国民征税。因此,公共的与业务的财政之传统的区分是必要消灭的。

在劳动国防会议之下——就是在人民委员会经济部分之下——有各种为统制国家经济生活各部分的单独组织。最重要的是农业、运输、商业委员及最高经济会议(Supreme Economic Council),这会议不是负经济生活的全部责任,只是负生产工业的责任。劳动国防会议是整个经济活动的调节机关,而最高经济会议只是工业生产各部门的调节机关。

俄国的托辣斯与康拜因 在最高经济会议之下,根据五年计划而发展得极快的俄国生产工业,大部组成若干系的康拜因(Combinations),每一系包括一特殊生产部门。这些"康拜因"实际上是苏联领土内全部工业的国家统制团体。它们里面有许多较小的团体,叫做托辣斯,这些托辣斯是由更严格的范围内的同生产部门的若干工厂群联合而成的。因此,这种结构在完全的形式中,其基础单位是工厂,现在是在一个被委任的经理的管理之下,加以雇员所产生的各种代表会议的协助。个别工厂之上是托辣斯,托辣斯是为了材料的共同供给及生产的分配,把若干工厂结合起来。托辣斯之上就轮到"康拜因"了。康拜因是直接对最高会议负责,实际上是构成最高经济会议的一个部门。

但是,这种结构不是在一切产业中叠床架屋。有些次要的工业是在区域的基础上组织,而且仅对苏联地方共和国中的经济会议分会负责。有些托辣斯不组成"康拜因",而直接在最高经济会议下行动。还有小规模的企业在每一个自治共和国中较小的地方自治政府指导之下经营。所以,没有严格划一的结构,至对于组织上多少集中的形式,还努力使其适合产业之每个特别部门的性质与需要。虽然一切俄国工业是当作一个单纯统一计划的一部分而进行,整个体系应当倾向高度的集中化;但是,当着计划已经发展时,一个实际的倾向,反是增加每一个组织中的小单位的自由的总量;因为努力集中管理,致使必要材料与生产工具的供给延缓;

因为当着各种工厂有所要求的时候，必得经过一串管理机关的麻烦手续，于是在这些地方，就特别要增加小单位的自由的倾向。自然，俄国不会以为她们的经济组织体系已经达到一切圆满的结果，也不会以为联合苏联全境生产品的集中计划所发生的分离倾向的困难问题，只是随时随地给工业组织以充分的弹性，就算完全解决了。他们是时常在各方面改变其方式与组织以期达到这个结果。

计划后面的理想 五年计划，乃至第二〔个〕五年计划都不能算是一个工业生产的完全均衡的计划。这是一个变格的办法，与其说要打算在均衡的比例中充分供给公众的需要，无宁说是为俄国工业的前途奠下正确的基础。一心一意注集于未来的共产党，它是在五年计划之下以最大限度的努力从事生产量的扩张。但是他们的资源是有限的，无论从材料方面说，或就熟练工人与技师的供给说，都是有限的，因此，他们能生产的东西就受了很严格的限制。假若他们要建筑更多的工厂，或增加机器、火车头、钢轨及其他主要的货物，他们只能把那些限于消费用的东西少生产一些。他们越是能建筑更多的工厂，越是能够改善运输组织，则他们在将来便能更快的提高俄国人民的生活水准。不过他们要做到这点，只好在现在少生产一些完成品，即其所生产的完成品，要较其只顾现在不计及将来所能生产的为少。因此，五年计划的基本理想，是要迅速扩张制造生产财的重工业，及为重工业生产原料的自然工业，而比较不迅速发展那些为购买者直接需要而存在的轻工业。共产党诚然知道提高俄国人民生活标准的工作至为必须；在实际消费上已有很大的增加，俄国工农大众的生活水准，不仅提高到经济破产那些年度的很低的水准以上，而且提高到战前的标准以上。但是他们对于生活标准的提高，没有提到他们可以提到的那样高，因为他们还有更大的理想，在为计划达到结果以后作更高的生活标准的准备。第二〔个〕五年计划仍是在很大的限度内集中于重工业；但第一次计划之成功已使第二期对于直接生活标准提高之增加成为可能。

这是无疑的事实，这种以人民直接福利置于次位，而以目光注视于将来，以建筑大规模的工业主义的政策，只有在独裁之下，与不受公意压迫的制度之下的国土里才是可能的。俄国在以下的意义是独裁的：其制度的控制权，不是在西欧的所谓民主的手里，也不是在外面的民意机关手里（这些民意机关，可举一般舆情指摘政府的报纸为例），而是在极高纪律之下的男女们的组织的手里，这些男女们是为一极远的目标所鼓舞，他们在为着这极远的目标做准备工作，而以眼前的福利看作次要。共产党有200万的代表分子，都是俄国青年分子中的最活动最有力者，他们仅仅在一个条件之下完全支配这情势，这条件是其党员们所熟知的，就是不要太过于强制农民大众的忍耐力。若共产党领袖们能无条件的独断独行的话，或者会想更激烈的按下直接消费，使新经济秩序更臻于稳固；而他们在这方向走得太远的，都不得不退回去。但是，这是他们心愿的事，自然他们知道增加重工业的生产力的最后也无非是以增加消费者的货品的出产，及提高生活标准为唯一目的；因为他们要建立的经济制度不是为产生利润，而是为人类生产消费的货品的。在直接消费者的要求与为将来之生产力膨胀之间去衡量轻重，那曾是那些负第一第二次五年计划责任者们的最困难的任务。

人口的增加 俄国人口的激增，殆为一逼着苏俄的计划主持者们不得不增加消费者货物出品预算的重要动因。不管生育节制是怎样的流行与自由许可——不过事实上只是小部分人民——而俄国人口近年以来反而飞跃的增加。这增加不独不会丝毫引起共产主义领袖们心里的恐慌，且还是他们所大为欢迎的。俄国是一个广大的而且大部分未发展的国家，她极富有各种不同的经济资源，其近来人口的密度，远较高度工业化的国家为稀少。共产主义的领袖们说，在俄国很有地方足供人民数目的大量增加；实在的，如果在俄国指挥之下，从大规模生产的经济及雄厚的资源取得极充分的利益的话，这样的膨胀是必需的。每一个俄国人生下来就是一个准备着的生产者，他的服务，是在为了对提高俄国生活标准的贡献的意义上而受雇。共产主义不怕不能给那些新国民找到职业；因为在俄国领土内，在他们的统治之下，他们有一切资源，足以为他们可想见的可能的最多的人口，发展高度自给自足的均衡工业制度。真的，他们现在以最大的努力，用合理化及从工厂中排除过多的劳动的方法，去降低工业生产的消耗。俄国工人以西方的标准比起来，效率仍是不高；即使在工业高度机械化的地方，按人计算工业出品仍是很低。共产主义者们说，这现象必得停止的，产品的标准必得很快的提高，剩余的工人必得排出；但为了这些手段而排除的工人，他们能在别处再雇用，及为达到了作工年龄的新国民找寻职业，关于这类事情，他们对于他们的能力是有充分的信心的。还有进者，当着生产增加效率增进时，他们可以减低工作时间，增加休假日，于是可以把一切能作工的工人都吸进工业里面来。因为俄国不是在与俄国以外的世界竞争的情形之下去生产；并且对于工厂对于工人都无失业的必要，因为无论在任何时候，让人们游惰不会比使人们工作更有利于当作雇主的苏维埃联邦。

共产主义者的这种乐天心理，他们对于俄国经济制度的膨胀的容受力的信心，他们的超然于支配资本主义国家劳资双方的恐慌之外的自由，那在大体上算是这个大策动力的秘诀，这策动力就是最近这几年中所表现的。相信自己是成功秘诀的一半——而资本主义国家的困难的主要部分是由于信心的缺乏，无论是资本家或工人，对于现行经济制〔度〕的安定与价值，都感到缺乏信心。人人都承认俄国工人在五年计划之下确曾作惊人之努力。往往有人说，这种努力的长期忍耐，是“反对人类天性”，但世界的历史所供给的许多忍耐努力的例子，都是基于稳固与忠实的信心——共产主义在俄国那些高据机要地位的人看来，在那些要从事较低工作的大部分看来，实不仅是智慧的主义，而是一个信念。

俄国在五年计划之下的工业上的惊人进步，特别其主要努力所集中的重工业方面的进步，就是那些攻击苏俄制度最力的人们也是不能否认的。根据官方的数字，在苏联领土内，别于农业的工业总出产量，在一九三〇年多于一九一三年约80%，并且到一九三一年大有两倍战前产品之望。与五年计划开始以前的极低的水平对照起来，这进步是更加显然。在一九二三年与一九二九年之间，矿的出品增加到154%，重工业的出品，增加到480%，即在轻工业也增到259%；同时每个工人每天产品之增加，在一九二四年与一九二九年之间，增至63%。在同一个时期，货币工资涨至70%；工业中的生活标准在一九二九年估计约高于一九一三年30%，比之一九二四年之最低标准自然更高得多。这些在工业中的进步，是远大于别的国家的任何成就；并且最有意义的，是在前三年中这种进步还继续着，而世界其余部分，却因为恐慌的结果，致其工业生产大大减缩。

第三节　农业的社会化

自从五年计划开始以来,苏俄经济上最大的变化是在农业上急速地使农民耕种制度转变为一个以集体工作为基础的大规模组织。我们知道,俄国最大部分的人口仍是从事于农业的经营,直到过去两年,农业生产的大部分,仍是由农民在个人所有的土地上从事小规模的耕种。但在一九三〇年农业社会化的大运动开始了;根据最近的数字,一九三二年农业产品之将在集体制度的各种形式下生产者不下3/4。在共产主义者看来,这种变迁之特殊重要性并不仅在农业产品的总数之激增,而最重要的是农民们态度的改变,这种变迁,他们是期望实现于集体生活与大规模机械生产的环境之下,为了要了解共产党们所从事俄国乡村方面的整个转变的任务性质起见,我们必得要了解他们正努力于转移的制度,和自一九一七年革命以来共产主义农业政策的继续的各种形态。

假若共产革命开始就与广大的农民群众为敌,共产革命的新政权,决不会成功的建立起来,这是一般所承认的事实。俄国的农民虽是散居在俄国的广大的土地上,无论在任何组织的意义上没有凝结力,既不能为自己建立一个政府起来,也不能指挥——除了在纯消极的意义——任何俄国国民政府所采用的政策,但是他们若在反对方面联合起来了,他们却有力量推翻任何与他们敌对的政府。因此,共产党在取得政权之后,最主要的就是无论如何要把持住大部分的农民群众;他们从事于这个工作的必要手段,是把握在他们手中的。只要他们把土地给与农民,他们当然可以确知农民大众会表示决心反对任何反革命的企图,因为这些反革命的企图,是会以丧失土地威胁着他们,并以重课他们所已逃脱了的义务威胁着他们的。

但是,在任何绝对的意义上,给农民以土地是和共产政策与主义相反的;这曾经是共产领袖间的原则争论焦点:私有的农民制度,根本是保守的和反社会主义的。最后他们所决定要走的路,是在绝对的土地所有权中把农民锢禁起来,和农民们曾经被法国及欧洲的其他国家所锢禁一样。因为这是很明显的,在大部分的欧洲,农民成为社会主义胜利的最大障碍;除此以外,共产主义者认定,农业经济在俄国生活的一个长时期中,是极其重要，对于推进农业经济所持的态度，将很高度的决定整个苏维埃制度的经济性质。因此，共产党以为对于在初期让农民在小规模生产与所有权之下得遂其绝对管理之愿望，那是没有任何问题的。

农民取得土地 这是很明白的，若要革命不一起塌台的话，当时的农民，无论如何是必得享有土地的。在苏联全部土地国有化之后，立刻就作这个决定。公有的原则是宣布了而保留到将来应用；但实际上，不但允许农民保有既有的土地，并且在一个较大的限度内允许他们取得及划分较大的土地所有者的地产。刚在革命后的那个时期，大地产主要的是分配给农民管理；只有一较小的区域是继续由国家保有，用以造成大规模国家农场的经验的基础。

此后，土地的重分配，仍继续进行于农民的垦殖与管理的基础之上。在每一个农村中，都给以重新分配土地的命令，便把土地从那些有过多土地供自己享用的人们那里取出来，分给那些较穷苦的农民及无土地的工人，务使他们都能按着俄国乡村生活的极低标准，获得充分的土地。这种重分配的手续，是决不能做得很完全的；但在革命以后几年中，这已经推行到相当可观的限度。在“战时共产主义”(War Communism)时期，无论在城市方面，或在乡村的大饥馑区方面，粮食供给是一个极紧急的问题；而农民输送粮食及别的产物到城市去，又是极不乐意的事，因为那时既没有可供交换的工业制品，又没有农民们可用以保藏的任何有信用的货币。因此，为了要取得谷物及其他农产物的供给，共产党只好逼着去诉之于强逼征发(compulsory requisition)。农民们的产品，除了必要作自己的供给及作种子之用以外，一切剩余部分都为政府的官吏们所征发。对于这些供给的报酬，实际只是予以纸币，而此纸币当工业货品缺乏时，其价值又是很小的。农民们很强烈的抵抗谷物的征收；在国内的许多区域，且有严重的农民反叛，有些区域内的农民，甚且有参加“白”军的倾向——因为当时内战是还没有终了的。

农民反叛的威吓，为共产党迫而变换采行“新经济政策”之一重要动因。同时，在城市方面既允许恢复贸易私营，于是乃废除征发谷物政策，而代之以向农民征税的制度。农民要对中央及地方的政府纳税——这些税后来固定为一种单一税制——但从此以后，他们得在“新经济政策”之下，以他所能得到的最好的条件出卖他们的剩余。这种办法曾给农民以增加其产品的最大的引诱;无论在增加垦殖的区域上,或在停止农民因畏拘捕而作不法的窖藏,野蛮的放恣的破坏上,都有莫大的效果。

农村中的阶级战 在一个时期,共产党似乎决定了采用农民制度,似乎他们自己已经愿意让农业进行于小规模个人农庄的基础之上。我们讲过,他们的这种政策,很引起了国外一般的误会,就在俄国,也被托洛斯基(Trotsky)及其党徒所高声指摘,他们觉得这种对农民的让步,是颠覆共产制度的基础。但是俄国领袖们让步的意思,只是暂时的;并且即使对农民制度已经让步到充分的限度,他们仍采取有效步骤,以制止小规模种植者全体集结倾向的发展。对于这种任务的达成,大部分是凭着鼓励农村生活中阶级敌意的发展,同时组织农民的较贫困者以反对那些经济状况较好的,特别反对那些从事于私营贸易而拥有相当资产的人。"库拉克"(kulaki即富农)特别与"贝得惹克"(bedniaki,即贫农)形成显然的分离;当着"新经济政策"继续存在着,继续与富农妥协的时候,富农们被剥夺了一切政治的特权,并由乡村苏维埃及地方政府组织加以多方的干涉,甚至在共产党影响之下在贫农间组织一种社会裁制来处理他们。富农被允许贸易;但他们继续被视为一种障碍物,以各种可能的努力阻止他们在农村生活中得到任何优势,以便一到了适当的时机,就可以把这障碍移开。

当着五年计划开始的时候,共产党领袖们还没有准备停当撵开富农,及认真开始农业社会化的任务。在计划的初期,他们要用全力于大规模工业发展的鼓励;而他们所最关怀的是从乡村中得到充分的食粮的供给,一面供给城市逐渐加多的居民,一面准备以剩余出口去购买不可缺的工业入口货。俄国不到她觉得五年计划在工业方面已经操了胜算,及农产品的供给已经充分足以消灭其对于城市生活的威胁,农民制度还是不改变的;但在一九三〇年莫斯科的领袖们是持着很坚定的态度。五年计划在工业方面进展得出乎他意料之外的迅速;而农业产品亦可恢复很可观的规模的出口。他们想,他们久已怀抱的农民生活社会化的理想已到实行的时机了;动人的无情的试验开始了,这种无情是共产党前进的每一个阶段的界标。他们发出命令,要以极广大的生产与生活的可能的集体方式代替个人农民制度;地方政府受到命令,以极快的速度执行这种转变。同时富农阶级的清算很快的起来了。富农被拒绝参加新的集体农场,这些集体农场是农村的保有者们所结合的。富农们的土地与积蓄都要充公;他们被驱逐出农村以外,或者迁徙到很远的区域(例如西比利亚),或者送到木棚里或别的公共企业方面去当工人。

国家农场与集体农场 我们现在有了解新俄制度下之国家农场与集体农场之区别的必要。我们讲过,在革命以后,大部分的土地虽归农民所有,小部分的从前的大地产,却仍保留在国家管理之下,此后乃以大规模的国家农场的方法耕作。这些大的国家农场,是尽量用来对农民示威,即以使用机械与工业化农耕的大规模方式所获得的生产利益的模范的力量,来对他们示威。但是,除了农民所取得的土地及为国家所保留的土地以外,在俄国还有极广大的未垦殖的荒地,在这些荒地上,国家逐年在农业部的指导之下开垦出了大量的土地。这些国家的"谷物工厂"(grain factories)——他们这样称呼——被优先的供给以农业机械,而且在现在世界任何地方没有更比它还机械化的农庄制度下工作;这种区域一季更比一季推广,以致大有助于国家大量剩余谷物的输出。但是,就全部农业生产而论,国家农场生产究只占一极小的部分;因为大部分的土地仍保留在农民手里,在个人的制度下耕作。因此,这里的问题,就是要——与国家农场在从前未垦殖区上逐渐发展的问题相联——预备在已被农民占有的极广大的区域内作农耕方式的社会化运动。

使用在这个目标上面的工具,是"集体农场"(collective farm),集体农场实际有过若干不同的形式与阶段。在最初的阶段,那些组成集体农场的农民的土地,是为耕种的目的来合股的,以后就进而成为集体的制度;但每一个农民仍拥有他的私有权,并管理他自己的牲畜以及其他的副生产物。若在比较发展的集体农场,其资财与土地一样的社会化了;其生产的全部事业的利益皆由整个团体所共营共有。这个形式通常叫做"亚特尔"(Artel)。在集体农场的第二种最发展的形式中,生活与生产的方式,同样社会化了;团体中所有的农民,公共在新建筑中居住和工作,新建筑是集体组织计划的一部分。自然,实际上还有各种不同的集体组织的中间形式;但现在苏俄新集体农场的主要部分还是近似这三种模型中的第二种。

苏俄在广大的区域内,突然采用集体农场制度,这使世界感到震骇的程度,实比较对于其以前的任何共产政策的发展为尤甚。在外国很多人是这样看:这种强迫数千万农耕者转变其生活的企图,一定要产生一个革命，结果是会把共产政权推翻。他们预言农民们定会继续罢耕，并拒绝在新制度下生产，在乡村中主办这类农场的那些苏维埃的执行人，定会横遭惨杀，并且饥荒必会很快的威胁俄国转而承认农民经济。但事实并非如此。反富农运动倒实在引起了农民对牲畜的大批的惨杀，因为他们希望没收他们的财产；这，很使苏俄的肉的供给问题发生困难。而农民的反抗力，实际上已被前此采用到乡村的分离政策完全破坏了；各地都不曾发生过反社会化的农民暴动。从全体说来，农民中的青年分子，似乎已经普遍受了苏维埃教育方法的影响，而在那些较老的农民之间，无疑还是很不普遍的。

旧俄农业制度　此外，我们还得认识一点，就是外国对于俄国农业社会化的变更的真正性质，是很容易误会的，她们大概都以为俄国的农场，也像英美一样的小规模。其实这是很不相同的。第一，在旧制度下的俄国农民，不是住在他们的田庄里。他们住在村庄里面，每一个农民要走到邻近的土地上去耕他自己的田。这些田地，即或是一直为单个农民所有，往往分成了若干块，散布在村区内的各不同的部分——好像在英国十八世纪前圈地运动(enclosure movement)以前所常见的情形一样。有些地方，即使土地是有时重新划分了，但没有永久的租地。俄国农业实在永远没有脱却中世纪耕种方式，这种方式含有公社制度的很大的成分。这种从农民制度到集体化的大转变，和英国、美国或加拿人，乃至于法国或德国，或在任何欧洲先进国家的将来的转变，简直极少相同点。农民社会化之后像从前一样继续在村庄里居住，虽然在已有的茅屋之外加增了属于整个集体农场的新建筑。他们继续的从村庄里到外面去工作；不过他们不再在他自己的孤立的田土上耕作，而是一大群人在公共的土地上耕作而已。所以，这种从旧制度到新制度的转变，在俄国的那些区城内较之较发展的农业区为容易。因为俄国的过去农业方式是最原始的而且有大部分停留在公社组织中，而较发展的区域，垦殖的标准较高，并且更个人主义化，富农在农民人口中也成了较大的成分。但是，在别的国土内，这些更发展的区域内对于富农的没收，却会给贫农采用集体制度以更大的物质的引诱。

就因此故，俄国的集体化乃逐渐前进，简直没有遇到何等反抗。即令有少许的反抗，其程度则因区域不同而极异；而且地方共产领袖对于新制度的实现,往往不免因操之过激,致引起乡村生产生活的严重纷扰。因此,在一九三一年春,为要安定那些已经适用了新制度的区域,使其松一口气,于是渐渐有弛缓一下集体化的步骤之必要。但这显然是暂时的。因为俄国的整个意向,是要在可能迅速范围内,使国家农场及集体农场下的整个农业区采用大国家"谷物工厂"生产特质的大规模机械化方法。这事体实现的迅速程度,大抵要看农业机械产额增加的迅速程度如何。因此,俄国乃忙于在斯大林格勒(Stalingrad)和乌克兰(Ukraine)扩张新曳引机制造工厂,以便尽快地用机械设备集体农场,一方面可以增加农业产品,一面教育农民把采用工业主义化的态度适用到生活上去。

无疑的,俄国农业的集体化,终久要减少现在耕种区域内生产所必需的劳动。按照别的国家的标准,或按照在俄国本身所已有之国家农场来说,新的集体农场的劳动,是有严重的超过的倾向的;因为它们实际上包括全部农民,这种农民从前是在一种效率极低、劳动浪费的制度下从事工作的。现在,共产党还允许这种超过的倾向继续下去;不过他们的意向,是要廓清剩余劳动,而把他们转移去扩张城市工业及开辟新的土地,这些新土地可作耕种之用的量是无限的。因此,国家准备作集体农场用的地域,以后几年当然有很大的增加。

俄国农业之将来 自新计划经济开始以来,俄国农业生产的增加,自然远不及工业生产;因为共产党最大的努力,一直到现在还是集中在工业上面,并且他们承认农业的工业化,是更远大的任务,那比计划中的工业部分,要费更长久的时间。但就俄国所已有的成就看来,似乎俄国将来粮食生产上的很大的扩张,那是毫无疑问的事。这种粮食扩增的大部分,无疑会用以提高国内的生活标准;他们开始以注意增加谷类大量生产一样的注意增加肉类、蔬菜以及其他食品的生产,那特别含有抬高生活水准的目的。特俄国虽然会以其大量的农产品消费于本国,但是在世界谷物贸易中,她还得占一个重要的原素。俄国在战前是欧洲的仓库,她长期由欧洲谷物市场脱退出来,那并不是她所乐意的事。因为她在长期间内还需要大量工业品的输入;她一时还没有成为制造品输出者的希望。在最近的将来,她的最主要的出口货还只是煤油木材——在她的广漠的森林中有无限的蕴藏——以及谷类。不错,她的谷物出口的前途,从价格的条件上看来,是极其不利的;因为俄国自一九一四年以来之失去其海外谷物市场，那是别的地域——特别是加拿大和阿根廷——大扩张小麦生产的主因之一；在现在小麦剩余的情形之下，俄国谷物在世界市场上，遂只能卖得很低的价格。这一来，她用谷物去换取工业品的数量，就颇受了限制，这足以阻碍她自己的生产，同时亦阻碍别的国家的私人生产。这件事给她的领袖以正面的刺激，使作更大的努力，以期能输出更多的谷物，以换回他们所需要的工业品。这是所谓俄国"倾销"(Russian "dumping")的真正解释，倾销对于其他产谷的主要国家是不利，而在俄国则是无法避免的。

谷物的低价，促使俄国尽力去增加其他货物的出口，特别是增加其木材及煤油的出口。她的煤油资源仍有大部分没有开发，在全世界中是无与匹敌的。煤油工业，无论在出口上说，或者在扩张本国生产的燃料上说，的确发展得很快。俄国还在设法大大扩张其木材出口市场，其结果，致使受其压迫的芬兰、瑞典以及其他区域的木材出产者，都赶快组织对俄国产品的抵货运动，以期阻止俄国木材营的恐怖。但这样一种抵货运动是不能取胜的。因为俄国是必得为买而卖的；因此，她打算把她的木材出卖于外国，而取得其所要的外国物品；那些木材营幕中的凶险故事，将不会长期引诱世界其余的部分，为了瑞典与芬兰的输出者的利益，而放弃其可由俄国得到的低廉的供给。

第四节　运输问题

从前面两节所叙述的看来，五年计划之成功，无疑是关于农业与生产工业两方面的。这不是说，这个成功是完全的，也不是说这成功达到了计划策动者的最高希望。但，这的确是卓异而且震惊了全世界的事；因为俄国已经被一般人认为是仅以坚苦与系统的劳动的纪律来变更"人性"，尤其是缺乏组织的容受力这一点，早被一般视为是必使五年计划在初期就得解体的缺陷。当然，按照西方的标准，俄国劳动仍然是很缺乏效率，且只有低小的生产容受力，而五年计划的现有的成就，若无大批外国专家——技师、电机师、企业组织者等等之帮助，也就不能达到。战前俄国工业主义之技术发展中的德国人的位置，大部分是由美国人来代替；俄国人能不要外国人帮助，而能自己进行的话，那是言之过早的。

但我们必得牢记一点，俄国共产党中包括了许多分子，这些分子在外国特别在美国，有过大规模工业的经验，他们在革命后转回俄国；同时现在苏俄还在以紧张的努力，在新苏维埃各教育学院中，训练俄国的专家。这种训练，在目前因为太过于匆忙，所以难免缺乏精通；但是当着专家的供给到很充分的时候，俄国必能更自由的专致其注意力于质的增进以及训练时期的延长；而且，俄国直到现在的安全，正表示共产主义的坚决信心影响之下的俄国人的特性，是足够适应新的制度。这不但可适用于专家和管理者，且可适用于技术的手工工人。共产党的“突击队”，他们无论在什么地方，都是根据五年计划，站在发展工业的前线，是具有适应新的技术与工业能力的先锋，他们对于个人的收入的期望要求很少，而对于社会服务贡献要求很大。大家常常这样揣想，在这种服务的理想后面的热情是会很快的消失，而旧俄的特质会重新出现；有没有任何理由可以相信的确会遭遇这样的事情呢？十九世纪的后半期的德国，从半世纪以前的德国获得一种很不同的民族性；丹麦人也获得了程度相等的同样民族性。俄国无疑的是企图把国民性转移得比她从前所曾转移过的更快更激烈，但他们的观点——一世纪以前英国奥文(Robert Owen)所讲述的——以为国民性依于环境，但在环境中作无限度的适变，不是对的吗？美国以及德国与丹麦的佐证似乎很给这个观点以坚强的支持。

但是，在五年计划下的俄国的人类大成就虽超绝前古，其工业生产或农业生产上虽都有惊异的复兴与发展，但在俄国经济制度中，仍然有一个很弱的关键存留着。俄国的运输工业，仍然很不够在五年计划进程中适应大量货品的继续增加。俄国在铁路事业的发展上，老是一个很落后的国家。她的一大部分地域，是在她铁路系统所能达到的范围以外，她的铁路系统的支线，很不够培养主线。水道运输也给铁路运输若干帮助；但这仍不能适应于大部分的乡村，有些地方不能整年适用。共产党所承袭来的运输系统，完全给战时过度的使用与军事的必要以及后来内战的破坏所扰乱了。从前铁路材料曾经大量的输入俄国；嗣后供给停止了。要去重修铁轨或将损坏了的车头或车厢重新使用，那是不可能的事。在共产党开始他们的建设很久以后，铁路的效率，还是继续减小；铁路制度的改组，还远不足以供新生产组织的需要。因为要建设起一个效率很高的铁路系统，那是一件惊人的艰巨工作。对于既有路线的改造与修理是必要的；但为了那些迅速的工业化了的新辟区而增加新线也是很急切的要求。著名的“土耳其西比”(Turksib)线，就是为了迅速发展的工业区的便利而创设新铁路的这种企图的显著的例子。五年计划对于铁路的改造及扩张的浩大消费，有了准备；但这种准备，就货物扩张所需铁路的运输的比率说来，还是颇嫌不够的。因此，第二次五年计划乃包含了认真解决运输问题和用足够供给其迅速发展工业化的需要的铁路系统，去建设俄国的企图。她已经解决了铁轨供给问题；但车厢之供给是远难于铁轨的供给，并且她对于任何大规模的道路运输之发展，就到现在，也还只算是刚刚开始。曳引机与农业机器的供给，已经开始赶上因农业集体化所引起的广大要求，运输便利之扩张，将成为俄国土木工程与其同类事业的主要任务。

第五节　结　论

其他国家对于俄国试验所下的判断，不可避免的要大大蒙受政治思想的影响，这些政治思想，不但影响其由陈述事实而得出的判断，且影响事实的陈述与记载的本身。不管在最近几年来观光俄国的外国游客的增加，以及这些游客所写的书籍的增加，但要得到俄国制度的真确事实，仍然是很困难的事。这原因，由于俄国政府的审慎掩藏者少，而由于俄国制度的异常与新鲜，致使外国观察者非常难于知道应当看什么，以及怎样去了解他所看的关系居多。有些人去到俄国时，心里总怀着他自己国内的完全不同的经济系统；他去寻求那些可与自己所知道的来比较的东西，因此他就容易陷于他所习知的制度中所产生的比较标准。或者正相反，他是以反对他自己国内经济制度之意念而去俄国，去各种异点中寻求一种较好的异点。即使是如此，在这样短的一个游历期间，也很难了解俄国经济机构的基础建筑；没有这种了解，要正确领略其各部分的工作，也是很不容易的事。统计数字差不多可以应用来证明任何事件，这是人所共知的，无论如何，这对于那些人，即不知道那些数字所根据的客观现象的人，是可以满意的。因此，在别国的关于俄国的写作者觉得依据他们的先入之见及标准去解释他们之所见于俄国者，或是去寻求和他所希望寻求相差不多的东西，照例不感到什么困难。

在很多国家内，有俄国流亡者的团体，他们是受了对苏维埃的感情的憎恶的驱使，他们要使全世界的眼睛不信任苏维埃制度，因此使搜集事实的困难更其增加。一大部分在报纸上关于俄国的消息是间接直接来自这些流亡者之手，他们所供给的材料都是对于进行中的事实加以完全曲解的色彩。在别一方面，从共产党来源的材料，既不为报纸所接受，亦不为对共产主义有政治敌意的公意所接受。因此正面的叙述、反面的叙述，交飞于那些渴望获得真理者之前，而使之迷惑；即使阅读很多关于俄国的书，从各种观点来写的书，但仍然是容易使他增加迷惑，不容易使他得到真正的启示。

却是，在这些矛盾的事实叙述中，似乎有一种一致的衡量在产生中，无论从好的方面或坏的方面，就是俄国制度已使其政权稳定，不再有真正的坍台，虽然她也许会遇着灾荒、战争，或暂时很利害的遭逢经济封锁的挫折。但在俄国共产主义的安定是好是坏，这是不能希望有一致的意见的；对于那些在俄国以外的国家，希望资本主义再造，这种经济组织完全不同的制度之胜利是非常不受欢迎的，自然，这是因为这种胜利，足使资本主义国内加紧对资本主义制度的批判，并暗示一般人以不要相信资本主义的再造，而相信资本主义的替身，才真是对于世界要寻求逃出现经济恐慌的道路的正确路线。资本家也许会承认与俄国接近的必要，是渐次成为事实了；但我们不能希望资本家不以俄国共产党为其所欲保存的制度的一种威胁。因为我们知道，俄国分明是以俄国革命为世界革命的一部分，在一定程序中，这革命要推广到一切国家，从西方高度工业化的国家，到广大的农民文化的中国与印度，她这种理想，是决不会放弃的。

社会主义者对俄国共产主义的态度 在别一方面，在那些对资本主义制度怀敌意的人，也并不是对俄国制度一致欢迎的。因为社会主义所从长育出来的，是西方的国家，那些国家的环境是远异于沙俄的环境。在西方世界的任何地方，差不多都可公开组织政党，表示自己的意见，在各种国家议会中取得少数的代表。在近年来迫害更渐次减少；在好些国家中，社会主义的政府的确取得了政治机关——即使不能算是取得了实际政权的话。西方社会主义在这种环境之下，作煽动的工作，大半都成为改良运动；因为要取得政治代表，就必得向选举者示以直接利益。革命的前途，在大多数西方的国家从非直接的——无论如何，当着西方的各种社会主义运动成长起来，并获得其明显的性质的时候，不是直接的。加之，在许多西方国家中，社会主义是在职工组合制度的基础上成长起来，那些职工组合，早已为许多直接问题所先行占据，如工资、工作时间、失业的准备，以及其他社会与工业改良的手段等等，在他们，这些直接问题，比较在社会主义基础上澈底改造社会的问题重要。就因此故，社会主义的政党，实际上都是直接努力在现存制度的结构中去作社会改良运动，而把社会主义的终极目的置之次位；至社会主义本身的实现，亦被他们视为不是像一九一七年之见于俄国者那样，由一经济制度突然转变到别一经济制度；而是社会改良运动的扩张，从工业与公务的一一逐渐国有化以达到她的建设阶段。但这种社会主义的概念，是为共产主义者所咒诅的，共产主义者尊崇马克思的主张，认定社会主义必得是政治经济制度上的纯粹突然的与革命的转变。他们不相信，现存的资本主义国家会渐次由社会主义势力取得支配地位。他们以为：以此为社会主义政策执行的工具，那是太渗入了资本主义的理想。他们相信(如马克思所相信的一样)，资产阶级国家决不会逐渐转移其政权于社会主义势力，要达成此种目的，必得以革命的意识行动，予资本主义制度以摧毁，然后再使新的普罗列塔利亚国家建立于其废墟之上。他们坚决相信以现存国家为建设社会主义的工具，结果一定不是社会主义，而是使采用此政策之政党，从社会主义的目的，转到改良主义。这种改良主义，必会把那些政党稳稳地范入于资本主义的意识与结构之中。此外，他们并指出执政的社会主义政府的实录，及一九一八年以来德国社会主义所采用的那种与资本主义政府合作的政策，以作为这阴暗的预言的充分的证明。

在西方国家的社会主义者方面，他们是以复杂的感情望着俄国共产党的胜利。他们多半是民主议会制度的辩护者和保卫者，他们坚信议会民主的工具，以为到了群众为了合法的宣传而变成了社会主义的支持者的时候，这工具可用来达到社会主义。议会民主制深入了他们的骨髓，而成为他们国家的承袭的传统的一部分。他们不像俄国一样，撇开政府行动的任何关系，撇开法的任何影响；而他们改良社会及提高工人阶级生活标准上的成功，很够鼓励他们相信；这工具对于较小的目标既是如此便利，当然可用以达成更野心的企图。在他们的国中，许多团体已经走向共产主义之路，反对改良主义者政策之无能，这给他们以威胁；并且他们很容易看出，俄国共产主义之成功，会加强他们本国的共产主义力量，其结果必使其尽毕生之力所树立的政党，有受威胁以至于分裂的危险。但在另一方面，他们相信社会主义；他们很深的受着这在世界上所仅见的社会主义组织的大规模试验所吸引。这两个观点把他们向两面拉，有些人走向这面，有些人走向那面，有些人尽可能的避免决然走向哪一方面。英国的社会主义者，较之大陆诸党更少与共产主义接触些，在国内也很少共产党与之竞争，所以还保持着最开明的心理，也很少发展反共产主义狂的倾向。德国不同，德国因为当着他们自己内部的大困难，所以，在许多的场合，都是强烈地反共。在最近纷乱的几年中，德国社会民主党最有力的领袖们似乎都以为他们第一的任务，就是保存新德意志共和国，反对暴君主义的反动，并避免德国陷于内战的分裂和经济政治的完全瓦解。为了这原因，他们于是集合自己以及代表德国资产阶级的中间党，把他们的社会主义目的去迁就当前的政治危难，甚至默许那些为他们以前所拼命反对的事体。这样的执行政策，自然不可避免的要加强德国共产党的力量；因为德国社会民主党，要从事于共和国之防卫与实行《凡尔赛合约》之条件，自然无法保障德国工人的生活标准，德国工人的生活标准，是已经为了避免德国赖债而一再压低了的。正统的德国社会主义的地位，是介在两个强敌中间——一面是共产主义，另一面是希特勒主义。在这样的环境中，德国社会主义者中间的反共产情绪非常强烈，甚至对于俄国努力树立社会主义政权的本能的同情，亦都消失于德国共产党政策所引起来的恐怖中。

在这种状况下，世界社会主义就在其对俄的态度上表示了分歧与犹豫。西欧的社会主义者，受了流亡的社会革命孟塞维克诸党之俄国社会主义者意见的影响，在一个很久的时期，都易于相信共产统治是迫切在崩溃中。后来，他们不得不改变意见，转而承认俄国共产主义在欧洲政治制度中即使不是唯一的最稳定的，至少是最稳定中的一个。但是承认俄国制度已经到了站得住脚的这种认识的影响，还不够改变欧洲社会主义政党的政策与态度，这在最后尽管是必须要实现的，但现在还不是时候。欧洲社会民主党或将特别注意俄国的地位及其试验的教训，以便修正它的理想与程序，不然，也许在欧洲国家中，会使共产主义成长起来，致社会主义势力于致命的崩裂。西欧的共产主义在现在没有希望变成一个够夺取政权,够建立一个共产制度的力量;但它也许很够成为一个阻碍力,使社会主义诸政党不能取得政权。

因此,无论是西欧及美国的社会主义者也好,抑是资本家也好,对于地球上一大部分地域的共产主义的安全建立,及其必然很快的在经济意义上增大其重要性,终不能不再考虑它们的态度。在社会主义者方面的问题,是如何规画他们的政策,较之从前他们所规画的要更迅速的使资本主义基础的社会转变为社会主义基础;因为这是很明显的,在以后的若干年中,世界的大部分地域不在新基础上改造,就会被另一个制度取而代之——若资本主义国家的命运竟不在这危机中没落,那末,两者都不能成功。在下一章我们将进而考察社会主义政策的最近的发展。但在这一点上,对俄国试验的反响的考虑,我们不必把自己置身于社会主义的理想上,而置身于资本主义的方法与态度上——换一句话说,就是置身于现在正在进行的视为改造世界资本主义制度的基础的政策上。

组织经济的教训 俄国经济的特殊的姿容,在资本主义世界看来,是有组织的计划——从国家全经济生活的一个单纯的中心发号施令,以一强有力的中央政府来负责任,中央政府掌握着国家生产资源的极大部分,且拥有随意指挥资本积蓄用之于任何生产企业方面的特权。若在资本主义国家,其每种产业或勤务所达到的发展程度,不是由于组织的中央计划,而是假定在消费者的要求上的独立活动所引起的自发成长。产业的兴起或衰落,资本的损失或致富,都视消费者对于特种产品的要求的升降而定,自然输出的要求和国内市场的要求都包括在内。资本主义的支持者相信:企业上的自发扩展,会自动造成平衡的经济制度,及财富与福利的最大量生产的结果。但这个论点是基于下面的假设:第一,除了生产货物的力量外,对于货物的要求必须没有限制;第二,在经济机关的活动上,虽不免小小抵牾,而可用的生产资源,通常可充分使用于生产财富与收入。但是战后世界的经验表示了这些自动的调整差不多只是产生冲突,造成大规模的失业,和财政与工业机构之严重紊乱。由是,资本主义国家中的人们的心理,乃转而倾向于系统经济计划的理想,这理想,在其国家的形式上,益发适于其正在发展中的经济的国家主义的倾向。因为关税似乎可以看作一种执行国家计划的工具。一种关税或任何一种保护的手段很明显的可以用来刺激一种工业而阻碍别一种工业,因之,可以看为是一种促成资本流动及雇佣机会转变的工具。把一种审慎的工业计划看为是对于商业保护政策的逻辑结论和交互关系，那该是何等自然的事！

资本主义能有一个计划吗？ 但是，正当资本主义国家努力计划其经济生活时，在俄国意义上的一切计划，却很快的被认为在资本主义环境下决没有实行的可能。在苏俄，资本是属于国家，而在别的国家却是私人的财产，私人可以自由去投资，乃至可以像现在这样，简直全不投资。国家用尽了方法，给投资者以各种诱发，譬如国家对利息或红利予以担保，或设各种的投资机关，使其向公众募集债款，然后再以募得的资本再投资于国家所欲发展或重新充实的工业方面。当着现存工业与新资本仍掌握在私人手中时，要对于投资与生产活动作有效的统制，虽或许不是不可能，但是非常困难的事；而且，就是在这种环境之下，若干国家计划的形式也许能够推行，但与俄国意义的经济计划比较起来，那显然是相差很远，且只是表面的类似而已。而况当着计划的时候，马上就要引起以次的问题：即是由国家来统制资本主义，是否能造出一个系统的国家计划，使能保存资本主义的特质，抑是使两者都弄得一塌糊涂——一方面推翻私有投资者及工业的私有领袖的刺激物及发动力的基础，同时没有在那种基础上树立社会主义的动力。因为资本主义这种制度，根本是靠着两种力量——一方面是消费者要求的自由活动，另一方面是资本主义生产者的发动。如其这种基础被推翻了，资本主义再也不能成为一制度而进行工作；一个奠基于国家计划的统制资本主义，是否能容许这两个力量的活动充分自由，颇是疑问。在大体上，渐进主义者的社会主义政策，就会遭受同样的困难；因为不完全推翻资本主义制度，而只以社会统制的某种成分注入资本主义，其结果不外是在无法工作的妥协基础上，树起一个含有内在矛盾的制度。

第十二章　资本主义的替身

第一节　资本主义社会主义与合作制度

从前一章的起头看来，即使除开俄国，即使除开世界人民的大部分在中国、印度以及其他未发展的国家还是在小规模农民垦殖的前资本主义环境下生活着，除开非洲以及其他地方还有千百万人民还在更原始的方式下存在着的事实来说，资本主义决非存在于现世界上的经济组织的唯一形式。在进步的国家本身，资本主义也从经济组织的各种敌对诸形式遭受到继长增高的挑战，这所谓敌对诸形式，即各种公有以及消费者合作等等。就在资本主义本身，其显著的特质，也并不是随时随地一样。如在英国、德国、美国一类最进步国家中，大量生产与大规模组织之进展，仍不能把小规模生产者消灭。在大量生产经济不能够，至少是还不曾顺利的适用到的很多行业中，小规模生产者还继续保持他自己的所有，就是退让也是很迟缓的。按照主要诸国的继续调查，这种小规模营业的数目，甚且还有增加的倾向；很多小规模的经营，实际上无异于诸大公司特约代理店或补助代理店，而小规模生产者，还有更多的小规模贸易者，就在最进步的国家中，在经济上仍然占有一个重要地位。零售商自然是在小规模生产仍然很明显的存在着的领域。近年来，联络公司和支店，众多的商店，都在与合作社一样的大量的增加；在一切进步的国家中，小规模商在总贸易额中所进行的贸易的比例，远较小于其一代以前所占的比例。但是，小规模商的贸易经营，虽不能赶上生产的进步，其绝对贸易总量，却是增加了。最近，特别在美国，小规模贸易者为对抗联络公司及分店众多的商店，乃企图对于购买，甚至对于供给制造品而创立自由代理店，以支持他们的地位。在这一类企图中，有些已经成就了小商店联合团体创立的结果，这种联合团体和生产者合作组织很相类似；但在其他种情形之下，那些已经参组于一自愿联络商店运动中的小商店，实际上是在大规模批发商的统制之下，这些批发商的业务，就是对于一切联络分子，供给货物。至若在别的场合，小规模商除了为保障贸易而外，殆没有其他任何合作的企图，他们有他们的集合代理店，用以收账，用以通过商会或特殊分配部门的零卖商组合之类的机关，向政治当局表示其意见。但他们照例并没有多少结合力与合同动作的力量；因为小规模商业主要是相互竞争，在小规模商业间之生存斗争，通常是很紧张的。一方面破产与失败的例子尽管川流不息，但这并不足以阻碍源源而来的新进者；因为在比较发展的国家中，其人口有一大部分都很容易成为小规模经营的店主。

很多小规模店主，起头几乎是没有资本，全靠以信用向批发商取得货物的供给。这种依存性，在饮料商中最多，那些公共酒家(public houses)的资金，常由大酿造公司(brewing concerns)供给；但是，这亦通行于大部分的小规模商店，并且在这种商业领域内，小店主的真正独立性都横被摧残了。

小规模工业之残存　至那些仍持有若干生产部门的小规模生产者，其普通状况并不比小贸易经营者更佳。他们的组织力甚且较之小规模商还少；除非他们能产生一种高度特殊形式的消费品，得支配一个自己的市场，那他们只有依赖大规模经营的统制。他们对于工业及商业政策几乎没有发动力与影响。他们最多只能在大规模资本主义曾经放过的世界中的角落里或间隙中去找点生路。这普遍情形中的主要例外，只能在新的发展得很快的贸易中找得，因为在这些地方，常有机会给小商人去拥有他们自己的业务，且可获得高度的利润，并登上经济之梯，向着更确定的独立走去。车行老板就是这一类成功的特例，他们的兴盛的基础，就在近年来汽车应用的突增；但是就在这样的情形之下，很多小店主犹必得靠借贷从事经营，并且他们还是在大摩托公司的掌握中，俨然是大摩托公司的代理商一样。

因此，在前进的国家中，小规模的生产，虽不致因大规模企业的增长而完全排除，但对于整个生产与金融制度的性质上的影响，是比较不甚重要的。到现在实在有些使其成为更重要的若干倾向，因为二十年来，工业技术的很快进步，益以生活标准的提高，曾引起适应日益增加的需要的新企业的增殖，这些新企业恰好是小独立生产者的如意的猎场。但是当这些企业成为更标准化，并达到了易于适用大量生产方式的阶段时，小规模经营者的地位，势必要在生产及贩卖的活动上，都会蒙受大公司的威胁；假使小规模的生产者与贸易者，志愿独立经营，他们仍得继续去寻找他活动的新区域。近一百年以前，在《共产党宣言》(*Communist Manifesto*)中，马克思与恩格斯(Friedrich Engels)曾描出在现代大规模资本主义与他们称为小资产阶级(petite bourgeoisie)所进行的小规模生产间的一个尖锐的对照。在一八四八年间，他们就已视小资产阶级为一个正在死亡的力量；在由产业革命所导来的大规模资本主义的发展，及阶级的冲突之前，小资产阶级是无力的。依马克思与恩格斯说来，小资产阶级甚且是一个与新生产力发展相敌对，且不断希求阻碍转变的反动群。有时，他们和工人阶级新兴力量联合来反对新资本主义；但是假使工人阶级的联盟要企图作基础的革命，他们就会马上转向而联合大规模资本主义来帮同镇压。这曾见之于一八四八年欧洲革命的行动中，他们起头在革命的方面，后来却在革命的反对方面。在巴黎的社会主义的转变即是一例。以后，这样的事常可见到——在美国的反托辣斯法运动中，在法国激进左派内的非社会主义政党中，以及在英国自由党的评议会中，都曾发现此种现象。但是，如马克思和恩格斯所说的，它根本是一个非建设的力量，它只设法阻止事件的发生，除了想保持小规模生产者的地位，反对现代意义的资本主义与社会主义双方以外，没有积极的政策。

新小资产阶级 马克思与恩格斯在人们心中正充满了产业革命与新工厂制度之惊异情绪的当时，就预言在新力量发动之前，小生产者与小商人会很快的消灭。他们以为小生产者与小商人会粉碎于浩大的资本主义及工人阶级运动之间，大多数的小资产阶级，将会发现他们的本身被驱入于工人阶级的队伍。但就我们所见却并不如此。小规模的生产与小规模的贸易仍残存着，似乎它们会随着资本主义以俱存的样子。但是，马克思恩格斯对于他们的消灭的预言虽没有中，他们以为小资产阶级是非建设的及不足重视的一个力量，那却仍是非常正确的。他们所没有看到的，是跟着大规模资本主义而起的一个新中间阶级，这中间阶级不是小规模生产者及店主，而是大规模产业及职业的薪俸雇佣者，这种人随着生活标准的提高而在数目上与重要性上很快的增加。这个新中间阶级，随着现代机械生产而发展，不是像马克思时代的小资产阶级，而是一个衰颓的力量。在它的后面有它自己的一个创造力;因为它主要在组织现世界的生产工作。在二十世纪的一切政策中,都得把它看作一个力量。并且,今后无论资本主义是保存是改造,抑是为别一种经济制度所代替,它无疑要起很大的作用。

俄国的这个阶级,没有真正影响社会事业推移的力量,这是给俄国革命以特殊性质的诸重要要素之一。俄国工业之进行,大部分是靠外国专家及经纪人的帮助。这个职业阶级在数量上是很少、很弱,而且差不多是无组织的。在旧统治之下有一个大的国家官僚阶层,它在统治者与劳动阶级之间造成一个中间阶级;但是这个官僚阶层很紧密的联系于旧统治制度,这一方面是因为他们的官职关系,同时也是沙皇统治的一个周到的政策。他们根本算是旧制度的同盟;当着革命一来,他们就破碎了,他们不能在改革的工作中尽任何显著的任务。

因此,俄国差不多是纯以无产阶级的成分建立她的新国,其他社会阶级的革命分子则适足以增加她的力量。这些革命的阶级叛徒,担负革命运动的领导;但他们不得不就那些主要从俄国无产阶级所得来的工具从事工作。这样的形势在任何较发展的工业国家,不会发生;因为在那些国家中,这个包含有薪俸技术专家、经理人,与专门职业者的中间阶层,是太多了,其势力太大了,不容轻易忽视过去——不过,我们也不能把它当作是固定的资本主义的支持者。现在,它无疑是站在资本主义方面,因为,无论哪一个阶级掌握了经济与政治政策的最后统制权力,它就当作这阶级的代表来发挥它的权力。但它的转向是非常可能的;在资本主义与社会主义根本冲突的当中,它将明显表示其究将谁属。假使社会主义在更发展的工业国家实现,它就必得在这中间阶级中取得其一部分有力的支持。如其遇到这阶级的坚决反对,或不能取得这阶级一些建设的帮助,那社会主义的实现是不可能的。

但当前中间阶级,在其直接从事工商业的限内,是当作大规模资本主义的代表而现身于业务的实际执行中。近年来,它自身逐渐有了自觉,即逐渐在工业管理中意识到它的重要性,并有一种在各种职业联合的基础上创造职业精神的显明倾向,也和别的职业组织一样,它在外面看来多是狭隘的、部分的,在有些部门,如在医业方面,那不但把手工劳动者由职工组合学来的教训,加以热心的运用,甚或比手工劳动者自身还要运用得更有效果。但其结合能像劳动者保卫其劳力目的而从事结合的那种紧密程度，那究只是很少的职业；在近代工业活动中，很多更重要的技术群仍只在职业自觉与职业良心发展过程的最初阶段。他们的权力业已成长，在成长中，且还会继续成长；它将来还会更快的成长，因为现代广布其所有权的合资企业，在其外观上逐渐变得更非人格的，而更为金融的了。我们讲过，股票所有者，在工业的管理上或经营组织的改进上，没有尽任何建设的任务。他是纯被动的，就是现代大产业的资本领袖，也是做金融家的倾向多于做工业家的倾向；因此，以技术活动而积极从事工业经营工作的人一天一天的更落在领受薪俸阶级手里；此种阶级已逐渐意识到他们自己的力量，感到他们所服务的资本主义之没有功用。这很容易使他们变更信心，而相信一个不同的社会秩序，并在西方国家的社会主义政策上发生影响。至这些社会主义政策，则是根据极不同的国家经验的俄国人所感到极难了解的。俄国共产主义之不能了解西方社会主义的潮流，主要是由于俄国方面对于中间社会群之力量与意义之不能领会。

产业上以薪俸为生的技术人材及管理家的权力，在那些公共治理的生产及公务的各部门中，已经很充分的被认识到了。如在直接受国家管理的邮政一类产业中，由政府简派的部长一流人物，对实际管理的事务，知道很少，其实权照例是操在其治理下的公务人员手中。若对于公共管理事物的处理，通常是派代表到公务机关(或与此相同的团体)，如在大英广播社(British Broadcasting Corporation)或在大不列颠的中央电局(Central Electricity Board)那样，则上述这种情势，将更为明显。因为在这些团体，无论在理论上与实际上，都是由以薪俸为生的首领管理，甚至没有政治上的部长来对他们的日常工作直接负责。这种情形，在那些大的合资公司(如铁路公司、银行等等)亦殆没有何等相同；因为，在这些以及其他许多别的情形下，以薪俸为生的首领们，必得站在一种地位并发展一种心理的态度，即在很多方面，会很密切的与食俸的国家官吏相联系，这些公司和国有的实业不同，他们自然仍是为私人利润而工作；但我们不妨这样说，他们拿薪俸的首领们的心理状态，为业务利益的概念所左右，那和为股东获取红利的愿望所左右，是差不多的。

公共事业的增进 我们知道，在现社会中，已有许多产业与公务，或为公共团体所有，或为公共团体所管理，或直接归国家，或归市，或归属于国家所指定的某种公务公司。但是，这些公共管理的公务，若要置之于社会主义社会的机构中时，却不能把它们当做一种社会主义的现成模范；因为任何受国家扶植而进行的制度不能不以负其责任的国家的性质为性质，在一个资本主义国家中，公有的业务都会具有很多资本主义的特质，我们可以举出许多很显然的例，比如英国的所谓“市政社会主义”（Municipal Socialism），在很多城市就完全是为保守主义所把持——伯明罕（Birmingham）就是一例，这是很有意义的。近年来公有事业的最重要的扩展，不是由于社会主义政府的行动，倒是在保守者或资本主义者的保育之下，这亦是很有意义的。这适用到《大英电力供给案》，就树立了“网线”制度（“grid” system），并使巨大的传递与电流的售卖得了公有的专利。

第二节　何谓社会主义

社会主义在实际上并不包含产业公有的建立，不过，关系自然是有的。有很多产业与公务已经公有了，而其社会无论在结构上或外观上仍然基础地是资本主义，这是很可能的事。社会主义的要素，不是在产业经营的组织的特别方式，而是在人们的特别关系。社会主义者主张：这种人的特别关系是他们希望建立于全世界的，只要产业、公务与资本的所有权仍在私人手里的地方，这种人的关系就不能存在。为了这个理由，和关于生产效能的理由，他们希望把生产与交换的事业都社会化了。但社会化不是一个目的，而是一个手段——一个用来达到实现人类平等理想的手段，这平等理想，是放在社会主义运动的基础之上。

自然，平等可以有很多不同的说法。它可以这样解释，凡人都应当有平等的学识与才力，并把这些特质在平等的衡量中，用之于各种服务。但这是很明显的，使才力平等，决非人力所及——即或其真正意义是指各种不同的才力间的那种平等观念的话。可能的事，只是排开那些无能而又阻碍群众去发挥其所有——至少是潜在的形式——的才力的人，以减少现存的才力与服务的不平等而已。社会主义很明显地不是主张人类间的才力平等；但是主张一个制度，一个尽可能的使每一个人都充分发展他内在的特点的制度。这包含了一种给一切人自由公开的教育制度；并包含有一个很进步的物质环境，用以防止疾病，防止营养不足，防止有价值的人性的阻塞，这些有价值的人性在过去生活中，是困于拥挤而被压迫的环境，致不得伸张。此外，它还包含了一种进步的精神环境，在这一点上，从奥文(Robert Owen)的时候起，社会主义者至少是同等的着重。因为，若人们要尽其可能之才力时，他们必得在心里有服务的观念，所以在年轻时就要知道，要视他的才力当作一种力量，这力量发展到最充分的限度，是为了要在这社会上加上他们的重量，社会是他们这些分子造成的。就形式上的意义说，这有一部分是教育的工作；但是，和家庭环境的物质条件，和经济制度赖以促使人民工作的动机的性质，也是很密切的关联着。因为一个拘束的家务的环境，是一个想像力与服务的精神性质所不易生长的场所；至若使一切人诉诸一种狭隘的自我利益的动机的工业制度，那也不像能使那些从小在这种影响下长成的人，会发育其较高尚的集体责任心的精神。

平等　不时曾有人这样提示过：人们要求在他们社会中所建立的平等，是机会的平等。这自然是很必要的；但它本身还嫌不够，因为机会的性质，还得充分说明。机会平等也许会解作一个给人人以与别人争胜的平等机会——魔鬼取最后的政策——这样所得出的结果，不是给人人以自我表现的最充分的机会，而是以成功的少数践踏失败的多数。机会应当尽可能的是做有用的事业，成就良好的职务，并在确定的目的上，发展先天的才能的机会。因此，教育机关的民主化，使每一个男女小孩得充分发展其能力的机会，那虽是这种社会事业的必不可少的正当企图，但它本身还嫌不够；因为企业制度与民主教育的平等基础是显然冲突的，为了供应企业制度需求而推行的民主教育，其结果，定然不会在最大可能范围内使全社会中人得展遂其意志与能力。

承认人们的天然不平等，及承认必得多准备平等机会，以减少现存的不平等，这是必要的，但同时也必得去组织社会生活，然后其所准备的机会，才是为乐意而有效的服务的机会。但是现在工业制度所由建立的基础与这种理想是尖锐冲突的；因为它的基本假定是：对生产努力的特殊引诱，必得是对个人给予物质报酬的引诱，或失去劳动机会的灾难的恐怖。十九世纪的全部经济原理，是奠基于这样的论点上，以为对生产的建设的冲动，必由人的欲望引起，那不止是求生存的欲望，且是尽量积聚物质财富的欲望。但这实在不是事实的真实说明；个人获得的动机，虽不无若干理由，但每个人的心理，乃至其他许多事实，都不得不加以考虑。热心的工商业者要求权力和要求金钱一样。他甚至重视由金钱得来的权力远过于金钱自身；工人的从事工作，其为获得工资的意识动机，还没有因为工作是一般命运的原因多；社会环境的传统习惯，使他天天去作工，而全无关于动机的反映。如果不为了这个原因的话，职工组合主义早已经有了更坚定更有力的运动，或者工人们早已表示不能忍耐他们的命运。但在事实上，最多数的人们在他们所长成的环境中，本能的满意而且毫不发生问题。他们也许会由一些特别原因驱使其从事革命，不然的话，即使在极坏的经济价钱上，驱使他们成为真正的“经济人”(economic men)，他们也可以出卖其劳务。

人类动机问题 在造成现在经济制度的工作上，旧来社会习惯上的“传统”，具有很强的力量。动机曾给它增加力量，但经济学者在论断其制度时，却过于依傍动机了。那些个人获得的动机，或因为职业的丧失，以致陷于收入丧失的结果的恐惧的动机，对于大众心理的影响是次要的，是很小的。这些动机，在一个少数人的阶级是永远藏在心里的，工商业活动的领袖们大部分是从这阶级中出来；而这些动机对于群众则仅是间或在害怕由反抗艰苦的环境的结果时，发生制止的作用。但这些动机并不是，而且永远不曾是生产制度的大策动力。

当我们要考虑找一个别的经济组织来代替资本主义制度，究有若何的可能时，那是一件很重要的事体。古典派经济学者以为若不经过大灾难，那是绝不可能的，因为他们相信，群众只是为个人赚钱的恐惧与希望策动他们去工作。假使这个观点是错误的，而这些动机仅是集体传统力的次要的事情，那末，有利于资本主义的为众所习知的原因就成为很弱了。从资本主义到一个新制度的转移的过程，纵然是非常困难的事，但是一个有组织的代替形态，却能依傍这同一集体的传统力量。

不过，我虽认定显著的资本主义的动机是从属的，但并不以为它们是不重要的，也不以为人类之继续工作，完全是由于集体传统力量的推进。有了这从属的动机的敦促，人类所成就的工作，乃能比较单靠传统力量所成就的工作多。假使这为人所熟知的资本主义者的动机被废弃了，自然要有别的同样强度的动机来代替它们。然则在社会主义者——即主张在经济秩序的基础上来一个根本变革的社会主义者——看来，这些动机该是什么呢?

在现存制度下,工作的集群性(collective impetus)的力量是被阶级敌意的影响减除不少的。活动于大规模资本主义企业中的广大群众,不论其是否因压迫禁制而怀着怨恨,他们总不会意识到他们对于那些在生产进程中的事业,负有任何真正的责任。责任是必得跟着权力而来的,那些没有管理权的人们,当然不能希望他们来感到责任。社会主义者们说,为了这个原因以及其他现代工业工作上的单调乏味的原因,一般大众对于他们所做的工作,是敷衍,是不乐意的。人们为工资出卖他们的劳力,至多不过使他们觉得为了获得工资的义务,而给予他们视为合理的经济报酬的东西。特别是在那些大规模经营中,其庞大与非人格的性质,简直破坏了雇主与被雇者间之一切个人的关系。而一般无同情心的与糊乱的管理,自然更会使这种情形加坏。凡在这种情形流行的地方,工业管理者为要减低其消耗,对于他们被雇佣者自愿服务精神之消失,自不得不设法救济;于是加快机器的速率,驱策他们更苦一点;或者在生产品送上移动台以前,使工人依照顺序,受机器的速度的迫促,不能不在一定的时间内做他指定的工作。但越是诉之于这种更苦的驱使工人的方法,其自愿协作的精神与负责任的意识便越被摧毁了。因为这种催动的方式的要素,是把出产品的责任从工人移给机器,工人仅仅成了机器的自动的助动者。那样的方法,于摧毁自愿服务的精神外,对于公民身分,对于工业,无疑是一样的坏;因为人类在工作的时间内所受的待遇,是会深深的影响其在暇豫时间的态度的。

服务的观念 在广大的社会动机的刺激之下,男女们所能提供所能持续的有效的服务,超过于资本主义所能命令他们做的,这个观念,种下了社会主义者信心的根源。社会主义者相信,在使作工成了公共命运的传统上,建立一个在公共服务中的工作责任的积极意识,是可能的。他们指出,现代生产主要是一群密切合作的人进行的一种社会进程,所以整个服务的效能全赖每个人对于群的工作上的贡献。他们相信,在这些条件之下,建立起一种群忠(group loyalty)与负责的意识来督促人们作最大的贡献,那是可能的,不过这里有两个条件。第一个条件是,工作的本身要是值得做的,就是说,那是显然打算供给真正的需要的,并且在里面从事工作的人们,都了解工作的性质。这个意义所包含的,不但是说生产的货物将是有用的货物，并且对于那些需要这些货物的人，能有分享的保障。换言之，就是不但要节省不值得生产的货物的无用劳动，而且要有一个分配的合理的制度，将货物尽可能的用之于人类的福利。

第二个条件在实际上是同样重要，那是说，那些参加工作的人，会觉得他们所从事的工业组织，自顶上到底下是一个进程，在这进程中，各人都尽一部分任务，都是各人自己在同样的动机与刺激的基础上尽一部分任务。

现在，工人或事务员没有这个感觉。甚至营业中负责的经理们，在工人、事务员们看来也同样的是领薪水，因此，同样是被雇的技术人材。因为他们觉得这些领薪水的营业管理者们是管理的代表者，这些代表所关心的，是在推进企业为私有的股东生产最大的利润。在这些环境里面，从事企业活动的全部用手用脑的工人中，没有公众的意志——没有群队精神（除开那些为经理负责者方面以非常例外的性质而获得成功者外）。这群队精神的消失，在工业组织的效力上有很不幸的成果，它产生不断的冲突与接二连三的不正确的意识；特别是它逼着以督率的头目的交替作为鞭策生产力的刺激。生产者分成敌对群，和生产者在生产努力上缺乏公共服务精神，那对于生产效率的损失是不能计算的。

假使工人们，或者说从事企业活动的全部雇佣者（从用手的工人到高级的经理）能了解，工作效率是加于他们在群的意义上的一种社会责任，能了解他们所从事的工作，是值得做的而且会利用得好的工作，能了解他们这个团体有依他们自己的方法，组织他们的工作的极大可能，那社会主义者就会相信，一向工业赖以推动工作的诸般手段，如较高生产的物质引诱哪，如恐惧失业而刺激人们作较大的活动哪，如使人附属于机械的自动驱策哪，都会很迅速的减少其作用。这不是说促使个人作较高努力的物质引诱可以完全废除，而仅是说，当新动机在有效的表现其作用时，这些旧动机会大大的降低其效用。由旧制度转移到新制度，定然有种种的困难，新刺激的反应，对于从新环境里面长成的新工人，较之对于那些久习于旧环境的工人，是容易多了。但社会主义者们相信：如果借教育制度的改造与工业组织的改造，以造成便于新动机成长的正当社会环境，那人们对于工作的态度的转变，是定然很快的。他们指出俄国的实例，表示在新环境之下，新社会动机该会如何迅速的显示其作用。真的，俄国曾保存了低工计值的制度，并且对于海外的批发贩卖生产，亦不曾抛弃物质的引诱；但与这同样真实的事就是，俄国对于工业效率的引诱，已比较不着重这些元素，而是更着重于受雇佣群众对于新动机及其对于在苏维埃工厂中青年共产党突击队的热情领导之自愿的反应。

第三节　工业的统制

在战时与战后不久的期间，很多国家的工人，都发生参加工业统制的新要求。事实上，这种要求是早于世界大战。它是在十九世纪末的Fernand Pelloutier的原始灵感之下，为法国辛迭开主义者(syndicalists)所提出。它在世界产业工人的宣传中最初出现于美国。它是基尔特社会主义[①]运动中理论的主要点，基尔特社会主义曾在战前的"新时代"(New Age)的影响之下，在英国成长起来。但战时的环境，给它以新的更紧张的刺激；当战后各地工人阶级团体重新陈述其纲领时，"工人管理"的要求，总要在他们所有的要求中，占一个重要地位。那在英国系为矿工、铁路工人、邮务工人以及其他许多团体所提出。在法国则见于工联(Conféderation Générale du Travail)所提出之工业国有化的纲领中。在战后的德国，亦曾表现于其社会化的纲领中。其在美国，由世界产业工人的"蓝刊"(blue print)宣传，以至关于铁路的一次著名的"普览计划"(Plum Plan)都曾由许多形式，提出此种主张。

这各种计划，内容各异，但都有某种共同的特质。它们都以为产业必得成为一种很广大范围的合作与基尔特事业，这事业，要付托于各种业务下工人全体所组织的各种形式的自治团体。他们认为没有什么产业可以绝对由它自己去进行，并且认为像产品的价格，生产者的报酬一类事体，必得由一些权威的机关来决定，这些权威机关必得比产业的本身更广阔，而且可以代表整个社会来说话。但是在这一切条件之下，每一个产业必使之在那些首领之下，尽可能地使它成为一个自治的团体，至那些首领，则须由将来接受其指挥而活动的人们选出。大家觉得，每种工业的自治

---

① 基尔特是英语guild的音译，基尔特社会主义也称行会社会主义，是20世纪初欧洲工人运动中出现的一种改良主义思潮。——编者注

责任的允许，可以使雇佣者全体间能创造"群队精神"，并且能提供为公共利益的工业行为，同时还能避免官僚管理的危险。

刚在大战后的工业最不安宁的那几年中，这种观念非常盛行。在那时候，职工组合是占很强的地位；并且在工人管理的方面，似乎有很大的实际进步。但一九二一年的恐慌，击毁了当时职工组合的权力，他们只能对于减少工资和加恶工人状况，作抵抗的要求，而再没有余力来提出他们的新要求。基尔特社会主义运动以及其他要求"工人管理"的运动，在以后不况的诸年度中，差不多完全无声无臭了；但他们理论中的一些东西，已经参入全世界的社会主义政策中了。因为无论如何，它教会了社会主义者们，使他们不相信国家的直接管理下之工业社会化的计划，或者由官僚的方式来管理这些工业的计划。社会主义者逐渐倾向于以次的办法，就是，关于一般企业的计划与政策，要尽可能的由社会全体来支配，但产业的详细处置，则尽可能的委之于职务上的各种团体。

公共管理的诸形式 但是关于这些职务上的团体的结构，仍有许多不同的意见。有些人主张要树立专家的会议，这些专家由国家指派下来，向国家负责任。就他们和从事于各种服务的工人团体的关系说起来，他们是占一个私有工业中的雇佣者或以薪俸为生的管理人的地位。有些人则坚持，各种工业之管理团体，必得要以实际代表各阶层各部门实际从事于工业的工人来建设。第一种意见的理由，是说要推进工业，使能达到很高度的技术的适合性，最要紧的是把他们放在管理人的地位，而这个结果，决不是采用选举的代议制度可以获得的。第二种意见，则是根据于以次的要求，即使全体工人有一种为服务的效率的集体责任心，并使他们有一种自己也是合作分子，而不是仅以两手从事劳动的意识。

很明白的，这两种意见都有很多的论据。那些主张把产业都拿到手里来的社会主义者，显然不能不以可能得到的技术效率来管理它们，至那些很像是安排在社会管理形式之下的工业，尤需要大规模的技术上的改造。在另一方面，假若以技术管理者由国家派定的方法，代替由私有股东派定，那在其一切照旧的限内，从事工业的工人的地位与其对日常工作的态度，依然会继续不满，对他们所要求的新反应，也不见得会发生出来。因此，在要求工业社会化的限内，我们是有努力调和这两个观点之必要的。为技术的发展计，现在各工业的实际管理团全体，必得是由国家所指派，指派他们完全是为他们适于这种职业，而不是要他们作任何特殊团体、任何利益的代表。但是，在那些位于大社会化公司之领袖地位的完全专家中，应当参加工人所选出所信任的分子，那是有很多理由的；并且，要从产业全部分子中产生各种代表会议，而且在产业事务的规制中，要给这些会议以逐渐增长的权力，那也是有很多理由的。这些会议的权力，在最初也许必需限制，让集体负责的新精神得有充分时间种下根基；但自此以后，就应当很快的增加他们的权力，以便到了产业转移无害于技术效能的时候，即刻可以使产业转移到代议基础上的自治组织。

这是通过社会化统制形式下的每个工业中的内部组织的事情。但按照国家经济计划的概念，以调节各种社会化事业亦属必要。每种产业或公务，大可组成一种照料他自己内部事务的大自动法团——一种相当于现在俄国的"康拜因"那种团体——在大产业中，这些法团自然会区分为较小的自治部门，那有时是按照特别的区域来分，有时是按照生产的特别部门来分。这些较小的团体，将相当于俄国的"托辣斯"。这些"托辣斯"是各种"康拜因"的组成分子。在更大的范围上，或许关系密切的产业会通过各种管理委员会而联结起来——英国劳动党对于燃料运输事业社会化计划建议的一部分，即电力运输委员会(Power and Transport Commission)即其一例。这个委员会之下，必有许多关于铁道、道路运输、电、煤以及其他生产部门的部分的法团，并日，当社会化的组织更向前发展时，其他工业(例如金属工业、棉织工业)的类似的委员会也会发生；同时，合作运动对于分配的贸易与对于专为家庭消费的范围很广的各工厂，亦会占一个同样的地位。最后要说的，就是社会主义者把那种依照国家计划机关意旨行事的国家发展委员会，看作是对于社会化工业经营的同等的团体，很像在俄国的国家计划委员会(Gosplan)对于劳动国防会议(The Council of Labour and Defence)的关系一样。

各种经济会议 近年来，公共的与半公共的事业有很可观的发展，这些企业与上述的构造有好些类似之点，至少是有表面的类似。即如大不列颠广大的电流传递之社会化，已由一个法团的建立而实行。这法团名中央电局(Central Electricity Board)，从事于社会化服务的管理。在德国、加拿大，甚至就在美国，都有通过法团而使公务机关社会化的同一倾向。近年还有一种运动，就是各国继续设立各种中央经济会议，并把顾问的职能给与这些机关，这至少是国家工业计划理想的一个雏形。但是，这些会议的权力究竟太小，不足以获得任何较大的成果。并且，就各种情形而论，他们全体人员也没有鼓励他们作他们可以发展到满意的计划团体的希望。在他们的组织中，专家太少，持有工业上之不同利益的代表者太多，他们大多数人，要保全资本主义构造与阻止社会主义事业发展者多，要发展任何有联络性的国家工业计划者少。他们在有些情形之下，对于政府作产业法的次要问题的贡献是有用的；但对于工业制度上改造的任何独立发动的领导，则从未有若何的表现。那些考察德国或其他国家的经济会议行动的人们，越来越明白那些基于雇主与工人代表间的平衡力量的团体决不能有任何真正有力的建树。

第四节　马克思主义

自然，社会主义者都有一种坚确的信念，就是在资本主义制度之下，要雇主与雇工之间超脱敌意，那是不可能的；他们以为这种敌意，是建立在根本无从辩护的不平等和目的的无可调和的性质上。关于这件事情的社会主义的见解，很早以前就由马克思写在他的《资本论》(*Das Kapital*)第一卷中。即使那些不用马克思术语的社会主义者，也还是接受马克思学说的精华。马克思的基础意见是，在资本主义之下，劳动是不合理的被看作商品而买卖；劳动力在工业中成为一种生产费用，劳动者的所得，并不看为是工业进行的目的。“劳动力”被买被卖；资本家因为它是生产的一种元素不得不买，劳动者因为此外无谋生之道，不得不卖。但交易的条件是非常不平等的；资本家因为有蓄积的资本由他处理，他可以把那些由大规模生产与劳动分工所增加的利益，给他自己获得很大的部分。劳动者由个人的努力取得报酬，他这种努力限度，系按照市场竞争的情形而决定；但当劳动因利用技术进步的结果，而增大其生产力时，生产力增加的主要利益，都以利润的形式归到资本家方面，而不归到工人方面。工人们借着团体的力量，也许可以从生产力增加所得到的利益中获有一个份额；在劳动少于需要的地方，就令没有有力的团体，真正的工资也许可以增加。但是，就马克思主义者看来，资本主义制度中有一种内在的倾向，就是把经济组织上不绝增大的生产力的利益，总是不合比例的分配于地租、利息与利润,且还剥削工人,其给与工人的份额,远较工人在生产上努力所应得的额数〔要少〕。

其实,马克思关于这种情形的叙述,比这里所叙述的远要强而有力。因为,他曾从古典经济学者得出一种"生存工资论"(Subsistence Theory of Wages)的信念,他由是主张由工业生产力增加所得的利益,全都给地租、利息、利润所霸占,工人什么也得不着。但马克思自己也承认维持生存的费用不是绝对固定于工人身体的物质必需,而是取决于传统与习俗,所以那是可以变更的。这就是说:若是因劳动的缺乏或胜利的集团讨价,使工人们增加真正工资到过去的水准以上,并且这较高工资,如其一直继续支持到这新的水准被承认为"生存水准",那末,工资就不一定会回复到从前的标准了。但是,这点如被承认,"生存水准"也就无多意义。马克思的论旨,只是要证明生产工具的独占,使资本家有机会去霸占工业生产力增加利益中的非分的份额,除此以外,则没有什么真正的必要。我们在前章讲过,在生产力增加期中,利润的增进超过工资的增加,这个倾向,是资本主义制度不安的根本原因;因为这倾向必然会产生消费者需要受限制的结果,消费者需要受到限制,日益增进的生产力,乃不能为满足人类要求而充分利用。

因此,马克思主义的基本概念,就是生产工具由资本所有者所独占,必然要招致剥削劳动的结果。近代工业上的生产,根本是一种合作过程;但这合作行为的责任者,却分裂成为敌对的团体,它们在生产过程中占着极不同的关系,这一来,合作的性质却又被否认了。在一定的时期中,这种差异,是必得加以改正的。照马克思看来,在所有权和生产品分配的立脚点上,产业的社会化,是劳动过程社会化的论理的结果,而劳动过程的社会化,则是机械生产的结果。

但是,马克思并不主张每一个工人应该获得其劳动所生产的生产品全部,不过有时别人以这个意见诿诸马克思罢了。马克思在他所著的《价值价格与利润》(*Value Price and Profit*)中,大部分是驳斥这种意见。在马克思看来,在现在的产业中,没有任何东西是一个人的劳动的特殊产品,只有许多人合作的努力之下的特殊产品;要指出这个人或那个人在生产商品的复杂过程中真贡献了多少,这是不可能的事,这些商品不过在制造的某种阶段中经过他的手而已。工业的生产主要是社会的生产,其结果不仅是由于各种行业中很多合作生产者的日常活动,同时是由于很多过去的生产者的工作——现在工业制度较之过去制度能生产更多的生产品,凡对于造成现代生产制度有过任何发明与努力的贡献的,其实都得算入社会生产中。现代工业生产品的价值大部分,应归功于生产力的社会遗产,这是现代人从那些已经过去的人们那里得来的。因此,依照马克思的理论,工业生产品决不能按照特种用手或用脑的工人的特殊贡献来分配。他主张,因为生产是社会的生产,所以它是属于整个社会,而其分配也就不是按照假定的他们对生产历程的贡献而给以报酬,而是分享所产生的财富,这些财富的目的,是为了创造人类最大限度的幸福与满足。自然,对于那些不愿意对社会事业参加劳力的人,不能没有处罚,甚至,为了诱导对生产努力的必要,物质的报酬,亦是不可少的。不过,这两者在分配所得上,都是次要的事体;主要的指导原理是需要的原理,大多数社会主义者主张最合于这原理的办法,是要逐渐使社会上的每个独立分子最接近于所得的均等。关于所得均等的问题,我当在以后再来讨论。

唯物史观 在资本主义制度下,雇主是由占有生产力增进的利益之非分份额,而进行劳动的剥削,这理论仅是马克思学说的一个成分。这个成分是在马克思著名理论的“剩余价值”(surplus value)的基础上成立的。但经济史观或唯物史观对于了解马克思的地位,亦有同样的重要。这个理论常常为人所误会,所以不能不仔细说明一下。马克思说:无论在何种文化中,或任何一定的时代中必有某种“生产力”(powers of production)存在。这些力存在于为人类所使用的物质资源中,与利用他们的人类知识中。好像,煤在地下时不是生产力,要直到人类发现它是可燃烧的,知道怎样去开采它,然后才算是生产力。这些生产力是随着人类知识之增进而继续变更的;因而人类文化所奠定的基础,是一个常常变动的基础,在人类利用自然的任何阶段——就是说,任何时代的任何文化——有一定的利用与组织,适合于生产力的最好的方法。人们生存的方式或以渔猎为主,或以农业为主,或以海外贸易为主,或以各种不同的方法经营工业为主,他们所采取的组织,其经济生活的方法,必得和他所从事的生产行程的性质,所加诸他们的需要相符合。为了去打鱼,或去开采煤矿,或去生产电力,人们为了设计进行这些特殊活动,必得组织一种经济制度;这种制度自然包括财产关系以及人类关系。因为谁将管理工具与生产资源，谁发号施令，谁执行各种相关的职务，是必得要有决定的手段的。经济关系的构造，就这样自然的、无可避免的在人类处理生产力之性质与发展之下产生。但马克思并主张：这种经济关系的构造，却又统制与决定其所存在的社会中的政治构造；因为他以为，国家是一种组织人们的政治关系的团体，她主要是为居民进行生产与准备生活手段而提供以必要的环境。马克思曾在《共产党宣言》(*Communist Manifesto*)中历述欧洲的政治组织的连续形态，适合于其经济组织的连续的形态，而经济组织的连续形态，却又奠基于人类使用自然资源的连续形态。因此，封建主义——它拥有一种依每个人每个阶级对于土地的关系来说明其人的关系的制度——是在生产力进步中，基于纯农业形态的经济制度的一种政治表现。在别一方面，现在资本主义——它有契约的自由，有成千的私有投资者，成百万的工资劳动者，有议会制度与其表面上的民主主义——则是机械生产的现代制度的反映，而这种机械生产是以劳动的分工与合作及进步的科学技术的发展为基础的。

马克思主张：在生产力与财产关系及建立于这种关系上的政治结构的演进中，每一个阶段产生这阶段所特有的诸经济阶级的安排与对立。在世界史上每一个生产制度把人们划分成两个阶级，他们以生产发展的必然，而不得不相互敌对。因此，封建主义产生一种阶级关系的制度，这种制度是把农民在奴隶状况下束缚于土地之上；而资本主义之演进，却从奴隶状态中解放了劳动者，而给以虚幻的契约自由，因为他们必得要和那班独占生产力的资本家作买卖劳动的交易。

马克思说，在现代资本主义的演进中，资产阶级为了要利用机械制度所贡献给生产的最巨大的机会，不得不把工资劳动者组织成为大群体，而雇用于巨大的工厂中，集中于大都市。它要是一面这样做，一面又要有效阻止工人间的组织发生，那是不可能的事；经过若干时间，他们的组织非常强固严密，足以坚决要求与雇主们作集体交易的权利。他们开始发展对他自己的集合力的意识，发展对他们所从事的生产进程的集体性的理解。这种意识与理解，在他们心中逐渐孕育着反对剥削的意念，并且逐渐确信，社会所有权及支配权形式须符合于产业进程的集体特性。因此，他们中相信社会主义的逐渐的增加了；当他们对社会主义的信念发达到足以使他们自己来取得生产工具以为整个社会之用的时候，足以废除资本的私有权的时候，且足以使雇主阶级的继续存在在生产努力上成为没有必要的时候，他们的组织，将给他们以力量。马克思以为劳动阶级的这种胜利的获得，根本是采取政治方式，并以为那是整个工人阶级的胜利，而不是它的任何特殊部分的胜利。因为他相信，生产的社会特性，把全工人阶级紧联在一起，工人阶级克服资本主义的力量，全靠通过一个代表整个工人阶级的有组织的政党而发生的政治行动。

社会主义与独裁 但在马克思理论中，工人阶级的胜利与以前的阶级关系的变更，在性质与结果上，有根本的不同。当新兴资产阶级强大起来，推翻封建主义，并创造具有议会制度的现代资本主义国家的时候，那儿仍然留下一个极大的阶级，以供其剥削——这阶级在社会中是极大多数。资产阶级逐渐吸收那些旧土地所有者阶级到它的行列中来，直到土地已实际上变成一种资本的形式，无论在使用上，或从其中所得的收入的性质上，均无异于别种形式的资本。新兴资产阶级第一步颠覆地主的权力，然后把地主的利益吸收给他自己。但是当工人阶级再来履行推翻资本主义的程序时，再没有其他被压迫的阶级留在它下面给他们压迫了。所以，将来由工人的阶级胜利创造出来的新社会，其本身就是一个无阶级的社会，这社会的基础，不是建立在这一群剥削那一群的基础上，而是建立在分享社会经济活动之生产物的基础上。

可是过渡到无阶级社会的转变，不是即刻就能成功的。正如新兴资产阶级在自身吞没地主以前，须把地主推翻一样，工人阶级在废除阶级分别以前，须把资本主义破坏到绝对不能挽回的粉碎。因此，有一个时期，无产阶级必得成为统治阶级，而决不能让那些已摔倒的阶级再沾染政权的任何部分。这个时期，就是所谓"无产阶级独裁"[①](dictatorship of the proletariat)的时期——以完全的社会主义政权来代替资本主义的一个主要的过渡形态。有些马克思主义者(德国社会民主党的大部分自然在内)，不承认这种理论是健全的马克思主义，因为这是很清楚的，他们主张社会主义得以渐进而无痛苦的建设的推移，用议会的行动从资本主义制度产生出来，所以他们和无产独裁的理论是相冲突的。但马克思相信独裁的中间时期为必要，是无疑问的。他虽不曾在什么地方系统的表述他

① 无产阶级独裁，现通译为无产阶级专政。——编者注

对变革过程的见解，但至少在《哥达纲领》[1](Gotha Programme)论文中说的非常明白，他这篇论文，是为批评德国社会民主党在一八七五年改组时所采取的政策而写的。

俄国共产党以独裁理论为其政策的最主要成分。在他们看来，不到一切反革命的危险都已除去，不到俄国社会中残存的非社会主义成分都已肃清，俄国不能成为无阶级的社会。所以，他剥夺资本家及统治阶级的旧分子的政治权利，肃清富农(kulaki)，加紧努力俄国农业的社会化。但俄国并不是想永远独裁，把俄国人口的一切分子都驱之于政治权利之外。独裁只是存在于转变没有完成之前；那种转变一经完成，无阶级社会基础上的真社会主义就开始了。

第五节 政 党

但实际上的俄国无产独裁，不仅是把一部分人民的政治权利剥夺了，不仅是在俄国人民中肃清非社会主义分子，它还包含了以共产党来有效的统制全俄的制度。就理论上说来，最高的权力是属于庞大的苏维埃代表会议——从苏联各部分来的一个1500代表的大集会——同时是属于从这个会议所产生的中央执行委员会；但实际上，真的权威是存在于共产党本身的执行委员会，而这个严密组织的党，不但能够左右苏维埃会议的选举的方向，并且还在那庞大的会议开会的时候，从会议中推荐中央执行委员会的候选人以作更安全的保障。俄国的真正独裁是共产党及其领袖的独裁；革命以来，庞大的苏联领土之得以统一政权，得以在统一的统制之下达成五年计划，那也许除此以外，别无其他方法。

但这却不是说，一个在经济传统上较为集中，且较习于统一工作的较小国家，她也需要像俄国那样的独裁。不过，就在英国，乃至在人口更多的美国，其政治与经济政策的有效的指导，就显然非有一个组织很强、纪律很高的党的制度不可，在所有这些国家中，现在的政治生活，都是通过政党来进行，没有政党简直就无法推进；为现存政权而工作，尚且需要政党组织，若要实现一个完全新的经济制度，那当然需要一个更强有力与更

---

① 原文如此，应为《哥达纲领批判》。——编者注

坚固的党的组织。因此，我们必得作这种预想，就是社会主义假若实行于西欧，或者更进而实现于美国，在其实现过程中，必伴着一个比现在政党有更好纪律与更强组织的一个社会主义政党的创建，并且必然随着将传统的议会的实际大大的改变，使适于独裁的方式。因为一个要求变更经济制度的基础的政府，当然要行动敏活、决断，并在各方面划一步骤。至于为支持现存制度而设定的议会政治，其行动迂缓，很不像可以对付急进经济改造上的极不同工作的适当工具。

党的制度 党制的概念，在俄国共产党的心中，和在别国人的心中，很不相同，这自然是事实。依照议会制度下的各国的传统惯例，党制不止是一个组织选举的工具，不止是用来造成一个强国政府，以实现一种明显政策的工具，它同时还安排有一个在野党，时常强硬的批难政府，并时常准备着自己来取而代之。政党的这些特性，在有两个大敌党相互在朝在野的国家，特别显著，在那些党派较多的国家，政府照例是建立在较小的党派的交互联盟上，这些特性，就比较不大能显现出来；因为，在这种情形下，政府例皆缺乏那种为实现野心政策所必需的积极的贯澈始终的力量，反对者宁提出部分的利益，而不提出一种笼罩全体的相反的政策。有两个政党的国家或两个敌对的政党占优势的国家，其政党制度乃表现得最有声有色，这是一般所承认的；战后欧洲议会政治的弱点，大部分归之于政治党派的众多，与政府建立在不安定与不完全的联盟上的结果。

政党制度的俄国的概念——我们可以加上意大利——是基于一个完全不同的观点；因为在共产主义者与法西主义者的理想中，不是需要两个党来完成在朝与在野的任务，而是需要一个单纯的党，在国家内及立法会议中都一样有强固的组织以执行一种建设的继续的政策，其工作范围，较之简单的选举立法的活动，广泛得多。这个观点之不同，显然是存于政府必须担当的工作的不同认识上。"两党制"曾被誉称为一种确保现存制度之安全与逐渐适应性的工具。赞成两党制者所持的理由，就说是这制度依政府变易的弹性，来对付那些不满现状者，以保存现状。但是在这种党制上占着优势的两个敌党，其根基是密切的一致——虽然它们对于次要问题也许不尽一致。在十九世纪中，英国保守党与自由党尽管有很多不关社会基础构造的事体表示不同意见，但是在希图保全资本主义及其并行的议会制度，则彼此正同。在美国，民主党与共和党之间的基本理想的差异，较之英国自由党与保守党间之理想差异，甚至更少。但一到另一个方式的政党起来——这政党不能承认现存秩序的基础，而企图社会制度的一个完全变更——或者，只要此种政党已经强大到能够在一国政治生活中占着主要的地位，则所有这些保存现状的政党制度，就完全无用，完全不合时宜了。因为，假若两个是基本观点上不同的政党，交互在朝在野，那末，一党得势，它就得在很多时间去取消其前任者所进行的工作。在这种环境之下，要图有所建树，绝不可能；国家定会由此陷于紊乱，而独裁制度与议会制度的利益，都将丧失。

新旧政党制度　因此，当政治生活由一个关于社会组织基础怀着根本差别意见的力量来统治时，旧的党制就得摧毁；自然，在这些敌对的力量中，每个力量都想自己的政权能够长久、稳固，因而尽量图谋防阻敌对力量的重复拿到政权。但这不是说，一个国家达到这个地位，就可免除党的组织。反之，因为重大的变更还成问题，所以还需要比从前更强固的党制。若单靠议会的多数的力量，决不能把那些转变实现；因为他们在国内的有效的实施，必需由整个领土内的各种人民的绝对合作，且必需这统治党的目的及其所用以执行的手段，得到广大民众的了解。就因此故，这种党治，就会比以前更加坚强；这个取得了政权的党，不仅要努力于使群众允许其继续政权之暂时的安全，且要破碎、毁灭其敌党的组织，使之永远不能复活。这种情形，在意大利与俄国都遭遇到了；在这些国家之内，反对共产党或法西党，都视为反叛国家。这种对政治意见的压迫，颇受世人责难，世人都认为是非民主的与不合法的；但是，假如有一个敌党机关存在着，继续不断的反对政府，而且能使政府的命运随时可以告终，那末，共产主义所希望的基础变更是否可以完成，那就很难说定了。因为社会主义的制度，是不能单靠在议会中或在代表大会中通过些议决案去达到的。那必得要在若干年的长时期中，依照一个计划周到而又有系统的政策的继续努力。

然而所有这些结论，哪怕是全世界大部分社会主义者，还是非常不愿意赞许的。因为，在若干国家（其著者为英国与北美）中，两党制已经深入骨髓，要在此种党制以外，想到其他制度，那简直是极难的事。在他们的心中，政府根本就是一个政党交替统治的组织，或者无论如何，总设想有一个热心企图当政的敌党，在继续反对着。他们不肯承认这个两党制，是在对敌党双方所假定的基本社会存在上托其生存，从而是保存现存秩序的一个极好的工具，而极不适于达成澈底的变革。因此，当社会主义政党发达到可以当政的时候，它自己就很容易陷于自相矛盾的政策。他们企图以各种不同的急进的理想新秩序来变革，来代替现存秩序；但同时他们却又为了避免经济活动之崩溃，而不得不撑持现状。在他们自身亦没有一种确信，认定在他们当政的期间，他们可以用议会为急进改革的工具，以奠下必要的新社会的基础；因为，这些变革，要以议会为工具来实现，那不仅是几年的工程，而是几十年的工程。但在新秩序的基础没有奠下以前，主要的工作却是保存旧秩序；因为他们不能让人民去忍受饥寒，甚且不能使他们感到不舒服，使人民受苦的惩罚，就是政权的早日推翻。大多数在欧战后执政的社会主义政府，动辄受到没有多数明确的群众的掣肘，在事实上，它们只是得着许多旧党的小部分的允许而执政的。这使它们对于任何建设工作的努力，增加极大的困难；而且，即使它们在议会有多数拥护他们，他们是否可以多成就一点，那也很难说定。因为，假若政府要采取任何破坏现存秩序的步调，它就刻刻有颠覆的危险——但若不采取这种步调，它们就要向社会主义的建设工作前进一步，也不可能。

自然，这不是说：因为现在的政党在现存党制之下，用纯议会的手段，没有实现社会主义的希望，所以唯一的前途，只是俄国共产党所采取的暴力革命政策；因为，俄国这种政策，虽说是俄国的唯一可能的路，但却显然不能实施于英美这些国家。要大部分人民企图革命，一个党才能干起革命来；或者，要大多数相信革命是建设顺适生活环境的唯一手段，革命才有可能；但现在英美大多数人民，却特别没有这样设想。德国在经济制度频频受到完全崩溃的威胁之下，其大多数人民也许实在会采取这种态度；并且在将来的某种阶段，美国乃至英国，也不是决没有发生这种现象之可能。但在这两个国家，或在法国，现在决无此可能；在最近的将来，也不像会有可能；在这些国家的社会主义者，即使他们承认纯议会战略不足以建设社会主义，但接受共产主义的教条，是不能解答他们的问题的。

这一点也许可以证明下面两者之一——在这些国家对于社会主义所必要的条件，没有成熟；或没有整备，不然的话，就是有第三个政策存在，那不是社会民主的议会主义，也不是共产党的革命主义。美国现在是第一种形势；因为在美国没有坚强组织的社会主义运动存在，既不能由这样的社会主义得到议会的成功,也不能得到非议会的成功。若美国的经济灾难继续下去,形势也许变化得很快;即使如此,但要建立起一个帮助美国社会基础剧烈转变的坚固的力量,必得需要相当的时间。美洲合众国现还安然保留在资本主义形态中,她是一个西方的国家——就因此故,她不能再说是现在欧洲的任何国家。

其在英国,很久就有一个很强的社会主义运动存在,它成了国内两个领导党的一个。劳动党实在不是完全的社会主义者党团;因为它通过职工组合及合作社而包含了很多非社会主义的成分。但自有党以来,其策动的中心力量,却是社会主义者;而领导此党的大多数人,也无疑自视为社会主义者,因此他们主张经济生活基础的剧烈转变,与主张以所有权及统制的集体制代替私有企业。如其要问在什么地方有非纯代议制与非纯共产主义的第三种政策试行的希望,那就可以说是在英国。

第六节 英国的社会主义

英国社会主义运动,和大陆诸国的社会主义运动有若干极重要的不同之点。特别是它无论在字句上或在意识形态上,从来不是马克思主义。马克思是在英国住得很久,并且也常有英国的马克思主义者。但英国社会主义就在宪章派(Chartists)的时代以来就已经在走它自己独立的路向。从它在一八八〇年复活以至于今,其所受费边社(Fabians)及前自由主义者的影响,远甚于其所受马克思学派之阶级意识的熏陶。它从没有把阶级战或唯物史观等辞句用之于任何广大的范围;它常是更着重它所要达到的目的,而不着重于以阶级斗争为达到目的的手段。它在这个意义上曾经是空想的,它曾以贡献一个社会主义社会的最高理想来向人们陈诉,而不努力于煽动反对现统治阶级的敌意。

这种情形的可能,主要的是出于英国政治生活的较大的自由主义。英国不像德国一样的保留着专制主义及土地封建的大成分在其社会构造中。英国不像法国有许多革命的经验,这些经验教给他们压迫对他们不利的主张。它也不像美国在其人口中包含了很多外国分子,曾为其长期致乱之源,美国大众都由教育养成一种心习,就是为求统一,不惜一切牺牲。在一个世纪中,英国资本主义仿佛是全世界最安全最不能挑衅的,并且是最能给批评者以充分的自由的，它不怕批评，正因批评不足以危害其统治。自宪章派的时代以来，英国社会主义没有遭逢过任何凌虐与压迫的时期。在整个十九世纪的文化中，英国社会主义得自由发展，使工人们和社会其他部门的人们，一样得以逐渐增进其生活标准。在这种环境之下，社会主义运动的必然的发达性，就胜于暴动性，其所表现的社会主义，就成为从现存事物中经过逐渐而无痛苦的演进而成长出来，它通过一些容易的阶段，由工厂法、工人补偿金、退养金及失业准备的主张，到坚决要求为公众利益的重要工厂与公务的共同管理。

费边主义 英国社会主义者的经济理论是和它这种政策的概念相和谐的。费边社在其著名的《费边文献》(*Fabian Essays*)中的经济学的基础，不是马克思，而是弥尔(指 John Stuart Mill，是 James Mill 之子。1806—1873——译者)与哲芳士(Jevons，1835—1882——译者)。弥尔的父亲的功利主义，是最不可妥协的“放任”(laissez-faire)的福音，而弥尔的新功利主义，则是主张社会立法，主张根据“为最大多数谋最大幸福”的一大部分社会主义学说。费边社社员之由弥尔进而着重在功利主义者边沁(Benthamite)立场上所必需的一个较完全的社会主义，正如弥尔从他父亲的功利主义进而主张新功利主义。在大陆的社会主义者大众看来，英国社会主义像是无望的和缓与不科学；在事实上，假若英国资本主义这样继续下去，对于社会公务的改进，及生活标准的提高，作继续不断的新的让步，而没有根本的困难予以妨阻，那末，在这个期间，英国社会主义的政策，只有趋于和缓之一途。

但布丁好坏的凭据，吃了才知道。战后欧洲情势，是有些令人难得捉摸的。大陆社会民主党口里虽然说的是马克思的辞句而坚持阶级战争，其行动上却并不比英国费边社会主义者左倾。当他们实际行动时，马克思的辞句并非当务之急，而议会形势的紧迫却万分重要了。以纯议会政策之追求，来实现改良主义，实际上和费边主义有极密切的关联，而且，当一个党的政策要在议会制度中施行，要靠选举的宣传来赢得无定的投票群众，那对于革命辞句的使用，是没有多大的影响的。

英国劳动政策 但是，英国社会主义——和缓的渐进的政策的典型代表——因近年选举势力的增长，也感到日益增加的种种困难；在战后的经济形势下，它要由资本主义得到新的让步和生活标准的继续增加，那已经是越来越困难了。资本主义受了世界不况的阻害，现在不是以多方的让步，来收买社会主义者的时候了；社会主义者之取得政权，无非是因为选民对其敌党怀抱不满，但它自在不肯作推翻资本主义制度的冒险的限内，又无法满足选民的要求。在这进退两难的情形下，英国社会主义乃在一九三一年之秋发生分裂，接着就形成了麦克唐纳先生（Mr. Ramsay MacDonald）的“国民”政府。因为照当时的事态，好像是资本主义若还要继续其存在时，它就不但不对工人重新让步，却要把它过去的施与收回一些。英国社会主义者在这时候就遭遇着了一种很困难的选择。一个可能的政策，是对资本主义作必要的让步，希望好一点的时候快点回来，以便再采取榨取这资本主义的橘子的方式；这是麦克唐纳和其他少数著名的党中领袖所采取的途径。但是其所领导的组织中的大众，却没有赞成这种态度的；当着要决定前途的选择时，领袖里面忠心于群众者所愿意采取的政策，自然是他们以前掌握政权期间所设施的政策。因此，劳动党领袖的大多数，就丢了麦克唐纳而与大部分党员走向反对的方面。但是他们这样做时，却怀了极大的疑惧，因为他们多数意识到在他们过去行动所依傍的理论中，他们所拒绝的政策以外，没有其他前途的政策。所以劳动党在一九三一年的普选中，就没有它自己的很鲜明的政策；没有政策，自然不免失败；但为了投票者的害怕与最著名的领袖的丧失，其失败乃更加利害。

现在英国社会主义的情形是下面这样：第一，资本主义的难关与世界的不况把它的传统政策洗刷干净了；其次，若它仍要继续成为一个实际政治力量，它自己就必得找出一个新政策。假使它不能实现这种企图，它也不至于真会消灭；因为在选民中它有太多太忠心的群众，不容易把它消灭。但是它却要失却两党交互执政的可能；并且英国过渡到社会主义制度的早年的光景，也将随其失败而消失。然而就在这样的环境之下，可怖的共产党也不能早期成长，因为英国的政治领域大部分仍是完全没有接受共产主义教条的准备。

在英国劳动党中，对于计划一个新政策以适应环境变通的需要，已经有所表现。他们已经认识新政策必别于旧政策，新政策不是许多资本主义制度的渐进与次要的改良，而是对资本主义主要制度的当头一击——最要紧的，是要击中金融机关，若金融机关可以置于社会统制之下，然后就可用为国家经济计划的工具。

银行的社会化 社会主义之所以主张以银行社会化为他们的政策之先锋,那并非因为看出了经济体系上主要是货币上的必需变更,而同意于"通货曲说"(currency crank),而是因为它把资本与信用的统制视为产业改造任务的必需工具,视为使失业工人恢复工作的必需工具,视为使收入的分配更平等更充分的必需工具。但这样一种关于对银行制度及大基本工业的当头的打击的政策,在现存代议制的实际限制中不容易实现,这是很明白的事。特别是在现存迂缓笨拙的立法方式仍然存在的限内,单靠议会,那决不能充分实现,决不能成为一种能够推行的政策。就因此故,英国社会主义者乃逐渐转向立法机构的急进的改造。他们认识,他们要开始来擒住贵族院;他对这个问题的解决,似乎很简单是把它废除。他们认识,他们要来改造议会的手续以及内阁的制度,庶足以使立法的速率加快,行政效率大大的改进,以及政府各部集中统制大大的增加。但是当他们重新得到政权来实现他们的新政策的时候,假若选举者的意见一时对他们表示反对,他们说不定会又失去政权,而剩下大多数的工作没有成就;这个更基本的问题,他们还没有开始来解答。假使他们到了回到政权要保证其实现他们的新而更急进的政策时,他们会发现他们的政治方式,比他们现在所想像的还要近于法西的,甚至近于共产党的政治方式。

因为,英国社会主义者现在决定要把银行社会化,要把全国主要的工业置于集合统制之下,其目的无非是企图现存经济秩序之整个基础的急速转变而已。一个社会化的银行制度,与全国主要产业的社会化统制,能和其他资本主义机关的继续活力错杂存在着,这是不能想像的事。要希望现在活力已经降低的资本主义在产业的其他范围内能够机能自如的前进,就好像一个医生挖去了病人的心,而后希望他站起来走路一样。假若有一天,英国劳动党恢复了政权,它能照着它的新政纲所指示的途径去走,它一定很快地觉得它自己非大大的更走向前去不可,它必得把资本主义企业范围中一部分一部分的社会化,因为这些部分的生命的血,都是从资本主义制度分出来的。社会主义不得不急于以新的集体制度代替现存的资本主义制度的范围越是广阔,而在转变中的合于宪法的事体就越难见到。欧战以后,英国政府也已经多次诉之于非常的权力,这种权力现在还正为英国国民政府所引用,且已成为战后欧洲大多数国政治上的家常便饭;当前想在主要经济机构中,以社会主义制度代替资本主义的任何真正努力,都不能不逼着进一步推行这种非常权力。

第七节　经济计划

社会主义不管采取何种方式与战略,其主要的势力,总是想保证现存生产资源的最充分的利用,以期社会收入有较多的与较平等的分配。社会主义之攻击现存经济秩序,就是因为资本主义不能利用可供利用的生产资源。有一个时候,资本主义主要受非难之点,系因其对财富的不当分配;这种非难的力量,现在虽没有减轻,但现在更加上一点,就是这种经济制度的更明显的失败,就是它不能把它能够生产的财富尽量使其利用。因此,各地社会主义的政策,都包含了生产资源的更充分利用,并由是防止失业。失业仅仅是一种表现在外面的征兆,以准备工作的治标计划来对付失业,那虽然不失为一种缓和困难的必要方策,但决不能把失业所由形成的乱源治愈,这事实,是逐渐为一般人所承认的了。为一大部分失业者准备工作的企图,势将在公家支出上增加过重的压力,使任何国家的政府——至少在欧洲——都承担不了;因为公共支出太大,必然要影响工业产生利润的能力,因而影响到工业所能提供的雇佣数量。工作的计划是必要的,但各国社会主义都知道,要使大失业群恢复工作,那是一种更远大的方案,特别是国家自身必得统制通常准备工作的诸般手段,单靠临时救济计划的改进,是决计不行的。一个政府假若不统制着工业,并把一切工业所能生产的财富的消费手段,都掌握在政府手中,它决不能有效的阻止失业,或使失业工人恢复工作。只有一个在社会主义政权下的国家能有权力这样做,因为在别的国度中,其经济组织能提供的雇佣数量,乃取决于工业资源所有者眼中所预期的利润,国家企图在普通工业机构以外为失业者准备工作,那是必然失败的。国家经济计划,无论在何种意义上,总得包含生产资源的充分利用,所以必得包含工业的公有,同时包含收入分配的公共管理。

计划的意义　国家经济计划的概念是怎样呢?第一步,它需要决定各种货物的式样与数量。它作这种决定,是根据可用的生产资源之考察,根据各别工业所当扩增的数量之通盘总计。第二,关于社会一面为准备直接消费，另一面为改进将来生产力所能提供的可用生产资源的数量，它必需作一通盘的决定。第三，配分给社会分子消费的所得，与其可供消费的货物数量之价格上的购买力相符合；它并得使这个所得总数真是费在适用的货物上，而不是保藏着或移作别的用途。第四，购买那些已经决定生产的资本财的手段，要妥当的安排在那些需要此种资本财的人手里，并且，他们这种购买力，也还得令其使用，而不能令其保藏或移作他用。第五，生产资源一有增加，新的所得就得分配此货物增加额，并且，这种新增所得，必得适当的使用到可供使用的各种货品中。第六，生产需要相当时间，生产者在他的生产活动与取得报酬之间，他需要经济的接济，对于这个期间的信用接济，必得求其适当——不多也不少——且必得分配到那些在国家计划下作生产活动的人，其所生产的货品数量，计划里面皆有规定。

事实上，真正的国家经济计划，必得有一个强有力的组织，以统制经济生活的各方面，尤其是统制生产，统制各种形式的购买力的分配，乃至统制价格的规定。像这种计划，显然不能与资本主义相并存。它也许可与资本主义方式的残余，或与那些非主要产业与勤务上的独立生产者的小规模生产，或与大工业的一些旁支，有相并存在的可能。但是，假若是真正的经济计划，商品生产的主要部分，必得是生产于适合经济计划的秩序之下。所得的主要部分，必得使其对于可供使用的货物与劳务的需要，作平衡的分配。此外，还须有一个强有力的统制物价的组织，因为没有这个组织，殆无法估计某种特殊货物的数量，而这货物数量，是要社会所得之一定分配额创出需要来的。无疑的，一个不用包罗万象的经济计划，仍可以存在；但如果缺陷太多了，它就必然无法支持。计划是奠基在一个生产消费间恰到好处的有组织的平衡的理想上，在此生产消费间作中介的，就是价格体系；假使这平衡可以在任何主要部分破坏的话，这整个计划就行不通。所以任何真正的经济计划，就不仅是把一些社会主义要素注入现存的体系，而是经济生活之根本基础的转变。

英国的计划 让我们来逼视这样一个计划的面貌，这计划或者会采用于一个更发展的工业国家——英国，她较之前章所叙述的俄国的相似的计划，显然有好多异点。因为在俄国，其计划至少有一个重要点是简单的。那里现在没有任何重要货品过剩的问题，也许将来在一个很久的期间，仍不会发生这个问题。进一步说，一切俄国自己所能产生的工业，当它们一在市场上出现的时候，消费者马上就可以把它们吸收，并且消费者还会贪得无厌的作多的要求。凡是俄国所能够生产出来的一切生产财，都早已为发展得很快的产业企业及社会化农场所吸收了。假若分配于消费者的所得，以人为方法降低，假若不论供给如何缺乏，一任工业品价格自由提高到使供给与需要平衡，那就是俄国，也不会有上述的情形。在事实上，俄国有一大部分消费财的产额，是定出合理的价格；只有超过基本需要的剩余货品，乃以较高的价格在所谓自由市场出卖；并且，所有的生产财，差不多都以规定的价格，转售给集体组织，而集体组织则是按照计划需要它们的。再者，在完全的国家统制之下，所得的增大与货物供给的增大为一致，这是俄国政策的一个彰明较著的和必然的目的。所以，俄国工业品就再过些时，也只缺乏，而没有任何过剩的可能。

但是，像在英国那样的国家，情势就复杂多了；英国有一大部分的工业货品——包括消费者货品与生产者货品——都是为输出而生产的，并且，在多数工业生产的主要部门中，其生产量，即令就最大限度的需要说，亦非国内市场所能容纳得了。而且，生活标准即令本质的提高了，在许多情形下，过剩现象还是无法避免。因为人民要用其增加的购买力去买的，不是现在有过剩生产力所生产的那些门类的货品，而是由外国运来，或借新生产资源在国内作更大量生产的别类的货品与勤务。因此，英国就在国家经济计划之下，仍然需要大量工业品的继续输出，然后用以抵付食品与原料一类货品的输入；并且为要提高生活标准，她主要还得发展新式的生产，而不是将其已有的资源增加其使用。现在受不况影响感受痛苦最甚的那些基本工业，那是别的许多工业的主要供给者，假若有需要它们产品的新的工业发展，那它们由此得到的繁荣，就较之由现存生产资源增加使用得到的繁荣，还要大多了。但是，这不能适用到织物业，特别是棉业。因为就国内的需要而论，棉业的发展，不见得能发生使失业工人与工厂恢复工作的影响。

我们可以作这样的答案，俄国同英国在必恃出口以图存的这一点上是相同的，她们不同之点，就是俄国的出口货是食品与原料，入口货是制造品，而英国的情形却正相反。这种差异是很关重要的。俄国只要有极少数的制造品输入，它就可以紧缩过去；假使他的输出市场破坏了，它在国内可以依生活提高的方法，完全消费它某一时期内能够生产的一切农产品与其他主要商品。但在英国，它却不能消费它自己所能制造的棉织品；虽然她也许可以急速变更其经济制度的结构，以减轻其对于食品原料一类输入品的依赖性，但它国内还没有生产这类货品的准备，它又决不能缺少这类货品。在另一方面，它必得继续的依赖输出；若要减少对于出口的依赖性，或提高生活标准而不增加出口，那要大大的改变其经济生活的性质与平衡。因此，经济计划在英国的方面，就较其在俄国方面要成为更其复杂与更多争论的事体。

英国在战后这些年来的经验，充分表示了一件事实，就是在私有企业下来变更经济制度的平衡与组织，那是非常困难的。自一九二〇年与一九二一年的战后兴隆气象消去以后，显然有两种趋向昭示我们：第一，英国基本工业若希望能尽其效能生产，它就必需有基本的改造；第二，现存工业的平衡与战后世界的需要已经不谐和了。

机械化与雇佣 现存工业的改组虽是减轻生产与分配的费用，因而使市场有若干的扩张，但这样即使做得万分顺利，亦必得使许多工人离开，使他们永远不能回复他们的旧职业。因为改革必得增加机械化的程度而在工作上将产额集中，那可用最低的费用生产；可以较少数工人之长期雇用，来代替较多数工人的间断雇用。局部改变工业组织的方法，决不足以充分解决失业问题。因为现在所必需的，不仅是使旧工业恢复常态，而且要发展新工业以吸收被挤出的工人，同时并增加购买力，使足以创造对于新工业的生产品的需要。

因此，旧的基本工业的改造，虽然是英国任何经济计划的主要部分，这种改造，虽然是关于国家的直接行动，但专是这些工业本身，或者把生产和购买力充分供给的分配分开，那决没有任何可行的工业计划。一个可以通行的国家计划，那必定是非常广博的，它不仅要致力于以机具、原料、燃料及人力上之最少消费作货品与勤务之最大限度的生产，而同时且要为生产出来的货品谋得充分的销场。假使战后世界的经济状况，英国不能再以过去一样的比例向国外输出其工业产品（就算除开因不况影响而形成暂时失常的世界关税不讲，我们也很有理由可以这样相信），那末，要新购买力之分配能充分吸收增加的产品，那就必得要取扩张国内市场的方式，而这种扩张，且必得是增加本国生产的货品的需要，而不是增加输入品的需要。要解答英国在二十世纪的经济制度上为什么不能继承自由贸易政策的问题，这就是主要的理由。

英国农业之前途 假设英国的消费力要跟着工业生产力的增长而扩增，而不要增加对输入品的需要，那末，英国生产体系的平衡，就必得有激烈的变更，特别是英国必得减少其对于输入食物的依赖，而在国内增加其食物供给的生产。现在很多人都主张这个意见；但主张这个意见的人，多有一个错误的思想，以为英国食物的供给，在小麦方面要得太多，在其他消费品方面要得太少。英国生活标准的提高，将不会增加小麦的消费；在实际，需要由面包转到其他较昂贵的食品，小麦的需要，还会进一步减少。英国对于小麦的生产条件，远不如加拿大、阿根廷、俄国那些大谷物产区。她既能以廉价购买外国的面包材料，在国内自没有扩张小麦产区的理由。至肉类，特别是腊肉、牛乳产品、蔬菜水果一类食品的情形，却很不同；生产标准一旦增高，对于这些食品的需要必然会大量扩张。而且，只要英国的生产与分配都比现在有更好的组织，这些食品一定能在英国有很好设备的生产条件下，以同类输入品的价格生产出来。

因此，英国的国家经济计划，首先是关于基本工业之改造，主要为国内需要的新工业生产的创设，与购买力分配的平等增加；其次是国内农业生产的大发展，与入口食品量的限制。但是，在基本工业上的改造，必得以完全社会化去完成；而在农业上，国家大体也许只取得国内的与入口的产品的贸易独占为满足，至实际生产的行动，则交给个人的农民。假若政府施行一种积极的政策，一方面为小农提供小保有地，一方面给失业者以充分的机会，使选择并实验其最适宜的土地上的工作，那定然会有增加农民数量的可能。英国对于大规模工业化农业的任何一般的采用的条件没有成熟。在《土地利用案》(Land Utilisation Bill)之下，就曾经作过细密的考虑，这种耕种形态，是大可试行一下的；不过，大部分土地要由国家来直接行动，那却不在实际政治的范围之内。

但是，为了要赋予国家以权力，使其为国家的农场与为失业者的小保有地，取得适宜的土地，而没有什么争论；同时且为要赋予国家以权力，使其通过租地契约的允许，把农民采用的生产诸形态与方式，作一个更有效的统治，这是对于国家需要土地的完全所有权的一个很强有力的理由。在稍后的阶段，英国集体农场无疑是要实行的；但在农业繁荣复活的第一个阶段，是土地的公共获得，与农业生产品贸易的公共独占的建立。

第八节　金融统制

显然的，英国要澈底实现这种国家计划的概念，不把全国的金融机构掌握在国家手中，是决计不行的。这是很明白的。英国劳动党早就主张英格兰银行社会化，而现在该银行是以独立的私有公司的形式为股东所有，那是我们已经在前面讲过的。中央银行的社会化，自然可给现在的政府以调整货币发行及供给更多信用的权力；但其自身对于国家经济改造的广大的计划之实现，还不足为一个很充分的工具。因为在各种请求者中间的信用的分配，不是中央银行的事务，而是那些合资银行的事务。用完全社会化的手段，把这些银行置于国家计划之轨道中，然后才能保证企业上之信用的有效提供，而这类企业，则是国家为了完成计划而提倡，而有希望其不致为投机的或次要的活动所消耗，致扰乱其整个计划的平衡的。

我们讲过，国家对信用的统制是决不可少的。在英国银行体系之下，多数银行只通融短期的信用，而这些短期信用，则是为了接济工业生产上之青黄不接时期的。它们不以大规模的长期信用供给或帮助机厂、建造工事及其他持久的生产事业。这些事业的资本，现在是靠公积金，或靠大众在证券、股票或产业公司、债票上的投资。我们知道，过去英国作资本准备的事业，其对国外输出资本，要较之其应国内工业需要，有组织得多。但是，如果要实施一个国家计划，显然需要大量的资本，以为国内旧工业改造及新工业发展之用；而在现在情况之下，要由公积金来供给这些需要，势难做到。他们的供给，必然要求之于大众手中可作投资之用的资本，或者是求之于国家本身；假若由国家供给，必定是根据以次三条路之一：第一，国家向国民借贷；第二，国家向国民征税，以图准备资本与应付当前支出；第三，依银行制度的手段，创造货币——就是说，用一种通货膨胀的方式。这三条路中的第二条路，不能适用于任何较大的规模；因为国家由征税所能获得的一切收入，都要用以应付其经常的支出——若征收遗产税，把遗产税得来的收入当作资本，当现在工业所有者死去时，其工业即转移其所有权于国家；遗产税能增高到这种程度，其收入当不只供应经常支出。但这种方式的应用，也有限制；假使遗产税远较现在为苛重，那国家如果要坚持赋税以现金付纳,就不可能,她必得接受债券、股票以及类似的所有权的券据,国家得到这些券据,只好自己保留起来,而不能投诸市场以引起破坏其价值的必然结果。

投资的公共统制 因此,需要的资本的大部分,就必得直接由公众手里可作投资之用的基金的投出,或经过国家,或通过银行体系去借贷。在可能范围内,充分采取这些方法的第一种方法,当然很好。我假定,在国家计划之下,社会化了的工业,为输入局(Import Boards)或国家商务局(State Marketing Corporations)之类的团体,将组织自治的团体,而在他们自己之间有相互联合,关于政策方面受国家统制,而让他们自己进行他们本身的烦细日常事务。这些团体得允许其直接向公众借款,国家对其利息与本金的担保,可要可不要;或者仅对于利息作一定年限的担保,这个方式是采自中央电气局(Central Electricity Board)及其他有公共法团性质的团体。或者说,这些法团可以用借债或预垫的形式,向国家取得资本;在这种情形之下,用国家投资局(National Investment Board)或其他同样的团体的手段,国家可向公众借贷其欲借给或投资给其统制下团体的额数。这些方法中没有理由去选择好坏的。要从他们中去选择,只有看便利的情形如何,就每种特殊的情形作分别的决定。自然,一个国家投资局得以使用现存公款及从投资者借款再出借给公有企业之权,那是国家经济计划的任何设计中的最主要部分。

假使投资者害怕将来的社会主义而拒绝借钱给国家,那怎么办呢?假使那些投资者有充分的自由去使用他的钱,不论他使用在国内或在国外,那他们是很明白的要阻碍任何国家经济计划的实行。国家就不能实现她所用来求国家经济生活的平衡的理想。所以国家在开始一个很严重的经济计划的政策的时候,必得有完全的权力去统制资本的投资,不仅是国外投资,国内投资也一样要加以统制。伦敦市场资本的发出,必须得到国家的许可,或者通过一个视同顾问代理机关的国家投资局。

但是,即使是这样做,投资者也许会拒绝借钱给国家,甚至于像现在恐慌期间许多投资者所做的一样,他们宁愿懒散的存给国内的银行,用以从事海外任何形式的生产企业。对外贸易的国家统制,自然会阻止他们把钱流到外国去。因为,金镑的逃避,对国家金融与整个经济体系的安定,显然是一种威胁;阻止金钱的外流,虽然不是100%的有效,但阻止的结果必有一大部分的金钱留在银行里没有用处，这时，政府就可用它的权力来利用这些无用的钱来填空，并由银行代理者来创造新的货币。这种货币的创造，不会得到通货膨胀的结果；在这些货币只用来补充那些资本所有者不肯投作生产之用的财源的限内，它却只能有阻止人为的通货紧缩的效力。因此，把银行存款当作资本来利用，在通常的时候虽是一种危险的方策，但却是对付投资者罢工的一种必要例外的手段。并且一个努力进行广大的国家经济计划的国家，一有必要的时候，她就应当毫不迟疑的采用这种方法。

第十三章　世界的展望

第一节　第一个途径——资本主义的复兴

现在，在这空前无比的世界不况的前面，世界对于它的出路感到犹豫与怀疑。有很少数的人还只是信任“上帝”，以为这恐慌可以由它自动的结束，而且会自动的产生一个新的繁荣时代，这种意见是不值得注意的；因为从这本书所分析的看来，贸易衰落的原因是太深了，听天由命显然不是一种可采的态度，世界是需要以积极的方法把它从现在贸易衰落中拯救出来，使之转到繁荣大增的景况，那时人类始能控制着自然。但是这些积极的方法是什么呢？现在还没有什么结论，主要的是因为在基础论点上没有一致。

广泛的说，我们前面展开了两个途径。第一个是资本主义制度再造的企图——而其方法是：把每个国家国内的以及国际关系上的显然不当的措施加以撤毁；把过去的错误尤其是大战的遗产，尽可能的加以清算；更借助于金融与产业事情的更开明的处理，以努力匡正资本主义使购买力落在生产力膨胀后面的趋势。另一个途径，是承认资本主义在过去两个世纪中，对于生产力之发展曾经有过贡献，到现在它的作用已经死了；所以今后不能不以一切可能的速度，对于改造的集中的有训练的努力，在与资本主义不相同的理想上，不相同的人类动机上，建设起一种完全不同的经济秩序。这两条路中，哪一条路将为这世界所决定采用，现在还不能确定，并且在现阶段内，也实在不会一致采用哪一个方法。俄国已走定了一条路，美国走另一条；在这两个极端之间，世界的其他部分在动摇着，感到不安，努力于决定她的意见；因为其疑问不能解决，很尖锐的感到内部的分离。让我们尽可能的在这最后一章里，把重建这粉碎了的工业机构的两种方式的一切弄个明白。因为我们要来把各党派中人的纷争解决是没有希望的，但至少我们可以把论点弄清楚，然后可以使各人自己所需得的结论简单化。

我们现在且把以另一体系来代替资本主义的一切企图放在一边，而专注意于想把资本主义体系更坚定的站起来的一切企图上面。要指出为资本主义复活的必要的条件，必得要把它的障碍简单说明一下。这些障碍大多数是大战与议和的遗物。因为，假使一九一四年没有大战，资本主义至少在大多数国家内仍然有其相当的功效。而社会主义运动则必然会在到处成长得较之一九一四年为强；但是在大多数国家内，不会——无论如何在俄国不会——真正达到取得政权的程度，就对现存秩序的严重的威胁也不会有。资本主义诚有它全无关战争的困难的基本原因（这是除开战争自己是那些原因的产品的意义来讲）存在，但是如其没有战争，使资本主义解体的力量，就必定进行得缓慢得多，并且到现在也许还不会达到这样一个局面，给世界摆出两个敌对的经济制度，使作明白的直接的选择。因此，我们可以首先来考察那些由战争与和平条件直接形成的世界资本主义的困难；然后我们再进一步去分别考察那些不平衡与衰落的基本原因。

大战的遗物 第一，战争的本身就引起了世界贸易的大紊乱，以及交战国与中立国经济体系平衡的破坏。它给那些战争直接需要的工业以很强的刺激；而把那些主要供一般平民需要的工业拉向后退。这使每个国家国内生产的性质，引起大的变动；那些一向倚靠交战国出口的大部分制造品的区域，亦尽其可能在它们自己的领土内刺激制造业之发展。战争使得交战国的人们，都毫不费事的习于考虑几百万几千万的数字，并习于把经济问题看作这样一个问题，就是不必要怎样顾及其生产的费用，只把需要的商品，生产得越快越好，越多量越好就行了。战争使世界以临时应急的组织方法，对工业作极大限度的集中统制，致其生产货物之总量，远过于战前世界的生产水准；但是这些增加的生产品一经造出来之后，大部分马上就毁灭掉；致使新资本的大部分，是用以创造那些在战时才有价值的资产，一到政府不再需要保持那样大的军队，不再需要川流不息的军器、哈叽呢（khaki）以及其他用之于作战军队的军需用品时，它们的价值也就大大的低落了。在大战的那些年间，世界生产上的努力，表示出了人类控制下的异常庞大的生产力。因为，那时交战国的大部分人民，尽管完全离开生产工作,全产品的大部分,尽管是用之于纯破坏工作,但在一九一四年与一九一八年间,世界大部分的人民,还继续过着比战前消费标准高的生活。大战实在提示了一种现象,使人相信人类指挥自然的大长进,与生产品之大量增加,使国民生活集中统治在到处成为可能。

回复战前状况之企图 当世界要从战争回到和平的时候,当战前“通常状态”(normalcy)之恢复,成为到处当政的政党的口号时,困难就来了。因为在已经变动了的战后世界经济情形下,要回到战前的“通常状态”是不可能的事。那些战前需要货物输入的国家,战时她不得不自己生产那些货物,决不能要那些国家把她们的新兴工业完全破坏,而回复到战前的供给方式;而从战时生产系统到较适合于和平时候的系统的转变[illegible]了不了解战后世界市场的环境的影响。她们不努力去建立那[illegible]世界新需要与新市场环境的工业,每一个老的国家,却都尽可能[illegible]她们在一九一四年前占过地位的那些工业。而战后昙花一现的繁[illegible]增加她们对胜利的误信。因此,在老一点的国家中,初期的产业再造的[illegible]作大都是走了错误的路。一九一九年与一九二〇年之间,费了极高的费用以创设的新工业的设备,一到战后繁荣崩毁,多数都成了无用之物了。

因为,即或除开给与中立国制造发展的刺激来说,战争与重新划分世界政治疆界的和约,也使国际贸易环境有剧烈的变更。欧洲的政治疆界,为了德国的分割,奥匈帝国的破裂,以及由战前俄国领土分出来的新边境国家的创设而特别延长了。在世界经济组织进步到需要更大的自由贸易的区域的时候,和约却给全欧洲突然增加许多小国。每一个这些小国,都尽可能的使她自己成为一种自给的经济单位;她们所努力培育的大多数工业,尽管其国内市场不够收到大量生产之经济的效果,但他们多不管这些,一味在环绕其政治疆域的四周高筑起关税的壁垒。那些旧来输出国家的贩卖市场,大部分都被那些新关税障垒以及其他类似的贸易障碍给她们关起来了。但她们要在进步的技术的基础上再建起她们的经济体系,又只有她们能大事扩张其制造品的出口才能进行得很经济。因此,世界接着就引起大输出国家间的生死的竞争,自一九二四年开始合理化了的德国重新加入世界市场之后,此种竞争情形,乃更趋激烈。在此竞争中,最容易获得胜利的方法,就是货币的贬价,或尽可能的降低工人的生活标准。

战债与赔款 假使国际贸易单是各国间的剩余货物的交换，其情势已经够坏了；但在事实上，为了各国间新债务的交错网的存在，事体乃更弄得纷乱与糟糕。协约国(Allies)对同盟国(Central Powers)所要索的赔款，和协约诸国相互间及其与美国间的战债，那是债务中的尤为可怕的债务。而战债与赔款之上，又加上战后再造时期举借的别的国际债务，那些欠债国，没有出口货的剩余来还这些债，如非那些债权国借钱给他们来还债，她们是无法偿还的；而且，她们将来要希望由输出剩余以偿还债务，势必要向债权国多多借债，来发展其争取出口市场的工业。本来和约的结果，国际债务的负担已够繁重，何况在再造这些年间还有所增益；由是，新债之川流不息的由债权国向债务国的增流，就显然成了世界经济体系继续安定之一条件。那些重压在债务之下的国家，乃拼命扩增其输出，拼命减少其输入；这种趋势，自然要加强世界市场上之卖货竞争，而使债权国方面采取提高关税的报复手段。因此，在世界贸易衰落的前几年中的平衡，乃异常动摇不定；因为那时债务的负担，尽管已经够头重脚轻，而其平衡的维持，仍然大部分靠着继续的国际借贷。

金、通货与信用 这情势已经够坏了，但各国通货的安定运动的成功，却使这情势更坏。这些国家差不多普遍的回复到金本位，那诚然使她们货币的相对价值得到了一些时的安定；但她们所付的代价，却是使批发物价的世界水平继续低落。因为她们要维持金本位，她们就得依靠其取得充分金量，并在其银行体系中保存充分金量的能力。但是她们必得付还债款，在她们不能且不容许以货物向债权国输出来还债的限内，她们要保存黄金的充分数量，就成为不可能了。没有输出的赢余，金子就非由债务国流入债权国不可，不然的话，就要债权国继续向债务国投资。因此，由此种债务关系所引起的，即使不是全世界金供给的缺乏，无论如何，是在各国间之供给分配的不妥。这种分配的不妥和金的绝对缺乏，同样会压落世界物价的水准。因为在债权国银行体系内过多的金子大部分是不生产的，所以对价格没有影响。而价格水准的决定，却在那些缺乏金子的国家的货币状况。但是，价格水准的跌落，到处的债务的负担，将照同样的比例增加，这种情形加重了向来的种种恶倾向，而使金子加速的流入那些大部分不生产金子的国家，信用在那些缺乏金子的国家很利害的受到限制，而关税则在债权国与债务国一样的增加。

战后债务与物价　早前在战胜国有一种预想，以为由赔款的方式可以从德国取得一宗巨款，但事隔不久，全世界都认识其荒谬了。凡尔赛的政治家们，即使不知道将来德国事实上只能诉之于以货物还债之一法，大多数有识人士一到感情冷静，可用冷静的头脑来思想的时候，自然就会明白的认识这个事实。但是要人们能像认识德国赔款的真正前途一样的认识其他各种国际债务的前途，那却不是一时能办到的事。同时，过于信赖其金融力的英国，曾与美国特别订定完全以金圆偿还其战时债务的协定。这个协定实是一个可怕的灾难；灾难云云，不仅是因为给英国增加了一项重负，尤其是因为使大英国也站在继续勒索德国赔款的这一方面，她不向德国勒索赔款，就不足以继续清偿对美国的债务。在当时，别的国家与美国解决债务问题，对于偿还债务的困难，有一种较好的谅解；法国与意大利对美国与英国的债务的大大减轻，那是人所共见的。同时，在一九二四年《道斯计划》(Dawes Plan)之下，德国的债务虽曾实际减轻许多，但仍然超过了她的偿付能力。在某几方面看来，《道斯计划》的建立，实际反使情势更加变坏，因在德国情况的假定安定之后，即因经济生活之再造，而继之以大量新债务的增加；由此，在此后数年中，德国不但没有减少，却反迅速的增大。最后，就有一九二九年的《杨格计划》(Young Plan)出现，《杨格计划》表面虽是以继续减轻德国的债务为目的，而实际上却得了增加其债务的结果。因为《道斯计划》规定在物价低落时减轻付款，而《杨格计划》却忽略了这一点，所以在《杨格计划》下所应付的总数就很快的变得比保留《道斯计划》规定所付的额数还大了。

战后关税的提高，以及国际债务负担的积累，立即造成了一种环境，在这种环境之下，世界贸易要顺利进行，就颇感困难了。前面讲过，在一九二四年与一九二九年之间，欧洲曾表示了很大的复兴的力量。生产与贸易同样增加了；这一来，欧洲更增加其信心，以为战后的困难不难克服。但这里有两件事，足以致欧洲再建的胜利的死命。第一是物价水准的跌落，由金子分配不当所演成的限制信用政策，更使这种水准的跌落加甚。第二是欧洲要依靠美国的不稳的借贷来维持岁入岁出的平衡。一九二八年与一九二九年的美国繁荣，使美国停止这种借款，美国停止借款的直接结果，就是使欧洲的存金很快的往外流动，致使欧洲市场上的财政与经济状况，变得更加紊乱。在这种极度的恶劣情形下，美国亦陷于不况，美国不况很尖锐的影响到她对于世界市场的需要，由是欧洲以外的国家也立刻拖入这灾难的圈中。因为那些专靠食品与原料出口的国家，亦多半是债务国家；她们现在突然感到对于她们的出口货的需要因美国购买的缩小而忽然衰落，同时他们的债务，却因物价的低落而更变严重了。就因为这样情形，所以在一九二九年华尔街（Wall Street）衰落之后，赖债的事情，乃不但很快的在欧洲发现，至少也同样发现于澳洲、南美及远东，因为那些地方除了这一般的恶劣情势之外，又还加上其银价对金价惨落的困难。

所有这些灾难，虽然有些在战前环境中就种下了根，但至少在冲突加紧的关系上，我们很有理由可以视为是大战之经济的结果。第一，从经济的观点看来，战争显然是一个完全的错误。因为，即或战争可以产生打倒战前敌方帝国主义的结果，但在经济的意义上，胜利者和被克服者无疑是一样的要蒙到损失。就大英帝国说，或者至少就大不列颠说吧，战争过去了，她尽管获得了大批的领土，她现在的情形，却要比她没有经过战争的现在的情形，坏得多了。就在法国，尽管她增加了财富，与其现在据有欧陆上的优胜的地位，但她当作主要目的而追求的安全，却没有得到保障。美国似乎可以算是战争的纯胜利者，但在她内部的错综问题上，她也发现她自己受了世界不安的拖累。

国联的弱点 假若在经济上走上战争的道路是错误，那在跟着敌对的路线而来造成的一种和平，也难免不是错误。奥匈的破裂与横断中欧的一群新的完全独立国家的创造，对于正需要较大的经济统一的世界，是一种经济的危难。新国家的创设，在民族主义者的见地上，未始不是振振有辞；而且到了某种限度，还可说是难于避免的现象。但这里有一种事实，就是战争的结果，把民族主义——即日益变为不合现代政治组织、经济组织的民族主义加强了。因为现代民族国家的概念，无论在政治上在经济上，都得是自决的与完全主权的；这种概念的具体表现，不可避免的要抬高各国领土上的新障碍，而这些领土，则都是期望经济统一的。国际联合会（League of Nations）之创立，对于这种建立在主权国家增殖基础上的民族主义的发展，是一个非常不相称的均衡，因为，国联一直到现在不能不在国家主权概念所树立的限界之内工作，它不能超越国家的疆界，实现任何有效的统一。国联实在是对敌的国家主义者与帝国主义者间之游戏,为了害怕列强中会有一两个拆它的台,它甚至由约章授予它的权力,也不敢轻于使用。有些较小的国家,特别是斯干的那维亚诸国(Scandinavians),对于国联的努力,非常认真,把它当作真是国际合作的一个工具而使用它;但她们的努力,是绝少结果的。国联主要当作一个代理机关来搜集并散布有价值的消息,并在较小的程度内,当作一个在各国间创造国际主义的公意的工具,那是有其积极意义的。威尔逊总统(President Wilson)想使美国参加国联之失败,破坏了国联超出欧洲争论的许多机会;同时由社会主义在俄国的胜利所引起的恐惧,不断的威胁它,使它变为一个保持现状(status quo),防阻社会主义的可能侵入的工具。对于在欧洲以外的大多数国家,国联的意义更少:对南美,它主要是一个加强她们对合众国独立的工具;在远东,因为它对满洲与上海危机之处理,很难鼓励远东诸国把它当做一个世界大事体上的可认真的元素。国联实在仍然是一个很微弱的东西,要使之加强,则更引起困难,因为它大部分是努力以一切不妥当的和制造困难的处置,来保障一九一九年的和约的。

欧洲经济之纠纷　和平条约一经订定,要解除是非常困难的。欧洲的新疆界虽然再不妥当,但现在却不能依据战前归属的任何情形来重新划分。假使欧洲要建立较大的单位时,势必以诸新国为活动基础,且致力于她们之间的合作。但就我们所知道的,这就是一件很困难的工作,因为任何两个国家倾向统一的接近,马上会引起一种国际的很危险的嫉妒。这在一九三二年企图解决多瑙河诸国(Danubian States)的困难的当中,已经是很清楚的看得出来的。这些国家,或者说她们之间的大多数国家,很明白的应当更进于较密切的交互的经济亲睦,把现在存在于她们之间的高关税障壁打破。但在她们间建立一个关税同盟(Customs Union)的建议,立刻就引起很强烈的反对;因为东欧的农业国家,是德国很重要的市场,德国害怕任何包括捷克和这些农业国家的关税同盟,会使这些农业国倾向捷克的工业家,而排斥德国的制品。意大利也害怕她会被排除于东南部欧洲市场之外,和在她的北境上创立一个在法国主盟之下的诸国的有力同盟。就因此故,意大利乃与德国联合反对多瑙河流域诸邦的团结;但在德国方面,因为她要与奥国作政治与经济的同盟,而又为法国所反对,所以其地位更加复杂。这些国家——德与意——并不否认团结之需要;但是她们切望一个更广大的范围,以便把她们自己也许连法国都包含在这建议中的关税同盟或关税相互降低的范围之内。但是这个建议既然这样放宽了,当着这样多的利益不同的一群要来考虑与团结,自然变成了不能解决的困难。因此,关于欧洲的更密切的团结,虽然有过许多谈判,但事实上毫无结果;在多瑙河诸国之破产与停付债款之后,总崩溃就一天一天的成了更直接的危险。

我曾经说过,《和平条约》把亚尔萨斯洛林(Alsace-Lorraine)和暂时地萨尔(Saar)煤矿划给法国,德国重工业的统一经济区已砍掉一半了。德国由此推到新境界的一面,而法国则在另一面,她们努力去发展两个各别的自足经济体系,她们两者分别成就的效果,都不及她们当作一个单纯经济区中的一部分所能成就的那样多。但德法的政治的敌意,对于任何经济合作企图,都为坚固的阻碍,像大陆钢卡特尔(Continental Steel Cartel)的组织,那算是一个离开政治敌意的例子,但在大体上,德国与法国仍是政治与经济的敌手,她们彼此对于欧洲大陆的事情,都在各国增强各自的地位与势力。同时,英国却很不安定的在参加欧洲问题和把帝国建立为一个坚固的经济单位之间动摇。英国虽不属于欧洲关税同盟,但这个同盟对她太重要了,她不能毫不措意;但要她参加任何欧洲的协定,这类协定对于她和帝国诸邦之间的现存的最惠经济关系,将会予以破坏,这也同样是不可随意处断的。

恢复的条件 从上述的种种情形看来,大战所留下的困难,与《和约》所增加的新困难,遂成了在安定基础上改造资本主义企图的可怖的障碍。可是,如果认真要作改造的企图,其所应当做的事体,也不难加以说明。第一步,很明白的是各种国际债务问题之全般的重新考虑,那不但包括赔款与战债,也包括公的私的新债,这些新债是战后积起来的,因为物价跌落,这些新债亦膨胀到了欠债国完全不能担当的地步。假若这问题非处理不可,也许得分阶段去解决,开始努力解决赔款问题,从赔款到战债,然后轮到一个更宽的问题,就是其他国际范围的公的与私的债务。也许不会是德国没有任何付款的经济能力;问题是在怎样减轻德国的其他债务而创造世界贸易复活的环境。但她现在没有任何付款的能力,或者在她别的债务没有修改以前,或者就修改了,而世界贸易衰落还是依然如故的时候,她没有任何付款的能力却是很清楚的。即使将来有个时候德国能重新付款,但为了这个假设的无定期的将来的小规模付款,而继续课加德国以战争罪过的惩罚,使德国人感到深恶痛嫉,那对于债权国是否真的值得,是不言而喻的。从纯经济见地来说,不论德国将来有无再付款的能力,完全勾销这赔款的理由,是很多很多的。

战债的将来 假使赔款的问题要单独来考虑,对于完全勾销的方策有什么机会可以得到一致的意见呢?那可说是很少的;因为,那些有取得赔款希望的国家,若非她们至少可以看到她们自己和美国间,能废除她们自己对战债的付款,她们是不会愿意完全把赔款废除的。即使英国和美国完全把战债勾销,对于完全勾销战债,也不见得就容易得到一致的意见;因为法国在这种情形下,把赔款的收入与战债的支出比较起来,她无论如何要在纸上受到一大牺牲;虽然她们至多承认没有取得《杨格计划》下之全部债务的希望,但她们在现在没有一点愿意牺牲的表示。可是,这第一个障碍如不能顺利的克服,以便恢复一个健全的国际关系,那其他的困难就没有可以除去的希望。因此,让我们来假定(虽然这是一个很难的假定)赔款的勾销已经一致同意了,这所谓勾销,无论是一概抹销的绝对协定,或者不能做到这点,而是一个长时间的延期,长到使人人认知事实上付款永不会恢复;那末,第二步将是什么呢?

在战债的问题上,显然要谈到美国了。废除了德国的赔款之后,欧洲各国要向美国来谈战债的完全废除那会比现在的情形好多了。不过,假若欧洲各国不准备贡献些东西作交换,美国也不见得会采取接受的态度;这种贡献,如我们在本书前面讲过的,必得包含一种实质的裁减军备的方策,以保证这笔放弃的债款不用以从事新战争的准备。裁减军备和战债的废除是绝对关联在一起的;但一九三二年的裁减军备会议的进步对于欧洲各国之裁减军备,并没有增进多大的乐观。事实是这样,假若她们没有真正在经济上合作的决心,她们决不会作裁减军备的准备——而走向真正经济合作的初步困难情形,我们已经是知道的。但是让我们假定(虽然这是很困难的假定)裁减军备已有颇大的进步,当作真正经济合作之初步障碍的欧洲现存关税壁垒或其他贸易限制,已经减轻了,在这种情形下,要美国完全放弃战债那是没有问题的;因为,美国的纳税者虽不免要担负欧洲所交卸去的负担,但美国从欧洲信用环境之恢复所获得的,将远较其增担赋税所失的为多。而且,她也许不愿意抛弃欧洲所欠她的债务,而宁愿减低关税,以便使欧洲有偿付的能力。她必定会取这两者之一而为之;因为若非她打算大大的降低关税,她必得放弃欧洲的债务,不然,就得承认欧洲不能付款的既成事实,而缄默的让她们拖延下去。

美国海外投资 但是向美国要求的让步,不能仅止于这一点;因为自大战以来,投到世界上的极大部分的资本,是美国的,假若要实现世界的复兴,那些把大量资本借给外国的国家,尤其是美国与英国,是必得要同意于这些债务的削减的。这是实在的,除了少数例外的情形,假若复兴的结果可以用其他方法来达到,则减轻别种债务的需要也许可以避免——这就是说,假若能再采取有效的国际行动,使世界物价水准提高到债务负担还可忍受得住的程度。这也许是较容易的途径;但过去的每一个月,在各国政府与各国中央银行之间,没有有效的去提高世界物价水准,这使这种工作更难进行。也许就现在世界的力量来说,要再把物价提高到无须重新酌量债务的程度,实所难能。那末,这里就只有另一途径,那就是债务国普遍的赖债。到了最后,或者两个方法都得应用:债务的重新酌量是必要的;但有些地方也会以国际行动去提高物价以避免减轻的必要。

世界金融的统一 特提高物价的国际行动,不仅要世界各国政府间的密切合作,且要各国中央银行间的密切合作,同时中央银行且得与各国政府紧密联系,而当作一种国家政策的工具。在这种意义上,这就是一种世界银行制度的实行统一,而不要借助于一种简单世界货币的创造——因为在这个阶段,还不能谈到此点——甚至不用普遍的回复金本位制——因为这不能达到我们期待的结果,不能使世界物价提高到相当满意水准,却还会使通货更进一步的萎缩。世界银行间的合作,必得依据提高物价的合作计划,以增加货币流通的总额,与允许一切进行经济改造国家间之信用的更自由的移动,以促成物价的提高。至关于此事之实行,必得国际间的一致动作,必得各国协同并进,要这样,才能够避免交换价率紊乱所惹起的他们的交互关系的失错。但是各国中央银行如非当作政府政策的工具而工作,各国政府如非采取有效的行动,以保障这增加的流通货币实在是用之于经济企业的发动,那就无法使那些中央银行在一起工作。每个国家采行政府资助与政府保育的国家发展政策,那是提高世界物价水准的努力所必不可少的条件。我们已经讲过,政府对新货币如非准备一种出路,照商业界的现在情形而论,这大部分的新货币必会转到银行手里,差不多一发出马上就变为死的货币了。由政府经济行动之范围的扩张，把社会主义的方式大量地注入于经济体系（即使是资本主义国家的经济体系），这是要使资本主义制度重新稳定的任何有成效的企图所必不可的。并且即使资本主义可以像在这一章里所画的轮廓的方式而复活，那也不是旧的资本主义，而是一种过渡的资本主义，在其结构中有大量的国家社会主义（State Socialism）的成分。

获利之果报　我已经把世界资本主义复兴的那些情形讨论得差不多了，他们主要是去弥补战争与和平的经济上的恶果。即使和平的恶果可以很有成效加以处决（这也许可以由企业信心的复活，而恢复暂时的繁荣），但在这本书里面所论断的假如不错，任何安定的繁荣的确实恢复是决不会实现的。因为从繁荣中产生衰败的这种资本主义的内在倾向是仍然存在着；即使世界的改造是奠基于较大的经济诸单位上，是奠基在债务的清算上，而这清算可以使商业得一个新跃进，但除非能采取有效的步骤，使消费力膨胀到充分的限度，这种跃进是会很快的遇着障碍的。因为在现在不况时候，世界生产尽管低落，而世界生产货物的能力之增加，却远超过从前；所以，商业信心一经恢复，货品会有庞大的增加，投资范围亦会演成经济制度史上空前的扩大。在这种情形之下，假若工业生产品的分配仍然是依照一种比例，即依照一九二九年世界恐慌以前的繁荣期中的资本与劳动间的分配的比例，那末，在不久的期间，世界就要遭遇一个新恐慌，那和前一次恐慌完全一样的坏。这时，若图维持短期的安定，只有由更进步的工业国家借出巨量的债款，这一来，债务的负担，将再度堆积起来；工资不能提高到适当的高度，势将产生消费力的缺乏，很快的使许多新生产工具不能用之于生产利润。

即使世界繁荣有一个时期的恢复，但要按照生产力扩张的速度来提高工资率，在大多数国家是很难做到的。因为她们仍在竞争的制度内进行工作，她们销货的能力，仍是要靠她的生产费比较其竞争国的生产费为低。但是我们讲过，生产费的压低，多半要靠工资的压低，工资在大多数企业的生产费中，是一个最大的成分，就在合理化以后，也是如此，并且在雇主看来，这是最容易着手的部分。在繁荣恢复的环境中，工资不但没有照物价提高水平的比例而提高的可能，且也没有照全世界生产总量增加的比例而提高的可能。每一个国家，都希望别的国家先把工资提高，然后再来提高她自己的工资。不然的话，她怕会失去她的市场。因此，在工业生产力的对比上,工资率降低的倾向还依然强有力的存在着。不但如此,繁荣一经恢复,工业上的新资本随即有大量投资。而这类投资的大部分,将会使用来备置机器,以代替人工的劳动。即使工资率能充分按照物价提高,而全部工资仍是倾向于减少;合理化的效果,减缩了工资雇佣的范围;工资提高的速率,应当要在此点上能够予以补偿。显明的,如非成立一种国际协定,那是决不能在这种限度提高工资的。因此由国际行动来提高世界物价水准之后,必然要继之以提高工资的某种国际的协商。

国际工资的规定 但这件事也是不容易实现的。在战后一九一九年的短期繁荣中,各国代表曾集议于华盛顿,同意起草一个限制工作时间的国际协定,限定在一切工业发展国家,其工作时间8小时,并且对远东各国,也规定其对工作时间的实际减低。这个协定在国际劳动组织(International Labour Organisation)开始会议时一致同意了。但是到13年以后的今日,世界主要国家的大多数,还没有实行。英国没有接受它,法国没有,德国也没有,美国也说不上。这种事实,似乎是对于要实现国际工资规定上的更困难更野心的计划的一个不良预兆。

因为无论在什么地方,无论在什么时候,一天总是24小时,所以在技术上由国际协商来限制工作时间,那是一件很简单的事情。但工资标准是极多差异而且极难测定的——我们将就工资率来测定呢,抑或以劳动者所赚的工资额来测定呢?是以我们的标准货币工资去换成金的统一的通货呢?还是有关系诸国以实际所付的货币工资的购买力去估量真正工资呢?或者不管这些工资率的差异,至少有一部分是各国生产率差异结果,而立意予以废除呢?要统一一切国家的工资率,那显然是不可能的。但是我们若不是这样做,将以什么为标准呢?现在且假定,走得通的路,只有以各国现存工资为基础,由国际商同规定一个一般增加的百分率,至关于特种事业,则附以国际协定所决定的例外与变则。

这一类的任何计划,必然会碰到以次两者的强烈打击:一是那些觉得其工人阶级没有争价力量的国家,便以为她能由此攫取竞争上的利益;其次,是一切国家的资本主义当事人,都不愿意把国民收入增加的部分转移到工人方面去,并且,他们仍然不相信由工业生产力增加所抬高的工资,是繁荣的一个条件。但是,提高工资率的某种协商如果失败,世界资本主义的复活,那只是短命的繁荣,或者是另一个衰落的序幕。

时间的原素　凡属我觉得是重建资本主义之任何真正企图的主要条件，我都已在上文力求简洁的画了一个轮廓。但是当我写下我的意见时，我自己是很知道——读者无疑亦很知道——其中每一项的实现，都不是没有可能——也许实行采取时，很感困难——但整个资本主义改造的全部纲领，却包含了这许多困难，且会招来这许多国家的与部分的既得利益的敌对，以致对于整个纲领的采取，似乎是极不可靠，与极其迂远。在这方面也许是我错了；说不定，世界资本主义的惊恐，现已迅速的到这样的程度，在最近的将来，资本主义国家会采取她们现所未闻的激烈的步骤。在另一面，也许我对于资本主义改造所需的变化之大，作了过度的估量，也许资本主义还能来更延长些时，而不至于崩溃。所有这些必得留给读者去判断；但是，我想我不妨这样说：不管我对于必要的方策，及世界对于采用那些方策的准备所作的估量是过高了或是过低了，时间总是一个主要事情。无论要做什么，只要是做，就得早做。假若那些国际的会议与协商的滞慢的机构，是为要利用任何成功的机会的话，那就必得大大的加快起来。我们早在前章讲过：一九三一年的胡佛的延缓债务宣言，如迟了几个星期，就会丧失它的功效；而且，比这更真确的，就是，世界如要进行改造的积极工作，它必得很迅捷的并在很广的范围内同时并进。国联一直到现在还是那样一个笨重而延滞的工具，那固然非大大变更不可，就是国际合作的新方式，亦必得很迅速的改进——其迅速的程度，要像人们在大战期间所表现的一样。

第二节　第二个途径——资本主义的革除

还有一个途径，是我们现在要注意到的，那不是资本主义的改造，而是很快的树立别一种制度去代替它。在本质上，俄国是作了这种解决。不过，别的国家将待采取的形式，与俄国已曾采用的形式，会有绝大的差别。当一个人看见资本主义制度之有效重建的障碍之大，而各国一向向这个目标的努力又是那样可怜的微弱时，他必然就会这样嚷叫起来，滚吧！那些资本主义的债务、关税、贸易妨碍，国家主义的与帝国主义的敏感与敌意，各国的阶级与阶级间的内哄，一切都给我滚开吧！让我们把这旧的坏的世界的一切遗物肃清，而努力于较好的工作，创立一个在人与人间国与国间通力合作的精神上的一个清明而单纯的世界。

假定我们就这样说，但是对于这个工作，我们怎样动手呢？怎样动手来做改良现状的工作，是我们容易知道的——虽然我们也许认识这工作是困难。若我们大下决心，以为旧秩序已经腐化得不能修补，需要创造一个新的来代替它，那我们应当怎么办呢？这是一个困难得多的工作了。因为我们都是在现在经济政治制度的范围中生活；而我们的一切当前的日常问题都是出于这个制度。选举的斗争，大都不是在资本主义与社会主义的选择的较大的问题上斗争——因为这种斗争只有到现行制度在崩溃的险界上才会发生——而是在那些小的直接事件——这对于想像与了解有限的那些通常选举者，较易发生直接的兴趣——上斗争。若我们要努力于从先入为主的次要问题的包围中逸去，而要强制的把我们所生存的国家中的政治经济生活组织的两种途径的大选择的政治意识放在前线，那我们就很容易感到我们自己是枉然在旷野中呼号，我们会觉得，我们不管好坏，总可有效的做点事情的机会，是失掉了。就是像我们所知道的社会主义政党，也觉得很难在进退维谷中找出一条路来；它们中的大多数人，都在为议会实际与选举的急务所驱策，以社会主义置之脑后，而更集中于社会改良的直接与次要的问题。

俄国的局势 若在俄国，要把第一位的事放在第一位，那是很容易的事；因为社会主义者在那里掌握了政权，而建设新秩序的工作，显然是那些最直接的最急迫的乃至那些急需成就的最大的工作。旧秩序已经破坏了；没有要补缀它而使之仍然工作的问题。成功与生活标准的提高是绝对依靠迅捷、技巧与力量，要有这三者，新制度才能很生动的进行。没有时间给俄国去怀疑。他们是太忙了，没有力量费在别的事情上。但在我们别的国家中，情形完全两样；因为在我们之间，资本主义多少还是很响亮的，虽然它的困难逐渐增加，而资本主义所牵连的逐渐增加的困难，发生了更多紧急与直接的问题，就是要去缓和它所引起的不幸的问题。对于充分维持失业者的准备，以临时工作的供应，去作缓和失业结果的企图，乃至阻止在国家节省的托辞上，使卫生教育一类社会事业陷于破产的鼓吹——像这一类的目前问题，是英国及德国的国民所不能忽视的。美国也是遭遇着同类的问题，不过她还有迅速建树一些大的新社会事业，以与流行的灾难相抗衡那种需要。当世界灾难的压迫，一天一天的变为更紧张时，政治乃日甚一日的转在这些直接问题上了。

治本抑治标？ 但是我们须知道，这些问题的解决，实际无补于世界经济困难之出路。像这类的问题，必得就慈善事业的立场去解决；假若世界不能单纯以临时救济的方法去解决这些问题，那就不应当自己欺瞒自己，以为这对于繁荣恢复有何等效力。根本需要的事体，不是救济失业者，而是阻止失业发生；我们讲过，失业是病征，而不是病。我们无须把我们的主要努力，集中在这些眼前的慈善工作上，而必须努力去实现那些有除去这类无益的慈善救济之需要的变革。那些完全致力于临时救济政策的政党，其破产是已经充分表现出来了。假使——现在我们要来考虑这新途径了——实现资本主义的恢复是不可能，或者说，不值得去作这个企图，那末全世界的责任，就是要马上担当起变革经济制度基础的根本工作，一个人如相信世界是在这样的情势之下，那他的责任就在尽他的可能，去克服通常男女对于基本问题的淡漠态度，并把我们时代的真正活的问题，提到政治生活的前线。现在，让我们把进步的工业国家所应采用的政策，为那些相信世界的真正利益不在使资本主义复活，而在对社会主义制度最迅速的可能的建立的人们，画一个轮廓。但国家与国家之间的差异太大了，要作一概括的提论，那于我们没有多大的帮助，让我们假定，如其一个英国国民持有这个见解，他应当怎样做呢？

英国的展望 他第一步就得承认在英国的环境中，任何俄国意义的革命政策可以立刻抛开。英国的人民在目前固不需要革命，也不能以任何宣传的功夫使他们需要革命。假若要英国的公意相信真正基础变革的需要，靠强烈的革命的提倡是无用的，那全赖在人民之前，把社会主义制度的结构及做法和用以实现变革的手段，可能地规划一个最清楚的范围。因为英国人民要知道：所提出的途径之设计，在技术上与在管理上都要求其适当，以便实现起来没有行不通的地方；此外，他们还要知道，在实现的步骤当中，不要通过一个恐慌紊乱、悲惨甚至使大部分人民感到饿死的威胁的时期。

在前一章，我们讨论国家经济计划的要素时，曾经很简单的叙述了计划的新秩序的诸般组织。但要说明这些组织将怎样实际工作，那是远过于这简单叙述，且亦非本书所能企图叙述的。这是那些要把这些计划以精细的形式提出，而诉诸公意，使知其在技术上在管理上都称妥适的人们的事体。英国的社会主义,一直到现在还没有继续去图谋实现他们自己打算去完成的工作;这是他们现在的大缺点。这是他们措置失当的地方,好像他们对于现存秩序的非难之信心,远过于他们对将来的理想。主要的原因,是他们没有在他们的信徒中间利用其技术上与管理上的才能。在现存秩序中,有很大部分技术上的与管理上的人,已经是站在社会主义的方面,而且乐意对于经济社会组织的建设计划的造成,能有所表现。这种帮助要算入很重要、很有效的作用,然后英国社会主义才可以有获得超过片断的竞选胜利的希望——这类竞选的胜利,在打算实现社会主义的积极企图上作用很小。国家的发展、经济计划、输入输出局、国家投资局、银行社会化,这一类词句是什么意思,必得要详细的规画出来,而且要表现得使有智识的选民能容易了解。我不是说在这一方面一点成就也没有;不过在这一方面显然离充分的成就还很远;而且积极的社会主义思想,就在英国赞助劳动党的人们中间,也进步得非常缓慢,这是主要的原因之一。

英国社会主义的政策 社会主义政策之规划,不仅是对目的的说明,而且要把达到目的的手段尽可能的明白指示出来。这两件事实在不能分开;因为把社会主义经济的设计中的新制度的主要性质规划了,在实际上,就包括了新制度的实现方式的计划。但是,凡属想把英国社会的主要制度,置于社会主义的统制之下的社会主义计划,比之最勇进的社会主义政府所希望做而且即刻做的还要包含得多。所以,向前迈进的广泛的诸阶段,是必要说明的,并且还得再向公众坚确的说明:最初的有效的方策,不是当着其余的方策正在进行时就阻止其经济机构继续发生作用,以致去扰乱其余一切经济机构。这一点,我们曾于前章说及,这在大体上是这样一个问题,就是当着手时,要把一切主要诸关键都包括在内,至大量的次要的事件,则不包含在目前纲领中。要立刻做而且同时做的,是银行制度的社会化;推行国家投资政策及国家经济发展的机关之创设;以及在社会主义建设初期阻止"金镑逃避"和制止金融恐慌之方策的制定。若把社会改良的应急方策及特种生产工业之国有化两者来与这个方法比较,那末这两者仍为当务之急;因为要使经济制度进行无阻,或使经济制度随时发生紊乱,其权力都操在银行或金融机构手中。若努力于其他社会主义方策的制定,而让这个机构保留在资本家手中,那颇足以致社会主义的死命;所以社会主义者当掌握政权之始,就必得把这种机构拿到手中,然后再把它当作一个工具,使经济制度的每个部门,都向着社会主义方面转动。假使社会主义对于英国经济问题是一个正确的解决,那末,最紧急的工作,就是要在适才所描述的方案的范围内,把社会主义的纲领与目标作一个明了的规划。

美国的前途 假定我们在研究中的那个男人或女人,不是大英国国民,而是美国国民。他或她若相信世界最大的利益是在一切国家中极迅速的以社会主义来代替资本主义,那他或她将怎么做法呢?我们讲过,美国对社会主义政策的直接采取,不是在实际政治的范围之内。若是一个国家第一没有一个有效的紧密团结的有纪律的党,没有一个对社会主义了解得透澈的团体,没有一个在国内足以使其主义号召发生有力作用的广大群众,这个国家就不能有社会主义。那末,美国走向社会主义的第一步,就显然是创立一个有效的社会主义政党。但是任何这样的政党,不能够完全抄袭其他社会主义政党,亦不能只是欧洲社会主义各种理论的学舌;因为它必得要按照美国的不同的经济情形,而规划出它自己的社会主义。我不能冒充我能规划出美国的社会主义,就连开一个头也不行;因为,这是很清楚的,这个工作只有由美国人自己来做,而且一直到现在,在美国的社会主义者及急进党派的政治活动中,已有了过多的欧罗巴主义。而且,世界的不况,给了美国一个从来没有的好机会,使他们很成功的提出他们自己的社会主义。为什么在过去美国很少积极的社会主义发展的动力呢,其主要的原因,是由于美国资本主义整个的进行得太顺利了,并且她有太多的未开发的资源由她处置,所以她那里不能使急进的经济变革成为实际政策。美国社会主义的日子也许还没有到;但照过去几年的事实看来,社会主义之来也许较之多数美国人现在所能想像的要近多了。

社会主义与国际主义 在本章与前章,我似乎对于社会主义的政策,用了太多的国家的辞句去说明,而对于资本主义改造所提出的方案,在本质上却几乎全是国际的。要解释这一点很简单。除俄国以外,各国都有它自己的国家性的资本主义体系;假若资本主义要继续的话,在各国的资本主义体系中的内部变革虽然要紧,但那些相信资本主义有恢复可能的人的主要工作,却是要去纠正国际的不协调与组织缺乏所导来的结果。若资本主义是要在整个世界内图改造,那它必得在一个世界的基础上改造，而且主要的是用国际范围的方案来改造。在另一方面，社会主义在政策上与计划上，不管根本有怎样国际性，但它主要还是要在每个国家里面建设起来，因为只有各国或够数的国家成了社会主义，然后国际社会主义的创立才成为可能。社会主义在方策上不能不是国家的，虽然在目的上，它主要是国际的。自然，一起首，它就得努力在可能的极广泛的范围内，以类似的国际方策，去补足国家的计划与经济发展的方策。国际计划与国家计划有必然的交互关系，且必得基于社会主义国家间之极广泛的货物的有组织的交易。商品输出输入之社会统制的建立，其目的并不是减少经过国际贸易之货物的数量，而宁可说是在剩余货品之有组织的交换基础上，促进诸国家间之广大的经济合作。社会主义与自由贸易的旧义是不相符合的；因为当批发买卖活动是由国家与团体进行，而不是由个人进行时，自由贸易就丧失它的意义了。但自由贸易在另一意义上，是从全球的各地域内的各种生产能力中，从全世界人民的各种部门各种技巧中，取得最大的利益，那是社会主义计划中最主要的成分。但是，世界只有在国家经济计划的基础上，才能有国际经济计划；因为国家计划是要由国际机关来予以调整的。每一国的国家计划，必得参照其他各国的国家计划而澈底的修正；将来必得有一个强有力的机关，把计划的基础由一个国家的区域，扩张到可以包括全世界的商品的相互交换。但国家计划必然是演进程序中的第一步；而社会主义者的第一个责任，是取得政权，并有效的运用政权，以改造他们自己国家里面的经济生活。在实际，社会主义不像资本主义的国际主义一样，它的目的在超越所有国家的疆域，而把全世界联结起来，这联结，也许不是联成一个单独的国家，而是密切协作的诸群体的联邦，各各服从它自己的有相当限制的主权。未来最大的任务之一，是建立一个可以通行无阻的世界政府的机构，那不是建设在独立社会主义的基础上，而是建立在没有绝对国家疆域的世界合作的基础上。

世界统一之路 包含有很广大的领域，包含有各种文化各种民族之苏联人民的苏俄政治制度，那已经表现是一个超国家疆域的联邦同盟的努力。我曾经说过，苏联的最高政府，是由一个1500人以上的代表大会授予权能的，这些代表是来自苏维埃统治下的各区域。苏俄联邦的代表区，必得公开给一切的区域（不管它是构成战前俄罗斯帝国的一部分与否），这是在苏维埃宪法中明白规定了的。西欧人对于这种制度，很容易这样批评，以为这样大的一个代表会，集议于这样短的一个时间，实没有多大的意义；至对于苏俄代表大会之选举执行委员，他们亦会看为没有民主精神。因为在那些习于议会制度的国家，早有反对间接选举的很强的偏见。但是，假若世界要想演出一个超国界的联邦政府，到底仅是构成像现在国联一样的各国政府的同盟呢？还是努力去创造一种直接由各国人民产生出来的民主会议呢？这两者之间是很难选择的。每种组织都有弱点。各国政府的同盟，不能破除国界，从而，会固着于各个单独国家主权观念；而人民直接代表的代表大会，为了要去代表，所以必需大得不能当作一个政府的工具去支配与运用——因此为了要便于实行计，必得从它们的行列中，选出一些较小的团体，将大部的权力交给它。可是，这第二种形态的政府，较之第一种形态还更有它的长处，因为假若世界将来生活在和平与统一——尽管其实现途中诸多困难——环境中，它必得发展国际组织的形式，而这形式，必需比之仅由很多国家的代表集在一起要密切得多。那必得要有些团体代表世界统一的观念，以反对每个特殊政府的国家分离主义；并且任何在更广大范围内作议会民主制度再生的企图，都非失败不可。

我并非提议要世界从国家主权的概念一跃而到世界统一的社会，由各国产生的代表会议来统治。在这两者的推移中，或许会有一个中间阶段，在这个阶段中，或有国际机关产生，这机关不包括全世界，而是包括一群一群的国家——例如全欧或大部分欧洲的联邦。假使欧洲联邦是有她自己的独立性，而超越国家的差异，那末，她对于加入联邦的各国政府，必处于最高的地位，那是颇关重要的；而且，将来国际组织的问题，也会使这种形态的超国家组织在实际能行得通。国际组织的后面，若无国际的有组织的公意，在一个扩展到加入联邦诸国的或团体里面具体表现出有效的力量，她决不能有所成就。因此，假若世界的前途是社会主义而不是资本主义，那就等于说是，社会主义运动必得发展一个更密切的团体，与更有纪律的国际组织，而其基础，则是更广的理想社会与政策。但这不是说社会主义将失去国家性质，成为一个无国家差异的世界运动的组织；而是说，假使社会主义要为世界创造正当的国际形态，和正当的国家组织，那它本身的组织方式，就必须在国际范围上，使国际管理机关赋有实体与黏固力，这是世界唯一的需要。

我们当前的选择 对于本书的收束，我不用教条式的提出世界所必循之路，而只是提出一串问题。我们当前有两个途径——改造的资本主义或投入社会主义试验的不可知之海。每一个途径各有其自己的严重的困难。资本主义的改造所要求于各国政府的，和各国资本主义团体的，是比过去更透澈得多的思考力，是比过去加倍敏捷与一致的行动。它至少要求资本主义机构本身的激烈的变更；要求以大量集体化的成分，注入于生产体系；以更大的平等，注入于分配体系。若资本主义要取得复活的机会（至少就西欧说），这些变革必得执行得很快而且普遍。在另一方面，社会主义的建立，对于人类的机敏与勇气，要求得更大；但同时它以诉之于人心中一种强有力的动机为保证（这种动机因为资本主义没有用它而生了锈了），所以它贡献更大的希望。世界必得在这两条路之间决定它的去向；其决心越快越好。若主张两面都尝试尝试，而动摇于两者之间，其结果一定不幸。世界对于过去几年间的问题所表现的弱点，大部分是这种没有定见的结果；因为人们若没有决定打算做什么，他们是不能有效的行动的。世界必得选定资本主义或社会主义，然后把它指挥之下的每一分努力，都放在增进其所决心追寻的目的的胜利上。我自己的选择是社会主义；因为我相信资本主义制度已经终了它的任务，在发展人类所支配的生产力上，它的力量与作用已经消失了。自然，我希望别人所想的亦和我所想的一样，并勇敢的努力求社会主义制度的实现；但是我很知道对于实现社会主义之无全盘计划的努力，其结果不仅无用，而且过之，因为这样只是破坏资本主义，而不以任何积极的东西去代替它。假使我们要社会主义而不要资本主义，那我们就必须决心为社会主义奋斗，尽我们所有的心，尽我们所有的力，当到人们对于什么是他们所要的下了决心，而为了他们的目的之实现而一致行动时，他们是具有那种心与力的。

附录　斯大林与威尔士谈话记

威尔士:很感谢你允许和我会面,斯大林先生。我最近到过美国。我和罗斯福总统曾有一个长时间的会谈,想确知他的主要理想是什么。现在到你这里来,请问你在做些什么转变世界的工作。

斯大林:并不怎么多。

威尔士:我是像一个普通人一样在周游世界,同时,像一个普通人一样观察我周围正在进行着的事情。

斯大林:重要的名人像你一样不能说是"普通人"。自然,只有历史才能说明这个名人或那个名人是重要;总而言之,你不能当作一个平常人去观察世界。

威尔士:我不是故意谦逊。我的意思是说,我要以一个普通人的眼睛去看世界,不像一个有党派的政客或负责任的行政官吏一样。我的美国之游使我精神兴奋。在那里旧的金融世界正在溃落,他们的经济生活正按着新的路线改造。列宁说:"我们要学习事务,从资产阶级学习。"现在,资产阶级不得不从你们学习去把握社会主义的精神了。我觉得美国所进行的是澈底的改造,就是计划的社会主义经济的创造。你与罗斯福从两个不同的立脚点出发。但是,华盛顿与莫斯科之间,在理想上没有一点关系吗?没有理想与需要的联锁吗?我在这里所见的正在进行着的东西,在华盛顿也同样看见;他们在建筑公务所,他们在创设很多国家管理团体,他们在组织久已需要的行政服务机关。他们需要指导人材,也和你们一样。

斯大林:美国所追求的目的,和我们在苏联所追求的不同。美国所追求的目的是起于经济的紊乱、经济的危机。美国人想在私有资本主义活动的基础上从危机中救出他们自己,不想变革经济基础。他们想把现存经济制度所引起的危难与损失减低到最小限度。你是知道的,在这里,一个完全不同的,一个新的经济基础是被创造起来了,代替了旧的已毁弃的经济基础。即使如你所说的,美国部分地达到他们的目的,就是说,使损失减低到最小限度,但是他们不会撤毁无政府的根基,这根基是从现存资本主义制度中承袭来的。他们正保存着这经济制度,她不可避免,并且不能不引到生产的无政府状态。因此,她决不会是社会的改造,决不会撤毁产生无政府状态与危机的旧社会制度,至多不过使其不良现象受若干限制,使其过剩受若干限制那么回事而已。也许,这些美国人主观地想改造社会;但他们客观地是在保存现社会的基础。这就说明了那不是社会改造的客观原因。

那也不是计划经济。什么是计划经济?什么是计划经济的特质呢?计划经济是努力于失业的消灭。让我们假定,在保存资本主义制度之下,使失业减到一定的最低限度是可能的。但无疑的,没有资本家会同意于失业的完全消灭,失业后备军的完全消灭;其目的是在压迫劳动市场,保证廉价劳动的供给。在这里,你可以看见在资产阶级社会的所谓计划经济中的一个漏洞。复次,计划经济是就民众特别需要的货品,而预先筹划增加在生产这些货品的工业部门的产品。但是,你知道,在资本主义下生产的膨胀是由于完全不同的动机,资本是流入于利润最高的经济部门。你决不能强制资本家自甘损失,同意于为了满足人民的需要而取较低的利润。资本家没有消灭,生产手段上的私有财产要素没有撤废,要创造计划经济是不可能的。

威尔士:我大都同意你的意见。但我很想侧重这一点,假使一个国家完全采用计划经济的原则,假使一个政府,逐渐的,一步一步的,坚定地去实施这个原则,金融的寡头终于是要撤废的,并且"社会主义",依盎格罗撒克逊的字义来说,终于会要实现的。罗斯福"复兴计划"(New Deal)理想的效果是很有力的,在我看来,那是社会主义的理想。我觉得,与其增加两个世界的敌意,不如努力在现在的世界中为一切积极的力量建立一种公论。

斯大林:谈到一面保留资本主义的经济基础,而要实现计划经济的原则是不可能,我一点也不愿轻视罗斯福的特出的人格,其发动、其勇气及其决心。无疑地,罗斯福在当代的资本主义世界一切船长中是最强的人物之一。所以,我愿意重新着重这一点,我所深信的是,在资本主义环境之下计划经济是不可能的,决非置疑于罗斯福总统的个人的能力、才气与勇敢。要是环境不利的话，最有才能的船长也不能达到你所指定的目标。自然，就理论上说，在资本主义环境下逐渐的、一步一步的走向目标，是不会被阻碍的。那目标就是你所谓就盎格罗撒克逊字义来说的社会主义。但，这个“社会主义”是什么呢？充其量，不过把最无限制的资本家利润的个人代表者，加以某限度以内的限制，而在国民经济调节的原则的适用上，作若干利益之增加而已。这都是很好的。但当着罗斯福或任何别的领袖在当代资产阶级世界中要去执行一些认真地反资本主义基础的事情，他会不可避免地受到惨败。银行、工业、大企业、大农庄都不在罗斯福手里。这一切都是私有财产。铁路、商业舰队，这一切都属于私有的业主。最后，熟练工人军、司机者、专门技术人材，这些也不是听命于罗斯福，而听命于私有业主；一切工作都是为私有业主。我们不能忘记国家在资产阶级世界的功用。国家是一个制度，用来组织国土的保卫，组织“秩序”的维持；它是一个征税机构。资本主义的国家不大管到“经济”，就经济的严格意义说，经济不在国家手里。反之，国家是在资本主义经济手里。所以，不管他的一切能力与才气，我怕罗斯福不能达到你所说的目标，假定那真是他的目标。也许，经过若干代的时间多少可达到目标，但是，我个人想来，就这样也不是很可能的。

威尔士：以经济来解释政治，也许我比你相信得更强些。从事于更好的组织，从事于社会的更好的功用，即是从事于社会主义的伟力是以现代科学及发明而出现。组织与个人行动的调节变成了机械的必然，无关于社会的理论。假使第一步，由国家管理银行，接着管理重工业、一般工业、商业等等，这样一种全部包容的统制和国民经济的一切部门国有，其结果是相等的。这将是社会主义化的过程。社会主义与个人主义不像黑与白一样的相反。他们中间有很多中介的阶段。有的个人主义邻近于劫盗，而有纪律与组织则与社会主义相等。计划经济的引进，大部分是依于经济的组织者，依于熟练技术智识分子，他们可以一步一步的被转变到社会主义组织的原则。这是最重要的事情。因为组织先于社会主义，这是更重要的事实。若无组织，社会主义的理想，只是理想而已。

斯大林：没有，也不会有一个不可调和的对立在个人与集体之间，在个人利益与集体利益之间。这样的一个对立是不会有的，因为集体主义、社会主义不但不否认个人利益，并且把个人利益和集体利益联系起来。

社会主义不能把它自身从个人利益中抽象出来。只有社会主义社会才能最充分地满足私人利益。还有进于此者，只有社会主义社会才能坚固地保障个人的利益。在这个意义上，没有不可调和的对立在“个人主义”与“社会主义”之间。但是我们能否认阶级间的对立吗？能否认有产阶级、资产阶级与劳动阶级、无产阶级之间的对立吗？在一方面，我们有那拥有银行、工厂、矿山、交通、殖民地的垦殖地的有产阶级。这班人除了他们自己的利益，他们对利润的努力以外，什么也看不见，他们不服从集体的意志；他们努力使每一个集体附属于他们的意志。在另一方面，我们有贫穷阶级、被剥削阶级，他们既不享有工厂，也没有工作，也没有银行，他们被迫着去售卖他们的劳动力于资本家以维持生活，并且他们没有满足他们的起码需要的机会。这样一种相反的利益与企图怎能调和呢？就我所知，罗斯福并没有找出一条使这些利益调和的道路。并且这是不可能的，经验已告诉我们了。再则，你对于美国的情势知道得比我清楚，因为我从没有到过那里，我大部分是从文献中观察美国事情。但是我有点为社会主义战斗的经验，这经验告诉我，如果罗斯福真正努力用资产阶级的钱去满足无产阶级的利益，那么资产阶级会以另一个总统充他的位置。资本家会这样说：总统来，总统去，我们永远向前走；假若这个总统或那个总统不保护我们的利益，我们另找一个。总统能违反资产阶级的意志吗？

威尔士：我反对把人类作贫与富的简单化的阶级划分。自然，有一类人是专为利润而努力的。但这些人，在西方，决不视为那样可恶，像这里的人所看的一样。在西方，不是有许多人，他们并不将利润看作目的的吗？他们有大量的财富，他们要去投资，从投资获得收入，但也不是以此为其主要目的。他们视投资为不方便的不得已。不是有大量的有能力而专心的工程师、经济的组织者，他们的活动是被利润以外的东西所刺激的吗？我的意见以为，有很多能干人他们在现在制度中是不满足的，并且他决要在将来的社会主义社会中尽很大的任务的。在过去几年之间，在工程师、飞机师、军事技术家等等广大的范围中作有利于社会主义及世界主义的宣传，我亦很干过了一些，并且我亦想过这是很值得干的。对于这一类人用双轨阶级战的宣传是毫无用处的。这些人懂得世界的情形。他们懂得这是一个混蛋一团糟的世界，但是他们以为你们的单纯阶级战的敌忾也是无意义的。

斯大林：你反对将人类简单作贫富的阶级划分。自然，有一个中间阶层；有你所说过的技术知识分子，在他们中间有很好很诚实的人，在他们中间也有不诚实的小人，他们中间有各种各色的人。但是，主要地人类是分成富与贫、财产的所有者及被剥削者；要是一个人把他自己从基础的区分中，从贫与富的敌对中抽象出来，等于把他自己从基本的事实中抽象出来一样。我不否认有居间的中间的阶层的存在，它在这两个矛盾阶级中间，或倾这面，或倾那面，或在斗争中取中立或半中立的地位。但是，我再重申一遍，一个人要把他自己从社会的基础的区分中、从基础斗争中、从两个主要阶级中抽象出来是完全不顾事实的事。这个斗争是正在进行着并且还会继续下去。斗争的前途将由无产阶级、工人阶级来决定。

威尔士：不是有很多人，他们并不穷，但他们工作，而且为生产而工作吗？

斯大林：自然，有小地主，有工艺师，有商人；但这些不是决定一个国家的命运的人，决定一个国家的命运者是生产社会需要的一切东西的劳动群众。

威尔士：但是有各种不同的资本家，有专计较利润、专想致富的；也有准备牺牲的。举一个例吧，像老摩尔根(Old Morgan)，他专想赚钱；他是社会的一个寄生虫，很简单的，他只想积蓄财富。若举洛克斐勒(Rockefeller)为例，他是一个明敏的组织者；他树立一个运送煤油的组织的规模，这是值得矜式的。或举福特(Ford)为例，自然福特是自私的，但是，他不是一个合理化生产的热情的组织者为你所取法的吗？我高兴着重这个事实，就是说英语的诸国家对苏联的意见最近有重要的变化。这原因所在，主要的是日本的情势、德国的事变。但是除了国际政治的理由以外，还有别的理由。有一个更深刻的理由，就是，基于私有利益的制度正在塌台的事实给很多人认识了。在这样情形之下，依我看起来，我们不必把两个世界的敌对放在前线，而要尽可能地努力联合一切积极的运动，一切积极的力量在一条战线上。在我看来，我像是比你更左一点，斯大林先生；我觉得，更甚于你所觉得的，旧制度是快要到末路了。

斯大林：我说资本家的努力专为利润、专为致富，并非说那些人都是最无价值的人，此外什么才力也没有。在他们中间很多人无疑地具有大组织天才，对于这点，我没有梦想去否认的。我们苏维埃的人们从资本主义者那里学习了很多东西。就像摩尔根，你所特别认为不行的，却无疑地是一个好的、有才能的组织者。但假若你说的是准备改造世界的人，自然你不能在忠心为利润而服务的那一列人中间去找。我们与他们站在相反的两极。你提起福特，自然，他是一个有能力的生产的组织者。但是你不知道他对工人阶级的态度吗？你不知道多少工人给他摔出在街头吗？资本家和利润是牢固地钉在一块，世界上没有一个力量可以把他和利润分开。资本主义不会被生产的“组织者”所撤毁，也不会被技术知识分子所撤毁，还只是工人阶级。因为上述的阶层不能表演独立的脚色，那些工程师、生产的组织者不能照他所爱做的去做，只能照人所命令的去做，在这样的情形之下，为他的雇主的利息而工作。自然，也有例外，在这个阶层里面有些人从资本主义的麻醉中觉醒了。技术智识分子在某种条件之下可以演奏奇迹并且大有益于人类，但这也可致巨害。我们苏维埃的人民毫无技术智识分子的经验。十月革命以后，技术知识分子的一部分拒绝参加建设新社会的工作；他们反对这种积极工作，并且为之怠工。我们尽可能的引致这些技术智识分子来参加这种建设工作；我们试试这个方法，又试试那个。在我们锻炼出来的智识分子自动地愿意协助新组织以前，经过了一个不短的时期。现在呢，这些技术智识分子的最好部分站在社会主义社会的建设者们的前列了。有了这个经验，所以我们对于技术智识分子的优面与劣面都不会作过低的估量，并且我们知道在一方面他们可以为害，在另一面，他们可以演奏“奇迹”。自然，要一下子就把技术智识分子从资本主义世界在精神上拉开，即或是可能，也就太困难了。但这是乌托邦。技术智识分子敢于从资产阶级世界分开而去做改造社会的工作的难道有很多吗？你想这类的人很多吗？就说在英国或法国吧？不，这样愿意与他们的雇主们破裂走开，而去开始改造世界的人是很少的。

此外，要转变世界是需要有政权的，我们难道能忽视这个事实吗？在我看来，威尔士先生，你对政权问题估量得过低了，并且在你的概念里面还全把它掉了。即或他们有一个世界上最好的目的，若不提出夺取政权的问题，若他们自己不能获得政权，那些人能做什么呢？充其量，他们能帮助正在掌握政权的阶级，但是他们自己不能转变世界。这只能由一个将来会取资产阶级的地位而代之的阶级，并且成为资产阶级的统治主人的一个广大的阶级来干。这样的一个阶级就是工人阶级。自然，技术智识分子的帮助是必得接受的，但是智识分子亦得要受帮助的。但不能以为技术智识分子可以演一个历史上的独立要角。世界的转变是一个大的、复杂的、痛苦的过程。这个大工作要一个大阶级来担任。大船才能走长海程。

威尔士：对了，为了长海程少不了一个船长和一个航海家呀。

斯大林：这是对的，但长海程的第一个不可少的是一个大船。没有船，航海家是什么呢？一个游惰者。

威尔士：这个大船是人类，不是一个阶级。

斯大林：你，威尔士先生，很明白的是从一个人性皆善的假定出发。我，无论如何，不能忽略有很多小人。我不相信资产阶级的善。

威尔士：我记得几十年前技术智识分子的情形。那时候技术智识分子数量是很少的，但要做的事却很多，所以每个技术的与有智识的工程师，都能找得工作机会。这是技术智识分子所以为极少革命意识的阶级的原因。现在，智识分子是过多了，并且他们的心理也很激变。这些技术熟练的人，他们从前从不听革命的谈论，现在却很有兴趣了。最近我在皇家学会（Royal Society），我们英国的最大科学会晚餐，主席的讲演是关于社会计划与科学统制的讲演。现在，皇家学会的领导人把握了革命的观点，并且坚持人类社会的科学组织。你们的阶级战的宣传没有跟着这些事实前进。心理转变了。

斯大林：是的，我知道，这是给事实说明了资本主义社会现在走到了绝路（cul de sac）。资本家们正在找，但不可能找，一条绝路中的出路，以适合这阶级的尊贵，与这阶级的利益。我们要找出一条路不基本地妨害资本主义的利益，只能在一定限度内，用手和膝爬出危机，决不能找一个他们可以昂着头大步踏出去的通道。这自然为技术智识分子所普遍承认的。智识分子中大部分人开始认识他们的利益的社会和那些能指出绝路中的出路的阶级是一致的。

威尔士：你们是知道革命的实际方面的一些事情的，斯大林先生。群众是起来过吗？一切革命是由少数人干起来的，这不是一个坚确的真理吗？

斯大林：革命的发动，一个领导革命的少数是必需的；但至少得靠成千累万的民众的支持，即使是消极的支持也成，不然，就是最有才干的、最专心的、最有魄力的少数人也无能为力。

威尔士：至少是消极的支持，也许是潜意识的吧？

斯大林：也有一部分是半本能与半意识的，但是没有成千成万的群众的支持，最好的少数人也是无用的。

威尔士：我观察共产党在西方的宣传，觉得在现在的环境里面，这种宣传太旧式了，因为这是造反式的宣传。在直接反对暴政的时候，这种以暴力颠覆旧社会制度的宣传是很好的。但在现在环境之下，这制度反正是崩溃中，重力应当加在效率上、能力上、生产力上，而不应在叛乱上。我觉得叛乱的调子是过时了。共产党在西方的宣传对于积极心理的人民是徒然滋扰的。

斯大林：自然旧制度是正在塌台了、窳败了。那是真的。但这也是真的，为了保护、救济这个在死亡中的制度，使用了别的方式，各种的手段在作新的努力。你从正确的假设得出错误的结论。你正确地说明旧世界在塌台了。但你以为它的塌台是它的自动，却是错了。不，社会制度的交替是一个复杂的、长期的革命过程。这不是一个自然生长的过程，这是一个斗争；这是与阶级冲突的过程相关联的。资本主义是正在衰朽了，但不能简单地把它比作一个衰朽的树，衰朽到某种程度会自然倒在地上。不，革命，社会制度的交替是一个斗争，一个痛苦与残酷的斗争，一个你死我活的斗争。在每一个时代，新世界的人民拿到政权，必得为了保卫他们自己，以力量来反对旧世界作恢复旧制度的企图。新世界的人民常常要提防，常常要准备去抵抗旧世界对新制度的攻击。

不错，当你说旧社会制度正在塌台，你是对的；但它不是自动的塌台。即举法西主义为例，法西主义是一个反动势力，它是试用暴力来保存旧世界的。你对法西怎样办呢？和他们辩争？去说服他们？但是这对他们是全无影响的。共产主义者一点也没有把暴力的方式理想化。但是他们，共产主义者们，并不想做惊人的事，他们决不以为旧世界会自愿的退出舞台，他们知道旧制度在拼命保障自己，所以共产主义者对工人阶级说：以暴力答复暴力；尽你的力量阻止旧的在死亡中的制度来粉碎你，不让它给你加上手铐，在你将要用来颠覆旧制度的手上加上手铐。如你所知道的一样，共产党并不简单地把社会制度的交替视为一个自然的和平的过程，而视为一个复杂的、长期的而激烈的过程。共产党人是不忽视事实的。

威尔士:但是你看看现在资本主义世界的情形。其塌台不是一个简单事情,它是反动暴力的一个骚乱,这反动暴力已经堕落到流氓主义了。在我看来,和反动与无知的暴力冲突的时候,社会主义者可以诉之于法,并且可以转变视警察为敌人的态度,警察反而会帮助社会主义者作反对反动的争斗。我想旧的固执的造反社会主义的行为是无用的。

斯大林:共产主义者奠基于丰富的历史经验之上,经验这样的教训他们,衰老的阶级决不会自动的退出历史的舞台。回想十七世纪的英国历史。不是有许多人说旧社会制度已经衰老了吗?但是,不仍需要克伦威尔(Cromwell)以力量去粉碎它吗?

威尔士:克伦威尔在法的基础上做,在法制的名义上做。

斯大林:在宪法的名义上,他诉之于暴力,他砍了王的头,他解散国会,他拘禁一些人、杀戮一些人。

或以我们的历史为例。沙皇制正衰朽了塌台了很久,这不是很显明的吗?但是流了多少血才把它推翻了?

十月革命怎样呢?不是有很多人都知道只有我们布尔塞维克们,指导仅有的正确的出路吗?俄国资本主义已衰朽了不是很清楚的吗?但是你晓得抵抗力是多大,为了在一切内外的敌人环攻中来保障十月革命流了多少血!

或举十八世纪末的法国为例。一七八九年以前很久,王权与封建制度是如何的腐化,这是许多人都很清楚的。但是一个普遍的叛乱,阶级间的恶斗是不可避免。为什么?因为必需退出历史舞台的阶级,不是开始就能相信其任务已经终了的。要使其相信是不可能的事,他们以为这旧制度的破房子是可以改良的,以为这旧制度的将倾的大厦是可补救的。这就是在死亡中的阶级所以死抱着不放,并诉之于一切手段以图挽救其生存,当作统治阶级而生存。

威尔士:但是,不是有少数的法律家在法国大革命的前头吗?

斯大林:我不否认智识分子在革命运动中的任务。难道法国大革命是法律家的革命,不是平民革命吗?不是发动广大的群众反对封建主义拥护第三阶级 Third Estate 而取得胜利的平民革命吗?是不是那些法国大革命中领袖中的法律家按照旧制度的法律来行动呢?他们不是引入了新的资产阶级革命的法律吗?

历史的丰富经验教训我们一直到现在没有过一个阶级对别一个阶级甘愿让步的。世界史上无此先例。共产主义者们从历史中学习了这一课。共产主义者对于资产阶级的自愿走开自然是很欢迎的。但这样的事情是决无可能的,这是经验的教训。这就是共产主义者所以要准备最坏的一着,要唤起工人阶级准备战斗的原因,谁愿意要一个松懈他自己的军队的防警,不了解敌人不会投降,而自致于溃败的那样一个将军呢?去做这样一个将军是欺骗工人阶级,出卖工人阶级。所以我想在你认为旧式的,实际上是为工人阶级革命的上策。

威尔士:我不否认力量是要利用的,不过我想斗争的方式应当尽可能的接近现存法律所给与的机会,这些现存法律要以防卫反动的打击的。对旧制度的破坏是不需要的,因为它自己已经解体了。所以在我看来,反叛旧秩序,反叛旧法律是已经陈旧的方式。为了使真理表现得更透切一些,我偶然夸张一点。我可归结我的论点如下:第一,我爱护秩序;第二,我打击现存制度,在它不能保证秩序的范围以内;第三,我想阶级战的宣传可以从社会主义分开,不必对社会主义所需要的受过教育的人民作这种宣传。

斯大林:为了要达到一个大目的,一个重要的社会目的,必得要一个大力量,一个城堡,一个革命的阶级。其次,为了这个主要力量,必得组织一个助力作帮助;这助力就是党,最好的智识分子的力量归属于它。你刚才说到"受过教育的人民",但在你的心里的有教养的人是哪一类呢?在十七世纪的英国,十八世纪末叶的法国,与在十月革命时代的俄国,不是有很多受过教育的人民站在旧制度一边吗?旧制度有很多受过高等教育的人民为他们服务,他们保障旧制度,反对新制度。教育是一种武器,其效力是凭着它在谁的手里运用而决定,是视应被打倒的那些人来决定。自然,无产阶级,社会主义需要高等教育的人民。这是很清楚的,蠢人不能帮助无产阶级去为社会主义斗争,去建造新社会。我对智识分子并不估量过低;反之,我还加重它。总之,问题是我们所讨论的哪种智识分子?因为智识分子中有不同的种类。

威尔士:没有教育制度的澈底变革,就没有革命。举两个例就够证明了——以德意志共和国为例,她是没有动摇旧教育制度的,所以不得变为一个共和国;又举英国工党为例,它对于坚持教育系统的激烈的变革缺乏决心。

斯大林:那是很对的观察。

现在,让我答复你的三点。第一,革命的主要事情是社会壁垒的存在。革命的壁垒是工人阶级。

其次,一个助力是必要的,这共产主义者们叫做一个党。属于党的有智识的工人及那些技术智识分子是密切地与工人阶级关联着。智识分子只有和工人阶级联在一起才能强而有力。若他反对工人阶级,他们就无足轻重了。

第三,当作变革的杠杆的政权是必要的。新政权创造新法律、新秩序,那就是革命秩序。

我不坚持任何制度,我只坚持合乎工人阶级利益的制度。但是若旧制度的任何法律可以利用于为新制度斗争的利益,这样的旧法律是应当利用的。我不能反对你这个假定:现在制度到不能保证人民的必要的秩序时是必得要攻击的。

最后,若你想共产主义者们酷爱暴力,那你就错了。他们定会很高兴地取销暴力方式,若统治阶级愿意退让给工人阶级的话。但是历史的经验反对这个假设。

威尔士:却是英国的历史上有一个阶级自愿把政权让给别一个阶级的一个事实。十八世纪末,贵族的影响还很大,它在一八三〇及一八七〇年之间,自愿地,没有激烈的斗争,以政权投降于资产阶级,资产阶级那时很热情地支持君主。这政权之转移终于引到金融寡头统治之建立。

斯大林:你无意中把革命的问题转到改良的问题了,这不是同样的事。你不曾想到基督教运动在英国十九世纪的改良上尽了很大的任务吗?

威尔士:基督徒成就很少,并且没有留下什么轨迹就消失了。

斯大林:我不同意你。基督教徒及其所组织的罢工运动,尽过很大的任务;他们逼迫着统治阶级,使它应允许多事情,好像关于选举权之允许,关于所谓"腐化市邑"(rotten boroughs)之废除,以及关于"大宪章"(Charter)中之若干点之允许等。基督教所尽的历史任务不为不重要,并且逼迫统治阶级的一部分去作某种的允许、改良,以避免大的冲突。一般说来,我们应当这样讲,英国的统治诸阶级,无论是贵族与资产阶级,在一切统治阶级中,从他们的阶级利益的观点,从撑持政权的观点看来,是最聪明最有弹性的了。从现代史举一个例——一九二六年英国的同盟罢工。别的资产阶级当着这样的事变所要做的第一件事必定是拘捕工会的领袖,当工会总会命令罢工的时候。不列颠的资产阶级却不这样做,它很聪明地根据它自己的利益来行动。我想美国、德国、法国的资产阶级不会采用这样一个有弹性的战略。为了支持统治,大不列颠从未坚持不给小惠及小的改良。但如果以为改良就是革命那就错了。

威尔士:你对于我国的统治阶级的意见较之我更为高明。但一个小的革命与一个大的改良有多大的分别吗?改良不算是一个小的革命吗?

斯大林:为了从下面来的压迫,群众的压迫,资产阶级有时允许某部分的改良,但仍在现存社会经济制度的基础上。他们之所以为此,因为是他们估计为了保存它的阶级统治,这些小惠是必要的。这是改良的要义。至于革命是从一阶级到另一阶级的政权的转移,这就是不能以任何改良认为革命的理由。所以我们不能期望借统治阶级让步,借改良手段使社会制度的变革,当作一社会制度到另一社会制度的暗中转换。

威尔士:我很感谢你这个谈话,这谈话对于我有很大的意义。你对我所解释的那些事,你或者回想着你从前在革命前的非法范围中所曾经解释的社会主义的基础。现在在世界上,只有两个人,他的意见,他的每一个字,成千成万的人在听着——你和罗斯福。别的人尽可爱说多少就说多少,但他们所说的不会刊布流传或引起注意。我昨天才到的。但我业已看见那些健康的男人与女人的快活面孔,并且我知道一些这里所成就的重要的事业,与一九二〇年比较起来是惊人的。

斯大林:如果我们布尔塞维克们从前更聪明一点,所成就的应当更多些。

威尔士:不,假使人类是更聪明些的话,五年计划的发明对于人类脑筋的改造是一件很好的事情。因为关于人类脑筋的改造缺少很多东西,需要一个完善的社会秩序。

斯大林:你不愿为苏维埃作家联合会代表大会住些时吗?

威尔士:不幸我还有各种要完成的期约,我只能在苏联留一个礼拜。我是来看你的,并且我对于我们的谈话非常满意。我如果能遇见一些苏维埃作家,我很想同他们讨论加入笔会(P.E.N.Club)的可能的事。这是作家的一个国际组织，由高尔斯华绥(Galsworthy)创建的；他死之后，我做主席。这组织还薄弱，但在很多国家有支部，最重要的是会员们的谈话在刊物上刊布得很广。它坚持这一点，意见的自由发表——即使是反对意见。我希望和高尔基(Gorki)讨论这一点。我不知道你为了这个是不是准备了很多的自由……

斯大林：我们布尔塞维克们叫做自我批判(self-criticism)在苏联应用得很广……

译自 *New Statesman and Nation* 八卷一九二期。一九三四，十一，十五，于伦敦。译者注：此文后来在《国际通信》登出，并注明经过斯大林、威尔士二氏之亲自校正。(终)